교실 이야기를 담은
영어 읽기 지도
Let's READ (Reflect, Engage, Attune, & Discuss)

활동지 파일 무료 다운로드

- 이 책에 있는 활동지는 모두 다운로드할 수 있습니다.
- 스마트폰으로 QR코드를 찍거나 한국문화사 홈페이지에 접속해주세요.
  ☞ 한국문화사 홈페이지(http://hph.co.kr) 접속 → 자료실
  → '교실 이야기를 담은 영어 읽기 지도' 폴더 선택 → 파일 다운로드

한국영어교과교육학회 총서 ❻

교실 이야기를 담은
영어 읽기 지도

Let's READ (Reflect, Engage, Attune, & Discuss)

이상기·배지영·박현민·한신실·이은미
조명연·안혜선·이수열·민채령

한국문화사

머리말

한국영어교과교육학회는 영어교육의 이론과 실제에 대한 고민이 교육 현장에 뿌리를 두고 있어야 한다는 사명 아래 2001년 창립되었으며, 그동안 주요 사업의 일환으로 총서 발간에 힘써왔다. 2011년 『영어교육을 위한 화용론』(제1권)을 시작으로 2014년 『영어 수업지도안 작성의 이론과 실제』(제2권), 2015년 『영어교과교육 핵심 의사소통 활동책』(제3권), 2017년 『영어 평가 문항 개발의 실제』(제4권), 2019년 『영어 교과교육 연구의 이론과 실제』(제5권)에 이르기까지 여러 권의 도서가 영어교사, 예비교사, 연구자 등 다양한 독자들로부터 큰 사랑을 받아왔다.

이번에 출간되는 『교실 이야기를 담은 영어 읽기 지도』(제6권)는 기존 총서의 연장선에서 기획되었으면서도 영어교육 일선에서 활약하는 현장의 교사들이 주요 필진으로 참여하였다는 점에서 앞선 책들과는 차별화된 색깔을 가진다. 현장 중심의 영어교육을 지향하는 학회의 정체성에 부응하는 방향이기에 책의 내용을 기획하는 단계에서부터 기대가 컸다.

부푼 기대를 안고 도서 기획안을 마련하였을 무렵 코로나19 사태가 본격화되었다. 첫 만남을 위한 약속을 잡는 데만도 한참이 걸렸다. 이후로도 약속 시간과 장소를 계속해서 변경해야만 했다. 본래는 필자들이 제각기 구상한 방향대로 한 학기에 걸쳐 수업을 진행한 뒤 그 결과를 충실히 보고하는 형식으로 책 내용을 구성하고자 하였으나, 비대면 수업 상황 속에서 애초의 계획은 차질을 빚고 말았다. 그럼에도 생기 넘치는 교실 현장의 분위기를 최대한 담고자 노력했고, 책의 구성과 내용 또한 그간 내놓았던 책들에 비해 결코 뒤지지 않는다고 생각한다.

이 책은 총 아홉 개의 장으로 구성되었다. 전체적으로 이론보다는 실제적 측면에 방점을 두고 책이 기획된 가운데, 1장과 2장은 상대적으로 이론의 냄새가 짙다. 1장에는 읽기의 기본 개념과 효율적인 읽기 수업을 위한 제언을, 2장에는 읽기 자료의 선정을 위해 고려해야 하는 사항들을 담았다. 3장부터는 저자들이 영어교사로서 읽기 지도와 관련하여 현장에서 고민하는 내용을 다양한 관점에서 다룬다. 3장은 읽기를 통해 세상의 다양한 측면에 대해 비판적으로 사고할 수 있는 능력을 기르는 방안을 논의한다. 4장은 창의적 인재 양성이라는 근래의 교육적 화두에 주목하여 학습자들의 창의성을 키워내는 방안으로서 협동 수업 읽기 지도를 제안한다. 5장은 다독 수업을 위한 다양한 활동들을 소개하고, 효과적인 다독 수업 설계를 위한 실제적인 제언을 담았다. 6장은 시나 단편 소설 등의 문학적 재료를 바탕으로 학습자들의 문학적 감수성을 일깨우는 읽기 수업을 제안한다. 7장은 정보 추출을 목적으로 진행하는 읽기 수업의 실제에 대해 다룬다. 8장은 읽기 수업에 있어 목적을 분명히 하여 그에 걸맞은 수업을 진행해야 함을 강조한다. 특히 읽기와 쓰기를 연계하여 진행할 수 있는 방안에 대한 고민을 나눈다. 마지막으로 9장은 거꾸로 학습에 대해 소개한다. 거꾸로 학습을 적용한 읽기 수업의 효율적 진행을 위해 필요한 노하우가 담겼다.

  이 책이 세상의 빛을 보기까지 많은 분들의 노고와 정성, 그리고 지원과 기다림이 있었다. 벌써 여섯 번째 총서에 이르기까지 지원을 아끼지 않으신 한국문화사 측에 진심으로 감사드린다. 정경옥 회장님과 학회의 임원들께서도 저자들이 편안한 마음으로 집필 작업에 열중할 수 있도록 한결같은 지지를 보내주셨다. 무엇보다 어려운 상황 속에서도 열정을 가지고 함께 집필 작업에 참여해주신 선생님들께 가장 큰 감사 인사를 올리는 것이 옳겠다. 각 장을 다채롭고 풍성하게 꾸며주신 박현민, 한신실, 이은미, 조명연, 안혜선, 이수열, 민채령 선생님께 고개 숙여 감사의 말씀을 올린다. 특별히 2장을 집필해주신 배지영 교수님께 감사드린다. 교수님이 계시지 않았더라면 이 책이 완성되지 못했을 것이다.

  어떻게 하면 더 좋은 영어 읽기 수업을 해볼 수 있을까 고민하는 독자들에게 가깝게 다가설 수 있는 책이 되기를 희망해 본다.

2021년 2월
필진을 대신하여 이상기

차례

머리말 · v

제1장 읽기 지도의 기초

1.1 읽기 기능의 중요성 ·· 2
1.2 읽기의 정의적 특징 ··· 4
1.3 효과적인 영어 읽기 교육을 위해 고려할 사항들 ················· 6

제2장 교실 읽기 자료 선정

2.1 읽기 자료 선정을 위한 선행 조건 ······································ 22
2.2 읽기 자료 선정 기준: 정량적 측정(Quantitative Measures) ······ 27
2.3 읽기 자료 선정 기준: 정성적 측면(Qualitative Aspects) ········· 36
2.4 마무리하며 ·· 44

제3장 비판적 사고력을 기르는 읽기 지도

3.1 비판적 읽기(critical literacy)의 개념 ··································· 48
3.2 비판적 읽기 수업 준비하기 ··· 50
3.3 수업의 실제 ·· 52
3.4 도움이 될 읽기 자료 ·· 86

제4장 창의성을 기르는 협동 수업 읽기 지도

4.1 창의적 인재 양성과 협동 수업 읽기 지도의 필요성 ············· 90
4.2 창의성을 기르는 협동 읽기 수업 준비하기 ························ 93
4.3 수업의 실제 ·· 97
4.4 활동에 관한 참고 사항 ·· 117

제5장 평생 독자로의 성장을 돕는 영어 다독

5.1 다독(extensive reading)의 개념 ·· 120
5.2 다독 수업 준비하기 ·· 122
5.3 수업의 실제 ·· 133
5.4 도움이 될 자료: 시작하는 다독 수업을 위해 ······················ 154

제6장 문학적 감수성을 기르는 읽기 지도

6.1 문학적 감수성의 개념 ··· 158
6.2 문학적 감수성을 기르기 위한 읽기 수업 준비하기 ············· 161
6.3 수업의 실제 ·· 165
6.4 도움이 될 읽기 자료 ··· 188

제7장 세상을 보는 눈을 키워주는 정보 추출 목적의 읽기

7.1 정보 추출 목적의 읽기의 개념 · 192
7.2 정보 추출 목적의 읽기 수업 준비하기 · 194
7.3 수업의 실제 · 196
7.4 도움이 될 읽기 자료 · 225

제8장 목적이 이끄는 읽기 수업

8.1 읽기의 목적 설정하기 · 228
8.2 목적이 이끄는 읽기 수업 준비하기 · 231
8.3 수업의 실제 · 236
8.4 도움이 될 읽기 자료 · 251

제9장 수업 시간을 200% 활용하는 읽기의 거꾸로 학습

9.1 거꾸로 학습(Flipped Learning)의 개념 · 254
9.2 거꾸로 학습을 적용한 읽기 수업 준비하기 · 257
9.3 수업의 실제 · 261
9.4 도움이 될 읽기 자료 · 284

찾아보기 · 287
저자 소개 · 290

제1장

읽기 지도의 기초

이상기
(한국교원대학교)

> 이상기는 서울대학교 영어교육과에서 학사학위와 석사학위를, 미국 하와이대학교에서 제2언어습득(Second Language Acquisition)으로 박사학위를 취득하였다. 2009년부터 한국교원대학교에서 근무하면서 많은 영어교사들을 만나왔고, 덕분에 학교 현장에 대해 간접적이나마 꽤 많은 경험을 할 수 있었다. 영어교육이 우리 사회에서 가지는 의미에 대해 특히 고민이 많다.

필자는 글을 아주 잘 읽는 편은 못된다. 동료들과 여러 가지 작업을 함께 하면서 필자의 경우 읽는 속도가 상대적으로 더디고 내용 파악에 좀 더 긴 시간이 소요되는 편이라는 사실을 알았다. 읽기에 있어 다른 사람들에 비해 시간을 조금 더 써야 한다는 것은 여러모로 상황을 불리하게 이끈다. 이를테면, 읽은 내용에 대해 상호 토론을 하게 되는 경우라면 한 박자가 늘 늦어 뒷북을 치는 상황이 벌어진다. 제한된 시간 동안 읽은 내용을 글로 정리해야 하는 경우라면 읽기에 추가로 소요된 시간만큼 후속하는 쓰기 과업의 수행에 있어 손해를 볼 수밖에 없다. 만일 내용마저도 정확히 읽어내지 못한 경우라면 그 결과는 참담함 그 자체일 뿐이다.

필자의 경험을 이어가자면, 읽기 과업의 수행에 있어 여러 가지 요인들이 개입하여 그 과정이 더욱 힘난해지는 경우들이 많았다. 영어로 된 글을 읽게 되는 상황에서 예를 들자면, 배경 지식이 결여된 채 글을 읽어야 하는 경우, 복잡한 문장 구조를 오해하여 글을 읽은 경우, 의미를 모르는 어휘를 빈번히 만나게 되는 경우, 목적을 망각하고 글을 읽게 되는 경우, 중간에 자꾸 다른 생각이 들어 흐름이 끊기게 되는 경우들이 특히 그러했다. 이 말을 뒤집어 이해해 보자면, 글을 잘 읽기 위해서 필요한 여러 가지 조건들을 생각해 볼 수 있다. 충분한 배경 지식을 바탕으로 글을 마주하는 것이 중요한 일이 될 것이며, 문장 구조에 대한 지식과 어휘 지식도 부족함 없이 갖추어야 한다. 글을 읽는 과정에서는 글 읽는 목적을 늘 염두에 두어야 할 것이며, 스스로의 이해도를 끊임없이 점검하며 집중력을 잃지 않도록 하는 일도 중요하다. 글을 잘 읽는다는 것은 생각보다 쉽지 않은 일임이 분명하다. 읽기란 무엇이고 읽기를 잘하기 위해서는 어떠한 점을 고려해야 할 것인가?

1.1 읽기 기능의 중요성

읽기는 언어의 주요 4기능 중의 하나이다. 이때 읽기와 듣기를 묶어 수용적 기능(receptive skills), 쓰기와 말하기를 묶어 생산적 기능(productive skills)이라 이른다. 또한 읽기와 쓰기를 묶어 문어 기능(written skills), 듣기와 말하기를 묶어 구어 기능(oral skills)이라고도 한다. 주지하듯, 인간은 언어를 배워 활용하는 과정에서 네 개의 기능 중 듣기 기능을 가장 먼저 갖추게 된다. 태어나면서부터 (혹은 그 이전부터) 주어지는 언어 입력에 대한 끊임없는 노출은 인간으로 하여금 듣기 기능을 숙련하여 생존을 위한 기본적인 발판을 마련하게끔 한다. 말하기 역시 매우 이른 시기부터 익히게 되는 기능이다. 생후 4~6개월 정도부터 아이는 옹알이를 통해 말하기 기능을 본격적으로 연마하기 시작한다. 돌 무렵이 되면 대부분의 아이들이 주변에서 흔하게 사용되는 한 두 단어의 말을 할 수 있게 되고, 두 돌 즈음이 되면 적어도 50개 이상의 단어들을 통해 의사소통할 수 있는 능력을 갖춘다. 성인의 문법 체계를 완성하게 되는 4세가 되면 말하기 기능의 숙련도가 더욱 높아지게 되고, 그 결과 말하기를 통해 다양한 종류의 언어 기능(language functions)을 수행할 수 있게 된다. 질문을 하거나 명령을 내리거나 상황을 묘사하여 전달할 수 있음은 물론, 상상하여 이야기를 꾸며 말할 수 있는 능력도 갖춘다. 듣기와 말하기는 이렇듯 인생에 있어 매우 이른 시기에 완성되는 것으로서, 인간을 인간답게 하는 기능이자 생존을 위한 필수적 기능이다.

인간이라면 누구나 듣고 말할 수 있음에 비해, 읽기와 쓰기는 그저 저절로 학습되는 기능이 아니다. 미국의 경우 글을 읽고 쓸 수 없는 사람들의 수가 1,600만 명으로, 인구

대비 비율이 8%에 이른다. 중국의 경우 서로 의사소통을 할 수 없는 일곱 개 방언의 화자들 간 상호 의사소통을 돕고자 1950년대 중반부터 보통화를 개발하여 보급에 힘썼다. 그러나 2017년 통계에 따르면 보급률이 73%에 그친다고 하니, 반세기가 훌쩍 넘은 지금의 시점까지도 보통화를 읽고 쓸 수 없는 중국인이 전체 인구의 1/4을 차지하고 있다는 말이다.

듣고 말하기 기능과는 달리 읽기와 쓰기 기능을 본격적으로 익히기 위해서는 인지적 체계가 충분히 발달해야 한다. 특히 언어에 대한 인지적 이해가 중요한 전제 조건으로, 이를 포착하는 개념이 메타언어적 인지(metalinguistic awareness)이다. 읽기와 쓰기 기능에 대한 학습이 가능해지는 시기는 메타언어적 인지가 발달하게 되는 시기로서, 대개 학령기 즈음이 그에 해당한다. 듣고 말하기 기능의 경우 언어 입력에 대한 노출을 통해 자연스럽게 익힐 수 있음에 비해, 읽기와 말하기 기능은 노출만으로는 사실상 습득이 불가능하다. 그래서 발달 시기에 맞춰 적절한 방식의 교수학습이 반드시 이뤄져야 한다.

본서에서 초점을 두고 있는 읽기가 모든 인간에게 주어지는 기본적인 언어 능력은 아니라는 점, 그 능력은 학교에 들어가는 시기, 즉 메타언어적 인지가 발달하는 시기부터 별도의 교수학습적 처치를 통해 개발되는 것이라는 점에 다시 한번 주목할 필요가 있다. 요컨대, 영어를 모국어로 배우는 원어민 화자들을 듣고 말하는 측면에서 따라잡는다(?)는 것이 쉽지 않은 일임에 비해 읽기는 (쓰기와 더불어) 영어를 외국어로 배우는 우리 학생들이 한번 해볼 만한 영역이다.

외국의 경우 1980년대, 국내의 경우 1990년 후반에 접어들면서 의미 중심의 의사소통을 강조하는 영어교육이 주목을 받기 시작했다. 그 결과 읽기와 문법 중심의 학교 교육에 듣기와 말하기의 구어 요소가 추가되었다. 2000년대 후반에 들어서는 듣고 말하는 능력에 보다 중점을 두고자 국가영어능력시험의 개발에 대한 대대적인 투자가 이뤄지기도 하였다. 영어교육과 관련한 이러한 정책적 흐름은 사실상 읽기 교육에 대한 약화를 의미했다. 읽기 교육에 대한 강조는 자칫 시대에 역행하거나 시대정신을 온전히 반영하지 못한 결과처럼 해석되기도 하였다. 1994년부터 시작하여 단일 시험 체제로는 단군 이래 가장 긴 수명을 자랑하고 있다는 대학수학능력시험에서의 읽기 시험의 타당성을 두고도 끊임없는 설왕설래가 있었다. 맥락이 결여된 쪼가리 글을 바탕으로 고등 사고능력을 요구하는 것이 과연 타당한 읽기 시험의 방향이 될 것이냐에 대해 의구심이 일었고, 그러한 방식으로의 평가가 학습자들의 의사소통능력의 진작에 도움이 될 바가 없으리라는 비판이 제기되었다.

그러나 구어 중심의 의사소통능력에 대한 이러한 강조에도 불구하고 학교 현장에서의 영어교육에서는 읽기가 여전히 중요한 위치를 점하고 있다. 대학수학능력시험의 영어영역의 경우 읽기가 차지하는 비중이 전체의 2/3에 달한다. 또한 정보를 구하는 기본적인 창구가 된다는 읽기 기능의 특성을 고려할 때 21세기 지식산업 시대를 살아가는 현대인들에게 읽기 기능은 그만큼 중요한 의미를 가진다. 특히 범람하는 정보들 속에서 필요한 것을 취사선택하고 종합하여 새로운 정보를 구성하는 능력을 키워줄 수 있는 방향으로의 읽기 교육이 반드시 필요한 시점이라 하겠다.

1.2 읽기의 정의적 특징

읽기를 정의하는 데 있어 가장 중요한 개념이 '상호작용(interaction)'이다. 먼저 전통적 관점에서의 읽기는 저자와 독자 간의 상호작용을 강조한다. 문자 언어를 매개로 한다는 점에서 공통점을 가지게 되는 읽기와 쓰기는 마치 동전의 양면과도 같아서, 문자 언어를 통해 저자의 메시지를 파악하는 것이 읽기의 과정이며 문자 언어를 통해 독자에게 메시지를 전달하는 것이 쓰기의 과정이라 이해된다. 이때 저자가 전달하고자 하는 메시지의 실체를 정확하게 파악하는 것이 읽기의 가장 중요한 목적이 된다. 따라서 저자의 입장에서 글을 읽고 그와 적극적으로 상호작용하고자 하는 자세를 갖춰야 할 필요가 있다. 한편, 이러한 관점에서는 상향식(bottom-up) 독해 과정이 보다 강조된다. 즉, 독자는 독해의 기초가 되는 글자, 음절, 단어, 구문, 문장을 이해하고 그것들을 종합하는 과정을 통해 전체 의미에 대한 이해에 도달하게 된다.

『The Death of the Author』. 프랑스의 구조주의 기호학자 롤랑 바르트(Roland Barthes)가 1967년 펴낸 책의 제목으로, 읽기에 있어 저자의 관점을 배제해야 할 필요성을 강조하는 의미로 이해된다. 읽기 과업의 수행에 있어 저자의 의도는 더 이상 중요한 것이 아니다. 독자가 어떠한 내용의 자원을 바탕으로 텍스트와 마주하게 되느냐가 더욱 중요하게 된다. 그리하여 동일한 텍스트라 할지라도 독자가 가진 배경 지식의 구체적 내용에 따라 그 해석이 달라질 여지가 충분하다. 읽기는 저자와 독자 간의 상호작용이라기보다는 독자와 텍스트 간의 상호작용으로 이해된다.

보다 근래 들어 읽기 과정은 구성주의적 관점에서 이해된다. 지금껏 독자의 심리언어학적 자원이 읽기 과정에 작용하는 역동성에 초점이 맞춰져 왔다면 구성주의적 관점에서 보자면 독자의 사회문화적 자원 배경이 독해 과정에 있어 더욱 중요한 역할을 하게 된다. 그래서 읽기를 통해 구하게 되는 의미는 독자가 자신이 처한 사회문화적 맥락에서 내용을 다시 구성한 것이라 이해된다. 모든 지식이 그러하듯, 읽기를 통해 추출하게 되는 의미 역시 미리 정해진 바가 없다는 뜻이다.

독자의 심리언어학적 자원 및 사회문화적 자원이 읽기 과정에 작용하는 역할을 강조하는 입장에서는 하향식(top-down) 독해 전략이 보다 중요시된다. 어떠한 배경 지식을 가지고 읽기에 임하였는가에 따라 읽기의 과정 및 결과가 달라질 것이라 본다. 이와 관련하여 Lee(2009)의 연구의 예를 들어보면 다음과 같다. 그는 독자들 사이에서 논란이 될법한 주제로 안락사를 선택하였고, 안락사에 찬성하는 입장에서의 글과 반대하는 입장에서의 글 두 가지를 준비하였다. 60명의 한국인 영어학습자를 대상으로 그들이 안락사에 대해 가지는 태도를 사전 조사하였고, 그들로 하여금 안락사에 대한 두 가지의 서로 다른 관점이 드러나는 텍스트를 읽도록 하였다. 요컨대, 연구에 참여한 독자들은 소위 주제 일치도(topic congruence) 변인에 있어 서로 다른 조건 하에서 글을 읽었다. 자유 기억 과업(free recall task)을 통한 사후 검사에서는 지문에서 정보 가치가 높은 내용과 정보 가치가 낮은 내용을 나누어 각각에 대해 어느 정도 기억을 하게 되는지 살폈다. 연구 결과, 정보 가치가 높은 내용에 대한 기억의 정도에 있어서는 읽기 조건에 따른 유의미한 차이가 나타나지 않았다. 그러나 정보 가치가 낮은 내용에 대한 기억에 있어서는 본인들의 믿음에 부합하지 않는 읽기 조건, 즉 주제가 일치하지 않는 조건(topic incongruent reading condition)에서 글을 읽은 경우 더욱 많은 내용을 기억했다. 거꾸로 말하자면, 이러한 연구 결과는 본인의 견해와 일치하는 내용의 글을 읽게 되는 경우 세부 내용에 대한 기억에 있어 부정적인 영향이 있을 수 있음을 보여준다. 독자의 사전 배경 지식과 믿음 및 태도가 글 읽기에 영향을 미칠 수 있음을 시사하는 연구 결과라 하겠다.

1.3 효과적인 영어 읽기 교육을 위해 고려할 사항들

이번 절에서는 영어 읽기 지도의 효율성을 제고하기 위해 고려해 볼 수 있을법한 내용들 몇 가지를 정리하여 보았다. 먼저 능동적 읽기의 중요성에 대해 살펴보자.

1.3.1 능동적 글 읽기의 중요성

무슨 일에 있어서든 능동적인 참여자와 수동적인 참여자가 구분될 수 있다. 수동적 참여자는 주어진 과업에 전념하지 못하고 주변인으로서 겉돌 뿐이다. 당연히 과업 성취도가 낮다. 능동적 참여자는 긍정적인 태도와 관심을 가지고 과업 수행에 있어 적극적인 자세로 임한다. 스포츠 관람을 생각해보면 이해가 쉽다. 예를 들어, 야구 경기를 관람하는 데 있어 적극적 참여자는 응원가를 따라 부르고 파도타기 응원에도 참여하며 선수들의 움직임 하나하나에 세심한 관심을 기울인다. 응원하는 선수들이 잘하면 박수를 보내고, 기대에 미치지 못하는 플레이를 보이면 탄식을 내뱉는다. 읽기에서도 마찬가지이다. 능동적인 독자는 읽기 과업 자체에 대해 적극적으로 참여한다. 텍스트와 끊임없이 교감하고 읽기 과업에 보다 집중력을 가지고 임하며 그 과정에서 즐거움을 찾는다. 능동적인 독자가 수동적인 독자에 비해 여러 측면에서 더욱 큰 성과를 얻을 것이라는 사실에는 의심의 여지가 없다.

능동적인 독자의 특징을 좀 더 알아보기 위해 수동적 독자가 보이는 일반적인 태도와 대비하여 살펴보면 다음과 같다(McWhorter, 2005). 먼저 능동적인 독자는 주어진 과업의 구체적인 내용을 정확히 파악하여 그에 적합한 글 읽기를 수행한다. 주어진 과업이 무엇인가와는 무관하게 동일한 글 읽기 방식을 채택하는 수동적 독자의 모습과 대비된다. 능동적 독자는 주어진 과업의 목적이 무엇인지를 분석하면서 읽는다. 그에 비해 수동적 독자는 읽기 과업이 주어졌기에 그저 수동적으로 글을 읽을 뿐이다. 능동적 독자는 목적에 맞춰 글을 읽는 속도를 조절할 줄 안다. 수동적 독자가 무엇이든 동일한 속도로 글 읽기를 수행하는 모습과 잘 대비된다. 능동적 독자는 본격적으로 글을 읽기에 앞서 제목을 비롯하여 그림과 사진 등의 시각적 자료를 먼저 살핀다. 그를 통해 자신이 읽게 되는 글의 내용이 무엇에 관한 것인지 미리 파악할 줄 알고 읽기 후 수행해야 하는 과업에 맞춰 전략을 적용할 줄도 안다. 그에 비해 수동적 독자는 읽어야 하는 텍스트의 길이에만 집착한다. 무슨 내용이 주어지든, 읽기 후 수행해야 하는 과업이 무엇이든 그저 묵묵히 읽기에 몰두할 뿐이다. 능동적 독자는 자신의 읽기 수행에 대해 적극적으로 모니터링 한다. 이해가 어려운 부분에 대해서는 적절한 시점에 다시 읽기를 수행한다. 읽는 과정에서 핵심이 되는 말에 밑줄을 긋고, 주요 어휘에 표시를 하고, 필요한 경우 여백을 활용하여 내용을 정리하기도 한다. 수동적 독자의 읽기 과정에서는 텍스트와 상호작용하는 모습을 찾아볼 수 없다. 능동적 독자는 주어진 텍스트를 읽은 후 본인의 경험과 배경 지식에 비추어 비판적 견지에서 내용을 적절히 재조직한다. 텍스트의 내용 파악에 집착할 뿐 비판적이고 종합적인 사고를 할 수 없는 수동적 독자의 모습과 분명한 대비를 이룬다. 마지막으로 능동적 독자는 수동적 독자와는 달리 글 읽기 과정에서 자신에게 적합한 전략이 무엇인지를 경험을 통해 알고, 그것들을 적재적소에 동원하게 된다.

능동적 독자와 수동적 독자는 이렇듯 읽기 전, 읽기 중, 읽기 후의 전 과정을 통해 꽤 선명히 차별된다. 그리고 이는 다양한 측면에서 두 독자 간의 차이를 가져온다. 능동적 독자가 수동적 독자에 비해 읽기 이해도가 높은 것은 말할 것도 없다. 능동적 독자는 읽은 내용의 대의가 무엇인지를 정확하게 파악할 줄 알고, 글쓴이가 메시지를 강화하기 위해 동원하는 세부 정보가 무엇이고 전체 글에서 그것이 어떻게 기능하는지를 안다. 능동적인 독자에게 읽기는 마치 야구 경기와도 같아서, 능동적인 관중이 경기에 몰두하여 즐거움을 느끼는 것과 마찬가지로 그에게 읽기는 몰입의 대상이요, 즐거움의 원천으로 여겨진다. 능동적 독자의 적극적인 읽기 과업 수행과 긍정적인 읽기 경험은 후속하는 글 읽기 과업에 있어 중요한 자산으로 작용한다. 이렇듯 선순환 고리를 만들어낸 능동적 독자와 그렇지 못한 수동적 독자 간의 격차는 시간이 갈수록 더욱 벌어지고 만다.

능동적 독자를 키우기 위해서는 교사의 적극적인 중재와 노력이 필요하다. 선천적인 성향에서 기인하는 측면을 물론 무시할 수 없겠으나, 인간은 누구나 충분한 잠재력을 갖추고 있다. 독서 능력도 마찬가지여서 독자가 처음부터 읽기를 잘할 것이라 기대할 수는 없다. 학습자가 가진 잠재력을 파악하고 그로 하여금 능동적인 독자가 될 수 있게끔 다양한 방식의 교수학습 처치를 제공해야 한다. 주어진 과업의 실체가 무엇인지를 파악할 수 있게끔 연습의 기회를 제공하고 과업에 따라 읽기 속도를 비롯하여 읽기의 여러 가지 측면이 달라질 수 있음을 보여야 한다. 본격적인 읽기 과업 수행에 앞서 제목과 소제목, 그림 및 사진 자료들을 살펴 배경 지식을 활성화하고 읽을 내용에 대해 예측하는 등 다양하고 효율적인 읽기 전 전략을 적용하는 법을 익히도록 해야 한다. 읽기를 수행하는 과정에서는 필요한 부분에 선택적 집중을 할 수 있도록 유도하고, 메모하기, 노트하기 등의 전략을 효율적으로 적용할 수 있도록 교수해야 한다. 읽기 후에는 읽은 내용에 대해 비판적으로 성찰하고 기존의 지식에 비추어 내용을 평가하여 새로운 지식 체계를 구성해 낼 수 있도록 도와야 한다. 나쁜 읽기 습관이 굳어져버리지 않도록, 읽기를 통한 경험이 부정적인 것으로 독자의 인식 속에 자리 잡지 않도록, 교사는 가급적 서둘러 적극적으로 교육적 중재에 임해야 한다. 훌륭한 독자는 능동적인 독자이며, 그러한 독자는 타고나는 것이 아니라 길러지는 것임을 잊지 말아야겠다.

1.3.2 배경 지식 확장하기, 모국어로 글 읽기, 우연적 학습 피하기

Lee(2007)의 연구는 배경 지식이 독해 과정에 미치는 지대한 영향을 잘 보여준다. 해당 연구에서는 한국인 고등학생들이 서로 다른 내용을 다루는 두 가지의 텍스트를 읽었다. 하나는 한국인들에게 친숙한 주제로서 백일, 돌, 환갑의 내용을 다뤘다. 다른 하나는 이집트인들의 내세에 대한 믿음과 미라화(mummification) 과정을 소개했다. 읽기 과업 수행 후 연구 참여자들의 이해도를 확인한 결과 전자의 텍스트에 대한 이해의 정도가 통계적으로 유의미한 수준에서 더욱 높았다. 친숙한 주제의 내용을 읽게 되는 경우 독자들은 활성화된 배경 지식을 바탕으로 독해에서 유리한 지점을 점할 수 있었던 것이다.

우리가 경험을 통해 이미 습득한 배경 지식의 구조를 스키마(schema)라고 부른다. 스키마는 새로운 경험을 해석하는 방식에 영향을 미친다. 읽기에서도 마찬가지여서 스키마를 가지고 과업에 임하게 되는 경우 읽기 과정에 보다 적은 수준의 인지 자원이 동원되며, 읽기 후 이해의 정도는 더욱 커지게 된다. 한편, 스키마는 내용 스키마(content schemata)와 형식 스키마(formal schemata)의 두 가지로 나뉜다. 이름 그대로 전자는 내용과 관련된 배경 지식 구조를, 후자는 형식적 측면에서의 배경 지식 구조를 의미한다. 형식 스키마의 예를 들자면 비즈니스 서식을 읽게 되는 경우 해당 서식의 구조적 특징에 대한 배경 지식이 있을 때 글 읽기가 더욱 손쉽게 된다.

스키마의 역할과 관련하여서 흥미로운 내용 하나를 소개한다. 아래 제시하는 텍스트는 Anderson, Reynolds, Schallert와 Goetz(1977)의 연구에서 실제 사용된 것이다. 무엇에 관한 내용일까?

> Rocky slowly got up from the mat, planning his escape. He hesitated a moment and thought. Things were not going well. What bothered him most was being held, especially since the charge against him had been weak. He considered his present situation. The lock that held him was strong but he thought he could break it. He knew, however, that his timing would have to be perfect. Rocky was aware that it was because of his early roughness that he had been penalized so severely - much too severely from his point of view. The situation was becoming frustrating: the pressure had been grinding on him for too long. He was being ridden unmercifully. Rocky was getting angry now. He felt he was ready to make his move. He knew that his success or failure would depend on what he did in the next few seconds.

Anderson 외(1977)에 따르면 인문사회계열의 전공을 하는 대학생들의 경우 위 지문을 감옥에 수감되어 있는 Rocky의 이야기로 읽었다. 그러나 체육을 전공하는 대학생들의 거의 대부분은 레슬링 경기에서 불리한 상황에 처해 있는 Rocky의 이야기로 내용을 이해했다. 동일한 텍스트에 대한 이해가 천양지차로 달라질 수 있음을 잘 보여주는 예시라 하겠다.

다음으로 1.3.3절에서도 그 중요성이 재차 언급되겠지만, 글의 제목은 스키마의 활성화 및 그를 바탕으로 한 텍스트의 이해에 지대한 영향을 미친다. 다음의 글을 천천히 읽어보도록 하자.

> The procedure is actually quite simple. First you arrange things into different groups. Of course, one pile may be sufficient depending on how much there is to do. If you have to go somewhere else due to lack of facilities that is the next step, otherwise you are pretty well set. It is important not to overdo things. That is, it is better to do too few things at once than too many. In the short run this may not seem important but complications can easily arise. A mistake can be expensive as well. At first the whole procedure will seem complicated. Soon, however, it will become just another facet of life. It is difficult to foresee any end to the necessity for this task in the immediate future, but then one never can tell, After the procedure is completed one arranges the materials into different groups again. Then they can be put into their appropriate places. Eventually they will be used once more and the whole cycle will then have to be repeated. However, that is part of life.

위에 제시된 글을 읽는 대부분의 독자는 그것이 무엇에 관한 이야기인 것인지 의아해 할 것이다. 이는 실제 Bransford와 Johnson(1972)의 실험 연구에 적용된 읽기 자료이다.

몇 번을 읽어도 무슨 이야기인지 모르겠다는 독자들은 읽기 자료의 제목이 'Washing Clothes'라는 사실을 알게 되었을 때 아마도 대부분 허탈함에 쓴웃음을 지을 것이다. 또한 제목을 알고 글을 다시 읽게 된다면 글 읽기가 비교할 수 없을 정도로 손쉽게 느껴질 것이다.

한편, 배경 지식의 중요성을 감안하였을 때 강조하고 싶은 부분은 모국어 읽기를 통한 배경 지식의 확장이다. 기본적으로 영어 읽기는 한국인 영어 학습자들에게는 이중의 과업이다. 모국어가 아닌 제2언어로서의 영어로 된 텍스트를 읽기 위해서는 언어적 능력과 함께 읽기를 통한 정보 처리 능력이 동시에 요구되기 때문이다. 우리말로 쓰인 다양한 장르의 다양한 소재를 다루는 글을 읽어두면 그것들은 독자의 상식과 세상 지식(world knowledge)이 되고, 그것이 영어 읽기를 수행하는 장면에서 배경 지식으로 작동하여 과업의 수행에 긍정적으로 기여하게 된다. 영어로 된 글이냐, 한국어로 된 글이냐의 차이만 있을 뿐 어느 쪽 언어로든 읽기를 통해 입력된 정보는 독자의 인지적 체계 안에 흔적을 남기게 된다. 물론 그 흔적이 얼마만큼 유의미한 것이겠느냐는 점은 개별 독자의 성향 및 인지적 능력 등의 내재적 요인과 교사의 중재 노력 등의 환경적 요인에 달려 있다. 어찌 되었든 분명한 사실로 영어 읽기를 잘하는 독자는 한국어 읽기를 잘하는 독자이며, 한국어 읽기를 잘하는 독자가 영어 읽기를 잘할 가능성이 더욱 높다. 단언컨대, 한국어 모국어 화자가 한국어 글 읽기는 잘 못하면서도 영어 글 읽기를 특별히 잘하게 될 가능성은 매우 희박하다.

또 한편, 앞서 언급한 Lee(2007)의 연구에서 흥미로운 점은 친숙한 주제의 글을 읽었을 경우 읽기 이해도가 높아졌을 뿐만 아니라 문법 항목의 습득에 있어서도 긍정적인 영향이 있었다는 사실이다. 'Learning by doing something else,' 즉 다른 과업을 수행하면서 학습을 하게 되는 우연적 학습(incidental learning)의 가능성을 엿볼 수 있는 대목으로, 보다 구체적으로 해당 연구는 우연적 문법 학습의 사례에 해당한다. (참고로 우연적 학습에는 우연적 문법 학습과 함께 우연적 어휘 학습이 있다.)

우연적 학습은 제2언어 습득에 있어 명시적인 학습에 비해 암시적인 학습 방식을 권고하는 근래의 시대적 흐름에 부합한다. 명시적인 학습이 얼핏 효과가 더욱 큰 것으로 보이나 사실 그것은 교수학습의 효과를 직접적으로 살핀 연구들의 대부분이 단기간에 걸친 효과만을 보고하고 있기 때문일 수 있다(Norris & Ortega, 2000). 보다 장기간에 걸친 효과에 대한 정확한 정보가 부재한 가운데, 암시적 방식으로의 학습이야말로 학습자의 언어 인지 체계에 더욱 유의미한 변화를 가져오게 될 가능성이 있다(cf. Doughty, 2001). 암시적 학습은 학습자로 하여금 자신의 언어 체계와 목표 언어 체계에 대한 분석, 비교 및 대조의 과정에 있어 더욱 능동적으로 임하게 하여 입력의 내면화 과정에 보다 긍정적으로 작용할 수 있는 것이다.

물론 읽기를 통한 문법에 대한 부수적인 학습에 학습자들이 수월성을 가지고 임할 수 있기 위해서는 교사의 정교한 중재적 처치가 반드시 필요하다. 우연적 학습은 주된 과업의 수행에 대한 인지적 부담이 덜하여 여유분에 해당하는 인지적 자원이 부수적 과업 수행에 용이하게 작용하리라는 가정에 바탕을 둔다(cf. Robinson, 2003). 따라서 주 과업 수행에 대한 부담을 덜어주기 위한 방안으로, 읽기 자료를 준비함에 있어 학습자의 스키마를 고려하여 보다 친숙한 주제의 것을 선택할 필요가 있다. 또한 동시에 학습자가 목표가 되는 문법 항목(우연적 어휘 학습의 경우에는 목표가 되는 어휘 항목)에 효율적으로 주목할 수 있도록 노력을 기울여야 한다(cf. Schmidt, 2001; Noticing Hypothesis). 예를 들어 목표 항목의 출현 빈도를 높여 제시함으로써 빈도 기반 학습(frequency-based learning)의 가능성을 꾀하거나(Ellis, 2009; Ortega, Lee, & Miyata, 2018), 목표 항목을 시각적으로 도드라지게 처리하여 입력의 현저성(salience)을 높여볼 수 있다(Lee, 2008; Lee & Huang, 2008).

1.3.3 전략적 글 읽기

글 읽기의 효율을 높이기 위해서는 읽기 전, 읽기 중, 읽기 후의 전 과정에 통해 단계별로 적절한 방식의 전략을 동원할 필요가 있다. 읽기에 동원되는 전략들은 마치 전쟁터에서의 무기와도 같아서, 전략 없이 글을 읽는다는 것은 무기 하나 없이 중무장한 적과 마주하는 일과 크게 다름이 없다. 읽기 과정에 적용해 볼 수 있는 전략들 몇 가지를 정리해 보면 다음과 같다. 한편 강조하고 싶은 내용으로, 교사는 읽기 전략을 학습자가 스스로 터득하기를 기다리지 말고 보다 직접적으로 개입하여 그것을 교수의 대상으로 삼도록 해야 한다. 설명만으로도 충분치 않다. 각각의 전략을 적용하기에 적합한 텍스트를 선정하여 직접 시범을 보이고 충분한 연습의 기회를 제공해야 한다.

1) 스캐닝(scanning)

요즘 세상엔 읽을거리가 가득 차고도 넘친다. 본서의 집필을 위해 도움이 될 만한 자료가 무엇이 있을까 찾아보는 과정에서도 감당하기 어려울 만큼의 자료를 만났다. 이때 핵심은 내가 필요로 하는 자료가 정확히 무엇이고 그것이 어디에 있는지를 빨리 알아보는 능력이다. 내가 필요로 하는 정보만을 빠른 시간 안에 찾아 해결할 수만 있다면 사실 나머지 텍스트는 읽을 필요가 없다.

스캐닝을 위해서도 하위 전략이 필요하다. 찾고자 하는 정보가 무엇인지를 정확하게 인지하고 그것에 집중하여 대강의 내용을 빠른 시간 내에 파악해야 한다. 예를 들어, 표나 그림을 만나는 경우 제목을 먼저 읽어 그 내용이 무엇인지를 파악하고, 보다 자세한 내용을 과연 살펴볼 필요가 있을지를 재빨리 결정해야 한다. 특정 인물의 이름을 찾아야한다면 자료를 전체적으로 훑으며 대문자로 시작하는 두 단어만을 찾아 읽을 수 있다. 특정 용어의 정의를 찾아야 하는 경우라면 볼드체 혹은 이탤릭 표기된 부분에 주목하거나 정의를 내리는 데 유용하게 쓰이는 표현들을 찾아볼 수 있다(e.g., is referred to as, is defined as, means, is termed). 또한 스캐닝을 위해서는 연결사 표현에도 주목해야 한다. 예를 들어, therefore, hence, because, consequently, for that reason, as a result 등의 연결사가 이유나 원인에 대한 언급의 징표임을 알아야 한다. 유의해야 할 점으로 스캐닝이 비록 효율적인 읽기 전략임에는 분명하나 스캐닝을 통해 확인한 정보는 정확도가 떨어지는 것일 수 있음을 알아야 한다. 스캐닝이 효율적으로 작동하는 사례와 그렇지 못할 수 있는 사례를 적절히 예시함으로써 학습자들의 주의를 환기시킬 필요가 있다. 그리고 스캐닝의 결과가 정확한 것이었는지를 후속 읽기를 통해 확인하는 절차를 반드시 가져야 하겠다.

2) 스키밍(skimming)

주어진 읽기 자료를 모두 빠짐없이 읽는다는 것은 경우에 따라 효율성이 떨어지는 일일 수 있다. 이때 동원할 수 있는 전략이 바로 스키밍이다. 우리말로는 '훑어 읽기'쯤으로 번역될 수 있겠다. 읽기의 목적을 정하고 그에 부합하는 방향으로 텍스트를 쭉 훑어 읽는다. 대략 전체 자료의 20~30%만을 읽는다고 생각하면 적당하다.

읽기의 목적에 따라 당연히 구체적인 내용이 달라져야 옳겠으나, 스키밍 전략을 적용할 때는 대개 다음의 내용들에 주의를 기울이게 된다. 먼저 제목이다. 제목은 글의 주제에 대한 단서를 제공할 뿐만 아니라 주제에 대한 글쓴이의 태도나 접근 방식까지도 잘 보여준다. 학생들과는 제목을 통해 읽게 되는 내용이 무엇인지 짐작해보는 훈련을 해볼 수 있다. 소제목도 마찬가지 맥락에서 중요하다. 다음으로 각 단락에서는 첫 줄을 꼭 읽어야 한다. 영어로 된 글의 경우 단락의 앞쪽에 핵심 문장이 위치할 가능성이 높기 때문이다. 첫 번째 단락과 마지막 단락에도 상대적으로 더욱 주의를 기울여야 한다. 첫 번째 단락은 글의 목적과 배경을 담고 있기 마련이고, 때로는 전체 내용에 대한 요약을 제공하기도 한다. 마지막 단락은 결론 혹은 요약에 해당하니 역시 중요하다. 시각적 자료들에도 주목해야 한다. 사진과 그림 자료를 눈여겨보면 글의 내용 및 흐름에 대한 중요한 단서를 찾을 수 있다. 또한 지도, 그래프, 차트, 도표 역시 글의 조직에 있어 매우 중요한 역할을 하게 됨을 이해해야 한다. 저자의 입장에서는 복잡한 글로 설명되는 내용이나 중요도가 높은 내용을 독자가 한눈에 알아보기를 바라는 마음에서 지도, 그래프, 차트, 도표 등을 활용한다. 글쓴이의 이러한 선의의 의도를 훌륭한 독자라면 놓쳐서는 곤란하다.

3) 어휘 의미 추론하기 및 사전 활용하기

읽기를 하다보면 모르는 어휘들을 만난다. 이때 읽기를 잘하는 독자는 (앞선 개념을 적용하여 말하자면, 능동적인 독자는) 모르는 어휘들에 대해 판단을 내릴 줄 안다. 즉, 사전을 찾아야 하는 단어인지, 자체의 모양을 잘 살펴 의미를 짐작해 볼 수 있는 단어인지, 문맥을 통해 의미를 추론할 수 있는 단어인지를 결정한다.

순서를 뒤집어 설명하자면, 어떤 단어들은 사전을 찾을 이유가 없다. 문맥을 통해 의미 추론이 가능하기 때문이다(cf. 이향미, 이상기, 2012). 글 쓰는 이는 독자에게 어려울 법한 단어를 선택하여 사용함에 있어 각종의 전략을 동원하기 마련이다. 직접적으로 어휘의 의미를 제공하기도 하고(e.g., A euphemism means a word or expression that you use instead of a more direct one to avoid shocking or upsetting someone.), 예시를 통해 의미를 상술하기도 하며(e.g., 'Pass away' is a euphemism for 'die.'), 대조되는 말을 통해 의미에 대한 단서를 제공하기도 하고(e.g., Instead of saying certain things in a direct and impolite way, by using a euphemism you can avoid shocking or upsetting someone.), 동의어나 의미를 상술하는 내용을 콤마, 괄호, 대쉬 등의 기재를 활용하여 다양한 방식으로 제공하기도 한다(e.g., A euphemism, an indirect and polite word or expression, is often used to avoid shocking or upsetting someone; A euphemism (an indirect and polite word or expression) is often used to avoid shocking or upsetting someone; A euphemism—an indirect and polite word or expression—is often used to avoid shocking or upsetting someone.).

한편, 많은 단어들은 그 생긴 모습을 잘 들여다봄으로써 의미에 대한 중요한 단서를 찾아볼 수 있다. 심지어 사전에도 등장하지 않는 말, 예를 들어 'ungiraffelike'과 같은 단어에 대해 우리는 그 의미를 '기린 같지 않은'으로 파악할 수 있다. 그것이 가능한 이유는 giraffe라는 단어의 기본 형태에 부정의 접두어 un-과 '~와 같은'의 의미의 형용사를 만들어주는 -like가 붙어 있기 때문이다(정확히는 접미사 -like가 먼저, 접두사 -un이 뒤에 붙었다. -un이 명사와는 어울리지 않기 때문이다). 이러한 방식으로 단어의 내부 구조를 해체하고, 접두사와 접미사에 대한 지식을 접목함으로써 꽤 많은 경우 단어들의 의미를 어렵지 않게 해결할 수 있게 된다. 따라서 자주 쓰여 생산성이 높은 어근과 접사들을 학습자들에게 적극적으로 교수해야 할 필요가 있다.

문맥을 통한 추론, 어휘 자체에 대한 분석을 통한 추론이 통하지 않는 경우에는 사전을 찾아야 옳다. 기본적으로 영어 학습자는 영어 사전과 반드시 친해져야만 한다. 예전 같으면 종이 사전이 유일했겠지만, 요즘엔 인터넷 사전도 흔하고 스마트폰으로도 사전을 손쉽게 접할 수 있다. 그것이 무엇이든 필요한 경우 사전을 찾아보는 것은 영어 읽기를 잘하기 위해 가져야 할 필수적인 습관이다. 다만 이때 중요한 것은 사전을 찾아보는 타이밍을 잘 고려해야 한다는 점이다. 즉, 글 읽기에 있어 사전을 잘 활용해야 한다는 말은 글을 읽는 과정에서 아무 때고 사전을 들춰보아야 한다는 뜻이 결코 아니다. 전체 글의 흐름을 이해하는 데 있어 방해가 되지 않는다면 사전 찾기를 읽기 과업 수행 이후로 미뤄두는 편이 더욱 좋다. 글 읽기에 있어 꼭 필요한 능력인 유창성(fluency)을 기르는 데 그다지 도움이 되지 못하기 때문이다. 그것이 문맥에서 어느 정도의 중요성을 가지는 것이냐에 따라 물론 달라지겠으나, 대개는 95~98%의 단어들의 의미를 알면 나머지 2~5%의 단어들은 그 의미를 몰라도 읽기 과업의 수행에 있어 큰 방해 요소로 작용하지 않는다(Nation, 2009). 이와 관련하여 교사는 어떠한 단어가 읽기 중 사전 찾기를 요하는 것인지, 읽기 후 사전을 찾는 것이 더욱 바람직한 경우는 어떠한 사례들인지 그 구체적인 예시를 학습자들에게 제공할 수 있어야 한다.

과거의 사전들이 기본적인 뜻을 제공하는 수준에서 머물고 있었다면 근래 널리 활용되는 사전들은 언어 활용의 실제 양상을 풍부하게 담고 있다. 어휘의 사용 빈도, 주로 사용되는 맥락(다시 말해 register 혹은 usage context에 대한 정보), 연어(collocation) 정보, 코퍼스에서 추출한 실제 문장의 예시 등이 그에 해당한다. 한편, 유의어 사전, 어원 사전, 속어(slang) 사전, 방언 사전 등 사실 사전의 종류는 매우 다양하다. 이때 학습자들의 경우 학습자 사전(learners' dictionaries)을 고르는 것이 바람직하다.

　단일 언어 사전(monolingual dictionaries)과 이중 언어 사전(bilingual dictionaries)으로 사전의 종류가 나뉘기도 한다. 전자는 쉽게 말해 영영사전에 해당하고, 후자는 영한사전 혹은 한영사전에 해당한다. 과거와 달리 요즘엔 사전들의 수준이 상향평준화되었기에 단일 언어 사전과 이중 언어 사전 중 사실상 어떤 것을 골라도 무방하다고 생각한다. 서점에 들러 내용을 직접 들춰보고 구미가 당기는 사전을 고르면 좋지 않을까 싶다. (다만 한 가지 분명히 할 수 있는 점으로, 하드 카피보다는 소프트 카피 사전을 추천한다. 하드 카피는 겉면이 딱딱한 재질로 되어 있는 사전이다. 그것은 값만 비쌀 뿐 편하게 사용하는 데 전혀 도움이 되지 않는다. 어디에서든 편하게 두고 봐야 하는 것이 사전인데, 딱딱한 재질의 사전은 그와 잘 어울리지 않는다. 만일 반쯤 누운 편한 자세로 사전을 이리저리 들추다가 그것을 떨어뜨려 모서리에 이마라도 찧는다면…)

　사전을 통해 어휘의 의미를 알게 되면 그 결과에 대해서 학습자 자신만의 노트를 만들 필요가 있다. 어휘 학습의 효과가 그리 오래 지속되지 못하기 때문이다. 어제 의미를 알았던 단어가 오늘 낯설게 느껴질 수 있고, 오전에 찾아보았던 단어의 의미를 점심 먹고는 다시 찾아야만 하는 경우가 비일비재하다. 한편, 사전을 통해 알게 된 어휘의 의미는 문맥으로부터의 추론을 통해 해결한 어휘의 의미에 비해 기억에서 더욱 빨리 사라지게 된다. 후자의 경우에 비해 전자의 경우 어휘 처리의 수준이 낮을 수밖에 없기 때문이다. 결국 문맥으로부터 그 의미를 추론하는 방식을 통해 보다 깊이 있는 어휘 처리가 가능하도록 유도하는 것이 어휘 학습에 있어 최선의 방책이라 하겠다.

1.3.4 읽기 지도를 위한 기타 제언들

　마지막으로 좋은 읽기 수업을 진행하고자 고민하는 교사들이 추가적으로 고민해 보았으면 하는 부분들을 짤막히 정리해 본다. 경우에 따라 앞서 논의했던 내용과 중복되는 부분이 있을 수도 있겠다.

1) 목적을 염두에 둔 글 읽기

독자는 끊임없이 글 읽는 목적을 염두에 두고 글을 읽어야 한다. 자신이 이해하고 있는 바가 올바른 것인지, 글쓴이의 생각과 독자 자신의 생각 사이에 괴리는 없는지 계속하여 읽기 과정을 모니터링 해야 할 필요가 있다. 참고로, 본서의 제8장에서 관련한 내용이 더욱 깊이 논의된다.

2) 대의를 파악하며 글 읽기

글쓴이가 전하는 메시지의 핵심을 정확하게 읽어야 한다. 무엇이 핵심 메시지인지를 파악할 수 있어야 하고, 핵심이 되는 메시지의 효율적인 전달을 위해 글쓴이가 어떠한 내용의 세부 정보(supporting details)를 동원하고 있는지를 알 수 있어야 한다. 즉, 글에 제시된 메시지들 간에 위계가 있음을 알고 그 위계를 실제 구분할 수 있는 능력을 갖춰야 한다. 이를 위해 교사는 읽기 후 과업으로 차트, 다이어그램(diagrams) 등의 그래픽 조직자(graphic organizers)를 활용하여 글에 제시된 내용들 사이의 상호관계를 파악해 보는 기회를 제공해 볼 수 있을 것이다.

3) 정확성(accuracy)과 유창성 기르기

정확한 글 읽기와 유창한 글 읽기는 학습자 입장에서 모두 잡아야 하는 두 마리의 토끼다. 정원에 풀린 두 마리의 토끼를 한꺼번에 잡기란 실제로 가능하지 않거나 매우 어려운 일이다. 따라서 정확한 글 읽기 활동과 유창한 글 읽기 활동을 분리하여 수업 활동을 진행하는 것이 바람직하다. 참고로, 의미 중심의 유창한 글 읽기 연습을 위해서라면 정해진 시간 안에 최대한 많은 내용을 읽게끔 유도하는 스피드 리딩(speed reading; 속독) 활동을 도입해 볼 수 있다. 일례로, A4 한 면 분량의 읽기 자료를 5분 동안 읽게 하는 식이다. 5분이 지나면 읽기를 멈추고 어디까지 읽었는지를 스스로 표시하게 한다. 꾸준히 하다보면 읽기에 속도가 붙는 것을 학습자 스스로가 확인할 수 있게 된다.

4) 사실(facts)과 의견(opinions) 구분하기

비교적 근래 들어 유행어처럼 들리는 말이 '가짜 뉴스'이다. 정보의 정확성을 분별할 수 있어야 한다는 메시지를 전하는 맥락에서 자주 등장하는 말이기도 하다. 훌륭한 독자라면 사실과 의견을 구분하여 파악할 수 있는 능력을 반드시 갖춰야 한다. 본서의 제3장과 제7장에서 관련한 내용이 심도 있게 논의된다.

5) 글의 일관성(coherence)과 응집성(cohesion)을 고려하며 읽기

일관성은 전달하고자 하는 메시지를 전체 글이 흐트러짐 없이 전달하고 있느냐의 정도를 의미한다. 일관성이 있는 글을 통해 읽기 지도를 하는 것이 바람직할 것이며, 학습자로 하여금 글을 통해 글쓴이가 전달하고자 하는 일관된 주제가 무엇인지를 파악할 수 있게끔 해야 한다. 응집성은 글의 부분 부분이 응집력을 가지고 연결되어 있는 정도를 이른다. 응집성 있는 글을 제시하여 각종의 응집 장치(cohesive devices)들에 학습자들이 주목할 수 있게끔 연습의 기회를 제공할 필요가 있다. 예를 들어, 어떤 말이 문장 혹은 담화 내에서 가리키는 요소가 정확히 무엇인지(i.e., reference), 생략된 말은 무엇이고(i.e., ellipsis), 대용되고 있는 말이 무엇인지(i.e., substitution) 등을 파악할 수 있게끔 해야 한다. 또한 접속사 표현들에 대해 주의를 기울이는 것이 글 읽기 효율성을 높이는 길임을 예시를 통해 보여야 한다.

6) 다양한 장르 경험하기

읽기 자료는 크게 이야기체(narrative)와 설명문체(expository)의 두 가지로 나뉘며, 보다 구체적으로는 묘사하는 글, 비교 및 대조하는 글, 원인과 결과에 관한 글, 설득하는 글, 분류하는 글 등 많은 장르로 텍스트를 구분해 볼 수 있다. 읽기 자료의 장르에 따라 적용하게 되는 읽기 전략이 달라질 수 있음을 고려할 때 다양한 장르에 대한 풍부한 읽기 경험을 제공할 수 있어야 하겠다.

7) 독서 습관 들이기

독서 습관의 중요성은 이 글을 읽는 독자라면 누구나 공감할 것이다. 영어 독해를 잘하기 위해서는 영어로 된 글을 즐거운 마음을 가지고 습관적으로 접할 수 있어야 한다. 즐거움을 위한 글 읽기(reading for pleasure), 즉 다독(extensive reading)의 중요성과 교실 수업을 위한 구체적 제언은 본서의 제5장에서 다룬다. 한편, 독서 습관을 들이는 데 있어 문학 작품만큼 효과적인 재료는 없을 것이다. 문학 작품 읽기를 통해 흥미를 가지고 글 읽기를 꾸준히 할 수 있다면 학습자의 읽기 능력은 눈에 띄게 향상될 것이다.

그리고 본서의 제6장에서 다루는 내용으로, 문학 작품을 접함으로써 문학적 감수성까지 길러낼 수 있다면 일석이조가 아닐 수 없다.

참고문헌

이향미, 이상기. (2012). 영어 능숙도와 읽기 지문의 종류가 중학교 영어 학습자의 어휘 의미 추론 책략 사용에 미치는 영향. *응용언어학, 28*(4), 157-185.

Anderson, R. C., Reynolds, R. E., Schallert, D. L., & Goetz, E. T. (1977). Frameworks for comprehending discourse. *American Educational Research Journal, 14*(4), 367-381.

Bransford, J. D., & Johnson, M. K. (1972). Contextual prerequisites for understanding: Some investigations of comprehension and recall. *Journal of Verbal Learning and Verbal Behavior, 11*, 717-726.

Doughty, C. J. (2001). Cognitive underpinnings of focus on form. In P. Robinson (Ed.), *Cognition and second language instruction* (pp. 206-257). Cambridge: Cambridge University Press.

Ellis, N. C. (2009). Optimizing the input: Frequency and sampling in usage-based and form-focused learning. In M. H. Long & C. J. Doughty (Eds.), *The handbook of language teaching* (pp. 139-157). Oxford: Blackwell.

Lee, S.-K. (2007). Effects of textual enhancement and topic familiarity on Korean EFL students' reading comprehension and learning of passive form. *Language Learning, 57*, 87-118.

Lee, S.-K. (2008). *Salience, frequency, and aptitude in the learning of unaccusativity in a second language: An input enhancement study.* Unpublished doctoral dissertation, University of Hawaii at Manoa, Honolulu.

Lee, S.-K. (2009). Topic congruence and topic interest: How do they affect second language reading comprehension? *Reading in a Foreign Language, 21*, 159-178.

Lee, S.-K., & Huang, H. (2008). Visual input enhancement and grammar learning: A meta-analytic review. *Studies in Second Language Acquisition, 30*, 307-331.

McWhorter, K. T. (2005). *Active reading skills.* New York: Pearson Longman.

Nation, I. S. P. (2009). *Teaching ESL/EFL reading and writing.* New York: Routledge.

Norris, J. M., & Ortega, L. (2000). Effectiveness of L2 instruction: A research synthesis and quantitative meta-analysis. *Language Learning, 50*, 417-528.

Ortega, L., Lee, S.-K., & Miyata, M. (2018). 'What is happened? Your amazon.com order has shipped': Overpassivization and unaccusativity as L2 construction learning. In L. Pickering & V. Evans (Eds.), *Language learning, discourse, and cognition: Studies in the tradition of Andrea Tyler* (pp. 213-248). Amsterdam: John Benjamins.

Robinson, P. (2003). Attention and memory during SLA. In C. J. Doughty & M. H. Long (Eds.), *The handbook of second language acquisition* (pp. 631-678). Malden, MA: Blackwell.

Schmidt, R. (2001). Attention. In P. Robinson (Ed.), *Cognition and second language instruction* (pp. 3-32). Cambridge: Cambridge University Press.

제2장

교실 읽기 자료 선정

배지영
(공주대학교)

> 배지영은 부산교육대학교에서 학·석사학위를, 미국 캔자스대학교에서 영어교육으로 박사학위를 취득하였다. 2005년부터 초등교사로 현장에서 재직하였고, 교직 생활 중에 미국 유학 생활을 거쳐 2015년부터 공주대학교 사범대학 영어교육과에서 근무하면서 많은 중등 교사와 예비 교사를 만나고 있다. 꽤나 독특한 이력 덕분에 공교육에서 영어교사가 할 수 있는 일에 관심이 많고, 특히나 초·중등 영어교과의 연계성을 확립하고 싶은 작지 않은 꿈이 있다.

    이번 장에서는 읽기 지도를 위한 첫걸음인 읽기 자료를 선정하는 방법에 대해서 이야기하고자 한다. 훌륭하고 능력 있는 독자들은 아주 다양하고 많은 양의 글을 정기적으로 그리고 자율적으로 읽는다. 게다가 아주 즐겁고 자신감 있게 읽는 모습을 볼 수 있다. 이렇게 글을 잘 읽는 독자들은 글을 읽음으로써 정보를 얻고, 삶을 개선하고, 종종 상상 속에서 다른 세계로 탈출하며, 자신에 대해 성찰하는 등의 다양한 목적을 달성한다. 이런 특성을 가진 훌륭한 독자들은 우리가 영어교육에서 길러내고 싶은 인재이자 우리 교육의 목표가 되기도 한다. 그러나 우리나라와 같은 환경에서 이런 훌륭한 독자, 특히 영어로 된 글 또는 책을 적극적으로 찾아서 읽는 학생들을 만나는 것은 정말로 어렵다. 이유인즉슨, 교실 안에서는 영어를 접하는 기회가 영어 수업 시간으로 한정되고, 교실 밖에서도 학습자의 영어 능력을 향상시키기에는 언어 입력과 의사소통을 위한 상호작용의 기회가 턱없이 부족하기 때문이다. 이러한 교육적 환경으로 인해서 읽기는 다른 언어자원보다 현실적으로 중요한 언어 입력원이 될 수 있기 때문에, 학습자 수준에 적합하고 학습 의욕을 유발할 수 있는 다양한 소재의 의미 있는 읽기 자료를 제공하여 읽기를 진행하는 것은 매우 중요하다고 할 수 있다.

학습자에게 의미 있는 읽기가 일어나기 위해서 가장 중요한 첫걸음은 적절한 수준의 읽기 자료를 선택하는 데 있다. 학습자는 적절한 수준의 읽기 자료를 읽음으로써 보다 능숙한 독자가 되어 텍스트와의 상호작용을 통해 읽기 과정을 습득할 수 있고 원하는 목적을 달성할 수 있다. 그뿐만 아니라, 텍스트의 요소들과 언어적 요인들을 학습자가 가지고 있는 배경 지식과 연관 짓는 활동들은 적절한 수준의 텍스트를 읽을 때 활발하게 이루어지게 되고, 이러한 과정을 통해서 학습자들은 읽기의 외연을 확장할 수 있기 때문에 학습자 수준에 맞는 읽기 자료의 선정은 매우 중요하다. 읽기 자료의 홍수 속에서, 심지어 그 글이 구현되는 환경마저 다양한 요즘 시대의 교사들에게 학습자의 수준에 맞는 읽기 자료를 찾는 것은 모래밭에서 바늘 찾기와 같아 보인다. 지금부터 함께 그 바늘을 찾는 방법, 즉 읽기 자료 선정을 위한 방법들을 이야기해보고자 한다.

2.1 읽기 자료 선정을 위한 선행 조건

읽기 자료를 독자에 맞게 선정해주기 위해서는 독자와 글, 그리고 읽기 과정에 대한 이해를 기본으로 시작해야 한다. 1장에서도 살펴보았듯이 읽기는 매우 복잡한 인지 과정을 수반한다. 즉, 독자들이 글을 마주하였을 때, 제대로 이해하기 위해서는 여러 가지 기능이 복합적으로 작용하는데, 이는 독자들의 특성에 따라 다양한 양상으로 나타난다. 그러므로 읽기 자료를 선정하기 전에 우리는 우선 독자를 그리고 그 독자가 어떻게 읽는지에 관한 과정을 읽기 자료와 관련하여 이해하는 작업을 해야 한다.

2.1.1 독자와 글에 대해 이해하기

영어 읽기를 하는 독자들의 연령대가 다양하고 독자들의 능력, 동기, 배경 지식 및 경험의 범위는 광범위하지만, 이 장에서는 초등학생과 중·고등학생으로 나누어 설명하고자 한다. 초등학생들에게는 초기 읽기 과정을 위한 기초 읽기 전략, 음소 인식, 음철법을 구축하는 데 학습의 많은 부분이 할애되어야 한다. 동시에 음철법 규칙이 적용되지 않는 고빈도 단어 또는 일견 단어를 학습하면서 읽기 유창성을 확보하게 된다. 최종적으로 초기 읽기 단계 학습자들은 글을 읽었을 때 표면적인 의미를 이해하는 것에 목표를 둔다. 즉, 이 단계의 학습자들은 어떻게 읽는지, 즉 읽는 방법을 학습하는 것(learn to read)을 완성해야 하는 특명이 주어진다고 할 수 있다.

중·고등학생의 경우 시간이 지남에 따라 더 복잡한 글을 다루면서 읽기 능력을 확장해야 한다. 글에 대한 경험을 넓히고, 특히나 광범위한 정보를 담고 있는 글을 읽기 위해 정교한 읽기 전략을 사용해야 하고, 이를 통해서 내용 지식을 습득하게 된다. 또한 이 시기의 독자들은 다양한 장르의 글을 접하게 되는데, 사실적 소설을 통해서 어려운 사회문제도 탐구하고, 역사 소설을 통해서 과거에 살았던 사람들의 관습, 태도, 관점을 고려하며, 논픽션 텍스트를 읽으면서 다양한 정보를 추출하고 통합하도록 하는 다양한 학습이 이루어진다. 즉, 중·고등학교 학습자들에게는 광범위한 텍스트를 이해하고, 분석하고, 비판적으로 생각하도록 독려해야하고 이는 읽기를 통해 진정한 내용적 학습(read to learn)이 일어나도록 하는 데 읽기의 목적이 있음을 알 수 있는 부분이다.

연령대를 크게 초등과 중·고등으로 나누어 독자를 살펴봤다면, 연령대 못지않게 독자를 이해하는 데 중요한 변인은 읽기 능력일 것이다. Fountas와 Pinnell(2006)에 따르면 독자의 읽기 능력에 따라 5단계의 독자 유형으로 나눌 수 있다고 한다. 첫째, 초보 독자(emergent reader)는 한두 줄 정도로 인쇄된 간단한 텍스트를 읽고, 읽은 단어를 페이지에 쓰인 단어와 하나씩 일치시키며 어떻게 배열되어 있는지 인식하고, 읽을 때, 왼쪽에서 오른쪽으로 이동하는 것과 같은 초기 읽기 동작을 수행할 수 있다. 둘째, 초기 독자(early reader)는 방향성 및 단어별 일치와 같은 초기 읽기 동작 수행하며, 읽고 쓸 수 있는 고빈도어와 같은 단어의 기본 의미를 습득하고 그 단어들을 사용하여 읽기를 진행한다. 셋째, 과도기적 독자(transitional reader)는 초기 읽기 능력들을 잘 수행하고 있으며 여러 줄의 인쇄된 다양한 텍스트를 읽을 수 있다. 자주 사용되는 핵심적인 단어를 알고 있어서 빠르고 쉽게 글을 인지하고 이해하게 된다. 마지막으로, 자기 확장 독자(self-extending reader)와 상급 독자(advanced reader)는 기초 문해력 학습을 넘어선 단계를 일컫는다. 자기 확장 독자는 읽는 과정을 통해 더 많이 배울 수 있는 자체 읽기 시스템을 개발하는 단계로, 다량의 새로운 단어가 포함된 다양한 장르의 텍스트를 접하여 읽기를 진행한다. 상급 독자들은 다양한 목적으로 읽기를 수행함으로써 거의 모든 종류의 텍스트를 읽을 수 있지만, 아직 복잡한 텍스트의 뉘앙스를 이해하는 데는 어려움이 있으므로 사전 지식과 정교한 단어 해결 전략을 사용한다.

다음으로, 모든 독자가 글을 마주하였을 때 가장 먼저 언급하게 되는 '어렵다' 또는 '쉽다'와 같은 난이도에 관한 용어는 항상 상대적이다. 같은 글이라도 누구에게는 어려울 수 있고, 또 다른 이에게는 쉬울 수도 있기 때문이다. 어렵고 쉬운지에 대한 용어를 사용할 때 우리는 항상 독자의 관점에서 생각해야 한다. 따라서 독자에 대해 알면 모든 글을 어려움, 쉬움, 그리고 알맞음으로 구분하여 생각할 수 있다.

어려운 글은 주로 독자들에게 익숙하지 않은 내용이나 접해보지 않았던 글의 스타일, 또는 어려운 어휘나 문장들이 다량으로 포함된 글일 수 있다. 자신의 수준보다 높고 어려운 글을 읽게 되면 독자들은 이해하기 위해 여러 번 반복해서 읽거나, 또는 모르는 단어를 발견했을 때 발음과 의미 둘 다 확신할 수 없기 때문에 일부 단어를 완전히 건너뛰면서 읽게 된다. 이로 인해서 글의 내용에 대한 이해 역시 불완전하게 되며, 결국에는 읽기를 포기하게 된다. 어려운 글이 특히나 초등학생과 같이 어린 학습자에 주어지는 것은 장기적으로 더욱 참담한 결과를 초래할 수 있다.

반면에 독자들에게 쉬운 글은 여러 가지 면에서 유익하다고 할 수 있다. 매우 쉬운 책을 읽는다고 가정해보자. 빠르고 쉽게 읽을 수 있을 것이고, 아마도 매우 편안한 상태로 영어 글임에도 불구하고 단순히 독서 경험을 즐길 수 있을 것이다. 글의 줄거리와 캐릭터에 대해 생각해보고 일어날 사건에 대해 예측하는 것도 가능하다. 이러한 쉬운 글 읽기를 통해 학생들은 읽기 과정을 즐길 수 있고 자신이 알고 있는 것을 원활하게 읽기 과정에서 사용할 수 있으며 읽기 기술을 자동적으로 사용하게 된다. 따라서 읽기 쉬운 글은 읽기 학습을 진행할 때, 특히나 교실에서 학습자 중심으로 학습자들이 주도적으로 진행하는 활동이나 다독 프로그램에 적용하기 적절하다. 그러나 점점 더 어려워지는 텍스트를 읽는 방법에 대해 독자가 더 많은 읽기 기술과 지식을 배우도록 하기 위해서는 쉬운 글, 그 이상이 필요하다.

읽기 교육의 목적은 독자가 독자로서 더 많은 것을 배울 수 있도록 돕는 것이다. 즉, 학습자들의 현재 지식 및 경험 수준을 넘어서서 학습의 범위를 확장하도록 돕는 것이다. 교육하기에 적절한 수준의 텍스트는 학습자들에게 문제를 해결할 수 있는 기회를 제공하여 학습자가 읽기 전략 및 경험을 확장할 수 있도록 도와주는 수준이어야 한다. 이는 학습자의 근접발달영역(Zone of Proximal Development, ZPD)에 해당하는 수준의 글로써 이해 가능한 입력을 제공하는 글일 뿐만 아니라, 학습자들이 읽기 전략을 적절하게 적용하여 학습 능력뿐만 아니라 읽기 능력을 발달시키기에 적절한 자료라는 것을 의미

한다. 다시 말해서, 'just right' 수준의 책은 성공적인 읽기 작업을 위한 환경과 맥락을 제공하고 독자가 그들의 처리 능력을 강화할 수 있도록 하므로 학습자의 수준에 적절한 수준의 글이 갖는 교육적 의미는 크다고 할 수 있다.

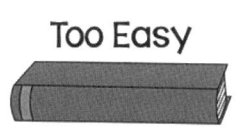  

Too Easy	Just Right!	Too Hard
▫ I can breeze right through the book. ▫ I get bored reading the book. ▫ I have read this book many times before. ▫ I understand the book without having to think hard at all. ▫ I know every word.	▫ The book is new to me. ▫ I understand most of the story. ▫ I can read most of the words and know what they mean. ▫ I can retell the major events or facts. ▫ The topic is interesting to me.	▫ I get stuck of ten on difficult words I haven't seen before (more than 4 on the first 2 two pages). ▫ I get frustrated reading it. ▫ I have a hard time remembering the events or facts. ▫ When I read out loud, it sounds choppy.

<그림 2-1> 글의 선정을 위한 간단한 학생용 체크리스트

2.1.2 독자와 글, 그리고 읽기 과정 이해하기

독자에게 적절한 글이나 책을 선정하는 것의 목적은 학생들의 읽기 과정을 개발하는 데 도움이 되는 읽기 기회를 제공하기 위해서이다. 읽기는 독자와 텍스트를 하나로 묶는 복잡한 과정이므로 읽기에 능숙하고 유능한 독자는 다음과 같은 언어 지식, 배경 지식, 그리고 그들의 문학 경험을 읽기 과정에 가져온다.

- 언어 지식의 사용: 구어 및 문어 어휘 지식(듣기와 읽기를 통해 구현되는 어휘 지식), 구조 또는 구문, 언어의 미묘한 뉘앙스 및 다양한 해석 방법 등의 지식을 포함.
- 배경 지식의 사용: 독자들의 삶의 경험에서 쌓은 지식을 이야기함. 책, 영화, 텔레비전 등을 통한 직접적 및 간접적 학습의 형태 모두를 포함.
- 문학 경험의 사용: 독자로서 지금까지 읽었던 책이나 다른 인쇄물에 관한 읽기 경험에서 얻은 지식 모두를 포함.

독자들의 읽기 과정을 살펴보면, 보이지 않는 정보에 해당하는 그들의 경험적 기반을 토대로 독자들은 자신이 가지고 있는 정보에 지속적으로 접근하면서 적극적으로 읽기를 수행하고 있으며, 이러한 경험적 기반에 근거한 정보들은 독자들이 현재 읽고 있는 글의 정보(보이는 정보)에 연결된다(Clay, 2000). 효율적이고 능숙한 독자들은 이러한 보이지 않는 정보와 보이는 정보를 자연스러운 과정 안에서 통합하면서 글에서 요구하는 내용 및 지식을 확장한다. 또한 능숙한 독자들은 읽기 과정에서 유연한 방식으로 다양한 읽기 전략을 사용한다.

이상과 같은 읽기 과정에 대한 지식은 읽기 수업을 위해 독자에게 알맞은 글을 선정하기 위해 교사가 필수적으로 고려해야 하는 요소이다. 읽기 과정에 대한 지식은 다음과 같은 관점에서 글을 검토하는 데 도움이 된다. 우선 교사가 글의 난이도를 알고 학생들의 읽기 과정을 이해한다면, 교사로서 이 특정 글이 학생에게 어떤 능력을 요구하는지 알 수 있다. 그리고 읽기 과정을 통해서 독자가 이해해야 하는 주요 내용을 알고 있다면, 교사는 독자가 글을 읽으면서 다음 단계에서 어떤 활동을 수행해야 하는지도 예측할 수 있게 되고, 결과적으로 학습의 효율을 높여주는 추가 활동들을 제공해줄 수 있다. 마지막으로 교사는 학생들에게 글을 읽는 전 과정인 읽기 전, 중, 후 단계에 새로운 학습과 적절한 활동을 지원하여 읽기의 효과를 더욱 높일 수 있다.

종합해보면, 읽기 교육에서 읽을 자료인 글의 선정은 읽기 쓰기 교육에서 중요한 고려 사항이다. 학생들은 나이가 들어감에 따라 점점 복잡해지는 텍스트를 읽고 이해하는 법을 배워야하며, 교사는 독자가 더 나은 읽기로 이어질 수 있는 교육 유형을 알아서 제공해야 한다. 학생의 요구와 필요에 적합한 글을 선정하여 제공하고, 교육적 지원에 대한 깊은 지식과 함께 학생들이 개념, 단어 및 아이디어로 씨름할 수 있도록 돕는 교사들의 의지가 함께 한다면 읽기 수업의 성공에 한 발짝 더 다가갈 수 있을 것이다. 학습자는 적절한 수준의 책을 읽음으로써 보다 능숙한 독자가 되어 책과의 상호작용을 통해 원하는 목적을 달성할 수 있고, 읽기 과정을 습득할 수 있다. 그뿐만 아니라 텍스트의 요소들과 언어적 요인들을 학습자가 가지고 있는 배경 지식과 연관 짓는 활동들이 적절한 수준의 텍스트를 읽을 때 이루어지게 되고, 이를 통해서 학습자들은 읽기의 외연을 확장할 수 있기 때문에 학습자 수준에 맞는 책의 선정은 아주 중요하다(Fountas & Pinnell, 2012). 이를 위해 이 장의 다음 부분부터는 글을 선정하기 위한 분석 방법에 대해 이야기해 보겠다.

2.2 읽기 자료 선정 기준: 정량적 측정(Quantitative Measures)

글을 선정하기 위해서는 글을 분석해야 한다. 이때 글의 어려움을 나타내는 용어로는 글의 복잡성(text complexity), 가독성(readability), 난이도(difficulty)라는 이 세 용어가 많이 쓰이는데, 동시에 이들은 혼재되어 사용된다. 이 용어들에 대해서 먼저 이야기해보면, 글의 복잡성은 글 자체의 양적 및 질적 특징과 글을 활용하는 독자의 특성, 그리고 독자가 글을 읽으면서 하는 작업과 글의 가독성을 포함하는 개념이다. 여기서 가독성은 글의 복잡성의 하위개념으로 들어가는데, 가독성은 공식을 사용하여 계산되며 주로 글의 표면 수준을 분석하는 수치를 일컫는다. 난이도는 글의 복잡성의 또 다른 하위 집합이며 독자와 텍스트 간의 상호작용을 설명하는 것으로 개별 독자가 텍스트를 관리할 수 있는 정도를 뜻한다. 즉, 텍스트 난이도는 관심, 동기 및 독자의 지식 기반과 텍스트를 이해하는 데 필요한 양 사이의 상대적 적합성을 포함한 여러 요인의 영향을 받게 된다. 그러므로 글을 분석하기 위해서는 가독성과 난이도의 용어를 모두 포함하는 글의 복잡성의 관점에서 접근을 하는 것이 적절해 보인다.

2.2.1 가독성

글의 복잡성을 구성하는 하나의 측정 요소로는 양적 측정이 있다. 양적 측정은 주로 단어 자체의 특성과 문장 및 단락의 복잡성과 구조에 중점을 둔다. 기존의 정량적 텍스트 측정은 의미를 전달하기 위해 단어와 구의 기능을 고려하지 않고 문장 길이 및 단어 수와 같은 글의 표면 구조를 활용하여 가독성 공식으로 설명되었고, 주로 의미론적 난이도와 문장 복잡성을 측정하였다. 가독성이란 텍스트의 읽기 쉬움을 뜻하는 용어인데 이독성이라는 용어로도 많이 쓰인다. 가독성은 판독성(legibility)이라는 용어와도 많이 혼재되어 사용되는데, 판독성은 낱자의 형태를 식별하는 정도를 말하기 때문에 '보고 지각하는 과정의 성공도'라고 할 수 있는 가독성의 선행 요소로 봐야 한다. Dale과 Chall(1949)은 가독성 공식(readability formula)을 제시하면서 가독성을 "독자 집단이 텍스트를 이해하고 최적의 속도로 읽어내고, 그 안에서 흥미로움을 발견할 수 있는 데 영향을 미치는 주어진 인쇄자료가 담고 있는 모든 요소의 합"이라고 정의하였다. 다시 말해서 판독성은 문자와 기호, 그림을 인식하는 것을 보는 것이라면 가독성은 의미 파악(comprehension)에 더 근본적으로 연결되어 있다고 할 수 있다. 이러한 가독성은 텍스트를 읽을 독자 변인과 텍스트 자체가 가지고 있는 변인들에 의해 결정되는데, 가독성 공식들은 텍스트의 난이도를 판단하는 대표적인 기준으로 사용된다. Gunning(2003)은 1920년대 이후로 100개 이상의 가독성 공식이 개발되었지만 오늘날에는 소수만이 정기적으로 사용되고 있다고 보고하였다.

기존의 가독성 공식은 텍스트 난이도를 평가하기 위해 오래된 학년 수준의 공식을 대체하는 수단으로 광범위하게 사용되었다. 이러한 가독성 공식의 장점은 교사가 모든 읽기 자료를 사용하여 쉽게 계산할 수 있다는 것이다. 여기서부터 실제 이해를 돕고 가독성 공식 간의 차이를 알아보기 위해서 The Hunger Games(Collins, 2008)의 한 구절을 분석해 보겠다(<그림 2-2> 참조).

> After the anthem, the tributes file back into the Training Center lobby and onto the elevators. I make sure to veer into a car that does not contain Peeta. The crowd slows our entourages of stylists and mentors and chaperones, so we have only each other for company. No one speaks. My elevator stops to deposit four tributes before I am alone and then find the doors opening on the twelfth floor. Peeta has only just stepped from his car when slam my palms into his chest. He loses his balance and crashes into an ugly urn with fake flowers.

<그림 2-2> *The Hunger Games*(Collins, 2008)의 한 부분

2.2.2 텍스트의 난이도를 평가하는 가독성 지수

<표 2-1>은 글의 가독성을 알려주는 대표적인 지수 중에서 글 자체가 가지고 있는 표면적인 요소들만 분석하여 텍스트 자체가 가지고 있는 난이도를 평가한 지수들을 설명하고 있다. 이 중 본 장에서는 가장 활용도가 높은 Fry Readability Formula와 Flesch-Kincaid Grade-Level Score(FKGL), Flesch Reading-Ease Score(FRE)에 대해서 살펴보겠다.

<표 2-1> 글의 가독성 알려주는 도구 I - 텍스트 난이도만 평가하는 도구

도구명	목적	사용된 요인	사용의 용이성	비고
Fry Readability Formula	텍스트 난이도 평가	문장 길이와 음절	쉬움; 그래프 사용	초등 ~ 대학교
Flesch-Kincaid Grade-Level Score	텍스트 난이도 평가	문장 길이와 음절	쉬움; 워드 프로세싱 소프트웨어 사용	초·중·고
Flesch Reading-Ease Score	텍스트 난이도 평가	문장 길이와 음절	쉬움; 워드 프로세싱 소프트웨어 사용	초 5~ 대학교
Advantage TASA Open Standard (ATOS)	텍스트 난이도 평가	문장 당 단어, 단어의 학년 수준 및 전체 텍스트의 문자 길이	쉬움; 무료 온라인 계산기 및 광범위한 출판된 도서 목록	소설 / 논픽션 및 텍스트 길이 요인

1) Fry Readability

객관성을 확보하기 위한 텍스트 난이도 평가 도구가 많지만, Fry(1977)가 개발한 읽기 적정성 그래프(Fry Readability Graph)가 가장 널리 알려져 있다(<그림 2-3> 참조). Fry Readability Formula의 가장 큰 매력은 사용의 용이성과 특수한 소프트웨어나 하드웨어가 필요하지 않다는 사실이다. Edward Fry(2002)는 <그림 2-3>의 그래프를 사용하여 계산할 수 있도록 간단한 가독성 등급을 설계했다. 읽기 적정성 그래프는 문장 길이와 음절수라는 두 가지 변수만 사용하여 난이도를 분석한다. Fry의 그래프 활용 방법을 알아보면, 우선 읽기 난이도를 측정하고자 하는 텍스트의 세 부분을 선택해서 처음부터 시작해서 100개의 단어를 뽑아낸다. 그 단어에 포함된 문장 개수를 세어 100개의 단어를 문장 수로 나누어 문장의 평균 길이를 구하고, 100개 단어에 들어 있는 음절의 수도 센다. 세 부분에서 뽑아낸 예시문의 평균 문장 길이는 세로축에 표시하고, 평균 음절수는 가로축에 표시하여 만나는 점을 찾으면 그 부분이 텍스트의 읽기 등급이 된다. 이와 같은 Fry의 읽기 적정성 그래프는 간단하기는 하지만 다른 어휘 수준 및 내용 수준 등을 고려하지 못한 한계를 가지고 있다. 그러나 대부분의 텍스트가 내용이나 어휘 수준이 높아지면 문장 길이와 음절수도 비슷한 비율로 올라가는 경향이 있기 때문에 Fry의 읽기 적정성 그래프는 읽기 난이도를 평가하는 지표로 손쉽게 사용된다(김혜리, 2011). 이 공식을 사용하여 *The Hunger Games*(렉사일 지수, 810L)의 한 구절(<그림 2-2> 참조)을 계산해보면 미국 원어민 학생 대상으로 7학년 수준으로 점수가 매겨지고, 이는 중학생을 대상으로 제안된 텍스트임을 고려할 때 합리적인 추정치라고 할 수 있다.

2) Flesch-Kincaid Grade-Level Score(FKGL)와 Flesch Reading Ease(FRE)

가독성 공식을 결정하기 위해 쉽게 접근할 수 있는 또 다른 도구로 컴퓨터에 설치된 워드 프로세싱 소프트웨어를 활용할 수 있는데, 가독성을 평가할 텍스트의 구절을 입력한 다음 계산을 실행하면 바로 수치를 얻을 수 있다. 예를 들어, Microsoft Word 프로그램은 평균 문장 길이(ASL) 및 단어 당 평균 음절수(ASW)를 포함하는 알고리즘을 사용하여 Flesch-Kincaid 학년 수준의 점수를 알려줄 수 있다. Fry Readability Formula에서 사용한 같은 요소를 사용하여 다음과 같은 식에 대입하여 그 값을 얻을 수 있고 이 측정값은 Fry 그래프와 높은 상관관계를 가진다.

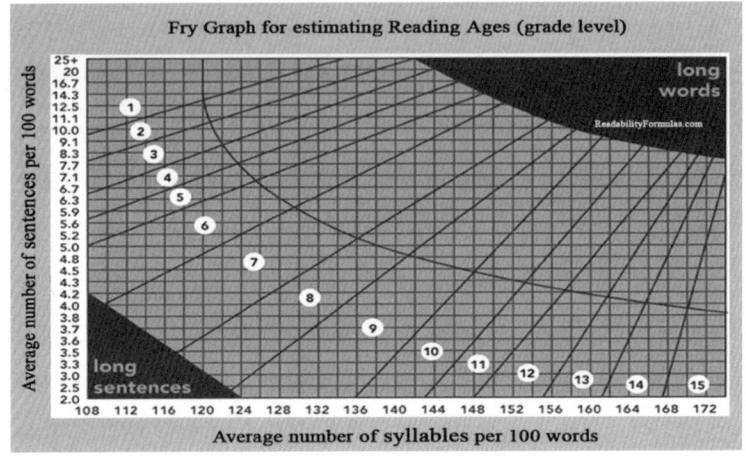

<그림 2-3> Fry 읽기 적정성 그래프

$$(0.39 \times ASL) + (11.8 \times ASW) - 15.59$$
(Graesser, McNamara, & Louwerse, 2011, p. 42)

Flesch-Kinkaid Grade Level(FKGL) 점수는 영어를 모국어로 하는 학습자를 대상으로 한 기준치이며, 이는 학습자의 학년 수준을 뜻한다. 점수가 0에서 12로 표시되고 이는 0부터 12학년까지 미국의 원어민들을 대상으로 하는 학년을 의미하여, 점수가 낮을수록 저학년 수준의 읽기 자료이며 읽기 난이도가 낮음을 뜻한다.

이 프로그램은 또한 읽기에 100점 척도로 숫자를 할당하여 Flesch Reading Ease(FRE) 점수를 알려주는데 이 척도에서는 점수가 높을수록 읽기가 더 쉽다는 것이다. FRE 점수는 0부터 100으로 표시되며 점수가 낮을수록 이해도가 낮다는 의미이므로 읽기 난이도가 높아진다. <그림 2-2>의 *The Hunger Games* 구절은 FRE 점수 70.7을 받았는데, 이는 13세에서 15세 사이의 학생들이 이해할 수 있음을 의미하며 FKGL의 6.9 점을 받음으로써 미국 학년 7학년 정도, 즉 중학생에게 적합하다는 비슷한 결과가 나왔다.

2.2.3 텍스트의 난이도와 독자 요소를 평가하는 가독성 지수

기존의 가독성 공식은 난이도에 영향을 미칠 수 있는 다른 요소를 고려하지 않아서 단순 가독성 공식에만 의존하게 되면 학생들의 수준과 내용을 고려하지 못한 글을 제시할 수도 있다. 그러므로 각 학년에 해당하는 학생들의 교과 내용 요소(국어, 수학, 사회, 과학 등) 역시 고려해야 하므로 학생들의 읽기 수준을 평가하여 적절한 수준의 텍스트를 연결하는 가독성 지수의 이용 가치는 높다고 할 수 있다. 아래 <표 2-2>는 텍스트 자체의 난이도뿐만 아니라 독자의 능력까지 연결하여 분석할 수 있는 가독성 도구들을 설명하고 있다.

<표 2-2> 글의 가독성을 알려주는 도구 II - 텍스트 난이도와 독자도 평가하는 도구

도구명	목적	사용된 요인	사용의 용이성	비고
Degrees of Reading Power (DRP)	동일한 척도를 사용하여 텍스트 난이도와 독자 능력 평가	문장 길이 및 상대적 단어 빈도	어려움; 독점 소프트웨어	1-12학년에서 사용하기 위한 기준 참조 측정으로 설계됨
Text Evaluator	텍스트 난이도 평가 및 문제 영역 식별	어휘와 문장 구조	어려움; 업로드된 텍스트는 모든 요구 사항을 충족해야 함.	이해력에 영향을 미치는 다양한 요인 고려
Lexile Scale	동일한 척도를 사용하여 텍스트 난이도와 독자 능력 평가	문장 길이 및 상대적 단어 빈도	어려움; 독점 소프트웨어 쉬움; 검색 가능한 데이터베이스	성적표(초 2학년 이상)로 보고서를 작성하고 유사한 척도를 사용하여 클로즈 항목으로 측정한 학생의 읽기 능력을 보고함.
Coh-Metrix	텍스트 응집력, 언어 요소 측정을 포함하여 64개의 인덱스에 대한 텍스트 평가	전치사, 잠재 의미 분석 및 전통적인 가독성 측정	쉬움; 온라인 계산 도구 사용	보고서를 해석하려면 높은 수준의 기술 지식이 필요함.

1) Lexile

렉사일 지수(Lexile measure)는 모국어가 영어인 학생들을 대상으로 미국 Metamatrix 연구소에서 고안한 독서 수준 지표의 일종으로, 가장 주목받는 양적 분석 도구임과 동시에 표준화 테스트에서 타당성을 인정받아서 미국의 많은 주에서 읽기 학습을 위한 기준으로 많이 사용되고 있다. 렉사일은 도서의 가독성을 BR(Beginning Reader, 0L)에서 2000L까지 수치화한다. 개인의 읽기 능력을 의미하는 렉사일 독자 지수(Lexile reader measure)와 도서의 가독성을 의미하는 렉사일 텍스트 지수(Lexile text measure)를 적절한 범위 내에서 통합시켜 독자의 수준에 맞는 책을 선택할 수 있도록 만들었으며, 렉사일 지수를 통해 개인의 향상되는 읽기 능력 또한 측정 가능하다. 렉사일 텍스트 지수에 대한 이해를 돕기 위해 <그림 2-4>를 살펴볼 필요가 있다.

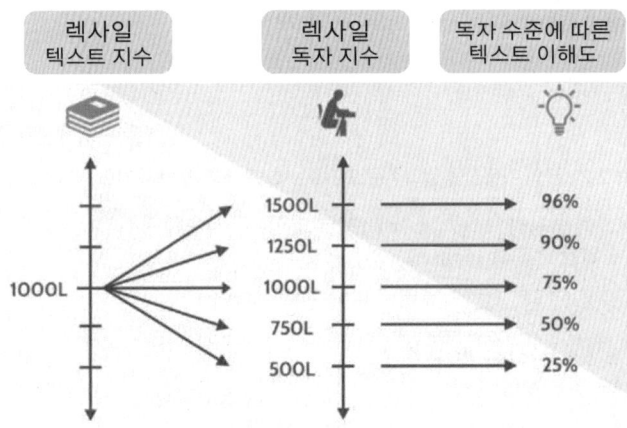

<그림 2-4> 렉사일 텍스트 지수에 따른 적합한 독자 지수 및 독자별 예상 텍스트 이해도
(출처: www.lexile.com)

<그림 2-4>를 예를 들어 설명하자면, Lexile 도구를 활용하여 특정 텍스트를 분석하였고, 그 텍스트가 1000L이라는 텍스트 지수를 얻었다고 가정하자. 이 글을 선택한 학습자들은 Lexile 진단 도구로 검사했을 때 500L에서 1500L이라는 독자 지수를 얻었다고 하였을 때, 학습자들의 레벨별 해당 텍스트에 대한 이해도는 오른쪽에 위치한 퍼센트 수치로 해석할 수 있다. 즉, 어느 독자가 교사나 동료의 도움 없이 90%의 이해율을 가지는 책을 보고 싶다면, 본인의 렉사일 독자 지수보다 250L 낮은 렉사일 텍스트 지수

에 해당하는 책을 고르는 것이 바람직하다고 볼 수 있다. 그림에서 알 수 있듯이, 독자가 자신의 렉사일 독자 지수와 일치하는 렉사일 텍스트 지수를 가진 책을 골랐을 때, 이해도는 75% 밖에 되지 않으므로, 이럴 경우는 반드시 교사의 읽기 학습에 대한 지원이 필요하다.

렉사일 지수가 가지는 수준이 어떠한지를 가늠하기 위해서 <표 2-3>을 살펴볼 필요가 있다. MetaMetrics사에서 미국의 각 학년별 교재들의 글의 난이도를 분석한 후 얻은 텍스트 지수로서 학년별 학생들의 렉사일 독자 지수 범위와 그 범위에 적절한 렉사일 텍스트 지수를 제공하였다.

<표 2-3> 미국 학년별 렉사일 독자 지수 범위와 적절한 텍스트 지수 범위

한국 학년	미국 학년	렉사일 독자 지수	렉사일 텍스트 지수
초등	1	Up to 300L	200L to 400L
	2	140L to 500L	300L to 500L
	3	330L to 700L	500L to 700L
	4	445L to 810L	650L to 850L
	5	565L to 910L	750L to 950L
	6	665L to 1000L	850L to 1050L
중등	7	735L to 1065L	950L to 1075L
	8	805L to 1100L	1000L to 1100L
	9	855L to 1165L	1050L to 1150L
고등	10	905L to 1195L	1100L to 1200L
	11 & 12	940L to 1210L	1100L to 1300L

<표 2-4> 유명 인기 소설들의 렉사일 텍스트 지수

John Grisham's Novels		Harry Potter Series	
제목	렉사일 텍스트 지수	제목	렉사일 텍스트 지수
The Pelican Brief	660L	Harry Potter and the Chamber of Secrets	940L
The Firm	680L	Harry Potter and the Deathly Hallows	980L
The Client	730L	Harry Potter and the Goblet of Fire	880L
A Time to Kill	770L	Harry Potter and the Half-Blood Prince	1030L
The Chamber	810L	Harry Potter and the Order of the Phoenix	950L
The Rainmaker	830L	Harry Potter and the Prisoner of Azkaban	880L
The Runaway Jury	930L	Harry Potter and the Sorcerer's Stone	880L
		J.K. Rowling: The Wizard Behind Harry Potter	1050L

연결하여 <표 2-4>는 대표적인 유명 인기 소설들의 렉사일 텍스트 지수인데 <표 2-3>과 연결하여 보면 초등 5학년부터 중학교 3학년에 적절한 책임을 유추할 수 있다.

2) Coh-Metrix

현재까지 읽기 자료의 난이도 수준을 예측하기 위해 200개 이상 가독성 공식이 고안되었는데, 대부분이 어휘 및 통사적 특징에 해당하는 표면적 요인들을 바탕으로 난이도를 결정짓다 보니 학습자가 글을 읽었을 때 실제로 얼마나 이해하였는지에 대해 예측하지 못한 부분들이 많았다. 그리고 무엇보다 중요한 것은 가독성에 미치는 요인들에는 학습자 요인 외에 텍스트 요인 중에서도 전체 맥락, 개념의 난이도, 텍스트의 응집성(cohesion) 등의 요소들 역시 중요한데, 기존의 가독성 공식들은 텍스트 맥락 및 응집성에 대해 예측하지 못한다는 약점을 지니고 있다. 그러므로 텍스트의 응집성과 관련된 복합적인 난이도를 보다 유용하게 측정하여 텍스트 지문의 난이도 및 가독성에 관한 진단을 높이기 위해 Coh-Metrix가 많이 사용되고 있다.

Coh-Metrix는 University of Memphis의 Institute for Intelligent Systems에서 개발한 방대한 코퍼스를 활용한 웹기반 언어분석 시스템으로 웹페이지(http://tool.cohmetrix.com)에 접속하여 무료로 이용가능하고, 123개의 대표적인 언어학적 측정치를 제공하고 있다. Coh-Metrix는 기존의 코퍼스와 다르게 어휘적 정보에 국한되지 않은 광범위한 언어학적 분석항목을 자동적으로 분석해서 다양하고 구체적인 정보를 제공해줌과 동시에, 텍스트의 일관성에 영향을 미치는 담화의 응집성(cohesion)까지 분석한다는 장점을 지니고 있다(McNamara, Louwerse, McCarthy, & Graesser, 2010).

3) 가독성 분석 도구를 활용한 한국 영어 교과서 분석 결과

앞에서 논의한 내용들은 미국 학생을 대상으로 학년별 독자 지수 및 텍스트 지수에 대한 분석이라 우리의 현실과는 거리가 있을 수 있다. 실제적으로 우리나라에서 현장 교사는 학년별 영어 교과서의 읽기 지문의 난이도 및 가독성에 대한 정보가 없기 때문에 어떤 텍스트를 어떻게 활용하여 해당 학년 학습자의 읽기 수준에 적합한 자료를 보충 또는 심화 자료로 제시하는지에 대한 적절한 정보가 없어서 읽기 지도에 어려움을 겪는 경우가 적지 않다. 그러므로 최근 연구들을 종합하여 대략적으로 2009 개정 교육과정 및 2015 개정 교육과정을 반영한 영어 교과서의 지문들을 렉사일 지수 및 앞에서 언급한 가독성 지수들을 토대로 정리해 본다면 글을 선정하는 데 유용한 자료가 될 것이라고 사료된다.

최근 2015 개정 교육과정이 적용된 영어 교과서가 2018년부터 현장에서 사용되면서 영어 교과서를 분석한 연구들이 많이 진행되고 있다. 특히 Coh-Metrix, Lexile, ATOS 도구를 사용하여 초·중등 교과서의 지문을 양적으로 분석한 연구들이 많이 이루어졌는데, 그 연구들에서 제시하는 가독성 관련 수치들은 우리가 참고하기 유용하다. <표 2-5>의 경우 2009 개정 교육과정 및 2015 개정 교육과정을 반영한 영어 교과서의 가독성 지수를 연구한 최근 연구들(민보은, 2017; 박현숙, 2018; 배지영, 2019a, 2019b; 이현영, 2020; 황은경, 박광현, 2019)과 저자가 현재 연구하고 있는 결과물을 더하여 정리한 내용이다. 표에서 제시한 내용은 각 학년별로 5~13종에 걸쳐 분포된 서로 다른 출판사에서 발행한 학년별 교과서들의 가독성 지수의 평균치 또는 범위에 해당한다.

<표 2-5> 한국 영어 교과서의 Lexile 지수 및 가독성 지수

학년별 영어 교과서	ATOS	FRE	FKGL	Lexile
초등학교 5학년	1.35	97.59	0.84	100-350L
초등학교 6학년	1.87	94.632	1.44	200-400L
중학교 1학년		88.382	2.69	350-450L
중학교 2학년		84.493	3.70	500-700L
중학교 3학년		79.163	5.02	600-8500L
고등학교 1학년 - 영어		75.363	5.671	840L-1050L
고등학교 2학년 - 영어 I		71.450	6.533	900L-1070L
고등학교 3학년 - 독해와 작문		68.074	7.135	960L-1170L

* ATOS는 해당 도서나 텍스트의 문장의 평균 길이, 평균 단어 길이, 어휘 수준, 전체 단어 수를 종합하여 분석하여 학생들의 학년으로 가독성 수치를 제공한다. 보통 0.1~12.0 지수로 표현된다.

2.2.4 정량적 도구 사용의 한계

앞서 언급한 가독성 공식들은 초보 독자를 위한 글에 그 수치를 적용하고 신뢰하기는 어려운 것으로 악명이 높다. Hiebert와 Martin(2001)은 초기 단계 독자의 고유한 특성인 글의 해독성, 독립적인 단어 인식 및 패턴 숙달 문제를 단순한 가독성 척도로 식별할 수 없으며, 이러한 초기 학습자들의 읽기 자료의 문장 구조는 매우 짧고 때로는 한 단어일 수도 있으며, 심지어 삽화가 차지하는 비중 역시 높기 때문에, 양적 가독성 공식은 어린 아동을 위해 설계된 텍스트에 대한 분석 도구로는 적절하지 않다고 하였다.

게다가 가독성을 측정하는 대부분이 어휘 및 통사적 특징에 해당하는 표면적 요인들을 바탕으로 난이도를 결정짓다 보니, 학습자의 실제 이해에 대해 예측하지 못한 부분들이 많았다. 그리고 무엇보다 중요한 것은 가독성에 미치는 요인들에는 학습자 요인 외에 텍스트 요인 중에서도 전체 맥락, 개념의 난이도, 텍스트의 응집성 등의 요소들 역시 중요한데, 기존의 가독성 공식들은 텍스트 맥락 및 응집성에 대해 예측하지 못한다는 약점을 지니고 있다. 그리고 앞서 언급했듯이, 양적 측정만을 의존해서 사용하게 되면 학습자의 수준에 맞지 않는 부적절한 글이 학생에게 할당될 수 있다.

그렇다고 이러한 양적 도구가 쓸모없다는 것은 아니다. 오히려 텍스트 복잡성의 질적 요인과 함께 해석되고 사용되어야 한다. 그러나 교사가 특정 도구와 관련된 양적 텍스트 범위 내에서만 텍스트 분석하고 사용하는 것은 문제가 된다. 글을 선정하는 것은 1차원적인 분석을 근거로 해서는 안 된다. 다시 말해서, 양적 점수만을 기준으로 텍스트를 선택하는 것은 검열의 한 형태일 뿐이다.

20세기 초부터 교육자들은 가독성의 양적 측정을 통해 텍스트를 정렬하거나 평준화하는 방법을 모색했고, 그로 인해 개발된 가독성 관련 공식은 다양하지만 주로 생성된 목록에서 단어 및 문장 길이와 단어 발생 빈도에 중점을 둔 텍스트의 표면 수준 기능을 측정하였다. 보다 최근에 개발된 도구들은 디지털화된 텍스트를 활용하여 샘플이 아닌 긴 텍스트를 분석한다. 컴퓨터 언어학, 심리학 및 인공 지능 분야에서 가장 중요한 발전은 단어 간의 관계와 단어를 이해하는 데 필요한 인지적 모델을 보다 세밀하게 측정하는 새로운 세대의 분석 도구의 문을 열었다는 것이다. 결론적으로 양적 측정은 글을 분석하고 선정하는 데 중요한 단계로 간주되어야하지만, 독자를 위한 최적의 텍스트를 결정하는 데 있어 반드시 첫 번째 단계 또는 최종 단계가 되어야하는 것은 아니라는 점이다. 결국 가독성을 학습자의 독해 능력과 혼동해서는 안 되며, 결과적으로 학습자의 독해 능력에 맞는 적절한 글을 선정하기 위해서는 글에 대한 질적 분석이 뒷받침되어야 함을 알 수 있다.

2.3 읽기 자료 선정 기준: 정성적 측면(Qualitative Aspects)

어른이 되어 중학교나 고등학교 때 읽었던 책을 다시 읽은 경험이 있을 것이다. 특히 문학 작품의 경우 작품이 담고 있는 미묘한 뉘앙스는 훨씬 더 많은 인생의 경험 후에 더 분명하게 이해되는 것을 경험했을 것이다. 이것이 글에 대한 복잡성, 즉 난이도의 핵심이다. 독자는 자신이 아는 모든 것을 글을 이해하는 데 적용한다. 텍스트 접근성은 항상 개별 독자의 특정 배경과 관련이 있기 때문에 특정 글을 읽은 모든 독자가 동일한 의미나 이해 수준을 얻어가는 것은 아니다. 하지만 독자가 이해할 수 있는 잠재력이 있는 텍스트를 선택하여 독자의 읽기 과정을 적절하게 지원할 수 있다면 독서 경험을 풍부하게 할 수 있을 것이다.

글을 읽는 것은 복잡한 과정이기 때문에 다양한 도구를 활용해서 글에 대한 분석이 선행되어야 한다. 앞에서 글에서 표현되는 언어의 표면적 특징을 수치로 분석하는 가독성 도구들에 대해서 살펴보았고, 이러한 양적 분석 도구들은 글을 분석하고 선정하기 위한 일부분임을 알 수 있었다. 교사로서 글을 볼 때, 독자에 대해 고려함과 동시에 독자들이 글을 이해하고 읽을 수 있으려면 그들에게 어떤 지식과 전략이 필요한지에 대해 고민해야 한다. 그러므로 적절한 글을 학습자의 수준에 맞게 제공하기 위해서는 언어 수준 이외에 다양한 질적 측면에 대해 고려해야 한다. 글의 복잡성의 질적 차원 혹은 질적 요인은 의미(meaning) 혹은 목적(purpose), 구조(structure), 언어 관습(language conventionality), 언어 명료성(language clarity), 지식 요구(knowledge) 등을 포함한다. 질적 요인은 양적 요인과는 달리, 교사와 같은 인간 평가자에 의해서 판단된 결과로 평가를 수행한다는 특징이 있다.

Vardell, Hadaway와 Young(2006)은 질적 분석 요인으로 영어 학습자를 위한 텍스트 선정 조건인 내용 접근성, 언어 접근성, 시각적 접근성, 장르 접근성을 이야기하였고, 이와 비슷하게 Fountas와 Pinnell(2006)은 글의 접근성(accessibility)라는 용어를 사용하여 장르, 글의 구조, 내용, 일러스트레이션 등을 중심으로 분석해야 한다고 하였다. Fisher, Frey와 Lapp(2016)도 양적 분석 도구 활용과 동시에 글의 종류에 따라 질적으로 분석해야 하는 기준들을 제시하였다. 이에 본 장에서는 독자의 다양한 경험 변인을 고려하여 글을 분석할 수 있는 질적 분석을 위해서, 기존에 나와 있는 분석 기준들을 종합하여(Fisher, Frey, & Lapp, 2016; Fountas & Pinnell, 2006; Vardell, Hadaway, & Young, 2006) 글의 의미와 구조, 언어 관습과 명료성, 부수적 요인과 같이 세 가지 범주로 나누어 설명하고자 한다.

2.3.1 글의 의미와 구조를 바탕으로 분석하기

<표 2-6>은 글의 전체 단위를 기준으로 글이 가지고 있는 복합적이고 함축적인 의미 수준과 글의 구조를 중심으로 정성적으로 분석하는 기준들을 제시하고 있다.

<표 2-6> 글의 의미와 구조를 바탕으로 정성적으로 분석하는 기준

요인	정의	측정을 위한 특징
장르와 형식	• 장르는 글의 유형이며 소설과 논픽션 글을 분류하는 체계를 말함. • 형식은 각각의 장르가 표시되는 방식이고 각 장르마다 특징이 존재함	• 픽션 장르: 전통 문학, 판타지, 과학 소설, 사실적 소설, 역사 소설 등 • 논픽션 장르: 정보 텍스트, 전기, 자서전, 회고록 등 • 형식: 그림책, 대본, 챕터북, 단편 소설, 일기 및 일지, 사진 에세이 등
글의 구조	• 구조는 텍스트가 구성되고 표시되는 방식으로 이야기체와 설명문으로 나누어 설명함	• 이야기체: 플롯의 진행; 초반에 주어진 정보; 등장 인물이 어떻게 드러나는가; 배경의 관련성; 회상이나 관점의 변화와 같은 문학적 장치의 사용 • 설명문: 열거, 순서, 시간적 순서; 묘사, 비교/대조, 원인/결과, 문제/해결책 구조는 패턴을 나타내는 단어로 표시됨; for example, first, second; while, yet; because, since, thus; conclude, the evidence is; furthermore.
내용	• 내용은 글의 주제 또는 이해해야 할 중요한 개념을 나타냄 • 내용은 독자의 이전 경험과 관련하여 고려됨	• 표지 및 장 제목에 대한 정보 • 주제 • 요구되는 배경 지식 • 그래픽, 제목, 소제목의 정보 • 과학 및 기술과 관련된 개념적 정보
주제와 아이디어	• 주제와 아이디어는 글에서 전하고자 하는 핵심 메시지 • 글에는 여러 테마 또는 기본 테마와 여러 개의 세부 테마 또는 아이디어가 있을 수 있음	• 주제의 정교함(단순한 일상 문제부터 비판적 사고가 요구되는 문제까지) • 아이디어의 복잡성(명백한 것부터 미묘하고 이해하기 어려운 것까지)

1) 장르(genre)

장르라는 단어의 기원은 유형을 의미하는 프랑스어다. 장르는 유사한 특성을 가진 픽션과 논픽션의 범주를 분류하는 시스템을 의미한다. 많은 학자들이 다양한 장르별로 나누는 기준들을 제시하였으나 본 장에서는 이해를 돕기 위해 최근 들어 가장 많이 쓰이는 Fountas와 Pinnell(2012)의 'Genre Study'에 따른 분류를 제시하고자 한다. <그림 2-5>는 김혜리(2015)의 한글 용어를 바탕으로 재구성하여 제작되었다. 이를 살펴보면, 글을 크게 산문과 운문으로 보고, 산문은 다시 허구와 논픽션으로 구분하며, 허구에 속하는 장르로는 사실적 문학(realism fiction), 역사 문학(historical fiction), 판타지(fantasy)로 구성되고, 논픽션은 전기(biography)와 정보 책(informational books), 그리고 설명문(expository), 논설문(persuasive) 등으로 구분하였다.

<표 2-6>에서 언급한 장르에서 픽션(fiction)에는 전통문학, 판타지, 과학소설, 사실적 소설, 역사 소설이 대표적으로 포함된다. 전통 문학에는 여러 시대에 걸쳐 구두로 전해

지는 이야기가 포함되고, 이러한 이야기에는 알려진 저자가 없다. 여기에는 민속 및 동화, 신화, 전설 및 서사시가 포함된다. 판타지는 환상적이거나 다른 세계적 요소가 있는 이야기로, 이 이야기는 저자가 존재한다. 환상적이지만 묘사된 세계 내에서 그 사건이 믿을 수 있는 것처럼 보이도록 구성되었다는 장르적 특징을 지닌다. 과학 소설은 기술 또는 과학 정보를 통합한 판타지로 일부 이야기는 미래 또는 먼 과거의 시간을 엿볼 수 있도록 한다. 사실적 소설에는 지금 여기에 실제로 존재할 수 있는 인물이나 사건을 묘사하기 때문에 실제와 같은 이야기가 포함되며 많은 이야기가 인간의 상태를 드러내거나 사회 문제를 다루고 있다. 역사 소설에는 현실적이지만 과거 어느 시점에서 일어난 이야기가 포함되는데, 이러한 이야기는 보편적인 인간 문제와 관련이 있으며 때로는 독자가 과거 또는 현재를 이해하는 데 도움이 된다.

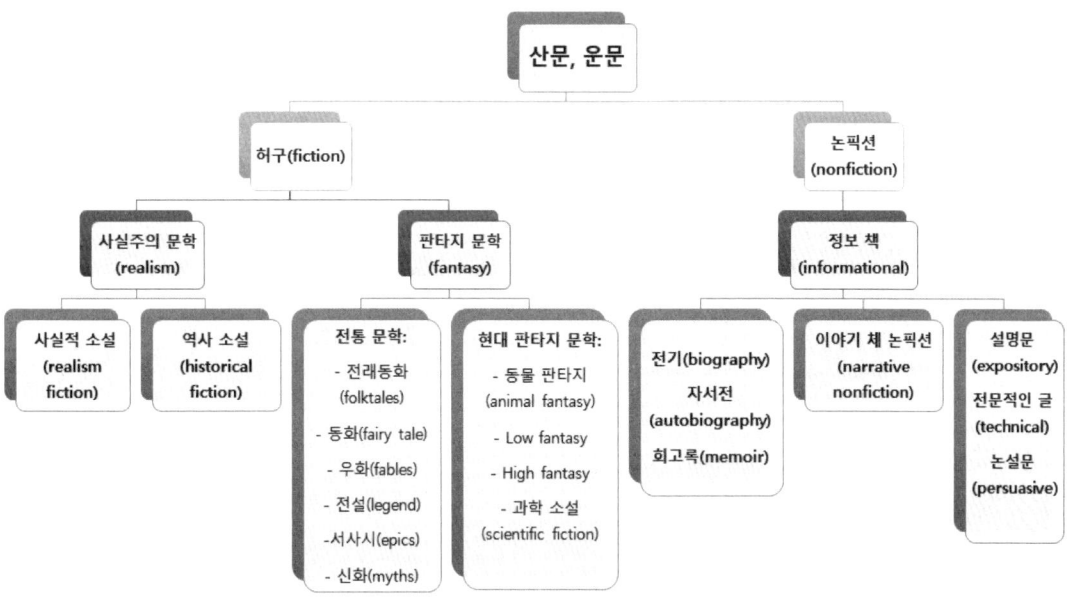

<그림 2-5> 장르별 분류 기준(이상기 외 7인, 2019, p. 236)

논픽션(nonfiction)에는 전기와 정보 책, 그리고 설명문과 논설문이 포함된다. 전기는 실제 사람의 삶에 대한 이야기이고, 자서전은 저자 본인이 자신의 삶에 대해 쓰는 이야기이다. 회고록은 개인에게 큰 영향을 미쳤던 특정 사건에 초점을 맞춘 자서전 글인데, 다른 사람, 장소, 이벤트 또는 행동 기간에 초점을 맞출 수 있다는 특징이 있다. 정보

책은 과학 또는 사회 과학 분야에 중점을 두기 때문에 독자는 정보 텍스트에서 내용적 지식을 얻을 수 있다.

2) 글의 구조(text structure)

글의 구조는 정보가 구성되고 표시되는 방식을 나타낸다. 이야기체(narrative)는 일반적으로 시간순이고 등장인물들은 전체 테마 또는 테마와 관련된 일련의 사건들을 통해 상호작용한다. 쉬운 수준의 글에서는 단순한 플롯이 있고 글의 난이도가 높아질수록 플롯이 더 복잡해진다(<그림 2-6> 참조).

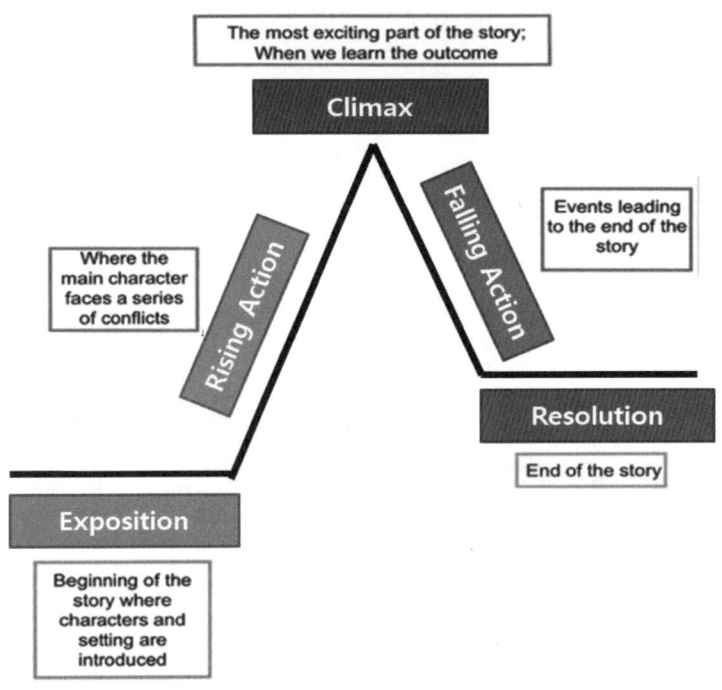

<그림 2-6> 이야기체 글의 구조 학습 자료 - Peregoy & Boyle(2016) 재구성

설명문은 원인과 결과, 시간적 순서, 비교/대조, 설명, 문제/해결책 또는 질문/답변과 같은 다양한 글의 구조를 사용한다. 이러한 구조는 종종 특정 단어, 구를 사용하며, 이러한 글의 구조는 글 전체의 일관성을 유지하는 데 기여한다. 대부분의 작가는 부분이 전체에 어떻게 들어맞는지, 한 아이디어가 다른 아이디어와 어떻게 연결되는지 보여주

기 위해 다양한 장치들을 사용하여 노력한다(<그림 2-7> 참조).

텍스트 구조는 장르와 관련이 있다. 예를 들어, 대부분의 소설 텍스트는 이야기체 구조를 가지고 있다. 그러나 전기 및 역사와 같은 논픽션 글도 이야기 형식으로 구성될 수 있다. <그림 2-6>은 이야기체 글의 구조를, <그림 2-7>은 설명하는 글의 구조를 나타낸 자료로써 수업 시간에 학생에게 글의 구조를 이해시키기 위한 시각적 자료 및 그래픽 조직자로 사용하기 적절하다.

Text Structures	Purpose	Clue Words	Visual
Descriptive	describes something	about, is, are, has, have, does	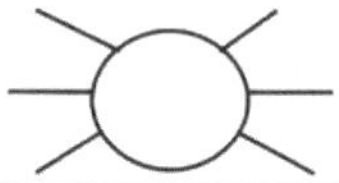
Sequence	provides a series or steps	first, second, third, next, finally	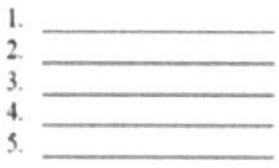
Problem/solution	identifies a problem and a solution to the problem	problem, solution, solve	
Compare/contrast	compares and contrasts the similarities and differences between two things	different from, same as, alike, similar to, resemble, but not	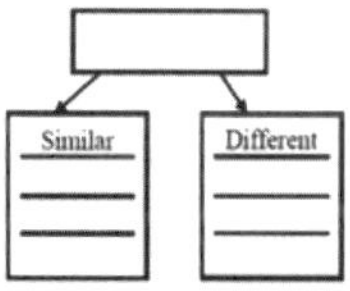
Cause/effect	presents cause-and-effect relationships	so that, because of, as a result of, since, so, in order to	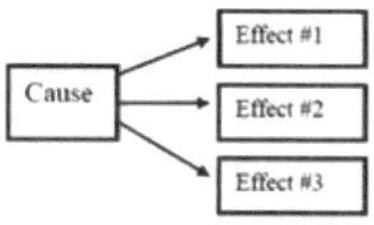

<그림 2-7> 설명하는 글의 구조 학습 자료 - Tomkins(2003) 재구성

3) 내용(content)

글의 내용이 학생들의 경험에 가까울 때 그 글의 내용은 쉽다고 할 수 있다. 그래서 이야기체 글이 초기 학습자들에게 적용하기 적절한 것이다. 정보 텍스트(informational text)는 일반적으로 독자가 모르는 것에 대한 정보를 제공하기 때문에 더 어렵다고 할 수 있다. 그러므로 글을 분석할 때 글을 읽게 될 학생들이 독서에 가져올 배경 경험의 종류를 먼저 생각해야 한다. 글의 내용이 학생의 배경 지식과 너무 멀다면 단순히 단어를 해독하는 것만으로는 그 글을 이해할 수 없다.

4) 주제와 아이디어(theme and idea)

주제와 아이디어는 글이 전하고자 하는 핵심 메시지로 교훈적이거나 도덕적인 내용들을 말한다. 글에는 여러 가지 주제가 포함되어 있을 수 있다. 예를 들어 어린아이들을 위한 주제로는 일반적으로 간단하고 쉽게 접근할 수 있는 친구, 가족, 동물에 대한 사랑, 학교 과제 등이 있다. 글이 복잡해짐에 따라 주제나 주요 아이디어(전쟁의 공포, 생존을 위한 투쟁, 편견과 차별)의 정교함도 증가한다.

2.3.2 언어 관습과 명료성을 바탕으로 분석하기

<표 2-7>은 글에 사용되고 있는 언어에 집중하여 언어 관습(language conventionality)과 언어 명료성(language clarity)을 정성적으로 분석하는 기준들을 제시하고 있다. 학습자들을 위해 선정하는 글에서 사용되는 언어는 일반적으로 친숙하고 명료하며 대화체를 많이 포함하고 있지만, 종종 인물들이 사용하는 특정 언어들은 독자들에게 매우 어려울 수 있다. 또한 친숙한 단어가 많이 포함된 글이라 할지라도 때때로 상당한 추론을 요구하는 생략된 단어를 사용하기도 하기 때문에 양적 분석으로 보는 가독성을 넘어서는 언어적 특징을 정성적으로 분석할 필요가 있다.

<표 2-7> 언어 관습과 명료성을 바탕으로 정성적 분석 요인

요인	정의	측정을 위한 특징
언어 및 문학 특징	• 문자로 쓰인 글은 구어와 질적으로 다름 • 소설 작가는 대화, 비유적 언어 및 캐릭터, 설정 및 플롯과 같은 다른 종류의 문학적 구조를 사용함 • 논픽션 작가는 설명과 기술 언어를 사용함	• 관점 • 언어 구조 및 질 • 단어 선택 • 문학 장치 • 비유적 언어 • 대화
문장 복잡성	• 더 간단하고 자연스러운 문장이 있는 글은 의미를 이해하기 더 쉬움 • 절과 결합된 절이 포함된 문장은 글의 의미를 이해하는 것을 더 어렵게 함	• 문장의 길이 • 문장 스타일 • 삽입절
어휘	• 독자가 더 많은 단어에 접근이 가능할수록 해당 글은 더 쉬움 • 글에서 독자가 인식하거나 해독해야만 하는 단어의 수와 난이도에 따라 글의 어려움에 영향을 끼침 • 고빈도어가 많이 있으면 독자가 글에 더 쉽게 접근함	• 의미의 복잡한 계층(e.g., 은유) • 내용/기술 용어 • 구어보다는 문어에 특화된 단어 • 고빈도어(High frequency words) • 다음절 단어(Multisyllable words)

1) 언어 및 문학 특징(language and literary features)

장르에 관계없이 언어의 명확성은 중요하다. 등장인물 및 플롯의 복잡성을 포함하여, 언어 및 문학적 특징의 정교함은 글의 가독성에 영향을 미친다. 초기에 시작하는 쉬운 수준의 글은 일반적으로 시작, 중간 및 끝이 있는 단순한 이야기체인 반면, 더 높은 수준의 글에는 플래시백이나 이야기 안의 또 다른 이야기와 같은 문학적 장치가 있다. 또한 관용구, 방언, 문학적 언어 및 은유, 직유 및 의성어와 같은 시적 장치도 포함된다. 여기서 핵심은 은유가 독자를 혼란스럽게 하기 보다는 독자가 글을 이해하는 데 도움이 되도록 해야 한다는 것이다. 글의 문학적 특징을 다루는 능력은 이러한 문학적 읽기 경험을 통해 구축된다.

2) 문장 복잡성(sentence complexity)

문장의 복잡성은 구문과 관련이 있다. 단어를 조합하여 구와 절을 구성하는 방식인데, 짧은 문장은 일반적으로 단일 주제와 서술어를 갖는다. 긴 문장에는 많은 절이 포함된 복합 또는 복합 주제와 술어가 있을 수 있다.

3) 어휘(vocabulary)

어휘는 글의 난이도를 결정짓는 핵심 요소이다. 글에서 단어의 의미를 아는 것은 이해의 기본인데 독자의 구어 어휘 지식에 포함된 단어가 해당 글에 많을수록 독자는 그 글에 더 쉽게 접근할 수 있다. 그러나 새로운 내용을 배우면서 이미 알고 있던 단어에 대한 새로운 개념 및 범주도 알게 된다. 어휘는 이해를 원활하게 하고 기억을 잘하기 위해서 단어 간의 의미를 연결하는 것을 포함한다. 능숙한 독자는 문장, 단락 및 전체 글의 맥락이 어휘 이해에 차이를 만든다는 것을 알고 있다. 단어는 여러 의미를 가질 뿐만 아니라 문맥 내에서 내포적인 의미도 가지고 있다. 어떤 단어들은 학생들이 인식하거나 분리하기가 더 쉽다. 학생들은 특히 익숙하지 않은 단어가 많이 있는 다양한 전략과 글을 사용하여 연습할 필요가 있다. 또한 다음절 단어들이 포함된 글은 독자로 하여금 의미에 초점을 맞추면서 동시에 그 다음절 단어들을 분해해서 해석하는 능력도 요구된다. 그러므로 글에서 포함하고 있는 전반적인 어휘에 대한 정성적 분석은 독자에게 적절한 글을 선정하는 데 있어서 중요한 요소가 된다.

2.3.3 정성적 분석의 부수적 요인들

글의 정성적 분석을 위한 마지막 부수적인 요인들에는 삽화와 도서 및 인쇄 기능이 있다. 삽화에는 글과 함께 의미와 즐거움을 더하는 그림 또는 사진이 포함된다. 이야기체 글에서 삽화는 독자가 배경과 인물의 이미지를 형성하는 데 도움이 된다. 이러한 삽화는 이야기의 분위기를 향상시키고 감정적 반응을 촉진하며 독자가 더 깊은 방식으로 글의 의미를 이해하도록 돕는다. 정보 텍스트에서 삽화(사진, 그림, 다이어그램, 지도, 단면)는 학생들이 논의 중인 개념과 아이디어를 이해하는 데 도움이 된다. 본문의 정보와 명확하게 관련되고 이해하기 쉬운 삽화와 명확하게 설명되는 그래픽 기능은 독자가 글의 내용을 이해하기 쉽도록 돕는 장치가 되므로 글의 선정을 위한 고려요소가 된다.

마지막으로 도서 및 인쇄 기능은 글의 물리적 측면이다. 글이 배치되는 방식(글꼴 크기, 여백, 단어와 줄 사이의 간격, 구와 문장의 배치, 제목 및 부제목)은 독자를 지원하거나 글을 더 어렵게 만들 수 있다. 독자가 의미를 구성할 수 있도록 글의 물리적 기능들이 함께 작동하면 독자는 글에 더 쉽게 접근할 수 있다.

이상과 같은 글의 복잡성에 대한 질적 분석은 대개 교사 또는 연구자의 주관적 판단 기준에 근거하여 이뤄진다. 그렇기 때문에 글의 복잡성에 대한 정성적 분석은 산술적 수치에 근거한 객관적인 평가 절차에 의해 이뤄질 수 없다는 문제를 안고 있지만(최숙기, 2011), 이와 같은 질적 차원에 대한 분석은 반드시 수행되어야 한다. 왜냐하면 글의 난이도는 글을 구성하는 단어나 문장, 그리고 이들의 응집성이라는 표면적 요소와 더불어 텍스트의 질적 수준을 결정짓는 다양한 차원들이 상호작용하면서 결정되기 때문이다. 따라서 글의 복잡성의 정성적 분석은 위에서 언급한 정성적 분석 요인들을 바탕으로 연구자들이 제안한 루브릭 활용하여 수행해 볼 수 있다(최숙기, 2011; Fisher, Fry, & Lapp, 2016; Fountas & Pinnell, 2006).

2.4 마무리하며

글의 복잡성과 난이도를 결정하기 위해 글을 분석하는 것은 복잡한 작업임이 분명하다. 게다가 글을 읽는 데에는 복잡하고 동시적인 처리 과정도 필요하다. 글을 분석하기 위해서는 글의 복잡성을 탐구해봐야 하고, 이를 위해서는 다양한 도구를 활용한 정량적 측정과 함께 해당 글이 독자에게 얼마나 적절한지에 대한 적합성을 탐색하는 정성적 분석이 수반되어야 한다. 학생들이 점점 더 복잡하고 가치 있는 글을 읽게 하려면 교사는 글의 의미 또는 목적, 구조, 언어 관습 및 명확성, 지식 요구 수준에 대해 분석하여 그에 맞는 적절한 교육을 제공해야 할 것이다. 학습을 가능하게 하는 첫 번째 단계는 학생들이 글에 접근할 수 있도록 글을 분석하는 것이다. 그런 다음 독자와 글을 한데 모아 연결하는 교육을 설계한다면 효과적인 읽기 교육의 실현에 한층 더 가까워질 것이다.

참고문헌

김혜리. (2011). *초등 영어 읽기 쓰기 지도*. 서울: 교육과학사.

김혜리. (2015). *아동문학과 영어교육*. 서울: 한국문화사.

민보은. (2017). *렉사일 기반 영어교재 이독성 비교 분석 연구*(미출간 석사학위논문). 한국교원대학교, 충북 청주.

박현숙. (2018). *Coh-Metrix(코메트릭스)를 이용한 2009/2015 개정 고등학교 영어 교과서 읽기 자료의 언어적 연계성 분석: 영어, 실용영어I, 영어I, 영어 독해와 작문을 중심으로* (미출간 석사학위논문). 연세대학교, 서울.

배지영. (2019a). 중학교 1·2학년 2015 개정 영어교과서 읽기 자료의 가독성 분석과 아동문학 선정 연구. *영어교과교육, 18*(2), 117-141.

배지영. (2019b). 2015 개정 교육과정이 적용된 초·중등 영어교과서의 읽기 지문 연계성 분석. *현대영어영문학, 63*(2), 81-107.

이상기, 이송은, 황은경, 박미애, 김기택, 배지영, 김규미, 이동주. (2019). *영어 교과교육 연구의 이론과 실제*. 서울: 한국문화사.

이현영. (2020). *코메트릭스(Coh-Metrix)를 이용한 고등학교 3학년 영어교과서와 대학수학능력시험 읽기 지문의 난이도 비교* (미출간 석사학위논문). 공주대학교, 충남 공주.

최숙기. (2011). 공통핵심교육과정(CCSS)의 읽기 텍스트 위계화 방안에 관한 연구. *교육과정평가연구, 14*(2), 1-29.

황은경, 박광현. (2019). 2015 개정 교육과정에 따른 초등 5학년과 6학년 영어교과서 읽기 지문의 이독성 지수 비교분석. *Foreign Languages Education, 26*(3), 99-119.

Clay, M. M. (2000). *Concepts about print*. Portsmouth, NH: Heinemann.

Collins, S. (2008). *The hunger games*. New York: Scholastic Press.

Dale, E., & Chall, J. (1949). The concept of readability. *Elementary English, 26*(1), 19-26.

Fisher, D., Frey, N., & Lapp, D. (2016). *Text complexity: Stretching readers with texts and tasks* (2nd ed). Thousand Oaks, CA: Corwin.

Fountas, I. C., & Pinnell, G. S. (2006). *Leveled books: Matching texts to readers for effective teaching*.

Portsmouth, NH: Heinemann.

Fountas, I. C., & Pinnell, G. S. (2012). *Genre study: Teaching with fiction and nonfiction books*. Portsmouth, NH: Heinemann.

Fry, E. (1977). Fry's readability graph: Clarifications, validity, and extension to level 17. *Journal of Reading, 21*, 242-252.

Fry, E. (2002). Readability versus leveling. *The Reading Teacher, 56*(3), 286-291.

Graesser, A. C., McNamara, D. S., & Louwerse, M. M. (2011). Methods of automated text analysis. In M. L. Kamil., P. D. Pearson., E. D. Moje., & P. P. Afflerbach (Eds.), *Handbook of reading research, Volume IV* (pp. 34-53). New York: Routledge.

Gunning, T. G. (2003). *Building literacy in the content areas*. Boston, MA: Allyn & Bacon.

Hiebert, E. H., & Martin, L. A. (2001). The texts of beginning reading instruction. In S. B. Neuman & D. K. Dickinson. (Eds.), *Handbook of early literacy research* (pp. 361-376). New York: The Guilford Press.

McNamara, D. S., Louwerse, M. M., McCarthy, P. M., & Graesser, A. C. (2010). Coh-Metrix: Capturing linguistic features of cohesion. *Discourse Processes, 47,* 292-330.

Peregoy, S. F., & Boyle, O. F. (2016). *Reading, writing, and learning in ESL: A resource book for teaching K-12 English learners* (7th ed.). New York: Pearson Education.

Tompkins, G. E. (2003). *Literacy for the 21st century.* Upper Saddle River, NJ: Merrill/Prentice Hall.

Vardell, S., Hadaway, N., & Young, T. (2006). Matching books and readers: Selecting literature for English learners. *The Reading Teacher, 59*(8), 734-740.

제3장

비판적 사고력을 기르는 읽기 지도

박현민
(동학중학교)

> 박현민은 금곡중학교에서 영어를 가르치기 시작하여 그동안 중고등학교에서 학생들을 만나며 희로애락을 함께 해왔다. 어느 날, 영어교사로서 공부와 성찰이 꼭 필요하다는 생각이 들어 대학원 공부를 시작하였고, 지금은 학생으로 교사로, 배우고 가르치며 살아가고 있다. 학생들에게 읽기가 즐겁고 설레는 경험이었으면 좋겠다는 마음에서 비판적 읽기를 실천하였다.

이번 장에서는 교실에서의 영어 읽기 지도를 통해 비판적 사고력을 기르는 방법을 찾아보고자 한다. '영어로 읽은 내용을 이해하기도 어려운데 비판적 사고력이라니 무리가 아닐까, 그건 영어를 잘하는 일부 학생들이나 할 수 있는 것이지, 보통의 교실에선 힘든 일이야.' 하는 생각이 들지도 모른다. 그러나 다시 생각해보면 우리 학생들은 많이 컸고 각자의 생각도 뚜렷하고 할 말도 많다. 오히려 비판 없이 읽기가 더 어렵지 않을까.

교실 영어 수업에서 읽기를 많이 하게 된다. 읽기를 통해 학생들은 언어적으로 새로운 지식도 얻게 되고 세상에 대한 이해도 키워가게 된다. 여기에 더하여 꼭 필요한 것 중 하나가 바로 비판적인 사고력을 키우는 일이다. 텍스트를 읽고 이해하는 데에서 한발 나아가 학생이 텍스트 안으로 들어오도록 혹은 읽은 내용이 학생의 삶으로 확장되도록 해보자. 학생들은 영어 읽기도 꽤 재미있다고 느낄 것이고 영어가 학습의 목표가 아닌 생활의 도구가 되는 즐거운 경험을 할 것이다.

3.1 비판적 읽기(critical literacy)의 개념

3.1.1 비판적 사고력의 중요성

비판적 교육의 관점에서는 교육이 정의와 평등의 가치를 바탕으로 인종, 계급, 성, 종교 등과 관련한 편견과 고정관념에 대해 의문을 갖고 창의적이고 비판적이며 주체적인 사고를 하도록 학생들을 이끌어야 한다고 한다. 비판적 교육을 주장한 대표적인 학자인 Freire(1970)는 교육이 갖는 문제는 교사가 학생에게 지식을 전달하고 학생은 이를 어떤 비판도 없이 그대로 받아들이는 구조에 있다고 하였다. 그는 바람직한 문해교육은 그 내용이 학생의 삶의 장면과 연관되고, 방법 면에서는 학생 스스로가 목소리를 낼 수 있어야 한다고 하였다. 학생이 교사들에게 예금해둔 지식을 찾아 암기하는 예탁자가 되는 은행예금식 교육(banking method education)에서 학생이 지식이나 정보에 대해 비판하고 재해석할 수 있는 문제제기식 교육(problem-posing education)으로 변화하여야 한다는 것이다.

지금 우리는 인공지능과 로봇과 같은 기술의 혁신으로 과거 어느 때보다 변화의 속도가 빠른 시대를 살고 있으며 인류는 환경 오염과 기후 변화 등 공동의 해결 과제를 안게 되었다. 미래 사회를 살아갈 우리 학생들은 삶에서 일어나는 새로운 문제들을 해결하기 위해 주관을 갖고 창의적으로 생각하며 타인과 소통하고 협력해야 할 것이다. 이런 상황에서 교육의 목표는 학생들이 지식뿐 아니라 무엇이 문제이고 무엇이 옳은가의 가치를 배우고 실천하여 변화무쌍한 세상에서 주체적인 개인으로 살아갈 수 있는 역량을 기르도록 돕는 데에 있다. 비판적 사고력을 키움으로써 학생들은 당연하게 받아들이던 것들을 새로운 눈으로 바라보고 의문을 품는 습관을 들이고, 다가오는 삶의 갖가지 문제들을 해결할 수 있는 힘을 기르게 될 것이다.

3.1.2 비판적 읽기 활동의 의미

비판적 교육학에 바탕을 둔 읽기 활동을 비판적 읽기라고 한다. McLaughlin과 DeVoogd(2004)는 비판적 읽기란 텍스트를 매개로 형성된 저자와 독자 사이의 권력 관계에 의문을 갖고 질문하는 적극적인 독자가 되는 읽기를 의미한다고 하였다. 또한 Vasquez(2004)는 특정 주제에 대해 부정적인 시각으로만 바라보는 것이 아니라 기존의 보편적인 관점에서 벗어나 새로운 관점으로 분석하는 것이 바로 비판적 읽기라고 하였다.

이처럼 저자와 독자의 권력을 동등한 지위로 올리는 일은 그동안 영어 읽기에서 쉽지 않았다. EFL(English as a Foreign Language) 독자는 흔히 영어 능숙도가 높지 않다는 이유로 열등한 위치에 놓여왔기 때문이다. 그러나 독자가 읽고 이해한 만큼의 내용도 충분히 비판적으로 해석해볼 수 있으며, 비판적인 관점을 갖고 능동적으로 읽어나갈 때 텍스트 표면을 넘어 숨겨진 부분까지도 읽어내는 진정한 이해가 가능하다. 또한 비판적 읽기는 학교 영어 교실에서 시작되어야 한다. 비판적 읽기의 핵심은 질문과 대화에 있는데 교실에는 이를 함께 할 친구들과 선생님이 있기 때문이다. 학생들은 비판적 읽기를 통해 영어 학습자에서 영어 사용자로 거듭나는 경험을 하게 될 것이며, 이렇게 익힌 습관이 앞으로 그들의 삶에서 영어로 된 글을 읽는 바람직한 태도로 자리잡을 수 있을 것이다.

3.1.3 비판적 사고력을 기르기 위한 읽기 활동

비판적 사고력을 기르기 위해 내용 이해하기에서 더 나아가 비교하기, 선택하기, 가치 판단하기, 종합하기 등 다양한 활동을 구안할 수 있다. Mclaughlin과 DeVoogd(2004)는 <표 3-1>의 읽기 활동을 제안하였는데, 읽기 전 단계에서 학생들은 기존에 갖고 있던 생각을 나누고 자신의 경험을 떠올리는 등 배경 지식을 활성화하고, 교사는 읽을 내용을 간단히 소개하고 읽기의 목적을 공유할 수 있다. 읽기 중 단계에서는 소리 내지 않고 읽기, 짝과 함께 읽기, 이어서 읽기 등 텍스트의 특성과 학생들의 선호에 따라 다양한 읽기 방법을 시도할 수 있다. 읽은 후에는 비판적 관점을 갖고 토론하기와 글쓰기 등을 시도해볼 수 있다. 또한 궁극적으로 비판적 읽기를 통해 얻은 가치는 학생들의 삶에서 생각과 행동의 변화와 실천으로 이어질 수 있다.

<표 3-1> 비판적 읽기 전략을 키우기 위한 읽기 활동(Mclaughlin & DeVoogd, 2004)

- 학생들이 생각하도록 참여시키기(engaging students' thinking): 읽기 전 활동으로 학생들의 배경 지식을 활성화하기, 읽을 내용을 소개하기, 동기 유발하기, 읽기의 목적을 설정하기 등이 있다.
- 학생들의 생각을 안내하기(guiding students' thinking): 읽기 과정에서, 학생들이 소리 내지 않고 읽기, 짝과 함께 읽기 등의 방법으로 텍스트에 몰입하도록 돕는다.
- 학생들의 생각을 확장함(extending students' thinking): 학생들이 텍스트에 대한 비판적 토론과 비판적 사고의 결론을 통해 생각을 확장한다.

3.2 비판적 읽기 수업 준비하기

3.2.1 이번 학기 읽기의 주안점은 비판적 사고력 키우기!

학기가 시작되기 전 교사는 앞으로 펼쳐질 한 학기 수업에 대한 진도 계획과 평가 계획을 마련한다. '비판적 사고력을 키우기 위한 읽기'는 한 학기 읽기 수업에 녹여낼 큰 주제가 되어도 손색없다. 교육과정을 재구성하는 단계에서 진도 계획을 세우며 각 단원의 읽기 수업에서 비판적 읽기 활동을 고안해보자. 교과서의 읽기 지문에서 더 나아가 학교 도서관에 비치된 영어 도서를 활용하여 학생의 시야를 확장해 줄 비판적 읽기 활동을 계획할 수도 있다. 2015 개정 교육과정 천재교육(이) 중학교 3학년 교과서를 기준으로 1학기 동안 각 단원의 읽기 활동과 관련한 비판적 사고력을 키우기 위한 주요 활동을 <표 3-2>와 같이 계획해볼 수 있다.

<표 3-2> 비판적 읽기 활동 계획 예시(천재교육(이) 중3 교과서 참고)

단원	읽기 지문 제목	내용	비판적 읽기 활동
Lesson 1 What Matters to You?	A Priceless Gift	교역을 위해 섬나라를 찾았다가 귀한 것을 얻은 두 상인의 이야기	• 이야기의 구성 요소를 바꾸어 패러디 작품 쓰기
Lesson 2 Animals, Big and Small	The Amazing Ants	개미의 생태에 관한 이해	• KWL 차트 작성 • 모둠별 곤충 Q&A 사전 만들기
Reading for Fun 1	The Full Jar	인생의 우선순위	• My Jar를 그려보고 내 인생의 우선순위 소개하기
Lesson 3 Be Positive, Be Happy	Say Goodbye to Stress	스트레스를 극복하는 다양한 방법	• "Should we have homework?" 토론하기
Lesson 4 Opening a Window to the World	Must-Visit Markets Around the World	세계 여러 나라의 흥미로운 시장	• 가고 싶은 시장, 사고 싶은 물건을 정하고 가상의 여행 계획 세우기
Reading for Fun 2	A Slice of History	피자의 역사	• 음식에 문화가 어떻게 반영되었는지 찾아보고 발표하기

이 가운데 1단원의 읽기 *A Priceless Gift*와 연계 도서를 중심으로 3.3 수업의 실제를 구성하였다. 여러 장르 가운데 다양한 삶의 이야기를 끌어낼 수 있는 이야기 장르를 택하였으며, 그중 비판적 사고력을 기르기 위한 전형적인 질문들을 풀어가기에 더욱 적합한 전래동화와 패러디 동화를 연계하여 읽음으로써 해당 활동을 진행하였다.

3.3절에서 소개하는 세 가지 수업은 온라인과 오프라인을 병행한 블렌디드 수업에서 이뤄진 것이다. 온라인 수업에서는 주로 읽기의 내용 소개, 관련 영상 시청, 자신의 생각을 글로 쓰기 등 개별적으로 할 수 있는 활동과 과제를 다루었고, 오프라인 수업에서는 읽은 내용에 대해 얘기 나누고 요약하기, 학교 도서관의 도서를 각자 넘겨보며 읽기, 질의 응답, 개요 쓰기와 피드백, 글쓰기 수행평가 등을 실시하였다.

3.2.2 학생을 이해하기

본 장에서 소개하려는 수업은 중학교 3학년 학생의 눈높이에 맞춘 비판적 읽기 수업이다. 수업에 참여한 학생들은 다양한 수준의 영어 능숙도를 가진 학생들이었으며 전국 단위 학업성취도 평가를 기준으로 볼 때 전체적으로 '중' 수준의 영어 능숙도를 갖고 있었다. 영어 능숙도 외에 영어에 대한 태도 또한 중요하게 고려되었다. 학생들은 영어에 대한 다양한 태도를 갖고 있었으며 그들의 태도를 다채로운 표현을 통해 드러냈다. '영어를 좋아하고 잘하고 싶다,' '나에게 꼭 필요하다,' '영어라면 자신이 있다' 등 긍정적인 반응이 다수였으며, '시험 때문에 부담스럽다,' '열심히 해도 잘 되지 않는다,' '잠이 온다' 등 부정적인 반응도 있었다. 영어를 싫어한다거나 아무 관심이 없다는 의견도 극소수이지만 눈에 띄었다.

★ 나에게 영어란 세계로 통하는 창이다. 왜냐하면 요즘 같은 세계화 시대에 영어를 알아두면 외국인들과도 편하게 대화할 수 있기 때문이다. (3-1 권○하)
★ 나에게 영어란 한국어이다. 왜냐하면 차별을 없애고 싶기 때문이다. (3-1 윤○)
★ 나에게 영어란 생활이다. 왜냐하면 생활 속에서 영어를 쓰고, 말하고, 들어야 할 때가 많기 때문이다. 그래서 나는 영어를 배운 것이 정말 잘한 일인 거 같다! (3-2 신○원)
★ 나에게 영어란 인생의 동반자이다. 왜냐하면 내가 살아가면서 영어는 꼭 어디에서나 들리고 보이기 때문이다. (3-3 최○수)
★ 나에게 영어란 사탕이다. 왜냐하면 잘 기억하고 있다가도 시간이 지나면 머리에서 사라지기 때문이다. (3-5 김○경)

<그림 3-1> 나에게 영어란? 온라인 설문 조사 응답의 일부

<그림 3-1>은 "나에게 영어란 _____이다. 왜냐하면 _____ 때문이다." 라는 말의 빈칸을 채워보는 학기 초 설문 조사 내용의 일부이다. 이렇게 학생들의 영어에 대한 태도를 알아봄으로써 교사는 더욱 적절하게 수업을 준비할 수 있고 예상되는 어려움을 미리

생각해볼 수 있다. 학생들 또한 자신들의 영어에 대한 태도를 성찰해볼 수 있으며 동기부여 기회가 될 수 있다.

3.2.3 비판적 읽기를 위한 질문들

비판적 사고력을 기르기 위해서는 질문이 중요하다. 교사는 일방적으로 지식을 전달하거나 교사의 의견을 주입하기보다 학생들이 자신의 삶 속에서의 다양한 경험들을 끌어내어 텍스트를 읽고 성찰하고, 이를 통해 지적, 감성적 능력을 계발하도록 도와야 한다. 이를 위해 학생들로 하여금 질문을 할 수 있는 분위기를 조성해주어야 하며 때로는 질문을 먼저 제시하여 학생의 비판적 사고를 촉발할 수 있다. Paul(1998)이 제시한 비판적 읽기를 위한 질문들은 다음과 같다.

- Whose story is this? (누구의 이야기인가?)
- How does this story fit with what I know? (이 이야기는 내가 알고 있는 것과 어떻게 맞아떨어지는가?)
- How does it not fit? (이 이야기는 내가 알고 있는 것과 어떻게 다른가?)
- What is missing from the story? (이 이야기에서 빠진 것은 무엇인가?)
- Who has the power in the story? (이 이야기에서 누가 힘을 가지는가?)
- How did the person get the power? (그 사람은 어떻게 힘을 갖게 되었는가?)
- What is rewarded? (어떤 보상이 있는가?)

예시한 질문들은 주로 읽은 내용을 자신의 기존의 생각과 비교해보고 차이가 있다면 무엇인지 발견하도록 하며, 이야기 속의 권력 관계를 파악하도록 돕는다. 이 질문들을 염두에 두고 글의 종류와 내용에 따라 적절히 선택하고 변형하여 수업에 활용할 수 있다.

3.3 수업의 실제

3.3.1 *A Priceless Gift*를 활용한 비판적 읽기 수업

1) 수업 자료

첫 번째 읽기 자료는 2015 개정 교육과정 천재교육(이) 중학교 3학년 교과서 1과에

수록된 *A Priceless Gift*이다. 이탈리아 정직한 상인 안토니오는 가족의 생계를 위해 교역을 하며 여러 나라를 다닌다. 그는 머나먼 섬에도 가게 되는데, 섬사람들에게 도구와 책을 주고 대신 섬에서 견과류와 향신료 등을 얻는다. 한번은 그가 여왕의 초대를 받아 궁전에 가게 된다. 저녁의 만찬이 차려지자 어디선가 쥐들이 나타나고 하인들은 쥐를 쫓는다. 안토니오는 이를 보고 이 섬에 필요한 것은 도구와 책이 아니라 바로 쥐를 쫓는 고양이라는 생각을 하고, 타고 온 배에 있던 고양이 두 마리를 여왕에게 선물한다. 고양이라는 동물을

출처: 천재교육(이) 중3 영어 교과서

몰랐던 여왕은 매우 고마워하며 안토니오에게 많은 보석을 선물하고 그 덕분에 안토니오는 부자가 된다. 이 소식을 들은 이탈리아의 욕심 많은 상인 루이지는 자신도 여왕으로부터 많은 보석을 받을 욕심으로 여왕에게 멋진 그림과 예술품을 선물한다. 그러나 루이지의 기대와 달리 여왕은 그에게 답례로 새끼고양이를 주었다. 여왕에게 가장 귀한 것은 고양이였기 때문이다.

이 이야기는 이탈리아 민담으로 원작은 Martha Hamilton and Mitch Weiss(2007)의 *Priceless Gifts: A Folktale from Italy*이다. 이 이야기를 통해 착한 일을 하면 상을 받고 욕심을 부리면 벌을 받는다는 단순한 가르침 외에도, 다른 사람의 입장이 되어 생각해보는 것이 왜 중요한가에 대해 얘기해볼 수 있다. 또한 주인공의 말과 행동에 성과 사회적 지위 등 권력이 어떻게 반영되어 있는지 비판적 관점으로 바라보고 각 인물의 장점과 단점을 찾아보고 이야기를 자신의 관점에서 새로 써볼 수 있으며, 자신이 생각하는 좋은 선물은 무엇인지에 대해서도 얘기해볼 수 있다.

> 주요 어휘

- 사물: chest, goods, tool, spice, jewel
- 사람: merchant, servant
- 장소: palace, island
- 감정: puzzled, jealous, speechless, pleased
- 행동: support, trade, chase, whisper, present, repay
- 기타: valuable, priceless, worthless

> 주요 구문

- '~하는 것'이라는 의미의 what(선행사를 포함하는 관계대명사 what)
  [예: Thanks to Antonio, the islanders could get what they needed./ What the islanders here need is not tools or books, but cats.]
- 보고 듣고 느낀 것 표현하기
  지각동사(see, watch, hear, feel 등)+ 목적어 + 동사원형: '~가 …하는 것을 보다/듣다/느끼다'
  [예: Luigi watched the queen whisper in a servant's ear.]
- 동사와 부사가 함께 의미를 만드는 구문
  동사와 부사가 함께 동사 역할을 하는 경우 대명사 목적어는 동사와 부사 사이에 위치
  [예: When dinner was served, rats appeared, and some servants chased them away.]

2) 수업 개요

교육과정 성취기준	[9영02-02] 일상생활에 관한 자신의 의견이나 감정을 표현할 수 있다. [9영03-09] 일상생활이나 친숙한 일반적 주제의 글을 읽고 문맥을 통해 낱말, 어구 또는 문장의 함축적 의미를 추론할 수 있다. [9영04-05] 자신이나 주변 사람, 일상생활에 관해 짧고 간단한 글을 쓸 수 있다.	
단계	활동 내용	자료
읽기 전	크로스워드 퍼즐	활동지 3-1
	단어 영영풀이	활동지 3-1
	내 성격을 형용사로 나타내기	활동지 3-2
읽기 중	그림자 읽기	
	녹음하며 읽기	
	주고받은 물건 짚어가며 읽기	
읽기 후	이야기 문법 작성하기	활동지 3-3
	인물의 성격 분석하기	
	패러디하기	

3) 수업의 세부 내용

> 읽기 전 활동

■ 크로스워드 퍼즐(crossword puzzle) [활동지 3-1]

어휘 학습에 유용한 방법으로 크로스워드 퍼즐이 있다. 구글 등에서 무료 서비스를 찾아 간단하게 제작할 수 있고, 지루하지 않게 단어 학습을 할 수 있으며, 수업 중 자투리 시간을 활용하기에도 좋다. <그림 3-2>는 온라인 크로스워드 퍼즐 메이커를 사용하여 퍼즐을 제작한 예이며 이를 포함하여 [활동지 3-1]을 제작하였다.

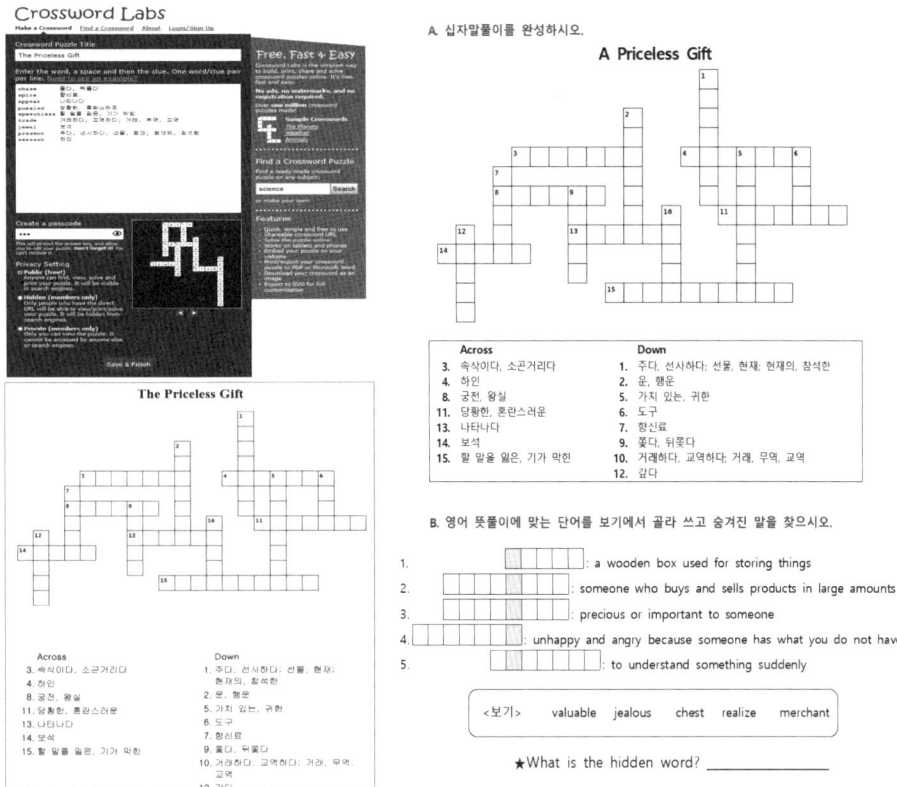

<그림 3-2> 크로스워드 퍼즐 제작 예시

[활동지 3-1] 어휘 학습

♛ TIP ♛

크로스워드 퍼즐 메이커를 무료로 제공하는 사이트는 여러 곳이 있다. 각 사이트에서는 직접 제작하는 것 외에도 이미 만들어진 다양한 주제의 퍼즐이 있으므로 수업 주제에 맞는 것을 찾아 활용할 수도 있다.

https://www.education.com/worksheet-generator/reading/crossword-puzzle/
https://worksheets.theteacherscorner.net/make-your-own/crossword/
https://crosswordlabs.com/

■ 단어 영영풀이 〔활동지 3-1〕

단어 영영풀이를 통해 어휘의 의미를 더욱 정확하게 이해하도록 도울 수 있다. 이 활동은 단어와 뜻 연결하기, 문장의 빈칸을 완성하기 등으로 변형할 수 있으며, <그림 3-3>의 예시와 같이 마지막에 키워드가 되는 어휘를 발견하도록 하면 재미를 더할 수 있다.

영어 뜻풀이에 맞는 단어를 보기에서 골라 쓰고 숨겨진 말을 찾으시오

1. ☐☐■☐☐ : a wooden box used for storing things
2. ☐☐■☐☐☐☐☐ : someone who buys and sells products in large amounts
3. ☐☐■☐☐☐☐ : precious or important to someone
4. ☐☐☐■☐☐☐ : unhappy and angry because someone has what you do not have
5. ☐☐☐■☐☐☐ : to understand something suddenly

<보기>　　valuable　　jealous　　chest　　realize　　merchant

★ What is the hidden word? _____

<그림 3-3> 단어 영영풀이

■ 내 성격을 형용사로 나타내기 〔활동지 3-2〕

다양한 성격 형용사를 학습한 후 자신의 성격을 나타낼 수 있는 형용사를 골라보도록 한다. [활동지 3-2]와 같이 학생들이 자신의 성격을 소개하는 짧은 글을 쓰고 교사가 개별 피드백을 줄 수 있다. 온라인 설문을 활용하여 학생들이 선택한 형용사를 수합하여 전체적으로 피드백을 제공할 수도 있다. 어떤 활동으로 구상하든 성격 형용사를 익힐 수 있고, 이 공유하며 서로를 알아가고 친해질 수 있는 장점이 있다.

교사는 전교생이 선택한 형용사를 워드 클라우드로 작성하고 다음 수업의 도입부에서 제시할 수 있다. <그림 3-4>의 왼쪽에는 학생들의 응답 일부를 제시하였고, 오른쪽에는 3학년 전체 180여 명의 응답을 워드 클라우드로 나타내었다. 'kind,' 'active,' 'friendly,' 'bright' 등이 가장 높은 빈도로 나타난 말들이다. 학생들은 친구들이 뭐라고 답했는지 궁금해하며, 자신이 쓴 형용사가 어디 있는지 찾아보는 것도 재미있어한다.

A. 성격과 감정에 대한 말을 알아봅시다.

nice	mean	sad	nice	mean	sad
bright	angry	comfortless			
cheerful	bossy	depressed			
caring	cruel	down			
charming	dark	sad			
considerate	disrespectful	gloomy			
encouraging	evil	heartbroken			
friendly	harsh	hopeless			
kind	hateful	isolated			
peaceful	impolite	lonely			
pleasant	selfish	lonesome			
polite	spoiled	miserable			
respectful	raging	moody			
sensitive	uncaring	sorrowful			
sweet	unfriendly	unhappy			
thoughtful	thoughtless	withdrawn			

does a lot	does very little	does a lot	does very little
active	passive		
ambitious	boring/ bored		
bold	indifferent		
busy	lazy		
energetic	neglectful		
hard-working	sluggish		

positive	negative	positive	negative
cooperative	uncooperative		
calm	reactive		
dependable	undependable		
fair	unfair		
honest	dishonest		
mature	immature		
patient	impolite		
responsible	irresponsible		
trustworthy	untrustworthy		

B. 앞 페이지에서 자신을 잘 나타내는 말을 골라 동그라미, 자신의 성격과 거리가 먼 말에 세모 표시를 하고 짧은 글을 써봅시다.

1. Which words would you choose to describe yourself? Why? (Think of examples to explain your choices.)

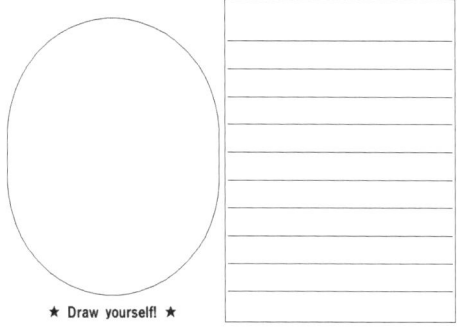

★ Draw yourself! ★

2. Which words would you not use? Why? Give examples to support your choices.

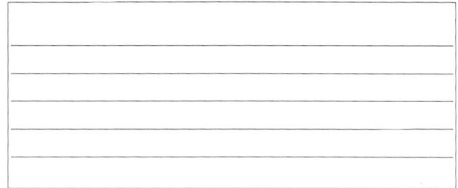

[활동지 3-2] 나의 성격은?

이○수	positive, outgoing, active, bright, cheerful
임○민	friendly, responsible, worried, considerate, timid
김○찬	impatient, kind, active, friendly, boring
이○솔	funny, selfish, mischievous, gloomy, clumsy
이○인	kind, timid, tenacious, lie
정○진	hot-tempered, kind, accepting, logical, witty
김○민	cute, lovely, passionate, sincere
이○연	diligent, tolerant, tireless, sociable, active
정○서	bright, peaceful, gentle, shy, calm
신○은	cooperative, assertive, lazy, shy, simple
홍○서	Bright, positive, talkative, ambitious, shrewd
김○석	careful, kind, nice
이○현	kind, polite. delightful, active, lazy
이○양	friendly, fearful, lazy, fair, shy
오○희	thoughtful, selfish, thoughtless, uncaring, fair

<그림 3-4> 내 성격을 형용사로 나타내기

☙ TIP ☙

워드 클라우드 생성기는 wordcloud.kr에서 무료로 이용할 수 있다. 또한 온라인 수업에서 네이버, 구글 등에서 제공하는 설문 서비스를 이용하면 학생들의 응답이 하나의 엑셀 파일로 저장되어 정리하기 편하다. 워드 클라우드는 특정 주제에 대한 다양한 학생들의 반응이 한눈에 파악되도록 시각적으로 보여주므로 여론이나 경향 등을 파악하여 학생들에게 알려줄 때 유용하게 이용할 수 있다.

읽기 중 활동

▰ 그림자 읽기(shadow reading)

교과서 오디오를 들으며 그와 똑같은 속도로 동시에 읽어나가도록 할 수 있다. 이렇게 그림자 읽기를 함으로써 더 자연스러운 발음과 읽기 속도를 연습할 수 있고 듣기 능력도 향상될 수 있다. 그림자처럼 동시에 읽는 것은 따라 읽기보다 어려우므로 학생들이 약간의 긴장감을 가지고 도전하며 몰입해서 읽게 된다.

▰ 녹음하며 읽기

한 단락을 골라 녹음하며 읽기도 시도해볼 수 있다. 학생들은 자신의 목소리를 잘 녹음하기 위해 더 정성을 들이게 된다. 여럿이 각기 다른 부분을 녹음하고 연결하여 전체 이야기가 완성되게 하고 누구의 목소리인지 알아맞히기를 하여도 매우 즐거운 활동이 된다.

▰ 주고받은 물건 짚어가며 읽기

이 이야기에는 서로 물건을 주고받는 장면이 여럿 등장한다. 상인이라는 주인공들의 직업을 비롯하여 교역, 선물과 답례가 이야기 속의 주요 모티브가 되고 있다. 다음 질문들을 통해 세부 정보를 파악하며 읽도록 유도할 수 있으며, 선물을 주고받는 인물들을 통해 권력 관계가 어떻게 만들어지는지에 더 관심을 갖고 비판적인 읽기를 해볼 수 있다.

- What was given to each person? (각 인물은 상대방에게서 무엇을 받는가?)
- What was rewarded? (받은 것에 대한 답례는 무엇인가?)
- Who had the power? (누가 권력을 갖는가?)
- How did the person get the power? (그 사람은 어떻게 힘을 갖게 되었는가?)
- What story might an alternative text tell? (대안적인 텍스트를 쓴다면 어떤 내용이 될 것인가?)

학생들은 이야기 속에서 여왕이라고 하여 반드시 권력이 있는 것은 아니며, 무지한 여왕이 안토니오로부터 고양이를 받았을 때 안토니오가 더 힘을 갖는다고 하며 '아는 것이 힘'이라고 하였다. 또한 루이지의 경우 여왕에게 값비싼 선물을 바치고 그 답례로 새끼 고양이를 받게 되는 장면에서, 순수한 마음으로 답례를 한 여왕이 불순한 의도로 욕심을 부린 루이지보다 독자의 마음을 끌어 더 힘을 갖는다고 파악하였다. 또한 여왕이 자상하지만 지혜롭지 못하고 자기중심적인 면이 있다고 평가하며, 조금 더 현명한 지도자가 그려졌으면 좋겠다는 코멘트도 있었다.

읽기 후 활동

■ 이야기 문법(story grammar) 작성하기 [활동지 3-3]

모든 이야기에는 이야기가 발생하는 시간과 장소, 주인공과 주변 인물이 있으며, 사건의 실마리와 전개, 절정, 해결이 있다. 이러한 요소들을 찾도록 하면 학생들은 내용에 집중하여 이야기를 여러 번 되짚어 읽게 되고 전체 이야기를 구조화함으로써 더 잘 이해하고 기억하게 된다. 학생들에게 [활동지 3-3]과 같이 그래픽 조직자를 제공하거나 온라인 문서로 직접 작성하게 할 수 있다. <그림 3-5>는 학생이 온라인 과제로 작성한 이야기 문법의 예시이다.

Let's Write a Story Grammar!

Title:
Author:

Setting
Time:
Place:

Characters
Main characters:
Minor characters:

Event 1
Beginning:
Middle:
End:

Event 2
Beginning:
Middle:
End:

Resolution:

[활동지 3-3] 이야기 문법 작성하기

(3-1 권○하)

Title: A priceless gift	
Setting Time: Long ago Place: Genoa, Italy/ island	Characters Main characters: Antonio, the island's queen, Luigi Minor characters: servants, Antonio's friends, cat
Event 1 Beginning: One night, Antonio had dinner with the island's queen at her palace. Middle: Antonio saw rats exist in the palace. And he gave two cats to the queen. End: Antonio was given a chest that was filled with jewels.	Event 2 Beginning: Luigi, the richest merchant in Genoa, heard the story and went to the island. Middle: Luigi presented the queen with all his gifts, and the queen repaid him with a priceless gift. End: Luigi was presented a kitten. And he became wiser.
Resolution: Antonio became rich, and Luigi became wise. And the queen had a lot of kittens. Happy ending.	

<그림 3-5> 이야기 문법 작성 예시

▋ 인물의 성격 분석하기

인물의 생각과 말과 행동을 통해 우리는 그 인물을 파악할 수 있다. 글에 드러난 주인공의 생각, 말, 행동을 찾아서 적고 이를 통해 알 수 있는 주인공의 성격을 기록하여 인물의 성격을 분석해보자. 학생들은 안토니오가 자신의 행운에 대해 고향의 친구들에게 말하는 장면에서 안토니오가 순수하고 정직하다고 하기도 하였으나, 조금 더 신중하고 겸손했어야 한다고 평가하기도 하였다. 루이지가 안토니오의 행운을 시샘하고 여왕에게 갖가지 선물을 바치는 장면에서는 루이지의 욕심 많은 성격을 볼 수 있었다는 학생들이 다수였으나, 계획성이 있고 주도면밀하다며 긍정적으로 평가하는 학생도 있었다. 여왕에 대해서는 고마운 일에 대해 답례를 하는 모습이 사려 깊다는 반응도 있었으며, 고양이라는 동물을 몰랐다는 부분에서 무지하고 여왕으로서의 리더십이 부족하다는 평가도 하였다. 착하지만 세상 물정을 모르고 스스로 문제를 해결하지 못하는 여왕의 모습에 불만을 느낀다고 말하는 학생도 있었다. 마지막에 루이지에게 여왕이 새끼고양이를 선물하는 부분에서는 여러 학생들이 여왕의 순수하고 진심어린 행동이 루이지의 마음도 움직였다고 평가한 반면, 상대방이 무엇을 원하는지 생각하지 않고 자기 입장에서만 판단하는 모습에서 여왕의 자기중심적인 성격을 읽어내는 학생들도 있었다.

<그림 3-6> 인물의 성격 분석하기 예시

<그림 3-6>은 학생이 작성한 인물의 성격 분석하기의 예시이다. 주인공의 성격을 분석하는 과정을 통해 텍스트에 드러난 주인공의 내적, 외적 움직임 하나하나에 집중하게 되고 무심히 읽고 지나칠 수 있는 부분에도 주의를 기울이게 되며 각 인물에 대해 더 깊은 이해를 하게 된다.

▰ 패러디하기

이제까지의 활동을 바탕으로 패러디를 할 수 있다. 첫째로, 주인공의 성격적 결점을 보완하여 새로운 이야기를 탄생시킬 수 있다. <그림 3-7>은 학생들이 온라인 과제로 제출한 패러디하기의 예시이다. [예시 1]에서는 무지하고 자기중심적인 결점을 가진 여왕이 책을 많이 읽어 자신이 직접 고양이에 대한 지식을 얻고 고양이를 구하며, 쥐의 출현에도 더 침착하게 대처하는 현명한 여왕으로 바뀌어있다. 둘째로, 이야기의 시간과 장소를 바꿔 내용을 전개해볼 수 있다. 이야기의 시간과 장소가 달라지면 내용도 새로워진다. [예시 2]는 이야기를 2020년으로 옮겨서 전개하였다. 코로나바이러스로 상인 안토니오가 무역업에 제한을 받는 상황이 그려져 있고, 그가 머나먼 섬나라 사람들에게 마스크와 자가격리 키트를 선물하고 그에 대한 감사의 표시로 가상화폐를 받는 장면이 나온다. 학생들이 얼마나 민감하게 세상의 변화를 읽어내는지를 엿볼 수 있다. 셋째로, 주요 사건을 바꿔써도 새로운 이야기가 만들어진다. [예시 3]에서는 궁전의 쥐를 퇴치하는 것이 아니라 이성 친구의 마음을 얻고 싶은 것이 문제이다. 주인공은 이성 친구에게 맛있는 간식을 선물한 친구의 사례를 보고 그보다 더 비싼 장신구를 선물한다. 그리고 마지막에 주인공이 얻은 깨달음은 선물로 상대방의 마음을 살 수는 없다는 것이다.

패러디하기는 예시와 같이 한 단락의 글로 쓸 수도 있고 만화로 표현할 수도 있다. 어떤 방법이든 학생들의 아이디어를 존중하고 상상력을 발휘하고 즐겁게 참여할 수 있는 분위기를 조성하는 것이 중요하다.

[예시 1] 3-1 변○은

　Long ago, an island's queen is reading her books. She likes to read some books that help her govern the island. Suddenly, rats appeared between the bookshelves. The queen was surprised, but she didn't scream or cry. She just calmly called the servants and told them to catch the rats. After a while, she found out useful information about the rats. She invited an honest merchant lived in Italy to get cats. Antonio, the honest merchant, arrived at the queen's palace with some cats. The queen thanked him with a chest that was filled with jewels. After Antonio returned to Italy, a richest merchant in Genoa heard Antonio's story. His name was Luigi, and he was jealous. Luigi bought as many cats as possible. He brought the cats to the island's queen, but she already had enough cats. The poorest merchant in Genoa, Luigi went back to Italy with too many cute cats.

[예시 2] 3-2 이○영

　Antonio is a merchant but because of the coronavirus, he couldn't go anywhere to sell things. One day he heard, at the faraway island they are people suffering from coronavirus, too. So went there to help them. He gave mask and the isolation kit to them and stopped the virus spread anymore. The islanders thanked him with the virtual money that they have received. Luigi heard about Antonio's fortune and gave expensive gifts to the islanders. This time the islanders thanked him with a mask and Luigi was satisfied with the gift.

[예시 3] 3-1 박○희

<그림 3-7> 패러디하기 예시

4) 평가

 비판적 읽기 활동을 토대로 학생이 주어진 질문에 대해 자신의 의견을 조리 있게 말할 수 있는가를 평가할 수 있다. 수업 활동에 열심히 참여한 학생이라면 답할 수 있는 질문을 제시하고 1분간 영어로 말하도록 한다. 필요시 휴대폰 녹음기에 녹음하고 학생의 학번으로 라벨링 해둘 수 있다. 수행평가의 채점 기준과 학급 공지문, 학교생활기록부 과목별 세부능력 및 특기사항 기재 내용을 차례로 예를 들어보았다.

■ 수행평가 채점기준표

교육과정 성취기준		[9영02-02] 일상생활에 관한 자신의 의견이나 감정을 표현할 수 있다.	
평가기준	상	일상생활에 관한 자신의 의견이나 감정을 적절한 어휘와 표현을 활용하여 상세하게 표현할 수 있다.	
	중	일상생활에 관한 자신의 의견이나 감정을 적절한 어휘와 언어 형식을 활용하여 대략적으로 표현할 수 있다.	
	하	일상생활에 관한 자신의 의견이나 감정을 부분적으로 표현할 수 있다.	
영역 (만점)	평가 요소	세부기준	점수
말하기 (10)	과제 완성도 (4)	자신의 의견을 밝히고 근거를 제시하여 말함	4
		자신의 의견을 밝혔으나 근거를 부분적으로 제시함	3
		자신의 의견을 밝혔으나 근거를 제시하지 못함	2
		자신의 의견을 부분적으로 말함	1
	언어사용 (4)	적절한 어휘와 표현을 사용하여 말함	4
		부분적으로 적절한 어휘와 표현을 사용하여 말함	3
		다소 어색한 어휘와 표현을 사용하여 말함	2
	태도 (2)	자신 있는 태도로 자연스럽게 말함	2
		자신감이 다소 부족함	1
		추가 평가가 불가능한 영역의 결시자 또는 미참여자와 미제출자(기본점수)	3
		장기미인정결석으로 인하여 수행평가를 할 수 없는 경우	2

■ 학급 공지문 예시

	영어 말하기 수행평가 실시
시간	○월 둘째 주 첫 번째 영어 시간
장소	교실
방법	과제 A, B에서 각각 하나를 선택하여 각각 1분 동안 자신의 의견을 말할 것
과제 A	(1) Who is the most important character in the story? Why? (2) The two merchants got different gifts from the Queen. Which gift was more valuable? Why?
과제 B	(1) What do you think is a good gift? Give reasons for your opinion. (2) What was the most unforgettable gift in your life? Why was it unforgettable?

◢ **과목별 세부능력 및 특기사항 기재 예시**

- 'A Priceless Gift'를 읽고 주인공의 말과 행동을 통해 짐작되는 성격을 상세히 기록하고 인물의 성격을 분석하였으며 이를 바탕으로 수업 시간 토론에 활발히 참여함.
- 'A Priceless Gift'를 읽고 패러디하기 활동을 하며, 이야기의 시간과 장소를 현재 자신이 사는 곳으로 변경하고 현재 우리 사회의 주요한 이슈인 '건강과 전염병 문제'와 '상대방에게 필요한 것을 선물하는 배려'를 접목하여 독창성이 돋보이는 새로운 이야기를 완성도 높게 작성함.
- 'A Priceless Gift'를 읽고 이야기의 주요 사건을 청소년의 관심사인 교우 관계와 접목한 내용으로 재치 있게 패러디하였으며 이를 컷 만화로 표현하여 학급 친구들에게 소개함.

3.3.2 전래동화 *Sleeping Beauty*와 패러디 동화 *The Paper Bag Princess*를 활용한 비판적 읽기 수업

1) 수업 자료

*Sleeping Beauty*는 전형적인 공주 이야기로 여러 형태의 동화책과 애니메이션 영화 등이 나와 있다. 옛날 옛적에 왕과 왕비가 있었는데 이들이 예쁜 공주를 낳았다. 아기 공주의 세례식에 초대되지 못한 나쁜 요정은 공주에게 스무 살에 물레 바늘에 찔려 죽게 되는 저주를 내리고, 착한 요정은 공주가 죽지 않고 깊은 잠이 들도록 저주를 약화시킨다. 그 깊은 잠에서 깨어나려면 진정한 사랑의 힘이 필요하다는 것이다. 왕과 왕비는 공주를 지키기 위해 온 나라의 물레를 모두 없애도록 명령하지만 궁전 높은 곳에 하나가 남아있었고, 공주가 스무 살이 되던 날 그 물레에 찔려 깊은 잠에 빠지고 만다. 요정들은 슬퍼하며 온 나라 사람들이 모두 잠들게 만들었다. 먼 나라 왕자가 이 소식을 듣고 달려와 왕궁을 둘러싼 가시덤불을 헤치고 공주가 잠든 곳으로 올라오고 아름다운 공주를 보자마자 사랑에 빠진다. 왕자는 진정한 사랑의 입맞춤으로 공주를 구하고 두 사람은 결혼하여 행복하게 산다. 줄거리는 조금씩 다르지만 대부분 이 이야기를 알고 있기에 영어 동화책으로 읽었을 때 쉽게 이해할 수 있다.

*The Paper Bag Princess*는 전형적인 공주 이야기에 대한 패러디 작품이다. 아름다운 외모의, 나약한, 왕자의 도움으로 문제를 해결하는, 그리고 결국에는 왕자와 결혼하는 기존의 공주 이야기를 전혀 다르게 그려냈다. 옛날 어느 성에 공주가 살았는데, 하루는 무시무시한 용이 침입하여 성을 불태우고 공주와 약혼한 왕자를 납치해갔다. 아름다운 옷이 모두 불에 타버려 공주는 할 수 없이 종이봉지를 옷으로 입고 왕자를 구하러 떠난다. 용이 남긴 자취를 따라 용의 동굴에 도착한 공주는 지혜를 발휘하여 용이 불을 뿜어

From The Paper Bag Princess ©1980, Bob Munsch Enterprises Ltd. (text); © 1980, Michael Martchenko (art), published by Annick Press Ltd. All rights reserved. Reproduced by permission

내고 빠르게 날 수 있는 능력을 과시하고 나서 기진맥진해지도록 유도한다. 마침내 용이 쓰러져 잠들자 공주는 왕자를 구하지만, 왕자는 공주에게 고맙다는 말은커녕 공주다운 아름다운 옷을 입고 다시 오라고 한다. 공주는 왕자에게 "You are a bum!"이라고 하며 왕자를 떠난다.

이 이야기는 새로운 발상으로 여러 편의 패러디 동화를 쓴 Robert Munsch의 작품 중 하나이다. 학생들에게 우리가 이 책을 읽고 나눌 수 있는 이야기는 무궁무진하다는 얘기를 해주고 책 읽기를 시작하였다.

주요 어휘

- 마법: miracle, curse, spell, enchanted, revive
- 궁전과 행사: celebration, christen, nanny, nobleman
- 외모: mess, tangled, dirty, pretty, neat
- 인물의 성격과 특징: farsighted, curious, lavish, smart, fierce, fainted, bum
- 상황 묘사: fantastic, magnificent
- 동작: announce, approach, pass away, slam, breathe, bang, marry

주요 구문

- 원인과 결과 표현하기 1

  so 형용사/부사 that 주어+동사 [예: He slammed the door so fast that Elizabeth almost got her nose caught./ He took a huge, deep breath and breathed out so much fire that he burnt up fifty forests./ He was so tired that he didn't even move.]

- 원인과 결과 표현하기 2

  too 형용사/부사 to 동사 [예: When he got back, he was too tired to talk, and lay down and went straight to sleep.]

- 현재에 영향을 주는 과거의 사건 말하기(현재완료 시제)

  have(has)+과거분사 [예: I have already eaten a whole castle today.]

- 형용사의 최상급 표현

  the + 형용사-est [예: Is it true that you are the smartest and fiercest dragon in the whole world?
- 긴 주어를 나중에 말하기

  It is ~ that S+V [예: Is it true that you can burn up ten forests with your fiery breath?]

2) 수업 개요

교육과정 성취기준	[9영03-09] 일상생활이나 친숙한 일반적 주제의 글을 읽고 문맥을 통해 낱말, 어구 또는 문장의 함축적 의미를 추론할 수 있다. [9영04-05] 자신이나 주변 사람, 일상생활에 관해 짧고 간단한 글을 쓸 수 있다.	
단계	활동 내용	자료
읽기 전	연상어 말하기	
	타이포그래피 작성하기	
읽기 중	동영상 시청하기	
	역할 나눠 읽기	
	공간 이동 파악하며 읽기	
읽기 후	두 이야기의 주인공 비교하기	활동지 3-4
	구문 활용 연습	활동지 3-4
	비평문 쓰기	활동지 3-5

3) 수업의 세부 내용

읽기 전 활동

■ 연상어 말하기

'공주'와 '왕자'라는 말을 듣고 떠오르는 말을 생각해보고 학생들이 생각하는 공주, 왕자의 전형에 대해 이야기 나눈다. 4인 모둠으로 화이트보드에 공주, 왕자에 대해 떠오르는 말들을 모두 적어보거나, 포스트잇에 각자의 의견을 적어 한데 모으는 브레인라이팅(brainwriting)을 할 수 있다. 온라인 수업에서 개별 과제를 부여하고 교사가 결과를 요약하여 다음 시간에 제시할 수도 있다. <그림 3-8>은 학생들의 공주와 왕자에 대한 생각을 교사가 수합하여 워드 클라우드로 작성한 예시이다. 해당 과제에서는 아래 여섯 개의 문장에 학생들이 자유롭게 자신의 생각을 써서 완성하게 하였다.

- A princess is _____.
- A princess has _____.
- A princess will _____.
- A prince is _____.
- A prince has _____.
- A prince will _____.

A princess is ...	A prince is ...

A princess will ...	A prince will ...

<그림 3-8> 공주, 왕자 연상어 워드 클라우드

학생들은 "A princess is _____."의 빈 칸에 'pretty,' 'beautiful,' 'rich,' 'kind,' 'cute,' 'weak' 등을 연상하여 예쁘고 아름답고 귀엽고 친절하고 약한 여성의 이미지를 주로 떠올렸고, "A prince is _____."의 빈칸에는 'handsome,' 'cool,' 'brave,' 'strong' 등 잘생기고 용감하고 강한 왕자와 관련된 어휘들을 적었다. 공주가 가진 것으로 'money,' 'jewel,' 'dress,' 'power,' 'beauty'를, 왕자가 가진 것으로 'money,' 'sword,' 'horse'를 떠올렸고, 그 외 아름답게 치장한 공주와 말을 탄 왕자를 그려냈다. "A princess will _____."의 빈칸에는 'marry,' 'sleep,' 'love' 등의 동사를 떠올려 결혼하는 공주, 잠든 공주, 사랑에 빠진 공주 등 수동적이고 의존적인 여성상을 연상하였고, 반면 "A princess will _____."의 빈칸에는 'fight,' 'save,' 'govern' 등 싸움과 구원, 지배와 관련된 말들을 연상하였다.

학생들은 연상어 말하기 활동 후에 "평소에 별로 생각해본 적이 없었는데 떠오르는 말들을 적어보니 내가 편견을 가지고 있었음을 알았다," "나만 그런 것이 아니라 다들 비슷하다는 것을 알았다" 등의 반응을 보였다. 공주와 왕자에 대한 연상어 말하기 활동을 통해 학생들은 자신을 포함하여 대개의 사람들이 성에 대한 고정관념을 갖고 있었음을 깨닫고 비판적인 관점으로 책을 읽을 준비를 하였다.

◤ 타이포그래피(typography) 작성하기

타이포그래피는 어휘를 그림과 결합하여 표현하는 것으로 미술 교과와 연계한 활동이다. 이 활동의 장점은 다양한 수준의 아이들이 자신 있게 참여할 수 있다는 점이다. 학생들은 영어 단어에 대한 자신만의 아이디어를 표현하기 위해 흥미를 갖고 몰두하게 된다.

<그림 3-9>는 학생들이 작성한 타이포그래피의 예시이다. 타이포그래피 활동을 준비할 때 교사는 주요 어휘를 제시하고 그중 학생이 원하는 어휘를 선택하게 한다. 그리고 책을 훑어보며 어휘의 의미를 유추하게 한다. 이 활동에서는 그림과 글자를 통해 의미를 잘 살리도록 아이디어를 내는 것이 중요하며 우리말 뜻을 쓰지는 않도록 한다. 작성한 타이포그래피는 한 학급 전체의 작품을 사진으로 찍어 영상으로 제작할 수 있다.

<그림 3-9> 타이포그래피 예시

♛ TIP ♛
타이포그래피 비디오 만들기

1) 학생들의 작품을 사진으로 찍어 컴퓨터 폴더에 옮기기
2) 비디오에 담을 전체 파일을 마우스로 드래그하고 오른쪽 클릭, 메뉴 중 [새 비디오 만들기]를 선택
3) 비디오 프로젝트 창이 열리면 비디오의 이름을 만들고, 사진들을 스토리보드에 옮기고 배경음악 고르기
4) 비디오 마침(비디오파일 만들기)을 클릭하여 완성!

[읽기 중 활동]

▰ 동영상 시청하기

그림책을 읽어주는 유튜브 동영상이 많이 있다. 교사가 미리 시청해보고 적절한 길이와 구성의 영상을 선택한다. 특히 *Sleeping Beauty*의 경우 5분 내외의 애니메이션 영상도 여럿 있으므로 수업 중 책을 읽을 시간이 충분하지 않다면 이를 활용할 수 있다. 영상 시청 후 함께 내용을 짚어보는 방법으로 줄거리를 공유하도록 한다.

▰ 역할 나눠 읽기

넷이 한 모둠이 되어 Elizabeth 공주, Ronald 왕자, 용, 해설가 역할을 나누어 맡아 실감나게 읽어본다. 공주와 용의 대화에서 반복적이면서도 점점 클라이막스로 향하는 대화가 이뤄지는 부분이 흥미롭다. 또한 즐겁게 읽는 사이에 주요 구문에 대한 연습도 저절로 할 수 있다.

▰ 공간 이동 파악하며 읽기

세 등장인물인 Elizabeth 공주, Ronald 왕자, 용이 이동하는 공간을 파악하며 읽어보자. 공주는 불타버린 자신의 성에서 나와 용이 남긴 길을 따라 용의 굴로 향한다. 용은 공주의 성을 불태우고 자신의 성으로 돌아갔으며 공주의 말에 속아 전 세계를 두 번이나 돌고 돌아온다. 왕자는 용의 굴에 갇혀있다가 공주로부터 구출된다. 그리고 공주는 마지막에 혼자 길을 떠난다. 각 공간에서 어떤 인물들이 함께 있었는지를 얘기해보고 공주의 성, 용의 굴, 길이라는 세 공간이 각기 상징하는 것은 무엇인지도 얘기해볼 수 있다.

읽기 후 활동

■ 두 이야기의 주인공 비교하기 [활동지 3-4]

 *Sleeping Beauty*와 *The Paper Bag Princess*를 비교해보자. 두 작품에서 관찰할 수 있는 공주의 외모, 말과 행동, 이야기의 결말을 비교하고 표로 작성해본다. 이 활동을 통해 학생들은 두 인물을 더욱 자세히 들여다보고 둘 중 어느 공주의 모습이 바람직한지에 대한 자신의 생각을 차근차근 정리할 수 있다. 학생들에게 [활동지 3-4]를 작성하게 하였으며, <그림 3-10>은 학생이 온라인 과제로 작성한 두 이야기의 주인공 비교하기의 예시이다.

A. 주요 어휘를 알아봅시다.

어휘	뜻	어휘	뜻
	기적	faint	
	축하	revive	
curse			호기심 많은, 궁금한
spell			용기
enchanted		lavish	

B. 두 이야기 주인공 비교하기

	Sleeping Beauty	The Paper Bag Princess
Look (공주의 외모에 관한 표현을 3개 이상 찾아쓰세요.)		
Talk (공주가 왕자에게 한 말은 무엇이었는지 찾아 쓰세요.)		
Act (각 이야기에서 공주가 한 행동은 무엇이었나요?)		
Ending (이야기의 결말을 한 문장으로 써보세요.)		

C. "so 형용사 that S+V" 구문으로 주인공 묘사하는 문장 짓기

 (예시) The dragon was so tired that he fell asleep. (용은 너무나 피곤해서 잠이 들었다.)

 \<Sleeping Beauty\>
 ★ Sleeping beauty was so _____ that _____.
 ★ The prince was so _____ that _____.

 \<The Paper Bag Princess\>
 ☆ The paper bag princess was so _____ that _____.
 ☆ Prince Ronald was so _____ that _____.

[활동지 3-4] *Sleeping Beauty & The Paper Bag Princess*

(3-2 최○림)

	Sleeping Beauty	*The Paper Bag Princess*
Look (공주의 외모에 관한 표현을 3개 이상 찾아 쓰세요.)	• She is blonde. • She has beautiful eyes. • She has blue eyes.	• She is wearing a paper bag. • Her hair is a mess. • She is wearing a crown.
Talk (공주가 왕자에게 한 말은 무엇이었는지 찾아 쓰세요.)	• I have been waiting for you to come. What took you so long?	• You look like a real prince, but you are a bum.
Act (각 이야기에서 공주가 한 행동은 무엇이었나요?)	• She was fallen asleep until the prince came.	• She went to the dragon's cave to rescue Ronald.
End (이야기의 결말을 한 문장으로 써보세요.)	• The princess and the prince married and lived happily ever after.	• The princess gave a lesson to the prince, and they didn't get married after all.

<그림 3-10> 두 이야기의 주인공 비교하기 예시

학생들은 잠자는 숲속의 미녀의 경우 잠이 들어 왕자가 구해주기를 기다린 것밖에 없고, 눈을 뜨자마자 왕자에게 "I have been waiting for you to come. What took you so long?"이라고 하며 왕자가 구해주는 것이 당연하다는 나약하고 수동적인 태도를 보였음을 지적하였고, 왜 늦게 왔느냐고 책망하는 데에서는 뻔뻔함마저 보인다고 하였다. 백설공주나 신데렐라에서도 왕자가 공주를 구해주는 것은 똑같다는 점도 더하였다. 반면에 종이봉지 공주는 혼자서 용의 성으로 왕자를 구하러 간다. 그리고 고마워하기는커녕 외모에 대해 지적하는 왕자에게, "You look like a real prince, but you are a bum!"이라고 하여 왕자가 외모는 멋지지만 내면은 쓸모없는 사람이라는 점을 말하고는 자신의 길을 떠난다. 전통적인 공주의 이미지에서 벗어나 스스로 길을 개척하는 종이봉지 공주의 모습에서 학생들은 "진짜 재밌다!", "최고!" 등의 반응을 보였다. 여학생뿐 아니라 남학생들도 예쁘고 소극적인 공주보다 당당하고 독립적인 공주의 모습이 바람직하다는 데에 입을 모았다.

▰ 구문 활용 연습 (활동지 3-4)

교과서 밖의 읽기 책을 선정할 때에는 교사가 먼저 텍스트를 자세히 읽고 어휘와 구문이 적정 수준인지, 교과서와 연계하여 가르칠 부분이 있는지를 파악한다. 실제로 어휘와 구문에서 교과서 진도에 잘 들어맞는 경우가 이야기책에 많이 등장한다. *The Paper Bag Princess*에는 'so 형용사/부사 that S+V', 'too 형용사/ 부사 + to 동사' 표현이 쓰인 문장이 여러 번 등장한다. 마침 교과서 3과의 핵심 문법 사항과 일치하여 학생들에게 해당 표현이 쓰인 문장을 모두 찾아보고, 모두 몇 번이나 나오는지를 세어보게끔 하고 해당 문장을 우리말로 해석해보도록 하였다. <그림 3-11>은 두 권의 그림책을 읽고 'so 형용사/부사 that S+V' 구문을 활용하여 주인공을 묘사하는 문장을 연습한 수업 활동의 일부이다.

"so 형용사/부사 that S + V" 구문으로 주인공에게 일어난 일 묘사하기

(3-2 최○림)

<Sleeping Beauty>
▸ Sleeping beauty was so beautiful that the old fairy was jealous.
▸ The prince was so brave that he rescued the princess.

<The Paper Bag Princess>
▸ The paper bag princess was so confident that she was able to go to rescue Ronald.
▸ Prince Ronald was so rude that he criticized the princess who has saved him.

<그림 3-11> 구문 활용 연습 예시

▰ 비평문 쓰기 (활동지 3-5)

비평문 쓰기는 개요 쓰기-피드백-비평문 쓰기의 순서로 진행할 수 있다. 처음에는 "비평문이 뭐예요? 그걸 어떻게 써요?" 하며 어렵게 느끼는 학생들이 있다. 그러나 학생들이 우리말로 논리적인 글을 써본 경험이 충분하기 때문에 어렵지만은 않다. 우선 에세이 형식을 안내하고 문단의 내용을 구성하는 방법과 연결어 등을 적절히 사용하는 방법을 예시를 통해 알려준 후, [활동지 3-5]를 활용하여 개요 작성부터 시작하면 한 편의 에세이를 완성하는 단계까지 갈 수 있다. 비평문의 주제는 "Which story do you prefer, *Sleeping Beauty* or *The Paper Bag Princess*? Give three reasons."와 같은 간단한 질문이면 된다. <그림 3-12>에서 두 학생은 선호하는 작품이

[활동지 3-5] 개요 쓰기

서로 다르지만 각기 자신의 생각을 짜임새 있게 제시하고 있다.

Which story do you prefer, Sleeping Beauty or the Paper Bag Princess? Give three reasons.

(3-3 김○은)

1. What is your opinion? (1-2문장) e.g., I prefer A to B/ I think A is the best...
I think 'Sleeping beauty' is the best story.

2. What are the reasons for your opinion? What are the supporting ideas? (6문장 내외)
Reason 1: I really like fantasy fairy tale.
+supporting ideas: Because when I was young, I often read a fairy tale like 'Sleeping beauty' or 'Snow white'.
Reason 2: I think The witch in 'Sleeping beauty' is very charming character.
+supporting ideas: Because the bad character in fairy tale is very important character, so I like the witch.
Reason 3: I love story contain princess and prince.
+supporting ideas: Because the story contain princess and prince is very romantic story.

3. What is your closing sentence? (1-2문장) e.g., For these reasons, A is better than B.
For these reasons, I prefer 'Sleeping Beauty'.

I prefer 'Sleeping beauty' to 'The Paper Bag Princess'.
I'll tell you why I prefer 'Sleeping beauty'.
First, I like romantic fairy tales. When I was young I often watched many movies or fairy tales like 'Snow White' and 'Sleeping beauty'. But 'The Paper Bag Princess' has no romantic scene compared to 'Sleeping beauty'. Second, I think the witch in this fairy tale is a charming character. In my opinion, the story of this fairy tale was more interesting because of the witch.
Third, I really love stories about princess and prince. When I see stories about princess and prince, I feel like I went back when I was young. It makes me a child.
Finally, I prefer 'Sleeping beauty'. It has romantic scene, a charming character, and the princess and the prince.

(3-3 홍○서)

1. What is your opinion? (1-2문장) e.g., I prefer A to B/ I think A is the best...
Comparing 'The Paper Bag Princess' to 'The Sleeping Beauty' I think 'The Paper Bag Princess' is better.

2. What are the reasons for your opinion? What are the supporting ideas? (6문장 내외)
Reason 1: To begin with The princess is the one who saves the prince.
+supporting ideas: Unlike 'The Sleeping Beauty' the gender roles are switched with a By this female lead saving a male. By reading the readers can be more exposed to non-biased stories.
In addition
Reason 2: the princess tricks the dragon with not only her guts but knowledge as well.
+supporting ideas: In traditional stories like 'The Sleeping Beauty' with the princes tend to fight off all the enemies with only a sword. Although strength can be impressive I think using your own knowledge is greater.
Lastly,
Reason 3: Even though the prince and princess don't have a happy ending the princess made the best ending
+supporting ideas: Even supposed the prince thanking the princess and marrying her as in instead, princess or vice versa as in 'The Sleeping Beauty'. the princess makes her own independent choice and proves that she's more than just a rich princess.

3. What is your closing sentence? (1-2문장) e.g., For these reasons, A is better than B.
In conclusion, by comparing these two books we can tell that 'The Paper Bag Princess' is more of a modern book I think the kids will be able to think more freely and openly by reading this book.

Comparing 'The Paper Bag Princess' and 'The Sleeping Beauty', I think that 'The Paper Bag Princess' is better.
First of all, the princess saves the prince. Unlike most traditional stories where the prince is the one who saves the princess, the female character takes the role of saving the male. By this, the young readers can be exposed to more non-biased stories.
Secondly, the princess uses her knowledge to save the prince instead of fighting off the dragon with a weapon. Even though fighting and winning a fight may be impressive, I think that using your knowledge is greater.
Lastly, although the princess and the prince don't get married it ends with a happy ending. 'The Sleeping Beauty' ends with the prince and the princess marrying each other. On the other hand the princess of 'The Paper Bag Princess' realizes that she is better off without the prince and proves that she's more than just a normal princess.
Altogether, by comparing these two books we can see that 'The Paper Bag Princess' is more modern. By reading this, the readers can be more open minded and think freely without thinking of the stereotypes such as the ones in 'The Sleeping Beauty', so I think 'The Paper Bag Princess' is better.

<그림 3-12> 비평문 쓰기 예시

4) 평가

두 권의 책을 읽은 후 비평문 쓰기를 과정 중심 평가로 계획할 수 있다. 두 작품의 주인공을 비교하고 더 바람직한 인물과 그 이유 쓰기, 공통된 주제를 찾아내고 그에 대한 자신의 의견 쓰기, 작가의 의도에 대한 자신의 의견 쓰기 등의 주제를 생각해볼 수 있다. 비평문 쓰기 수행평가 채점 기준과 학교생활기록부 과목별 세부능력 및 특기사항 기재의 예시를 제시하였다.

■ 비평문 쓰기(논술형) 수행평가 채점 기준

교육과정 성취기준	\[9영04-05\] 자신이나 주변 사람, 일상생활에 관해 짧고 간단한 글을 쓸 수 있다.			
평가기준	상	자신이나 주변 사람, 일상생활에 관한 짧고 간단한 글을 다양하고 적절한 어휘와 정확한 언어 형식을 활용하여 쓸 수 있다.		
	중	자신이나 주변 사람, 일상생활에 관한 짧고 간단한 글을 적절한 어휘와 언어 형식을 활용하여 대략적으로 쓸 수 있다.		
	하	자신이나 주변 사람, 일상생활에 관한 짧고 간단한 글을 주어진 어휘와 예시문을 참고하여 부분적으로 쓸 수 있다.		
영역 (만점)	평가 요소	세부기준		점수
비평문 쓰기 (논술형) (10)	과제 완성도 (5)	주제에 맞는 내용으로 자신의 의견을 충분히 씀		5
		주제에 맞는 내용으로 자신의 생각을 대략적으로 씀		4
		주제와 관련이 있으나 자신의 생각을 다소 모호하게 씀		3
		주제와 관련이 부족한 내용으로 씀		2
	표현의 유창성 (3)	다양한 어휘와 표현을 적절히 사용함		3
		어휘와 표현을 제한적으로 사용함		2
		어휘와 표현의 사용이 빈약함		1
	언어 형식(2)	제시된 언어 형식을 사용하여 문장을 정확하게 완성함		2
		제시된 언어 형식을 사용한 문장에 오류가 있음		1
	추가 평가가 불가능한 영역의 결시자 또는 미참여자와 미제출자(기본점수)			3
	장기미인정결석으로 인하여 수행평가를 할 수 없는 경우			2

■ 과목별 세부능력 및 특기사항 기재 예시

- 'The Paper Bag Princess'를 읽고 자신이 선택한 어휘 'breath'의 의미를 담은 타이포그래피를 독창적인 아이디어를 발휘하여 정성껏 작성하고 학급에 소개함. 전래동화 'Sleeping Beauty'에 비해 'The Paper Bag Princess'에 나타난 주체적이고 능동적인 여성상이 더욱 바람직하다는 자신의 입장이 분명히 드러나는 비평문을 작성함.
- 'Sleeping Beauty'와 'The Paper Bag Princess'에 그려진 주인공 공주를 비교하는 표를 작성하고 이를 바탕으로 자신이 생각하는 바람직한 공주는 어떤 공주인지 작품 속에서의 구체적인 근거를 들어 작문하여 완성도 높은 비평문을 작성함.
- 'Sleeping Beauty'와 'The Paper Bag Princess'에 관한 비평문 작성 시 개요 쓰기 단계에서부터 열의를 갖고 참여하였으며, 글을 여러 차례 수정하는 과정에서 자신의 관점을 더욱 구체적으로 발전시켜 논리적 구조를 갖춘 글을 완성하고 성취감을 표현함.

3.3.3 패러디 동화 *The Three Little Wolves and the Big Bad Pig*를 활용한 비판적 읽기 수업

1) 수업 자료

*The Three Little Wolves and the Big Bad Pig*는 Eugene Travizas의 작품으로, 전래동화 *The Three Little Pigs and the Big Bad Wolf*를 패러디하였다. 이 책에서는 본래 이야기에서의 돼지와 늑대의 역할이 바뀌어있다.

세 마리 아기 늑대는 엄마로부터 독립하여 함께 집을 짓는다. 첫 번째 집은 벽돌집이다. 크고 나쁜 돼지가 찾아와 들어가게 해달라고 하지만 아기 늑대들은 돼지를 놀리며 절대 안 된다고 한다. 돼지는 바람을 불어보지만 벽돌집이 끄떡없자 망치로 부숴버린다. 겁을 먹은 아기 늑대들은 두 번째로 더 단단한 콘크리트 집을 짓는다. 그러나 크고 나쁜 돼지가 이번에는 드릴로 뚫어서 콘크리트 집을 무너뜨린다. 세 번째 집은 가시철사와 철판, 강철봉으로 짓고 현관에는 비디오폰까지 설치한 매우 강한 집이다. 그러나 이번에는 돼지가 다이너마이트를 가져다 집을 날려버린다. 이제 새로운 방법이 필요하다고 고심하던 아기 늑대들은 꽃이 가득 든 수레를 밀고 가는 홍학을 만나게 되고 그로부터 꽃을 얻어서 집을 짓는다. 살랑거리는 바람에 흔들리는 꽃향기를 맡은 돼지는 마음이 착해지고 그간의 악행을 반성한다. 아기 늑대들과 돼지는 마당에서 함께 놀고 아기 늑대들은 돼지를 집으로 초대하여 차를 대접하며 언제까지나 함께 지내도 좋다고 말한다.

이 이야기는 기존 이야기의 늑대는 나쁘고 돼지는 착하다는 틀을 바꿔 제시하고 있으며, 벽돌집도 쉽게 부서질 수 있다는 것을 보여주고 약해보이는 것이 사실은 제일 강할 수 있다는 것을 깨닫게 해준다. 이야기를 읽고 인간에게 싸움은 필요한가, 우리는 어떻게 갈등을 해결할 것인가에 대해 얘기해볼 수 있으며 더 나아가 전쟁과 평화에 대한 생각을 나눠보는 등 학생들의 시야를 확장할 수 있을 것이다. Helen Oxenbury의 부드럽고 익살스러운 삽화 또한 읽는 즐거움을 더해준다.

주요 어휘

- 인물의 외모와 성격: cuddly, fluffy, horrible, generous, kindhearted
- 재료와 도구: brick, hammer, concrete, drill, wire, iron bar, armor plate, padlock, video entrance phone, dynamite, wheelbarrow
- 감정: frightened, trembling, tender

- 동작: prowl, blow up, huff and puff, fetch, crumble, tremble, escape, sway, sniff
- 동물: kangaroo, beaver, rhinoceros, flamingo
- 식물: marigold, daffodil, pink rose, cherry blossom, water lily, sunflower, daisy

주요 구문

- 관계대명사 who와 that
  인물에 대해서는 who(that), 사물에 대해서는 which(that)을 사용
  [예: Soon they met a kangaroo who was pushing a wheelbarrow full of red and yellow bricks./ The next day, the big bad pig came prowling down the road and saw the house of bricks that the little wolves had built.]
- '가까스로 ~ 하다' 의미 표현하기
  manage to + 동사원형 [예: The three little wolves managed to escape, but their chinny-chin-chins were trembling and trembling and trembling.]
- 과거 시점보다 더 예전에 일어난 일 말하기(과거완료시제)
  had+과거분사 [예: His heart grew tender and he realized how horrible he had been.]

2) 수업 개요

교육과정 성취기준	[9영02-02] 일상생활에 관한 자신의 의견이나 감정을 표현할 수 있다. [9영03-09] 일상생활이나 친숙한 일반적 주제의 글을 읽고 문맥을 통해 낱말, 어구 또는 문장의 함축적 의미를 추론할 수 있다. [9영04-05] 자신이나 주변 사람, 일상생활에 관해 짧고 간단한 글을 쓸 수 있다.	
단계	활동 내용	자료
읽기 전	책 표지 보고 내용 예측하기	
	단어 찾기	활동지 3-6
읽기 중	실감 나게 읽어보기	
	동영상 시청하기	동영상 링크
	질문에 답하며 읽기	
읽기 후	네 개의 집 비교하기	활동지 3-7
	어느 집이 제일 좋은가? 글쓰기	

3) 수업의 세부 내용

읽기 전 활동

◢ 책 표지 보고 내용 예측하기

그림책에서는 글만큼이나 그림이 많은 메시지를 담고 있기에 수업 자료로 다양하게

활용할 수 있다. 학생들은 그림을 관찰하며 배경 지식을 활성화하고 책의 내용과 관련된 다양한 이야기를 꺼내게 된다. 여기서는 책 표지에 나타난 제목과 그림을 보고 내용을 예상해보도록 하였다. 또한 학생들이 가장 안전한 집이 어떤 집일지 생각해보도록 하여 책을 읽기 전에 '집'과 '안전'에 대한 생각을 해보게 하였다. 책 표지에 대해서는 많은 학생들이 아기 돼지 삼형제 이야기를 이미 알고 있기에 이번에는 아기 늑대 삼형제가 나올 것이며 그들이 집을 지을 것이라는 예측을 하였고, 돼지와 늑대의 선악 구도가 반대로 나타날 것이라는 예측도 많았다. 벌써 책의 내용 속으로 들어간 셈이다. 가장 안전한 집은 어떤 집인가 하는 질문에 대해서는 튼튼한 집, 우리 집, 벽돌집, 백악관과 청와대, 갈대로 지은 집 등 매우 다양한 생각이 나타났으며, 이에 대해서는 이야기 속에 반전이 있으므로 학생들이 그 부분에서 더 흥미를 갖게 될 것이라 예상할 수 있었다. 반전이 있는 경우 이를 미리 알면 흥미가 뚝 떨어지기에 교사가 미리 책의 줄거리를 얘기해주지 않도록 하자. <그림 3-13>은 해당 질문들에 대해 학생들이 온라인 과제로 답한 내용의 일부 예시이다.

3-5	오늘 읽을 책의 앞표지입니다. 어떤 이야기가 나올지 예상하여 써봅시다.	가장 안전한 집은 어떤 집일까요? 자신의 생각을 간단히 써봅시다.
이○현	나쁜 돼지랑 착한 늑대 삼형제 이야기일 것 같다.	우리 집♥
정○윤	아기 돼지 삼형제가 집을 지었는데 늑대가 나타나서 집을 망가뜨리는 그런 이야기일 것 같다.	나에게 편안함을 느끼게 하는 곳
이○영	원래는 아기 돼지 삼형제인데, 이번엔 늑대 삼형제인 걸로 보면 크고 나쁜 돼지가 늑대 삼형제의 집을 망가뜨리는 내용이 나올 것 같다.	벽돌로 단단하게 쌓은 집이 가장 안전하다. 원래 이야기를 보면 누구는 짚으로 하고 누구는 나무막대로 지었는데 결국은 벽돌이 가장 안전하고 튼튼했다.
김○윤	The pig is bullying the wolves so they fight against the pig.	가장 안전한 집은 절대 아무도 찾을 수 없는 집이다.
장○비	늑대 세 마리가 집을 짓는 내용	콘크리트 집
김○석	크고 나쁜 돼지의 이야기	신축아파트
김○영	어렸을 때 본 아기 돼지 삼형제 이야기가 나올 것 같다.	벽돌집. 가장 튼튼하고 무너지지 않게 잘 지은 것 같아서.
류○운	늑대 관점에서의 돼지 새끼(?) 삼형제가 나올 것 같습니다.	갈대를 엮어서 중복시켜서 물 위에 갈대 위에서의 집(그랬던 그들은 잉카 제국에게 먹히지 않았기 때문)
이○아	늑대들이 돼지를 잡아먹는 이야기	지진이나 도둑 같은 크고 작은 일들이 대해 충분히 대처할 수 있는 집

<그림 3-13> 책 표지 보고 내용 예측하기 결과 예시

📘 단어 찾기(word search) [활동지 3-6]

단어 학습 방법 중 하나로 단어 찾기가 가능하다. 우선 주요 어휘를 선정하고 학생들이 단어의 의미를 익히도록 안내한 후 단어 찾기를 해보자. 크로스워드 퍼즐과 마찬가지로 온라인 워드서치 생성기를 이용하면 제작이 편리하며 바로 인쇄하여 사용할 수 있다. [활동지 3-6]에 포함된 단어 찾기는 <그림 3-14>의 방법으로 제작하였다.

A. 주요 어휘

어휘	뜻
beware of	
huff and puff	
	벽돌
	너그러운, 관대한
	무시무시한
	콘크리트; 단단한
	간신히 ~하다
	달아나다, 탈출하다
	두려운, 겁을 먹은
	몸을 떨다
	손수레
sway	
fetch	
	연약한, 부서지기 쉬운
	향기, 냄새

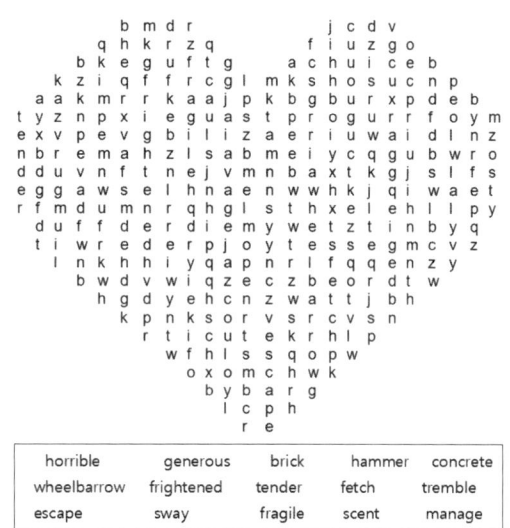

[활동지 3-6] 어휘 학습

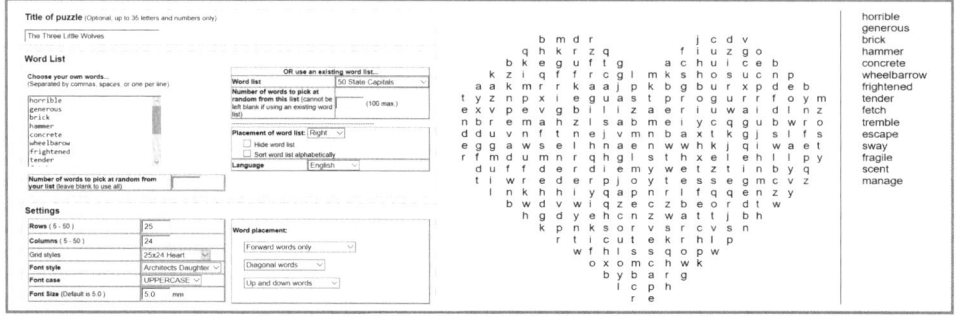

<그림 3-14> 단어 찾기 제작 예시

| 읽기 중 활동 |

◾ 실감 나게 읽어보기

이 책에는 아기 늑대들과 돼지의 대화가 익살스럽게 표현되어 있으며, 운율을 살려 읽기에도 좋다. 주인공 역할을 맡아 실감 나게 읽어보면 책 읽는 즐거움을 더할 수 있다. 짝끼리 아기 늑대와 돼지 역할을 맡도록 하고 해설은 교사가 맡아서 함께 읽어도 좋다.

◾ 동영상 시청하기

이번에는 책장을 넘기며 책을 읽어주는 동영상을 찾아 시청해보자. 몇 가지 버전을 들어볼 여유가 된다면 미국, 호주 등 여러 나라의 영어 사용자의 발음을 들어볼 수 있는 기회가 될 수 있다. 교사가 직접 녹화하여 학생들에게 어려울 것으로 예상되는 부분을 우리말로 설명해주는 방법도 추천한다.

www.youtube.com/watch?reload=9&v=qPW9VUm299I

◢ 질문에 답하며 읽기

이 책에서는 집을 짓고 부수는 과정이 계속된다. 중간중간에 다음의 질문에 대한 답을 찾으며 읽어나갈 수 있다.

- Who built the houses and who destroyed them? (누가 집을 지었고 누가 부쉈는가?)
- When the big bad pig asked to open the door, how did the three little wolves answer? (돼지가 문을 열어달라고 했을 때 늑대들은 어떻게 답하였는가?)
- Why do you think the big bad pig destroyed the three houses? (돼지가 세 개의 집을 부순 이유는 무엇인가?)
- Why do you think the big bad pig did not destroy the fourth house? (돼지가 네 번째 집을 부수지 않은 이유는 무엇인가?)
- The pig and the wolves' roles are switched in this story. What do you think is the author's intention for that? (이 이야기에서는 왜 돼지와 늑대의 역할이 바뀌어있다. 이에 대한 작가의 의도는 무엇일까?)

위의 질문들은 비판적 사고를 자극하는 질문들이다. 질문에 대한 답을 찾으며 학생들은 이야기를 자세히 들여다보고 이야기 표면에 드러나지 않은 내용과 작가의 의도를 파악하게 된다. 무장하기보다는 대화하고 화해해야 평화가 찾아온다는 메시지를 읽게 되는 것이다.

읽기 후 활동

◢ 네 개의 집 비교하기 활동지 3-7

읽은 내용을 토대로 이야기 속에 나오는 네 개의 집을 비교해보고 각 집의 특징을 찾아본다. 집의 특징, 재료, 돼지의 행동, 늑대들의 반응을 차례차례 정리해가며 이야기 전체를 더 잘 이해하고 기억하게 된다. [활동지 3-7]과 같이 학생들이 이야기 문법을 작성하면서 네 개의 집을 비교하는 데에 주안점을 두도록 미리 교사가 틀을 구성할 수 있다. 학생들의 수준에 따라 내용의 일부를 미리 채워놓을 수도 있다. <그림 3-15>는 학생이 작성한 과제 예시이다.

Story Grammar

Title	The Three Little Wolves and the Big Bad Pig		Author/ Illustrator	Eugene Travizas/ Helen Oxenbury
Setting	Time: Once upon a time/ Place: In the world			
Events	Event 1	Event 2	Event 3	Event 4
Name of the house (집의 이름)	A house of bricks	A house of _____	An extremely strong house	A house of _____
House materials (집을 지은 재료)			barbed wire, iron bars, armor plates, heavy metal padlocks, plexiglas, reinforced steel chains	marigolds, daffodils, pink rose, cherry blossoms, sunflowers, daisies, water lilies, buttercups
Pig's action (돼지는 집을 어떻게 했나요?)	The pig used a sledgehammer and knocked the house down.			
Wolves' reaction (늑대들은 돼지의 행동에 대해 어떻게 반응하였나요?)	Wolves managed to escape but they were frightened.			
Resolution (늑대들과 돼지는 결국 어떻게 되었나요?)				

[활동지 3-7] 네 개의 집 비교하기

(3-4 박○현)

Title	*The Three Little Wolves and the Big Bad Pig*		Author /Illustrator	Eugene Travizas/ Helen Oxenbury	
Setting	Time: Once upon a time/ Place: In the world				
Events	Event 1	Event 2	Event 3	Event 4	
Name of the house	A house of bricks	A house of concrete	An extremely strong house	A house of flowers	
House materials	red and yellow bricks	concrete	barbed wire, iron bars, armor plates, heavy metal padlocks, plexiglass, reinforced steel chains	marigolds, daffodils, pink rose, cherry blossoms, sunflowers, daisies, water lilies, buttercups	
Pig's action	The pig used a sledgehammer and knocked the house down.	The pig used his pneumatic drill and smashed the house down.	The pig brought some dynamite, lit the fuse, and blew the house down.	The pig smelled the flowers and decided to become a good pig.	
Wolves' reaction	Wolves managed to escape but they were frightened.	The wolves escaped.	The wolves escaped.	They played games with the pig.	
Resolution	They all lived happily together ever after.				

<그림 3-15> 네 개의 집 비교하기 예시

■ '어느 집이 제일 좋은가?' 글쓰기

이 이야기를 읽은 후 전래동화 *The Three Little Pigs and the Big Bad Wolf*와 비교하는 글쓰기를 계획해볼 수도 있고, 혹은 이야기 속의 네 가지 집 중 어느 집이 가장 안전한 집인가, 담이 높은 집은 안전한가 등의 다양한 질문에 대해 생각해보며 비판적 사고력 키우기 활동으로 발전시켜볼 수 있다. 여기에서는 "Which house do you think is the best among the four houses?"라는 질문을 통해 학생들이 이야기 속으로 깊숙이 들어가 갈등과 평화에 대한 생각을 발전시켜보도록 유도하였다.

<그림 3-16>의 예시에서 학생은 처음에 concrete house가 가장 좋다고 선택하였다. 교사가 "이야기의 주제와 조금 더 연결지어 생각해보면 좋겠어요. 이야기에서 콘크리트 집은 무너졌죠. 그러면 그것을 보완하려면 무엇이 필요했을까요? 늑대와 돼지의 관계를 떠올려보면 어떨까요?" 라는 조언을 하고, 학생은 <그림 3-16> 위의 수정된 개요를 제출하였다. 그리고 마지막에 완성된 글에서는 flower house를 선택하는 쪽으로 자신의 의견을 바꾸었다. 주어진 문제에 정답이 있는 것은 아니지만, 이야기의 주제에 더 접근하여 고민하고 그것을 반영하는 과정이 보인다.

온라인 개요 쓰기와 오프라인 글쓰기

(3-1 박○범)

Introduction	I like the concrete house most.
Body	1) Concrete house is the common house. 2) Flower house is too weak and wilts. 3) We can move the pig's mind by making a garden full of flowers.
Conclusion	The concrete house is the common house and can move the pig's mind by a garden full of flowers, so the concrete house is the best.

I think the house made of flowers is the best. The reason is as follows.
First of all, the houses made of solid and strong materials are not necessarily the best. The little wolves built houses made of bricks, concrete and iron bars but the houses were all broken by the big bad pig. In addition, a house that moves the other's heart is the best. A house built of fragrant flowers made the big bad pig's heart good. Lastly, softness wins strong. If the little wolves had built a more powerful house, the big bad pig would have broken the houses with more powerful power. At last, the house built of fragrant flowers is best.

<그림 3-16> '어느 집이 제일 좋은가?' 글쓰기 예시

4) 평가

■ 정의적 능력 평가

정의적 능력 평가는 영어와 관련한 흥미, 성취 욕구, 도전 의식, 책임감, 태도, 동기, 신념, 상호작용, 가치 인식, 참여, 자기효능감 등 학습자의 정의적 요인에 따른 능력을 평가하는 것으로 학생들의 전인적인 성장을 돕고자 하는 목적을 가진다. 정의적 능력 평가 결과는 내신 성적 산출에는 반영하지 않으나 학교생활기록부의 과목별 세부능력 및 특기사항에 기재할 수 있다.

정의적 능력 범주	관찰항목	평정척도				
흥미	영어 활동에 관심을 갖고 적극적으로 참여했다.	1	2	3	4	5
자신감	자신의 생각을 영어로 자신 있게 표현했다.	1	2	3	4	5
참여	자발적이고 긍정적인 자세로 수업에 적극적으로 참여하였다.	1	2	3	4	5
상호작용	영어 활동에서 타인과 원활히 소통하고 공감하며 배려하였다.	1	2	3	4	5
가치인식	영어의 가치를 인식하고 내면화하여 일상생활에 적용하였다.	1	2	3	4	5
책임감	영어 활동에서 맡은 역할과 과제 수행에 책임을 다하였다.	1	2	3	4	5

■ 과목별 세부능력 및 특기사항 기재 예시

- 'The Three Little Wolves and the Big Bad Pig'를 읽고 주인공들의 대화 부분을 풍부한 감정을 담아 읽었으며, 목소리 연기에서 '아기 늑대'역을 맡아 적극적으로 참여하고 급우들로부터 가장 연기력 있는 배우라는 평가를 받음. 이야기 속의 네 개의 집 가운데 아기 늑대들과 돼지 사이의 갈등을 해소하고 평화가 찾아오게 한 꽃으로 지은 집이 가장 좋은 집이라는 자신의 관점을 보여주는 에세이를 작성하였음.
- 'The Three Little Wolves and the Big Bad Pig'를 읽고 비교하는 글쓰기 활동에 참여하며, 개요 쓰기를 충실히 하고 짜임새 있게 글을 완성함. 이야기의 주제를 깊이 성찰하여 갈등의 해결과 평화를 위한 노력이 왜 중요한지에 대해 자신의 의견이 분명히 드러나는 에세이를 씀.
- 'The Three Little Wolves and the Big Bad Pig'를 읽은 후 내용 이해 질문에 자신감을 갖고 적극적으로 대답하였으며, 기존의 아기돼지 삼형제 이야기를 패러디한 이유에 대해 새로운 관점으로 사물을 바라보고 상대방의 입장에서 자신을 돌아보게 하기 위함이라는 의견을 제시함. 자발적이고 긍정적인 자세로 토론 활동에 참여하였으며 타인의 발표 시에도 경청하는 자세를 보임.

3.3.4 수업 후기

수업을 하며 학생들의 다양한 생각과 의견을 들어볼 기회를 가질 수 있어 즐거웠다. 학생들이 자신들의 의견을 말하고 활발히 대화에 참여할 때 이렇게나 생각이 많은 학생들이 단지 영어라는 이유로 수업에서 목소리를 내지 못해온 측면이 있다는 생각이 들었다. 그리고 교사가 먼저 충분한 성찰을 해야만 수업을 준비할 수 있었기에 비판적 읽기 활동이 쉽지만은 않다고 느꼈다.

학생들의 반응은 대체로 매우 긍정적이었다. 비판적 사고력을 기르기 위한 읽기 활동들을 마친 후 피드백을 받아보았다. '그냥 읽었을 때 보이지 않던 부분이 보이게 되었다,' '두 이야기를 비교하며 무엇이 나은지를 꾸준히 생각할 수 있었던 시간이 좋았다,' '동화 속 고정관념과 편견에 대해 생각해보는 계기가 되었다,' '다른 책을 읽을 때에도 정보를 곧이곧대로 받아들이지 않고 비판적으로 읽으면서 나의 주관을 확립해나갈 수 있게 되었다' 등 활동을 통해 자신이 성장하였음을 표현한 학생들이 다수였다. 또한 '단어에 대해서 고민하며 타이포그래피를 만들어 그 단어는 절대 잊지 못하게 되었다,' '개요 쓰기를 통해 비평문을 쓰기 위한 준비를 할 수 있었고 글을 체계적으로 쓰는 데에 도움이 많이 되었다,' '비평문 쓰기로 좀 더 깊이 생각하는 능력이 더 길러진 것 같다' 등 특정 활동을 언급하며 활동의 장점을 말하기도 하였다. 다수의 학생들이 잘 배웠다는 반응을 보여서 참 뿌듯했다.

★ 비판적으로 읽음으로써 보이지 않던 부분이 보이게 되었다. (유○효)
★ 영어로 내용을 분석해서 글을 쓰니 영어 실력이 늘 수 있어서 좋았다. (박○수)
★ 예전에 초등학생 때 읽었던 책들인데 시간이 지나서 읽어보니 '이런 의미를 담고 있었구나'하는 생각이 들었고 예전과는 다른 느낌으로 책이 와 닿아서 좋았습니다. (김○민)
★ 비평문을 쓰면서 내가 책을 읽고 느꼈던 마음을 글로 나타내는 시간이 될 수 있어서 좋았다. (김○나)
★ 동화 속 고정관념과 편견에 대해 생각해보는 계기가 되었다. 다른 책을 읽을 때에도 정보를 곧이곧대로 받아들이지 않고 비판적으로 읽으면서 나의 주관을 확립해나갈 수 있게 되었다. (변○은)
★ 모든 활동이 도움이 되었다. 이야기에 대해 곱씹어보며 다시 생각해볼 수 있었다. 특정 단어에 대해서 고민하며 타이포그래피를 만들어 그 단어는 절대 잊지 못하게 되었다. (배○우)
★ 그나마 쉬운 책으로 해서 편하게 할 수 있었다. (김○영)
★ 개요 쓰기를 할 때 직접 사전으로 찾아보는 것이 좋았다. 그때 찾은 단어들이 계속 기억에 남아있다. 다음 학기에도 이렇게 나의 생각을 글로 표현하는 시간들을 많이 가졌으면 좋겠습니다! (박○희)
★ 타이포그래피가 아주아주 흥미로웠다. (김○린)
★ 간단하지만 짜임 있게 개요 쓰는 것이 비평문을 쓰기에 도움이 되었고 정리가 되었다. (김○원)
★ 개요 쓰기는 비평문을 쓰기 위한 준비를 할 수 있었고 글을 체계적으로 쓰기 위한 도움이 많이 되었다. (이○경)
★ 내가 쓴 개요에 살을 붙이느라 이것저것 많이 찾아봐 새로운 단어들을 많이 알게 됐다. (김○진)
★ 만약 비평문을 하지 않았다면 그냥 보고 넘어갔을 텐데 비평문 쓰기로 좀더 깊이 생각하는 능력이

더 길러진 것 같다. (구○형)
- ★ 비판적 사고를 위한 읽기 활동은 나한테 도움이 된 것 같습니다. 평소에 영어문장을 많이 쓸 일이 없었는데, 이런 수행을 통해서 할 수 있어서 좋았고, 다음에는 이번 것보다 더 잘 볼 자신이 있게 되었습니다. (최○수)
- ★ 영어 실력이나 비판적인 사고를 만들어 주는데 가장 큰 영향을 끼쳤어요! 일단 오랜만에 영어로 짧을 글을 써볼 수 있어서 좋았고 책을 읽을 때 마냥 '재밌다, 우와!' 하고 읽는 게 아니라 왜 재밌는지, 내가 뭘 얻을 수 있었는지를 표현하는 걸 배울 수 있어서 좋았어요! (이○영)

수업에서 주의할 점으로, 교사는 학생들에게 정답은 없으며 자신의 생각을 확장하고 친구의 의견을 들어봄으로써 서로 배우는 기회를 갖는 것이 수업의 목적임을 명시적으로 알려주어야 한다. 가끔 정답이 무엇인지를 알아내고자 하는 학생들이 있기 때문이다. 또한 도움을 주기 위해 교사의 의견을 얘기해줄 수도 있으나 학생들이 충분히 의견을 교환한 후에 교사가 개입하는 것이 좋다.

비판적 사고력을 기르기 위한 읽기 지도는 사실 많은 영어 수업에 녹아들어 있다. 텍스트를 학생의 삶과 연관 지어 학생이 텍스트를 표면적으로 읽는 데에서 그치지 않고 자신의 삶 속으로 들여와 성찰하는 것이 비판적 읽기라고 할 때, 교과서 활동에도 이와 같은 활동이 다수 포함되어 있으며 많은 영어교사들이 이미 그렇게 수업을 진행하고 있다. 그러나 학생들에게 소개되는 다양한 영어 텍스트에 배경으로 녹아있는 가치관이 과연 옳은지에 대해서는 학교에서 충분히 고민이 이뤄지지 않고 있는 것이 사실이다. 그래서 그러한 부분까지 환기되었으면 하는 바람이 있다. 학생들이 비판적 사고력을 발휘하고 키워갈 때 진정한 읽기의 주체가 될 수 있기 때문이다.

3.4 도움이 될 읽기 자료

교과서 텍스트 이외에도 다양한 책들이 비판적 사고력을 기르는 읽기에 유용하게 사용될 수 있다. 본 장의 예시와 같이 편견과 불평등, 갈등과 평화의 문제를 다루기 위해 전래동화와 그것을 패러디한 작품을 나란히 읽어나갈 수 있고, 가족, 학교 폭력, 다문화 사회에서 겪는 갈등과 정체성의 문제 등 학생들의 삶을 둘러싼 여러 가지 이슈들에 대해 비판적으로 생각해볼 수 있는 책들도 중등 영어 교실에서 읽기에 적합하다. 다양한 수준의 학생들이 함께 수업 시간에 읽을 수 있는 책들을 소개한다.

Browne, A. (1998). *Voices in the park*. New York: Dorling Kindersley.
Bunting, E. (1991). *Fly away home*. New York: Clarion.
Cole, B. (1986). *Princess Smartypants*. London: Paper Star.
Cole, B. (1997). *Prince Cinders*. New York: Putnam Publishing Group.
Cook, J. (2009). *Bully B.E.A.N.S.* TN: National Center for Youth Issues.
Forward, T. (2005). *The wolf's story: What really happened to Little Red Riding Hood*. MA: Candlewick.
French, F. (1990). *Snow White in New York*. UK: Oxford University Press.
Munsch, R. (1980). *The paper bag princess*. Toronto: Annick.
Recorvits, H. (2003). *My name is Yoon*. New York: Macmillan Publishing Group.
Scieszka, J. (1989). *The true story of the three little pigs*. New York: Puffin.
Scieszka, J. (1994). *The frog prince: Continued*. New York: Puffin.
Trivizas, E. (1993). *The three little wolves and the big bad pig*. UK: Heinemann Young Books.
Underwood, D. & Hunt, M. (2015). *Interstellar Cinderella*. CA: Chronicle Books.

본 장에서는 비판적 읽기의 개념과 필요성을 짚어보고, 보통의 중학교 교실에서 시도해볼 수 있는 비판적 읽기 활동을 소개하였다. 또한 교과서에 수록된 동화 및 전래동화와 패러디 동화를 활용한 비판적 읽기 수업을 다양한 수준의 학생들이 즐겁게 참여할 수 있는 활동으로 풀어내고, 과정 중심 평가 및 수업 운영 결과와 후기까지 내용을 정리하여 보았다. 비판적 읽기는 읽은 내용을 학생의 삶과 연결 지어 질문하고 대화하는 과정을 읽기 활동에 포함시켜 교실의 읽기 활동에서 끊임없이 이뤄지도록 하는 것이 바람직할 것이다. 그러한 수업을 통해 학생들은 비판적 사고를 할 수 있는 적극적인 독자로, 읽기의 즐거움을 아는 독자로 성장할 것이다. 본 장에서 소개한 이야기와 질문들이 학교 영어 교실이 풍성해지는 데 작은 도움이 되었으면 하고 바란다.

참고문헌

Freire, P. (1970). *Pedagogy of the oppressed*. New York: Continuum.
Mclaughlin, M., & DeVoogd, G. L. (2004). *Critical literacy: Enhancing students' comprehension of text*. New York: Scholastic.
Paul, L. (1998). *Reading otherways*. Stroud: Thimble Press.
Vasquez, V. M. (2004). *Negotiating critical literacies with young children*. Mahwah, NJ: Lawrence Erlbaum Associates.

제4장

창의성을 기르는 협동 수업 읽기 지도

한신실
(대덕고등학교)

한신실은 좌충우돌 생기발랄한 고등학생들과 씨름하며 하루하루를 보내고 있는 9년 차 영어교사이다. '어떻게 하면 학생들에게 영어를 잘 가르칠 수 있을까?' 항상 자문하지만, 여전히 고민하며 답을 찾고 있는 중이다. 현장에서 수업하다 보면 한껏 멋들어진 해석과 독해 스킬을 시전하고 교실 밖을 나올 때가 있다. '뭐, 이 정도면 훌륭했어, 입시에 목숨 거는 아이들의 입맛에 맞추려면 어쩔 수 없지' 이렇게 스스로 위로하면서도 한편으로는 씁쓸함을 느끼곤 했다. '영어' 시간인데 수업 시간만 되면 입을 다물고 있는, 생각 없이 시들시들 앉아있는 아이들의 모습이 떠올랐기 때문이다. 학생 자치 활동에서는 '이런 애들이었나' 싶을 정도로 창의적인 모습을 보고 수업을 바꿔보기로 했다. 학생이 주인이 되는 수업이라면 영어 시간에도 창의성을 발휘할 수 있지 않을까 싶었다. 비록 완벽한 수업은 아니지만 같은 고민을 가지고 계신 분들에게 조금이나마 도움이 되었으면 하는 마음을 담아 소소한 경험을 공유하고자 한다.

'4차 산업혁명 시대의 흐름에 걸맞은 창의적 인재 양성'은 요즘 교육 현장에서 누차 강조되는 일종의 교육 트렌드라고 할 수 있다. 그렇다면 영어교육 현장에서는 창의적 인재 양성을 위한 교육이 어떻게 구현될 수 있을까? 이번 장에서는 학습자의 창의성 함양을 위한 협동 수업 읽기 지도 모형에 관해 논하고, 실제 수업 사례를 공유함으로써 현장의 생생한 목소리를 담아내 보고자 한다.

교육이라면 모름지기 시대의 흐름에 맞추어 변화해야 한다. 창의적 인재 양성의 필요성과 그에 부합하는 수업 모형을 논하기 위해, 먼저 현시대의 특징을 조명해 보자. 21세기는 실시간으로 전달되는 엄청난 양의 정보를 능동적으로 선별하여 유용한 지식으로 조직화하고 재창출해야 경쟁력을 얻을 수 있는 시대이다. 우리는 무지막지한 속도로 변하고 있는 현실에 빨리 적응해야 할뿐더러 인간의 능력을 초월하는 인공지능이 우리의 일자리를 넘보고 있는 것에도 대비해야 한다. 사회의 복잡성이 증가함에 따라 우리가 마주하는 문제들의 비정형성 또한 높아지고 있기에 더 이상 '도장 깨기'식의 일차원적이고 순차적인 방식은 효과를 발휘하기가 어렵다. 그리고 이러한 복잡한 문제들을 해결하는 과정에서 다른 사람들과의 협동과 효과적인 상호작용 능력이 요구된다. 자, 그러면 이제 시대의 특징을 교육 현장으로 가져와 보자. 학생들이 변화의 급류에 휩쓸리지 않고 물살을 유리하게 활용하는 방법을 터득하도록 돕기 위해 교육은 어떠한 방향으로 변해야 할까? 특히 세계의 보편적 '매개어'라 할 수 있는 영어를 어떻게 가르쳐야 시대의 흐름에 뒤처지지 않을 수 있을까? 필자는 그 실마리를 '창의적 인재' 양성에서 찾고자 하며 이에 부합하는 협동 수업 읽기 모형을 제시함으로써 이를 구체적으로 실현하는 방법을 제안해 보려 한다.

4.1 창의적 인재 양성과 협동 수업 읽기 지도의 필요성

창의성이란 무엇인가? 창의성의 개념에 대해 직관적으로 드는 생각은 아마도 '새로운 산출물을 만들어 내는 능력'일 것이다. 보통 이러한 능력을 인지적 측면에 국한하여 생각하는 경향이 있으나 창의성에 관한 연구들은 창의성이 사고의 독창성, 문제해결력 등의 인지적 능력뿐만 아니라 호기심, 자율성, 몰입, 과제 집착력 등의 정의적 특성, 그리고 사회·문화적 환경과 상호작용할 수 있는 환경적 요소가 결합하여 나타나는 것임을 암시한다. 또한, 자기 결정성 등의 내적 동기와 학습 참여도가 창의성의 신장에 긍정적인 영향을 미친다는 결과를 보여준 다수의 연구는 학습자의 창의성 향상을 위한 수업 모형 구상의 기틀을 마련해 준다. 다시 말해 학습자에게 학습 결정권을 부여함으로써 내적 동기를 높이고 적극적인 학습 참여를 유도하는 환경을 조성한다면 창의적 사고를 촉진시킬 수 있다는 것이다.

창의성 향상 읽기 수업 모형을 제안하기 전, 필자가 문제의식을 가지게 된 현재 고등학교 영어 수업 현장의 일반적인 모습에 대해 간단히 이야기를 나누고자 한다. 대입 수학능력 시험 준비가 공부의 주된 목표인 고등학교에서, 사실 학생들이 학업에 대한 의지만 있다면 설명의 달인이 된 교사가 얼마든지 재미있게 수업을 이끌어 나갈 수 있고 나름대로 만족해하며 교실 밖을 나갈 수 있다. 괜히 학습지를 특별하게 만들려고 고민할 필요 없이 편하게 수업을 할 수 있다. 하지만 이러한 교사 중심의 수업이 얼마나 학생들의 능동적 학습 능력과 스스로 생각하는 힘을 잠식시켜왔는지, 학생들은 더 이상 생각하기를 피곤해 한다. 영어라는 언어를 학습하면서도 한 가지 정확한 답을 해 주기를 바라고, 모르는 것에 대한 호기심은커녕 스스로 찾아보려고 움직이지 않는다. 떠먹여 주는 밥을 받아먹으려는 자세로 '정답을 알고 있는' 교사만 바라보고 있다. 이러한 태도는 영어 학습에 상당히 치명적이다. 영어를 의사소통의 도구로 생각하기보다 시험과목으로만 생각하고 있기에 텍스트를 읽으면서도, 내용에 흥미를 느끼거나 깊이 생각하려고 하지 않는다. 텍스트가 전달하는 내용은 이해하지 않고 교사가 암호를 해독해 주기를 바랄 뿐이니 전혀 상호작용이 일어나지 않는다. 이런 상황에서 창의성의 발현을 기대하기는 더더욱 어렵다.

필자는 이러한 문제점을 개선하기 위해 학습자의 능동적 참여와 학습 동기를 향상하고 그 안에서 창의성을 발현할 수 있는 협동 수업의 도입이 필요함을 인식하게 되었다. 협동 수업은 긍정적인 상호 의존과 개별 책무성 그리고 동등한 성공 기회 등의 요소가 포함된다. 학습자 개인의 목표 달성은 그가 속한 집단의 목표가 성취되었을 때만이 가능하다. 집단의 목표가 집단 구성원 각자의 성취 수준에 의존하도록 그 구조를 설정해 놓음으로써 집단 구성원 각자의 학습 참여도를 높이는 한편 집단의 다른 구성원을 도와주게 된다. 이를 바탕으로 구체적인 창의적 읽기 협동 수업 모형을 세 단계로 구성해 보았다.

1) 직소 활동(jigsaw activity)을 통한 또래 교수

창의적 사고력을 신장하기 위한 마중물로써 능동적인 학습 환경을 구축하고자 도입한 활동이다. 자율성, 유능감, 관계성을 하위 변인으로 한 '기본 심리 욕구'와 학업 도전(반성적/통합적 학습), 교우와 학습(능동적/협동적 학습, 다양한 집단과 토론), 교수와 경험(교수-학생 상호작용, 효과적인 교수)을 하위 변인으로 한 '학습 참여'가 창의적 인재가 갖추어야 할 역량에 유의미하게 영향을 미친다는 연구 결과(한윤영, 김은경, 2020)를 실제 현장에 구현해 보고자 하였다. 또래 교수학습에서 또래 교사는 흔히 우수한 학생으로 구성되나, 여기에서 제시할 수업 모형은 직소 활동을 통해 이루어지기 때문에 다양한 수준의 학습자가 각기 다른 부분을 학습하고 동료에게 가르쳐 주도록 구성하였다. 따라서 모든 학생들이 또래 교사의 역할을 맡아 수행하게 된다.

2) 과업기반 학습(task-based learning) 활동

직소 활동을 통한 또래 교수를 통해 텍스트의 내용을 충분히 숙지한 후 주제와 관련된 과업을 수행하는 활동이다. 창의적 산출물이 수반되어야 하며 주제 소개와 평가를 포함한 모든 단계에서 학습자에게 주도권이 부여된다. <표 4-1>은 Willis(1996)가 제안한 과업기반 학습의 절차를 수업의 목적에 맞게 수정하여 적용한 것이다.

<표 4-1> 과업기반 학습 활동 절차

Pre-task	Task Cycle	Post-task
·과업의 주제와 목표 소개 ·주제 관련 어휘 활동 준비를 위한 브레인스토밍 ·과업 활동의 목표와 절차 소개	·그룹으로 과업 수행 ·결과물 발표	·학습자들 간 과업 수행 비교 ·상호 피드백

3) 모둠별 스크랩북 제작하기

'English Time Capsule'이라는 이름으로 한 학기 간 진행해보았다. 교과서 단원의 주제와 관련된 활동을 계획하여 조별 스크랩북에 자유롭게 표현하도록 하였다. 소규모 그룹 프로젝트의 형식으로 진행하여 주도적으로 영어 학습 히스토리를 만드는 활동이다. 주제와 관련된 추가 읽기 자료를 스스로 찾아 정리하거나 창작 활동을 함으로써 자기 주도적 학습 능력과 창의성을 기르고자 진행한 활동이다.

위 활동들의 속성에 따라 다시 정리하면 직소 활동을 통한 또래 교수는 창의성 촉진에 도움이 되는 환경을 만들기 위한 활동이며 과업기반 학습 활동과 모둠별 스크랩북 제작하기는 이러한 환경을 바탕으로 창의성을 발현할 기회를 제공하는 활동이라고 할 수 있다.

4.2 창의성을 기르는 협동 읽기 수업 준비하기

4.2.1 학습자 이해하기

본 수업은 고등학교 2학년 학생들을 대상으로 진행되었다. 전국연합학력평가를 기준으로 학생들의 전반적인 영어 능숙도는 중에서 상까지 분포되어 있다. 본 읽기 학습 모형을 수업에 도입하기 전 학생들의 영어 학습에 대한 인식과 선호하는 수업 방식, 수업 기여도 등을 살펴보고자 설문 조사를 실시하였다. 과반수 학생들의 영어 학습 목적은 주로 성적 향상이었으며 선호하는 영어 수업 방식은 강의식 수업인 것으로 나타났다. 학습 경험 측면에서는 부분적으로 진행된 협동 학습에 참여한 경험은 있었지만, 전체 수업이 학생 주도형으로 진행되는 활동에 참여해 본 경험은 없는 것으로 드러났다. 협동 학습에 대한 전반적인 인식은 그리 긍정적이지는 않았다. 능숙도와 영어 활용 경험의 차이에 따라 협동 학습에 대한 인식 양상이 다르게 나타났는데, 능숙도가 낮고 영어 활용 경험이 적을수록 협동 학습에 대한 부정적인 인식이 높았다. 실제로 이러한 경향성을 보인 집단의 학생 중 몇몇은 본 수업 모형 도입 초기에 부담을 호소하기도 하였다.

사전 설문 조사 결과에서 나타난 것처럼, 어찌 보면 우리나라의 고등학교는 협동 읽기 수업을 진행하기에 정서적으로 척박한 환경이라고 할 수 있다. 학생들에게 있어 대입에 대한 압박은 아주 큰 산임을 누구도 부인할 수 없기에, 시간적 측면에서 비교적 효율성이 낮아 보이는 협동 학습을 수업에 전격적으로 도입하는 것이 교사와 학생 모두에게 부담으로 다가올 수밖에 없다. 하지만 본래 교육이라는 것이 척박한 땅에서도 꽃을 피우는 것이 아니던가? 협동 수업이 만능이라고 할 수는 없지만, 학생들의 현실적인 요구를 최대한 충족하면서 본래 영어교육의 지향점을 놓치지 않는 읽기 수업 모형의 개발·적용을 통해 작은 변화의 물결을 시작해 보고자 하였다.

4.2.2 교과서 학습 내용 추출 및 활동 계획 구상

협동 읽기 수업 모형을 통해 학생의 학습 주도성과 창의성을 향상하는 것이 수업의 목표인 만큼, 학기가 시작되기 전, 교과서를 분석하여 학습 내용을 추출하고 그에 알맞은 과업기반 학습 활동을 구상하였다. 현실적으로 매 단원 과업기반 활동을 진행하는 것이 어려우므로 재미있는 프로젝트를 구상해 볼 수 있는 단원을 미리 선정하여 활동을 기획하는 것도 고려해 볼 수 있다. 모둠별 스크랩북 제작 활동은 단원별 키워드를 중심으로 학생들이 직접 읽기 자료를 찾아 읽고 창의적으로 표현하는 활동이므로 교사가 지나치게 구체적인 활동을 고민하기보다는 활동의 방향성을 잡아줄 예시나 키워드를 생각해보는 정도로 계획하였다. 본문 읽기 활동 자체는 모두 직소 활동을 통한 또래 교수의 형식으로 진행되었다. <표 4-2>는 본 수업 활동의 주 교재로 활용되었던 2015 천재교육(이) 고등영어 I 교과서를 중심으로 만든 협동 읽기 수업 활동 계획의 예시이다.

<표 4-2> 협동 읽기 수업 활동 계획의 예시(천재교육(이) 고등영어 I 교과서 참고)

단원 제목	주제	과업기반 학습 활동	스크랩북 키워드/활동 예시
Names Tell Stories	장소, 음식, 사람 등의 이름과 관련된 역사	'Guessing Game' Show → 이름에 관한 재미있는 에피소드를 소개하고 이름을 맞혀보는 게임 쇼 진행	origin of ( ) name history, Funny names etc. 활동 예시: 이름에 관한 칼럼 쓰기, 만화로 표현하기 등
Ask Dr. Culture	다른 문화권에 대한 이해	'Welcome to The Culture Shock Cure Center' → 모둠별로 각기 다른 나라의 문화에 관한 몇 가지 글을 읽고 각각을 그림으로 표현한 다음 다른 모둠과 그림을 교환. 다른 모둠의 그림을 바탕으로 가상의 문화 충격 상황을 만들어 묻고 답하는 활동	cultural difference, culture shock, gesture, etc. 문화 소개 기사 쓰기 문화 충격 상담 코너 등
Think Beyond	기존의 틀을 깨는 창의적 사고의 중요성	'Create an Innovative App Design' → 일상의 불편함을 혁신적으로 해결해 줄 앱을 설계하고 설명서를 만들어 소개	think outside the box, innovative, etc. 학교 환경을 창의적으로 개선하기 위한 제안서 쓰기 등
A New Challenge in a New Land	한국에서 꿈을 이룬 외국인들의 이야기	'Create a Helping Foreigners Campaign' → 외국인들의 성공적인 국내 정착을 돕는 캠페인 광고 구상	Korean dream, K-culture, etc. 가상 인터뷰 기사 쓰기 등
Mix it Up! Create Anew	하이브리드의 의미와 원동력 이해	'Host the Hybrid Exhibition' → 하이브리드 제품을 고안하고 잠재적 고객에게 제품을 설명하는 박람회 개최	fusion, hybrid vehicle, etc. 하이브리드 제품 광고 신문 기사 쓰기 등

4.2.3 협동 읽기 수업에 사용한 활동 및 평가

1) 직소 활동 중 전문가 모둠 활동

학생이 교과서 지문을 스스로 읽기 전에 교사가 먼저 설명을 하면 학습자는 텍스트와 상호작용을 하며 사고할 시간이 없다. 이러한 문제점을 해결하고자 본 활동을 도입하여 학생들만의 힘으로 주어진 텍스트를 이해하고, 공동의 과제를 해결하면서 자연스럽게 질문이 생기도록 유도하고자 하였다. 궁금증이 생기면 일차적으로 전문가 모둠에 있는 친구와 지식을 공유함으로써 해결한다. 교사는 한 발짝 물러나서 학생들의 활동 상황을 관찰하고 학습자가 스스로 문제를 해결하도록 안내하는 역할을 한다. 활동의 내용은 <표 4-3>과 같다.

<표 4-3> 전문가 모둠 활동 내용

전문가 모둠	같은 역할(수준)의 학생들이 모이는 집단 각 수준에 맞게 설계된 동일한 학습지의 문제를 공동으로 해결
학습지 구성 (주로 교과서 본문의 내용 파악을 위한 학습지)	• 본문의 대의 및 글의 논리적 구조 파악 → 본문 내용 도식화, 요약문 영작하기, 주제 찾기, 제목 만들기 • 함축의미 찾기, 세부 내용 파악 • 틀린 문장 찾아 수정하고 그렇게 생각한 이유를 설명하기 • 본문의 내용을 4컷 만화 등의 그림으로 표현하기
활동 중 교사의 역할	소크라테스가 말하는 지식의 '산파' 역할 ☞ 질문이 발생하면 학습자가 어디까지 이해했으며, 무엇을 모르는지를 파악하게 한 후 유도 질문을 통해 스스로 답을 찾아가게 한다.

2) 또래 교수 활동

단지 아는 것과 설명하는 것은 다르다. 설명하기 위해서는 확실히 알아야 한다. 학습자들이 서로를 가르치면서 텍스트를 이해하고 있는 자기 자신의 사고 과정을 들여다보게 하기 위한 활동이다. 또한, 자신이 알고 있는 것을 친구에게 설명하는 과정에서 유능감을 촉진하고자 하는 활동이다. 활동의 내용은 <표 4-4>와 같다.

<표 4-4> 또래 교수 활동 내용

원 모둠	전문가 모둠에서 활동을 끝낸 후 역할(수준)이 서로 다른 학생들이 모이는 집단 전문가 모둠에서의 활동을 바탕으로 차례대로 또래 교수의 역할을 함

활동 중
교사의 역할
	'각 또래 교수 학생을 지식의 산파로 만들어 주는' 역할
	☞ 전문가 모둠 읽기 활동에서의 학습이 제대로 이루어졌는지 점검하는 과정, 혹은
	   학습자의 질문에 대해 스스로 답을 찾도록 유도하는 과정에서 교사는 학습자에게
	   소크라테스식 설명 모델을 보여준다.
	☞ 원 모둠 학습 활동에서 절대 답을 직접 가르쳐 주지 말고 친구가 답을 찾을 수 있도록
	   유도하게 한다.

3) 과업기반 학습 활동

학생들이 함께 과업을 완성하면서, 학습했던 목표 구조를 활용해 보고, 영어를 의사소통의 도구로 사용할 기회를 제공함과 더불어 새로운 산출물을 만들어 발표하는 활동으로 학습자의 창의성을 기르기 위한 핵심 활동이다. 활성화-탐색-적용-평가의 4단계로 진행이 되며 과업을 제시하는 동기 부여 영상 제작부터 과업을 완수하는 전반적인 단계에 학습자의 주도권을 부여하고자 하였다. 직소를 통한 또래 교수 활동 역시 본 활동의 '탐색' 단계에 적용된다. 해당 활동은 애당초 매시간 읽기 수업에 적용되는 것으로서 능동적, 협동적 학습 환경을 조성하고 이에 익숙해지도록 의도한 활동이므로 과업기반 학습 활동에서도 유용하게 활용될 것이다. 창의성 발현을 위한 과업기반 학습 활동 모형은 <그림 4-1>과 같다.

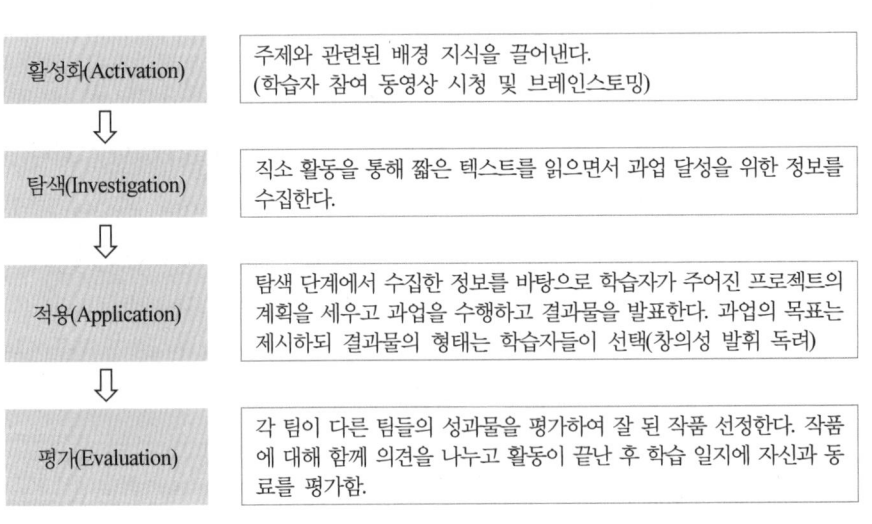

<그림 4-1> 과업기반 학습 활동 모형

4) 모둠별 스크랩북 제작하기

매 단원이 끝난 후 흥미로운 주제를 추출하여 조원들과 함께 단원별 소규모 프로젝트를 기획하고 스크랩북을 창의적으로 만들어 보는 활동이다. 계획, 내용, 방법의 주도권은 전적으로 학생들에게 부여함으로써 창의성이 마음껏 발휘되도록 한다. 활동의 절차는 다음과 같다.

(1) 해당 단원에서 배운 본문의 키워드를 모티브로 스크랩북 기획 토의를 진행한다.
(2) 모둠 프로젝트 계획서를 작성한다.
(3) 역할 분담을 통해 프로젝트에 필요한 자료를 조사하여 자율적으로 심화 학습을 진행한다.
(4) 수집된 자료를 바탕으로 프로젝트 계획서에 따라 스크랩북을 디자인한다.
(5) 조별 발표를 진행한 후 상호 평가한다.

5) 평가 방식

학습 활동이 끝난 후 학습 과정에 관해 성찰하게 함으로써 자기를 평가하고 다음 활동을 준비하게 하려는 목적으로 학습일지를 쓰게 하였다. 자기평가뿐만 아니라 동료 간 평가를 하게 하여 서로 격려할 수 있도록 한다. 학생들은 활동 전반에 걸친 자신의 학습 과정을 점검하고, 아쉬웠던 점, 잘했던 점을 파악하여 다음 활동에서 보완 강화하고자 노력하였으며, 원 모둠 구성원이 서로에게 편지처럼 써준 평가는 서로를 격려하는 긍정적 상호작용의 역할을 하였다. 교사는 수시로 학습 활동 중 학생들의 참여 정도와 발전 과정을 관찰하고 기록해 두지만, 놓치는 부분도 있을 수 있기 때문에 학습자들이 매시간 기록해서 보관한 평가지 포트폴리오는 학기가 끝난 후 과목별 세부능력 및 특기사항을 기록하는 좋은 근거 자료가 될 수 있다.

각 활동의 밑그림을 살펴보았으니 4.3에서는 실제 수업을 통해서 어떻게 구현될 수 있는지 알아보도록 하겠다.

4.3 수업의 실제

4.3.1 광고 만들기 활동으로 창의성 쑥쑥!

1) 수업 자료

4.3절에서는 주로 과업기반 활동 수업을 중심으로 소개하고자 한다. 본 수업을 하기에 앞서, 학생들은 다양한 주파수대를 이용한 음향 기술을 응용하여 실생활에 유용하게 활용되는 창의적 제품들을 소개하는 내용의 교과서 본문을 학습한다. (참고로 본문 학습을 비롯한 모든 활동은 직소 모형을 바탕으로 진행된다.) 본문 학습은 과업기반 활동을 준비하는 것으로 활동의 주제, 아이디어 전개 방식, 목표 구문 등을 추출하는 기반이 된다. 본문이 창의적인 제품을 소개하는 내용인 만큼 제품을 광고하는 활동으로 자연스

럽게 연계될 수 있었다. 학생들은 본문의 논리 전개 방식이 문제 상황과 해결책(problem & solution)인 것에 초점을 맞추어 학습하였고 광고 만들기 활동에도 해당 논리 전개 방식을 활용하도록 한다. 활동에서 학생들이 사용하는 목표 구문은 분사구문이다. 본 수업의 읽기 자료는 과업기반 활동의 절차로 앞서 제시했던 네 단계 중 '탐색' 단계에 활용되는 자료이며 'Qualities of a Good Ad'를 주제로 구글에서 검색한 몇 가지 읽기 자료들을 학생들의 수준에 맞게 교사가 편집한 것이다. 읽기 자료는 총 다섯 단락으로 구성되어 있으며 이는 원 모둠에 있는 다섯 명의 학생들이 수준에 따라 한 단락씩 맡아 읽기 자료를 학습하고 주어진 문제를 해결하도록 하기 위함이다. 읽기 자료와 함께 주어지는 문제는 요약문을 완성하는 활동이며 문장 완성의 형태는 수준별로 차이를 두었다.

2) 수업 개요

교육과정 성취기준	[12영Ⅰ02-01] 친숙한 일반적 주제에 관하여 듣고 세부 정보를 설명할 수 있다. [12영Ⅰ03-03] 일반적 주제에 관한 글을 읽고 내용의 논리적 관계를 파악할 수 있다. [12영Ⅰ04-04] 사람, 사물, 사건에 대하여 묘사하는 글을 쓸 수 있다.	
단계	활동 내용	자료
읽기 전	퀴즈 쇼(복습 활동)	
	미션 소개(학생 영상): 창의적인 광고 만들기	
	브레인스토밍: 광고의 효과를 높이는 요인은?	
읽기 중	전문가 모둠 읽기 활동	활동지 4-1
	원 모둠 읽기 활동 및 광고 계획서 쓰기	활동지 4-1
읽기 후	광고 구상 및 스크립트 쓰기	활동지 4-2
	발표	
	자기평가 및 동료평가	활동지 4-3

3) 수업의 세부 내용

[읽기 전 활동]

■ 퀴즈쇼

복습 퀴즈를 풀면서 전 시간에 학습한 내용을 떠올리게 하는 활동이다. 지난 시간의 목표 구문이었던 분사구문의 활용을 본 수업의 활동에 자연스럽게 연결하기 위해 의도되었다. 이 활동에 활용되는 퀴즈는 전 시간 학습 마무리 활동으로 진행되는 'Quiz Generator' 활동에서 학습자들이 직접 만든 문제이다. 교사는 본문의 내용과 관련된 문제, 목표 구문과 관련된 문제로 퀴즈의 내용을 한정해 주고 모둠별로 문제를 만들게 한다. 모둠별 문제는 모아서 퀴즈쇼에 활용하며 각 모둠이 돌아가면서 준비한다. 퀴즈쇼는 단원마다 한 번씩 진행된다. <그림 4-2>는 퀴즈쇼의 활동 모습과 퀴즈 예시이다.

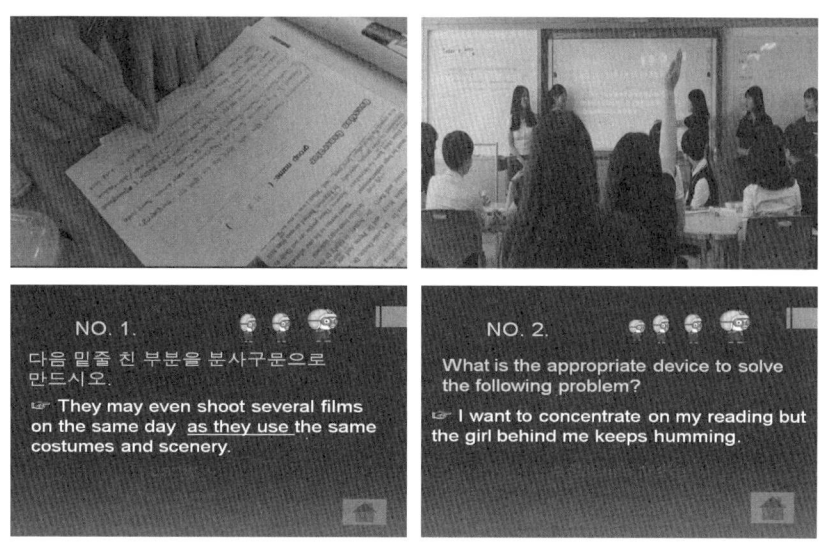

<그림 4-2> 퀴즈 쇼 활동 모습과 퀴즈 예시

▰ 미션 소개

본 수업의 주제와 과업을 제시하는 활동이다. 영상 참여 및 제작에 학생들이 직접 참여한다. 짧은 역할극의 형식으로 제작이 되며, 스크립트를 구상하고 연극을 하는 과정에서 창의성을 발휘할 수 있으며 실제 영어를 활용해 봄으로써 영어 말하기 및 쓰기 활동까지 할 수 있다.

▰ 브레인스토밍

실제 광고 동영상을 보여주고 광고를 효과적으로 만드는 요소가 무엇인지 이야기해 보도록 하는 활동이다. 본격적인 활동을 하기 전에 배경 지식을 활성화하는 과정으로 가능한 많은 요소를 떠올려보도록 하며 소수의 모둠원만 말하는 일이 없도록 모두가 적어도 두 개 이상 이야기해보도록 유도한다.

> 읽기 중 활동

◼ 전문가 모둠 읽기 활동 (활동지 4-1)

학생들은 먼저 같은 역할의 학생들끼리 모이는 전문가 모둠으로 이동하여 활동을 진행한다. 전문가 모둠은 영어 능숙도 수준이 비슷한 학생들이 함께 활동하는 모둠이다 (가장 능숙도가 낮은 Challenger부터 가장 높은 Leader까지 총 5개의 수준별 역할이 부여됨). 각 전문가 모둠의 수준에 알맞은 활동지를 가지고 읽기 활동을 진행한다. 원 모둠 활동에서 친구들에게 내용을 정확하게 설명할 수 있도록 준비하는 단계이다.

[Challenger]

No matter how good your ad may be, it will do your company no good if no one sees it. An effective advertising campaign needs to engage the interest of the viewer with an attention grabbing design. Getting the attention of those potential customer is essential, so it pays to test several different designs and choose the one that is the most eye-catching.

★ Fill in the blanks using the example words and complete the summary.

One of the qualities that make a good advertisement is to (   ) the (   ) of potential customers. (   ) some different designs and choosing the most (   ) one, you can be successful to satisfy this requirement of a good ad.

■ Example words: distract, checking, attention, unnoticeable, eye-catching, attract

---

[Developer]

In order to be effective, an advertisement has to be memorable for the viewer. If the viewer does not remember the ad after viewing it, the company sponsoring the ad is simply wasting time and their money. With an effective advertisement, the viewer should be able to clearly recall what happened during the course of the ad, and more importantly, which product is being advertised. That recall is the hallmark of an effective advertisement.

★ Complete the summary by rearranging the following words in the right order.
⇒ An effective advertisement gives unforgettable impression, _____.

■ words: [the viewer / to / it / memorable / making]

[활동지 4-1] 전문가 모둠 읽기 활동지(Challenger, Developer 용)

[Supporter]

A big part of developing an effective advertising campaign is knowing exactly who your target audience is. Chances are the product or service you offer will not appeal to everyone, so it is important to identify the segment of the population that is most likely to need what you have to offer. Identifying your target audience also helps you decide which television programs, radio stations and other advertising venues are likely to be the most effective.

★ Complete the summary by rearranging the following words in the right order.
 (change the form of a word, if necessary)
 ⇒ To make a great advertisement, you have to know who will need your product. _____, you can decide the most effective advertising tools.

■ words: [audience / who / your target / know / is]

[Helper]

An effective ad will inform the consumer about the product or service you have to offer, but that advertisement also need to entertain the potential buyer. The more entertaining you can make that ad, the more effective it can be. If it is appropriate, try to incorporate an element of humor into your ad, since that humor helps to capture and hold the attention of the viewer or listener. Creating a parody of recent events is often a good way to incorporate humor into your advertising campaign.

★ Complete the summary by rearranging the following words in the right order.
 (change the form of a word, if necessary)
 ⇒ You can make an effective ad, _____.
 Creating a parody of recent event is a good way to add humorous element into your ad.

■ words: [customers / entertain / potential / your]

[Leader]

It is important to explain the features of your products or services, but that's not enough. Customers probably want to know what benefits they are going to get. After all, people are more interested in what they get from your services than what you do. For example, say you are a tax accountant. One feature of your service is that you have a website where clients can log in and access their tax documents 24/7. The huge benefit is that it saves time and inconvenience for the client.

★ Summarize the passage above. (use participial construction)
 ⇒ _____,
  you can make potential customers more interested in your product.

[활동지 4-1] 전문가 모둠 읽기 활동지(Supporter, Helper, Leader 용)

◼ 원 모둠 읽기 활동 및 광고 계획서 쓰기 (활동지 4-1)

　전문가 모둠에서의 활동이 끝나면 학생들은 다시 원 모둠으로 돌아가 이전 모둠에서 얻은 정보를 공유한다. 구체적으로 이야기하면, 원 모둠의 학생들은 전문가 모둠에서 얻은 정보를 서로 보여주지 않고 각자 받은 질문 카드를 이용하여 다른 친구로부터 답변을 끌어내는 방식으로 정보를 교환한다. 질문 카드에는 광고를 만들면서 겪은 문제 상황이 적혀있으며 각 문제 상황에 대한 해결책은 전문가 모둠에서 완성했던 각 모둠원의 요약문에 담겨있다. 즉, 한 학생이 질문 카드를 읽으면 질문을 듣고 있던 나머지 모둠원 중 해결책을 가지고 있는 학생이 대답하는 형식으로 진행이 되는 것이다. 정보 차 활동을 하면서 학생들은 광고 계획서를 완성해야 하는데, 이는 광고를 효과적으로 만드는 요소를 자신들이 만들 광고에 어떻게 적용할 수 있을지 생각해보도록 유도한 것이다. <그림 4-3>은 실제 수업에 쓰인 질문 카드이다.

I made an advertisement full of great information but no one sees this ad. What is the problem?	People just forget the message I want to convey through the advertisement. So I failed to sell my product. What should I do?	When people saw the advertisement I made, they seemed really bored. What is the problem with the ad?
I think an effective advertisement should have a specific direction. What should I consider to set a clear direction?	I want to give information that makes people more interested in my product.	

<그림 4-3> 질문 카드

읽기 후 활동

◼ 광고 구상 및 스크립트 쓰기 (활동지 4-2)

　탐색 단계에서 완성된 광고 계획서를 바탕으로 모둠별 광고를 만들어 보는 활동이다. 광고 포스터를 만들어 소개하기, 역할극, 노래 등 다양하고 창의적인 방식으로 만들 수 있도록 하되 광고 스크립트에는 목표 구문인 분사구문이 활용되어야 하며 문제 상황과 해결책의 논리 구조로 구성되어야 함을 안내한다. 광고할 제품은 교사가 예시로 보여준 제품 중에서 하나를 선택할 수 있고 혹은 새로운 제품을 고안할 수도 있다.

<Sample>

Stop Worrying about Your Cutie!
It will stay in your yard with this INVISIBLE FENCE!

 Do you have trouble keeping your pet in the yard, when the gate is left open?
 Using audio technology, Invisible Fence will help pet owners to solve that kind of problem.
 A special wire can be buried around the yard to create an invisible fence. There is a special dog collar that sends out a high-pitched sound when the dog gets too close to the wire.
 Limited Time Price!
 Regular Price : $~~100~~
Today's Sale Price : $80 20% discount!!

<Outline>

Why is it necessary (target audience / problem situation)?
→ _____

How can the product solve your problem?
→ _____

How does it work?
→ _____

What benefit will be offered?
→ _____

Based on the outline above, let's make a creative advertisement!
_____
_____

[활동지 4-2] 광고 스크립트 쓰기 활동지

평가 (활동지 4-3)

각 모둠이 발표를 마친 후 마무리 단계에서 학생들은 주어진 평가지를 바탕으로 또래 평가 및 자기평가를 진행한다. 평가지는 개인이 포트폴리오에 보관하며 교사는 평소 관찰한 내용과 포트폴리오 내용을 바탕으로 생활기록부의 과목별 세부능력 및 특기사항에 기재한다.

Activity Journal				
( )학년( )반( )번 이름( )				
Group name : ( )				
Qualities of an effective advertisement	Never	Average	Best	
1. Is it effective in attracting attention?	1	2	3	
2. Is it memorable enough?	1	2	3	
3. Is it entertaining?	1	2	3	
4. Does it have the clear target audience?	1	2	3	
5. Does it provide the benefit the product can give?	1	2	3	

Self Reflection
나의 학습 활동의 잘한 점 또는 아쉬운 점 - 나는 얼마나 성장했을까?

- Did I do my best in class? (Absolutely / Average / Not at all)
- the comment on my performance
  _____
  _____

- Feedback from My Peers

( )'s comments	( )'s comments	( )'s comments	( )'s comments
_____	_____	_____	_____

[활동지 4-3] 또래 평가 및 자기평가 활동지

4.3.2 하이브리드 박람회 프로젝트로 창의성 뿜뿜!

1) 수업 자료

　4.3.2절에서 소개하고자 하는 수업의 읽기 자료는 다양한 분야의 요소를 융합하여 새로운 것을 창조해 내는 '하이브리드'를 주제로 하고 있다. 기존의 범주화와 분류의 틀을 정해진 지식으로 받아들이는 것이 아니라 사물을 새로운 관점으로 바라보고, 범주를 초월할 수 있는 과감함이야말로 이 시대가 필요로 하는 창의적 인재의 모습이 아닐까? 본문의 주제를 통해서 학생들이 기존의 지식을 수동적으로 받아들이려 하는 태도에서 벗어나 능동적으로 사고하고, 도전하며, 실험해 보는 태도의 중요성을 깨달음으로써 창의적 인재의 역량을 기르도록 한다. 4.3.1절과 마찬가지로 전 단계의 교과서 본문 학습은 다음 단계 학습에서 활용할 목표 구문과 과업의 형태를 추출하기 위한 기반이 된다. 본 수업의 목표 구문은 경험을 나타내는 현재완료 시제와 주격 관계대명사이다. 본 수업에서 사용하는 읽기 자료는 하이브리드 제품을 소개하는 기사를 교사가 학생들의 수준을 고려하여 편집한 것이며 글을 읽고 기사의 제목을 만드는 과업과 빈칸을

채우며 요약하는 활동이 함께 주어진다. 수업의 전반적인 흐름은 4.3.1절과 같지만 읽기 후 활동이 두 차시에 걸쳐 진행되는 수업으로 구성해보았다.

2) 수업 개요

교육과정 성취기준	[12영Ⅰ02-04] 친숙한 일반적 주제에 관한 정보를 묻고 답할 수 있다. [12영Ⅰ02-05] 친숙한 일반적 주제에 관해 그림, 도표, 도식 등을 활용하여 의사소통할 수 있다. [12영Ⅰ03-01] 일반적인 주제에 관한 글을 읽고 세부 정보를 파악할 수 있다. [12영Ⅰ04-06] 친숙한 일반적 주제에 관한 그림, 도표 등을 설명하는 글을 쓸 수 있다.	
단계	활동 내용	자료
읽기 전	브레인스토밍: 영상을 보고 하이브리드 요소 찾기	
읽기 중	전문가 모둠 읽기 활동	활동지 4-4
	원 모둠 읽기 활동 및 하이브리드 제품 소개 카드 완성	활동지 4-4
읽기 후	하이브리드 박람회 준비-제품 구상 및 계획서 쓰기(1차시)	활동지 4-5
	하이브리드 박람회 준비-발표 연습(2차시)	
	하이브리드 박람회 개최(2차시)	활동지 4-6

3) 수업의 세부 내용

읽기 전 활동

▰ 브레인스토밍

LED 섬유 기술을 활용한 발광 드레스 소개 영상을 보면서 영상에 나타난 하이브리드 요소가 무엇인지 자유롭게 이야기해 보는 활동이다. 지난 차시에 배웠던 하이브리드의 특징을 영상과 연관 지어보며 서로 다른 범주에 있는 것들이 얼마나 다양한 방식으로 결합하여 창의적인 산물이 나오는지 생각해보는 활동이며 후속 활동을 위한 아이디어를 얻을 수 있도록 유도한다.

읽기 중 활동

▰ 전문가 모둠 읽기 활동 (활동지 4-4)

전문가 모둠별로 각기 다른 하이브리드 제품에 관한 기사를 학습한다. 전문가 모둠의 학생들이 모두 활동에 참여할 수 있도록 돌아가며 한 문장씩 읽고 해석하도록 안내한다. 학생들은 기사를 읽으면서 다음 차시에 유용하게 활용할 수 있는 어휘나 표현을 함께 정리한다. 본문에 대한 이해가 끝나면 아래 주어진 빈칸에 정보를 채우며 내용을 정리하고 기사 내용에 적합한 제목을 만들어 본다.

[Challenger]

Title : [   ]

    The Apple Watch Series 2 is a great choice for those looking to get fit. It features built-in GPS, so it provides accurate pace and distance for your runs, as well as a water-resistant design (up to 50 meters) that you can take swimming. Even when you're not breaking a sweat, you'll appreciate the Series 2's brighter display, longer battery life and faster processor, whether you're checking notifications, using apps or responding to messages.

- Gathering Information
  - name of the item :
  - the hybrid of (   ) and (   )
  - feature :

[Developer]

Title : [   ]

    Burger King is testing out an all-new Whopperrito, a burger-burrito hybrid, nationwide on Aug. 15. It appears that all of the cheeseburger fixings, including the onion and pickles, are wrapped up in a tortilla. Burger King released the Whopperrito in select Pennsylvania locations earlier this Summer, and it must have gone well since BK is expanding the menu item across America. If you are the one who enjoys tasting something new and especially likes any kind of burgers, this Whopperrito is definitely prepared for you.

- Gathering Information
  - name of the item :
  - the hybrid of (   ) and (   )
  - feature :

[Supporter]

Title : [   ]

    This hybrid item is called skort. Chances are, you're already well familiar with the wrap-front piece. Perhaps you even own one (or more!) yourself. Considering the fashion world's current obsession with wide pants, our designers made full, pleated skorts with wide bottoms. These skorts are comfortable for a day of shopping or running errand. Unlike an actual skirt, there's no danger of being accidentally exposed by a sudden gust of wind or less-than-perfectly-executed automobile exit. You need one of these styles, stat.

- Gathering Information
  - name of the item :
  - the hybrid of (   ) and (   )
  - feature :

[활동지 4-4] 전문가 모둠 읽기 활동지(Challenger, Developer, Supporter 용)

[Helper]

Title : [   ]

    Angelina Jolie is introducing a new hybrid fashion. It's not just a dress, nor are these just gloves, because when the sleeves of your dress are sewn to the gloves on your hands, you've succeeded in creating something entirely new — is it a drove or gless? I'm not sure what the proper terminology is, or how you'd suit up in one exactly, but I do know that this Versace is a style statement on another level. Anyway, I think it is ideal for those who want to look stylish and keep their hands warm at the same time, not to mention the one who has cold hands.

- Gathering Information
  - name of the item :
  - the hybrid of (   ) and (   )
  - feature :

[Leader]

Title : [   ]

    Do you like to take a photo of yourself with messy hair and, to matters worse, with bad angle? Probably not. Selfie Brush comes for all who want perfect selfie with neat hair and with perfect angle. Selfie Brush is a phone case/hairbrush hybrid. The back of the paddle brush features a space to slip in your phone, as well as a mirror to ensure the perfect selfie. The Selfie Brush's handle means you can get the perfect angle — side view from arm's length away, above your head, etc. — without accidentally dropping your phone on your face or in the sink.

- Gathering Information
  - name of the item :
  - the hybrid of (   ) and (   )
  - feature :

[활동지 4-4] 전문가 모둠 읽기 활동지(Helper, Leader 용)

◪ 원 모둠 읽기 활동 및 하이브리드 제품 카드 완성 (활동지 4-4)

    원 모둠에서 이루어지는 정보 차 활동으로 학생들은 차례로 전문가 모둠에서 만든 제목을 읽어주면서 수집한 정보를 바탕으로 하이브리드 제품을 소개한다. 나머지 학생들은 소개 내용을 들으면서 <그림 4-4>의 예와 같은 제품 소개 카드 중 알맞은 것을 골라 빈칸을 완성한다. 교사는 학생들이 전문가 모둠에서 만든 제목과 기사의 원래 제목을 비교하도록 안내한다. 독자의 이목을 집중시키는 효과적인 제목의 형태를 간접적으로 학습할 수 있도록 의도한 것이다. 또한, 카드의 빈칸을 채우는 활동은 읽기 후 단계에서 수행할 작문 활동의 틀을 제공하는 유도 작문의 형태로 이루어진다. 제품 소개 카드를 모아 팸플릿을 만들면 활동이 완료된다.

```
Hybrid Brochure <예시>
<UPDATE: Burger King Unleashes the Whopperrito Everywhere>
    Have you ever heard of (            )?
    It is the hybrid of (        ) and (        ).
    The feature of this item is
    _____
    _____
    It is good for those who_____

Take Your Best Selfie With This Phone Case/Brush Hybrid
    Have you ever heard of (            )?
    It is the hybrid of (        ) and (        ).
    The feature of this item is
    _____
    _____
    It is good for those who_____
```

<그림 4-4> 제품 소개 카드 예시

읽기 후 활동

■ 하이브리드 박람회 준비-제품 구상 및 계획서 쓰기 [활동지 4-5]

학생들은 새 하이브리드 제품 출시를 앞둔 기업가라는 가상의 역할을 맡아 하이브리드 제품 박람회를 준비하는 활동을 수행한다. 학생들이 받은 가상의 미션은 박람회에서 최대한 많은 잠재 고객을 얻는 것이다. 자신들만의 독창적인 하이브리드 제품을 고안하고 효과적으로 소개하는 방법을 고민하면서 창의성을 발휘하는 활동이다. 짧은 시간 안에 제품에 대한 아이디어를 떠올리기가 쉽지 않은 모둠의 경우, 기존에 있는 제품을 응용하여 만들어 보도록 한다. 활동의 주된 목적이 실제와 유사한 상황에서 언어를 활용해 보는 것임을 고려했을 때 제품 아이디어를 생각하는 것에 자칫 너무 많은 시간을 낭비하는 것은 바람직하지 못하기 때문이다. 제품 소개 프레젠테이션을 위해서 모둠원들은 아래 활동지의 틀을 바탕으로 활발히 논의한다. 발표 스크립트를 작성할 때는 목표 구문인 현재완료 시제와 주격 관계대명사를 사용할 수 있도록 권장한다. 그 외의 나머지

부분은 전적으로 학생들이 결정할 수 있다. 유의미한 맥락 안에서 목표 구문을 활용할 기회의 장일 뿐만 아니라 활발한 상호작용과 확산적 사고가 분출하는 창의성 '뿜뿜' 활동이라 할 수 있겠다.

Group Project Plan
How can we make our product impressive?

Mission
Attract as many buyers as possible

1. Title of the product :

2. Necessary information to be included :

3. Who will be interested in this product? :

4. What makes our product special? :

5. etc.

[활동지 4-5] 하이브리드 박람회 계획서 쓰기 활동지

▰ 하이브리드 박람회 준비-발표 연습

하이브리드 제품을 구상하고 소개 자료를 만드는 활동은 충분한 시간이 필요할 것으로 여겨져, 두 차시로 나누어 진행하게 되었다. 지난 1차시에 마무리되지 못한 부분을 완성하고 발표 연습을 하는 단계이다. 각 모둠에서는 제품을 소개할 발표자와 다른 모둠에 가서 제품을 평가할 평가자를 선정한다. 발표자가 연습을 하는 동안 평가자로 선정된 학생들은 발표에 대한 피드백을 주면서 다음 활동을 준비한다.

▰ 하이브리드 박람회 개최 [활동지 4-6]

앞서 준비한 내용을 바탕으로 제품 소개 및 평가를 하는 활동이다. 각 모둠의 발표자는 모둠에 남아 제품을 소개하고, 평가자는 자유롭게 다른 모둠을 돌아다니면서 제품에 대한 설명을 듣고 활동지의 평가 항목에 표시한다. 모든 제품을 둘러본 후에 원 모둠으

로 돌아간 학생들은 평가지를 근거로 모둠원들과 토의를 진행하여 가장 마음에 드는 물건을 선정한다.

Group Name:					
Hybrid Product Name				Price	
Good for whom?					
Special Features					
Evaluation				Total Score	
Standards	Very good	Good	So so		
1. Creativity	5	3	2		
2. Practicality	5	3	2		
3. Design	5	3	2		

[활동지 4-6] 하이브리드 제품 평가 활동지

4.3.3 English Time Capsule로 창의성의 흔적 남기기! [활동지 4-7]

　4.2절의 4)에서 소개한 모둠별 스크랩북 완성 활동이다. 교과서 각 단원의 주제 중 몇 가지 내용을 모티브로 소주제를 설정하고 활동 계획부터 실행까지 학생들의 자율성과 창의성을 마음껏 펼칠 수 있는 활동이다. 스크랩북 제작에는 물론 영어 사용만 허용한다. 완성된 스크랩북 한 장 한 장에는 학생들이 창의성을 발휘했던 역사와 친구들과 소통했던 추억이 담겨있다는 의미에서 English Time Capsule이라는 명칭을 붙였다. 영어 수업의 번외편이라고나 할까? 특정한 수업 시간 전체를 사용하는 활동이 아니라 남는 시간에 혹은 언제든지 할 수 있는 만큼 틀이 정해져 있는 수업이 아니므로 학생들의 활동 모습과 결과물을 소개하고자 한다. 구조가 전혀 잡혀있지 않은 활동이니 학생들이 다소 당황해할 수 있기에 처음에는 '이런 활동을 할 수 있어요'라는 의미로 [활동지 4-7]과 같은 활동 계획서의 틀을 제공하였다. <그림 4-5>는 학생들이 활동하는 모습과 결과물을 담은 사진이다.

\multicolumn{2}{c}{**Group Project Plan**}

\multicolumn{2}{c}{Proposal for Improving Our School Environment (학교 환경 개선을 위한 제안서)}
조이름	
조 원	

Find any problem in our school environment and come up with the creative solution to improve our school. (우리 학교에서 개선해야 할 점을 찾고, 학교 환경 개선을 위한 창의적인 해결책을 고안하시오.)

① Problem
___
___

② Solution (해결방안을 한 마디로 표현할 수 있는 제목을 만들어 봅시다.)
 → ___

 <Specific ways to solve the problem>

③ Expected effect: ___
___

[활동지 4-7] 스크랩북 활동 계획서

<그림 4-5> English Time Capsule 활동 모습

4.3.4 평가

학습의 과정과 학생의 성장에 초점을 맞추어 서술식으로 평가하였으며 과목별 세부 능력 및 특기사항의 예시는 아래와 같다.

▌직소 활동을 통한 또래 교수 활동에 관한 과목별 세부능력 및 특기사항 예시

친구들과 함께 능동적으로 주어진 문제를 해결하고 새로운 내용을 깨달아 가는 과정을 즐기는 모습이 돋보이는 학생임. 글의 전체적인 논리 구조와 대의를 파악하고, 세부 내용을 정리하는 과정에서 같은 역할의 친구들과 활발하게 의견을 교류하며 문제를 해결하였으며, 글을 이해하는 자신의 사고 과정을 점검하여 내용을 철저히 이해하려고 노력하였음. 문맥을 이용하여 생소한 단어를 추론하는 능력이 우수하고, 교사에게 즉각적인 답을 요구하기보다는 스스로 의미를 발견하는 학습 활동에 흥미를 느낌. 자신이 학습한 내용을 설명하기 전에 원 모둠의 친구들이 물어볼 법한 질문을 예측하여 준비하는 등 책임감 있는 자세를 보여주었음. 활동이 끝난 후에도 친구들과 함께 배운 내용을 한 번 더 점검하면서 잘 이해가 가지 않는 부분을 서로 설명해주는 모습을 관찰할 수 있었음. 처음에는 활동에 다소 어려움을 느끼는 듯했으나, 친구들과 함께 의견을 공유하고 해결해 나가면서 실수에 대한 두려움을 줄이고 자신감 있게 활동에 임하는 모습을 관찰할 수 있었음.

▌과업기반 학습 활동에 관한 과목별 세부능력 및 특기사항 예시

효과적인 광고를 만드는 요소에 관한 글을 읽고 모둠 친구들과 함께 광고 계획서를 만들며 더욱 인상적인 광고의 요소에 대해 의논함. 제품의 특징을 잘 보여줄 수 있도록 Baby Sing! Sing! Car라는 이름을 만들고 제목에 맞게 광고의 CM송을 영어로 개사함. 평소 광고 제작자가 꿈인 학생으로, 직접 Everybody Sing이라는 제목으로 인상적인 광고 카피를 구성하였으며 이 활동을 통해 영어 쓰기 능력을 키우고 광고에 필요한 어휘를 익힘. 율동과 함께 개작한 CM송을 불러 친구들의 호응을 얻었으며 유창한 발음, 리드미컬한 억양 그리고 재치 있는 멘트로 청중을 사로잡음. 광고를 기획하고 아이디어를 실현하는 과정에서 학생의 창의성을 엿볼 수 있었으며 영어로 대본을 쓰고 발표하는 과정에서 영어 쓰기와 말하기에 친숙해 짐.

광고의 특성에 관한 영어 텍스트를 읽은 후 알게 된 내용을 적용하여 창의적인 홈쇼핑 광고를 기획함. 광고 형식에 맞게 영작 활동을 하는 과정에서 실제 영어권 국가의 CF를 찾아봄. 실제 자신이 생각했던 것보다 어렵지 않은 표현으로 재미있게 제품이 홍보되는 것을 보고 영작이 어렵다는 선입관을 버림. 친구들과 광고문을 영작하고 발표하면서 영어에 대한 자신감을 얻게 됨.

하이브리드 박람회 활동에서 전시할 제품으로 지정한 시간에만 뚜껑이 열리는 쿠키 상자 Pandora Box를 고안하고 사용 방법 및 절차를 영작함. 다이어트를 계획하고 있는 잠재 고객에게 최적화된 제품의 특성을 잘 살려 영어 홍보 자료를 제작하였으며 박람회 활동 시 평가자로서 다른 조의 상품 설명을 듣고 평가지를 완성함. 평가지를 바탕으로 모둠 친구들과 구매할 물건을 선정하기 위해 토론하는 과정에서 합리적인 논리를 펼치는 모습이 인상적임.

하이브리드 박람회 활동에서 전시할 제품으로 비스킷 함이 달려있는 머그컵 Mugket을 선정하고 제품의 융합적 특징을 살린 영어 홍보 자료를 제작하였으며 이를 바탕으로 잠재 고객에게 Mugket의 유용성과 특별한 점을 영어로 설명하며 가상의 하이브리드 회사를 홍보함. 고객에게 깊은 인상을 남길 효과적인 홍보 방법을 구상하고 구현해 보는 과정에서 상당한 창의성을 발휘하였음.

▌English Time Capsule 활동에 관한 과목별 세부능력 및 특기사항 예시

English Time Capsule Project에서 매 단원 본문의 주제와 관련된 추가 읽기 자료를 조사하고 영작 연습을 함. 3단원 Ask Dr. Culture 학습을 마친 후 Walking through the World라는 주제를 정해 나라마다 다른 제스처의 의미를 소개하는 활동을 하였으며 스크랩북에 창의적인 삽화 영문 소개 글을 적절히 배치함. Names Tell Stories를 읽고 여러 가지 바이러스 이름의 유래에 관해 조사하였으며 노로바이러스에 관한 간략한 설명문을 영작함. 학교 환경 개선 캠페인 프로그램 활동에서는 'Recycling Contest(분리수거 게임)'라는 혁신적인 아이디어를 제안하고 게임의 진행 절차를 씀. Think Beyond라는 본문의 주제를 살려 분리수거를 힘든 일이 아니라 즐거운 일로 생각할 수 있도록 사고의 전환을 유도함.

한 학기 프로젝트인 English Time Capsule 만들기에서 매 단원 본문의 주제와 관련된 추가 읽기 자료를 조사하고 영작 연습을 함. 각 대륙의 대표적인 나라들의 재미있는 문화를 소개하고 나라 이름의 유래와 역사를 설명하는 영작 활동을 하며 교과서에서 배운 내용을 심화시키고 어휘력 및 문장 활용 능력을 향상시킴. 여러 나라의 문화적 차이에 관한 글을 읽고 음식, 공공장소 예절, 제스처 등에서 나타나는 문화 차이를 조사하여 비교·대조하는 글을 씀. 휴대폰 어플리케이션의 형식으로 소개 항목을 나누어 구성하는 창의성을 보임. 학교 환경 개선을 위해 창의적인 아이디어를 구상해 보는 활동에서는 Gardening Game Application을 생각해 냄. 식물 가꾸기 콘테스트를 통해 학교 환경을 자연 친화적으로 개선하고자 하는 취지를 밝히고 Application의 작동 절차를 상세하게 설명하는 글을 씀.

4.3.5 수업 후기

　수업의 궁극적 목표가 교사 주도의 수업에서 학생 주도의 수업 환경을 마련함으로써 학습자의 창의성을 높이는 것인 만큼, 기존의 교사 중심 수업에 익숙한 학생들의 태도를 능동적으로 바꾸는 것이 무엇보다 중요했다. 그런데 그것이 쉽지만은 않았다. 본래 수업을 듣는 학생들의 초점은 내신 성적을 올리는 것이었고 수업 시간에 교사의 설명을 듣고 이해했으면 다 되는 것으로 생각하는 경향이 있었다. 이러한 학생들을 설득하는 작업이 필요했는데 바로 '하브루타 학습법'과 '학습 효율성 피라미드'를 소개하는 동영상을 보여주며 수업의 취지를 설명하는 것이었다. 어느 정도는 설득이 되었을 것이라 스스로 믿으며 일단 새로운 수업 방식을 도입하기 시작했다. 읽기 수업 활동지는 일단 기본 틀을 만들고 내용에 따라 조금씩 조정을 하면 되므로 활동지를 만드는 것이 그다지 어렵지 않았다. 한 단원의 본문을 학생의 역할에 따라 나눠서 한꺼번에 진행하기 때문에 생각보다 진도도 촉박하지 않게 나갈 수 있었다. 학생들에게 나타난 변화는 다음과 같다.

■ 능동적 학습 태도, 학습의 즐거움, 협동심, 책임감의 증가!

　수업 시간에 질문이 생기는 것이 자연스러운 현상이 되었다. 교사 설명 위주의 일방적인 수업에서는 자신이 뭘 모르는지 모르는 상태에서 입력이 되기 때문에 학습 내용에 대한 호기심이 생길 겨를이 없다. 하지만 일단 스스로 해 보게 하자 텍스트에 대해서 궁금해하게 되었고, 자연스럽게 서로의 지식과 의견을 공유하며 함께 해결하고자 노력하는 모습을 볼 수 있었다. 단번에 답을 얻는 것보다 문제에 대해 고심하고, 공유하고 공동으로 해결하는 과정에서 학생들은 학습의 즐거움을 느끼고 있었다. 교과서를 오직 시험대비 학습서로만 생각하고 문장 단위의 분절적인 공부에만 초점을 두었던 학생들이 교과서 텍스트의 의미에 더욱 관심을 갖게 되면서 학습 내용을 장기적으로 기억하게 되었다. 또한, 전문가 모둠에서의 활동이 끝나면 원 모둠의 친구들에게 자신이 학습한 내용을 알려 주어야 하기 때문에 학생들은 책임감을 가지고 자신이 맡은 부분을 완전히 학습하려고 노력하였다.

■ 본문의 정확한 이해, 자신의 사고 과정 점검

　본문의 내용을 더욱 정확하게 이해할 뿐만 아니라, 친구들의 질문을 통해서 전문가 모둠에서 미처 생각하지 못했던 것에 대해 생각해보고 답을 찾기 위해 준비하는 모습을 보였다. 동등한 입장이기 때문에 서슴없이 질문과 답변을 주고받았으며 친구가 직접 문제를 해결할 수 있도록 단서를 주면서 답을 유도하는 모습을 관찰할 수 있었다.

▌학습한 내용의 응용력 향상, 창의성 발휘

과업기반 활동이 목표 구문의 활용에 도움이 되었을 뿐만 아니라 계획 단계에서부터 결과물을 표현하는 방식, 평가에 이르기까지 학습자에게 선택권을 부여하고 의견을 적극 반영하도록 한 결과 학생들의 창의성이 돋보이는 작품들이 나왔으며 영어를 유의미한 맥락에서 활용할 기회가 제공되자 능동적인 참여를 이끌 수 있었다.

▌학습 정보 추가 탐색 등, 자기 주도적 학습 태도 함양

영어 스크랩북 제작 활동의 경우 학생들이 직접 계획해서 꾸며나가는 프로젝트이기 때문에 다소 시간이 들지만, 구조화되지 않은 활동이기 때문에 최대한 아이디어를 많이 생각해내고 의견을 교류·조율하게 된다. 교과서 이외의 영어 읽기 자료도 자발적으로 조사해서 정리하였으며, 직접 신문이나 잡지를 구성해 보는 그룹도 있었다. 이 과정에서 학생들의 창의력을 엿볼 수 있었다. 어떤 모둠은 자신들이 정한 주제에 맞게 십자말풀이, 영시, 칼럼 등으로 스크랩북을 구성했고, 자발적으로 꽤 긴 글을 써서 피드백을 부탁했다. 종종 보이는 오류 부분에 표시만 해주었고, 함께 수정해 보고 고민하도록 하였다. 이 과정이 영어 학습에 있어 참 유의미하다고 생각한다.

다음은 수업에 대한 학생들의 후기이다.

★ 최○리: 나 혼자서 공부를 할 때에는 모르는 것이나 궁금한 것에 대해 자세하고 정확하게 알려고 하지 않고 가끔 물어보는 것을 까먹거나 애매하게 알고 그냥 넘어가는 경우가 있었다. 하지만 친구들끼리 모여 같이 지문을 읽고 모르는 것에 대해 같이 의논하며 알아가고 내가 공부한 것을 다른 친구들에게 설명해 주면서 공부한 내용을 복습하게 되면서 기억에 더 남게 되고 누군가에게 알려줘야 한다는 책임감 때문에 몇 번씩 더 공부하게 되었던 것 같다.

★ 임○은: 지진 발생 시 머리를 보호할 수 있는 의자를 주제로 시장 놀이(?)를 진행했다. 나는 포스터 제작과 영어로 제품 판매하기를 담당했다. 포스터 제작을 통해 광고 홍보의 중요성에 대해 알게 되었고 영어로 제품 판매하기를 통해 실생활 영어 회화에 대한 두려움을 떨쳐내고 자신감을 얻을 수 있었다.
음식과 이름의 유래, 전통의상에 대해 스크랩북을 제작했고 gardening contest라는 환경정화 프로젝트를 만들었다. gardening contest를 만들 땐 아이디어와 꾸미기를 담당했는데 모둠원들과 함께 새로운 프로젝트를 준비하는 것이 매우 신나고 재미있었다.

★ 홍○희: 같은 역할끼리 모여서 학습지를 풀고 어려운 부분을 같이 해석하고 생각해보았다. 모르면 조원들에게 알려 줄 수 없어서 부담감을 가지고 열심히 했다. 서로서로 말하기 활동을 하면서

남에게 쉽게 알려줄 수 있는 능력도 배우고 영작 실력도 전보다 많이 향상되었다.

단원 소개 영상 촬영을 했는데 단원의 목표를 영어로 알려 주는 것이었다. 미션 전달자 역할을 맡아서 매끄러운 촬영을 위해 몇 번의 연습을 하고 촬영을 찍는 친구들과 따로 맞춰보았다. 촬영의 구도도 서로 논의하며 정하고 장소도 정하면서 전문적인 촬영 연출인 것 같은 기분이 들었다. 촬영을 진행하면서 영어 대사를 까먹기도 하고 발음이 꼬여 몇 번의 재촬영을 했었지만 서로 격려하고 이해하며 촬영을 이어나갈 수 있었다.

★ 박O혜: 기업의 CEO가 되어 그 기업의 기원과 기업명의 의미를 스스로 설명하는 스크랩북을 제작했다. LG의 CEO가 되어 LG의 의미가 Life is good이 아니라 예전에 있던 기업인 럭키와 금성이 합병되어 하나의 기업을 만들었다는 것을 설명했다. 친구에게 본문을 설명해 주는 활동이 힘들었지만 의미있고 처음에 수업 방식에 적응이 안되었으나 기억에 남는 학습법인 것 같아 영어 공부법을 바꿔 본 계기가 되었다.

★ 권O인: 어떤 방식으로 설명하는 것이 친구들이 이해하기 쉬울지에 대한 방법을 의논하여 그 방식으로 설명했는데 친구들이 이해하는 모습을 보며 뿌듯했다. 직접 칼럼을 쓰고 영작하여 스크랩북을 만들었다. 한글 시를 영어로 번역하거나 십자말 퀴즈 등을 만들었다. 스크랩북 활동의 주제는 모두 본문과 관련되어 있기 때문에 본문 내용에 대해 더 잘 이해하도록 도왔다. 영어 실력 향상에 큰 도움을 주었고 실제로 영어 성적이 향상되었다. 하이브리드 관련 수업을 할 때 꽃신과 운동화의 결합인 신발을 광고하는 활동을 했는데 직접 광고문을 만들고 이 신발을 설명하기 위한 대본을 만드는 활동을 하였고 영어에 대한 흥미가 더욱 커지게 되었다.

★ 임O현: 이름의 유래를 주제로 조원들과 스크랩북을 만들었다. 이름 중에서 개명이라는 주제로 구체화해서 만들기로 결정했다. 어렸을 때 개명을 했다는 친구의 이야기를 들은 경험을 바탕으로 이름과 그 사람의 운명에 대한 상관관계에 대한 칼럼을 영어로 썼는데 진짜 신문처럼 만들기 위해 십자말풀이도 만들었다.

Ask Dr. Culture 단원이 끝나고 보수적인 문화와 개방적인 문화를 주제로 스크랩북을 만들었다. '보수적인 문화의 이슬람 의상에 관한 기사를 번역했다. 영어로 번역하는 것이 쉽지는 않았으나 친구와 선생님의 도움으로 수월하게 할 수 있었다. 또, 문화에 대한 이해를 주제로 칼럼을 썼는데, 영어로 기사를 번역하고 써보는 활동을 통해 영어 작문 실력이 향상되었다는 것을 느낄 수 있었다.

★ 김O연: 광고할 제품을 선정하고 어떻게 효과적으로 홍보할지 회의를 했다. 제품의 장점을 부각시키기 위한 방법을 연구하고, 제품 광고 포스터와 설명 적고 발표했다. 처음에는 제품을 판매하기라는 미션을 받았을 때 당혹스러웠고 과연 이 활동을 하는 것이 도움이 될까 싶었다. 그냥 활동을 시작하기는 했는데 제품을 고르는 것과 홍보하는 방법을 연구하고 나서 하다 보니 괜찮다는 생각이 들었다. 제품의 장점에 대해 생각할 때는 서로 다른 장점을 말했다. 그래서 사람마다 관점과 생각이 달라서 장점을 찾는 문제도 사람에 따라 답이 다르게 나올 수 있구나 생각했다. 발표까지 다 하고 나니 나중에 회사를 차리고 나서 새로운 제품을 만들고 이것을 마케팅할 때 유용하겠다고 생각했다. 옛날 수업보다 이번 수업 활동이 더 재미있었다. 다양한 활동과 발표를 하면서 친구들과 더 좋은 추억을 만들 수 있는 계기가 되었고 이 활동을 하면서 발표 실력이 나아졌다.

4.4 활동에 관한 참고 사항

직소 모형을 바탕으로 진행되는 본문 읽기 활동 시, 전체 지문을 모둠의 학생 수만큼 나눠서 진행하기 때문에 한 차시의 수업 분량은 학생들의 진행 상황에 달려있다. 수준별로 지문의 분량과 해결해야 할 문제의 유형을 다르게 하여 전문가 모둠에서 이루어지는 활동의 속도를 맞추도록 노력하였다. 즉, 가장 수준이 높은 리더의 경우 다른 수준의 모둠보다 빨리 끝날 가능성이 있으므로 좀 더 인지적 부담이 큰 과제를 주었고 수준이 내려갈수록 인지적 부담이 적은 과제로 구성하였다. 전문가 모둠 활동이 끝나고 원 모둠으로 돌아가기 전에 교사는 각 전문가 모둠의 수행 결과를 확인하여 오개념이 발생하지 않도록 유의한다. 원 모둠에서 또래 교수 활동을 할 때, 또래 교수 학생이 자신의 학습지를 친구들에게 보여주고 다른 친구들은 그 학습지를 베껴 쓰는 불상사가 발생하지 않도록 한다. 이를 위해 교사는 사전에 각 모둠을 돌아다니며 설명하는 요령을 알려주고 훈련시킨다. 그리고 훌륭하게 또래 교수의 역할을 수행하고 있는 모둠에게 보상한다.

협동 읽기 수업을 통해 유능감, 내적 동기, 학습 참여 의지가 높아지고 이러한 활동에 적응이 된 학생들은 매 단원이 끝나면 수행되는 과업기반 학습 활동이나 스크랩북 제작 활동에 부담을 느끼지 않고 자연스럽게 참여하게 된다. 활발한 소통을 통해 거리낌 없이 아이디어를 공유하면서 학생들의 창의성이 향상된다. 과업기반 활동과 스크랩북 제작 활동의 소재는 영어 교과서 각 단원에서 다룬 내용을 바탕으로 추출된다. 이러한 활동이 다른 과목의 내용과 융합하여 진행된다면 창의 융합형 수업 모형으로써 영어 학습에 더 유의미한 맥락을 제공할 수 있을 것이라는 기대를 해본다.

참고문헌

한윤영, 김은경. (2020). 기본심리욕구와 학습참여가 대학생의 창의적 인재 역량에 미치는 영향. *학습자중심교과교육연구, 20*(1), 403-422.

Willis, J. (1996). *A framework for task-based learning.* Harlow, UK: Longman.

제5장

평생 독자로의 성장을 돕는 영어 다독

이은미
(금곡고등학교)

> 이은미는 지금은 사라진 강화도 서도면 볼음 분교를 첫 발령지로 대도시의 인문계와 특성화고, 종합고등학교까지 다양한 학교에서 두루 영어를 가르쳤다. 교직 첫 십 년은 영어교사로 전문성을 키우고 싶어 대학원에서 2년간 영어몰입교육을 받았다. 그러나 학급당 25명의 학생들, 영어 교과교실, 교사의 전문성이 더해진 상황에서도 잘 작동하지 않는 영어 수업을 보며, 돌파구를 다독에서 찾아 실천하며 성장했다. 두 번째 십 년은 학교와 사회, 교육정책에 관심이 생겼다. 외국인에게 한국어를 가르치는 글로벌 한국학을 공부하고 있고, 영어교육, 다문화 그리고 교육격차와 학습소외와 관련된 교육정책을 연구하고 실천하는 분야에서 일하는 꿈을 꾸며 매일 조금씩 준비하고 있다.

미국의 국제 리터러시 단체는 아동의 읽기권(rights to read)을 제안하고 있다. 읽기권이란 아동이 다양한 텍스트에 접근하여 읽고 싶은 것을 자유롭게 선택하여 읽을 수 있는 권리를 말한다. 최근 학교 공간 재구조화 사업으로 학교 도서관의 접근성이 높아지고, '한 학기 한 권 읽기', '독서기반 토론·논쟁교육' 등 교육과정 속에서 독서를 권장하는 분위기가 조성되고 있다. 그러나 이러한 외부 조건만으로는 책 읽기가 평범한 학생들의 일상으로 스며들지는 못하고 있다. 특히 유튜브와 영상을 보며 성장한 현재의 학생들은 문자를 기반으로 한 긴 호흡의 책 읽기로부터 점차 멀어지고 있다.

이 글은 디지털 네이티브인 현재의 학생들에게 학교가 제공하는 최소한의 읽기권으로서 영어 수업에서 다독을 제안한다. 독서 능력은 책을 읽는 환경에 자주 노출되고, 책 읽기가 즐거울 때 자연스럽게 키워진다. 독서 능력을 키우는 가장 좋은 방법은 학생들이 매일의 수업에서 책 읽기가 가능하도록 하는 것이다. 학교는 학생 개인의 관심과 취향을 담은 다양한 도서를 준비하고, 교사는 학생이 스스로 책을 읽을 수 있도록 지원해야 한다. 이 글은 학교 다독 수업 5년간의 기록을 근거로 했으며, 일부 경기도의 중·고등학교 사례를 포함하였다. 구체적인 수업모델이나 정형화된 활동을 제시하기보다는 학교 수업에서 관심이 있는 교사라면 누구나 지속가능하게 실천할 수 있는 수업 사례를 담아내고자 하였다.

5.1 다독(extensive reading)의 개념

5.1.1 다독의 개념과 다독 수업의 특징

다독이란 자신의 흥미에 맞는 쉬운 책을 선택해서 자발적으로 읽는 독서 방법이다. 학습자의 선택과 자발성을 강조할 경우는 자발적 다독법이라고도 부른다. 다독의 다양한 특징 중 비중을 두는 측면에 따라 즐거움을 위한 글 읽기(reading for pleasure), 지속적으로 조용히 읽기(sustained silent reading), 자유로운 읽기 시간(free-reading time), 스스로 선택한 읽기(self-selected reading) 등의 이름으로도 불린다(Grabe, 2009). 다독 수업에서는 학생들의 읽기 동기를 자극할 수 있는 다양한 도서의 확보와 학생의 자발성, 그리고 이를 지원할 수 있는 촉진자로서 교사의 역할이 매우 중요하다. 학생의 능숙도와 학습여건, 프로그램 운영자에 따라 다양한 다독 수업이 가능하지만, 전형적인 다독 수업은 다음과 같은 특징을 지닌다(Day & Bamford, 1998).

- 목적: 즐거움, 정보, 전체적인 이해
- 속도와 분량: 빠르게 가능한 많이 읽기
- 글감: 다양한 주제의 다양한 텍스트, 학생의 읽기 수준보다 쉬운 책(i-1)
- 보상: 책 읽기 자체가 유일한 보상, 연습문제는 지양
- 수업: 학생 혼자 지속적으로 조용히 자기 속도에 맞춰 읽기, 사전 사용 자제
- 교사 역할: 프로그램 안내, 방법 설명, 학생 관찰, 책 읽기 모델, 독서공동체의 일원

5.1.2 다독과 정독의 비교

다독은 외국어 학습의 일반적 읽기 형태인 정독(intensive reading)과는 목적, 방법, 학습자 역할 등에서 차이가 있다. 기존의 읽기 수업에서 학생들은 발췌된 짧고 어려운 글을 분석적으로 읽게 되는데, 다독 수업에서는 학습자가 선택한 텍스트를 빠른 속도로 읽게 된다. 읽기의 목적도 어휘와 구문 분석을 통한 정확하고 완전한 이해가 아니라, 정보 습득과 즐거움, 전체적인 이해이다. <표 5-1>을 보면, 다독이 읽기의 목적, 읽기 자료, 활동의 주도성, 속도, 평가 측면에서 정독과 어떻게 다른지 확인할 수 있다.

<표 5-1> 다독과 정독의 비교

	다독	정독
목적	• 읽기 유창성 • 재미와 정보 찾기	• 읽기 정확성 • 어휘, 문법 학습
읽기 자료	• 학생이 선택한 쉬운 글 • 긴 글 • 많은 양의 읽기	• 교사가 선정한 어려운 글감 • 짧은 지문 • 적은 양의 읽기
교수학습 주체	• 학습자 중심	• 교수자 중심
읽기 속도	• 보다 빠르게	• 되도록 천천히
평가	• 요약, 토론, 북토크	• 문법, 어휘 평가 • 세부 정보 파악

5.1.3 영어 다독 수업의 효과

영어 다독 수업은 학생 참여와 동기 부여에 탁월한 효과가 있다. 모두가 정해진 같은 글을 읽을 경우는 학생의 수준과 관심사를 반영할 수 없지만, 다독 수업에서는 학생들이 자신의 수준과 흥미를 고려하여 책을 선택할 수 있기 때문이다. 글을 읽고 이해하려면 모르는 단어 수가 2% 이내이어야 하며, 선생님이나 사전의 도움을 받는 경우라도 5% 이내 수준이어야 한다(Nation, 2009). 실제로 표준화된 교과서로 진행되는 본문 읽기 수업이나 교과서 밖 글 읽기 수업에서 학생들이 모르는 어휘 수를 조사해 보면 왜 많은 학생들이 읽기 수업에서 소외되는지 이해할 수 있다. 학교 수업에서 다독을 일상적으로 실천한다면 교사와 학생, 그리고 영어교육의 측면에서 다음과 같은 장점을 기대할 수 있다.

• 학생들의 수업 참여도가 높아 소외되는 학생을 현저히 줄일 수 있다.
• 학생의 취향, 선호도를 반영할 수 있어 수업이 더 의미 있고, 재미있다.

- 학생의 실질적인 읽기 유창성을 키울 수 있어 입시 및 진학에 도움이 된다.
- 교사는 학생들의 영어 수준뿐만 아니라 취향과 생각 등을 깊게 이해할 수 있다.
- 교사와 학생의 상황과 조건에 따라 다양한 방식으로 수업을 운영할 수 있다.
- 책 읽기를 기반으로 듣기, 말하기, 쓰기 활동으로 수업을 확장할 수 있다.
- 교과서와 학습대상이 바뀌더라도 계속 활용할 수 있는 교사교육과정을 축적할 수 있다.
- 지속적으로 실천하면 교사의 성장과 전문성에 기여할 수 있다.
- 학생 간 협력을 통해 영어교육 격차 문제를 해소할 수 있다.

5.2 다독 수업 준비하기

5.2.1 학습자의 특성 이해하기

수업에 참여한 학생들은 경기도의 인문계와 특성화 고등학교 학생들이다. 대부분의 수업 사례는 특성화고등학교 5년간 수업의 기록을 바탕으로 하였으며, 이 외에 일부 혁신중학교와 일반계 고등학교의 사례를 추가로 제시하였다. 수업의 주요 참여자인 특성화고등학교 학생들은 영어 능력의 편차가 크지는 하지만 평균적으로 전국단위 학업성취도 평가에서 중간 수준의 학업 역량을 지닌 학생들이다. 전공 실기와 중학교 내신 성적이 절반씩 평가되는 입학시험을 통과한 학생들로 전공과 학업 역량을 모두 갖춘 학생도 있지만, 우수한 전공 능력에 비해 상대적으로 영어 학습에서 어려움을 겪는 학생들도 상당수 존재한다. 조기유학과 영어 사교육으로 영어 읽기와 글쓰기가 자유로운 학생부터 파닉스 정도를 겨우 아는 학생까지 영어 격차가 매우 큰 편이다.

한 학년은 4개의 특성화 학과로 이루어져 있으며, 전공별로 매우 다양한 특성을 보인다. A학과는 인문계고등학교 학생들과 관심 분야, 학업 수준, 진로 희망 등에서 가장 유사하다. B학과 학생들은 인터넷과 IT분야에 대한 전문성이 높고, 게임을 하는 것과 제작하는 것을 즐기는 이과적 감수성을 지닌 남학생들이 대다수를 차지한다. C학과 학생들은 작업의 특성상 개인 작업을 선호하고 자기표현이 분명하며 좋아하는 분야에 대한 몰입도가 높다. D학과 학생들은 협업하는 작업에 익숙하고 다른 학과에 비해 우수한 영어 능력을 갖춘 학생들이 많으며, 우리말 독서 경험이 풍부하고, 다양한 문화에 대한 소양과 관심이 높은 편이다.

5.2.2 영어 도서 준비하기

다독에서 활용되는 영어 도서는 아동문학, 수준별 리더스, 챕터북, 청소년 소설 등으로 구분한다. 다독 프로그램 운영을 위해 내용을 중심으로 주제별로 분류하거나 장르별로 나누기도 한다. 학생 수준과 난이도가 도서 선택의 중요한 기준이기는 하지만, 읽기 경험이 쌓이게 되면 학생들은 쉬운 책부터 다소 어려운 책까지 수준을 넘나들며 읽기도 한다. 학생들의 영어 독서 경험과 영어 읽기 능숙도를 고려하여 학교의 상황에 맞게 다양한 수준과 장르의 도서를 준비하면 좋다.

▰ 영어 독서 초보자

영어를 어려워하거나 영어책을 접할 기회가 적었던 학생들에게는 아동문학을 활용하기도 한다. 아동문학은 글이 많지 않고, 그림이 매력적이어서 처음 시작하는 학생들이 쉽게 접근할 수 있다. 내용 측면에서도 인생의 통찰과 삶의 가치를 담고 있어 학생들이 다른 책에 비해 관심이 많고, 몰입도도 높은 편이다. 초급 수준의 학생이라면 교사나 영어 수준이 조금 더 나은 친구와 함께 읽을 수도 있고, 영어책을 많이 읽어 본 친구가 읽어주기를 하면 좋다. 특히 그림책은 읽어주기 위해 만들어진 책이므로 음성언어를 들으며 그림과 연결 지으면 혼자 읽을 때보다 더 깊이 있게 책을 이해할 수 있다.

▰ 책 읽기 경험이 있거나 중급 수준의 학습자

기본적인 교과서 읽기가 가능하고 학교 수업을 충분히 소화하는 학생들은 다독 수업의 최대 수혜자들이다. 이 학생들은 기본적인 영어 도서에 대한 정보만 알려주고 다양한 도서만 확보되면 지속적으로 혼자 읽기가 가능하다. 학생이 다양한 장르와 관심 분야를 찾아 자유롭게 읽을 수 있도록 다양한 도서를 확보하는 것이 중요하다. 영어 교과서의 주제와 장르와 관련된 교육과정 연계 독서나 등급별 도서 읽기가 유용하다.

▰ 고급 수준 학습자를 위한 도서

이 단계의 학생들은 이미 초등학교부터 영어 독서를 시작한 학생들이다. 그렇지만 자발성보다는 외부 프로그램으로 영어책을 접하고 영어 능력 향상을 위한 독후 활동을 많이 한 경우 오히려 다독 수업에 대한 기대와 관심이 적은 학생들이 의외로 많다. 다양한 학습자 그룹이 한 공간에 있다는 점은 다독 수업에서는 큰 도움이 된다. 영어 독서 경험이 풍부한 학생들은 읽기의 멘토나 파트너로서 초급이나 중급 수준 학생의 책 선택을 돕고 책의 도입부를 함께 읽어줄 수 있다. 함께 읽는 과정에서 수업에 기여할 수 있고, 자신도 읽어주는 과정에서 몰랐던 부분을 찾아내기도 한다. 특히 도서를 구매할 때 이 학생들의 의견을 적극적으로 경청하면 좋은 도서 목록을 확보할 수도 있다. 학습자 수준을 고려하여 다독에서 활용되는 도서의 종류를 정리하면 <표 5-2>와 같다.

<표 5-2> 영어 다독 활용 도서

도서 구분	다독 수업에서의 활용
그림책	• 유명한 작가의 글과 그림작가의 흥미로운 그림이 결합된 책. 글의 양이 많지는 않지만, 원어민용으로 제작되어 어휘, 문법, 문장 길이의 제한이 없는 편임 • [수업활용] 초보 학습자 읽기, 가치·감성 교육, 창의성 교육, 토론 교육
수준별 리더스	• 등급별 도서(graded readers 혹은 leveled readers)라고 불리는 책으로 외국어 학습자를 위해 어휘 수, 문장 길이, 문법을 난이도에 따라 단계별로 구성한 교육용 도서 • [수업활용] 수준별로 선택 가능, 학습을 위한 어휘 지원, 인물소개도, 읽기 전 활동, 이해도 확인 문제 수록, 읽기 속도 및 학생 읽기 수준 파악에 도움
챕터북	• 글 위주로 된 짧은 영어 소설책으로 보통 5~8개의 챕터로 구성. 십대에게 흥미를 주는 모험, 판타지, 추리, 과학, 성장 등의 주제를 다루고 있음 • [수업활용] 영어 독서 경험이 있는 학생에게 적합, 이야기 구조 익히기
청소년 소설	• 고전이나 뉴베리 수상작 등으로 글의 양이 많고 문학성이 뛰어나며 사고력과 높은 수준의 읽기 능력이 필요함 • [수업활용] 고급 수준 학습자 스스로 혼자 읽기, 토론 교육, 가치·감성 교육
논픽션 도서	• 역사, 과학, 사회, 인물, 예술 등의 다양한 주제를 담은 영어 도서로 단계별 시리즈로 구성됨 • [수업활용] 교과서 주제와 연계한 확장 읽기, 교과서 수업 후 추가 읽기 자료로 활용

5.2.3 다독 수업의 과정

1) **다독 수업의 일반적 절차**

다독이 교실 수업에서 어떤 과정으로 진행되며, 전체 교육과정 속에서 어떻게 운영되는지 사례를 통해 살펴보고자 한다. 다독을 수업에서 실천하기 위해서는 과정이 단순하고 쉬워야 한다. 일반적으로 다독 수업은 <그림 5-1>과 같이 책 선택, 수업 중 읽기, 북토크의 순서로 진행된다. 운영 교사와 학습자 수준, 독서 환경 등에 따라서 특정 단계가 더욱 강조되기도 한다.

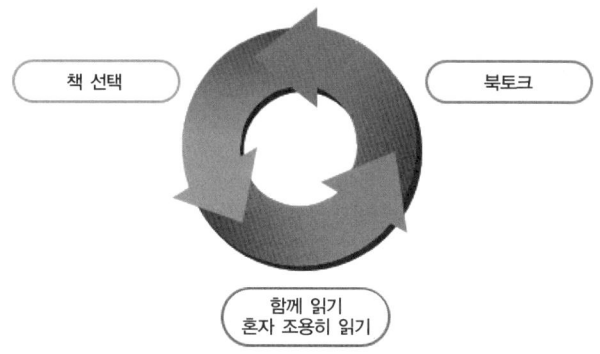

◢ 1단계 : 책 선택

다독 수업을 시작할 때는 영어책 선택에 대한 안내가 필요하고, 학생들에게 우리 학교에 어떤 영어 도서가 있는지 충분히 탐색할 수 있는 시간을 주어야 한다. 1년간의 프로그램을 운영하는 경우라면 처음 2~3주 정도는 여유를 가지고 책을 둘러보고 선택할 수 있는 시간을 주는 것이 바람직하다.

책 선택의 기준은 학생의 영어 수준과 흥미이다. 일반적으로 유창성 향상을 목적으로 하는 다독 수업에서는 학생의 현재 수준보다 쉬운 책(i-1)을 선택해서 빠르게 읽는 방법을 권장한다. 학생이 우리말로 이미 읽어 보았거나 관심 있는 분야 책이라면 조금 어렵더라도 도전해서 읽을 수 있다. 그러나 지나치게 어려운 책을 선택한 경우는 실제 학생의 유창성이 전혀 나아지지 않는 결과를 보이고, 읽기에 흥미를 잃을 수 있으므로 주의해야 한다.

◢ 2단계 : 함께 또는 혼자 읽기

함께 읽을 것인가 혼자 읽을 것인가를 결정하는 기준은 학생이 선택한 책의 수준에 달려있다. 자신의 수준에 맞는 책이라면 몰입하여 속도를 높여가면서 읽는 것이 좋다. 다소 어려운 책을 선택했을 경우는 책의 첫 페이지나 도입부를 조금 잘 읽는 친구가 도와주게 되면 배경, 인물 등을 이해하게 되어 이후에는 혼자 충분히 읽을 수 있다.

학생의 영어 수준이나 독서 능력이 우수하더라고 학생들의 성격에 따라서 함께 읽는 것을 좋아하는 경우가 있다. 책을 읽는 다른 학생들에게 방해가 되지 않고, 혼자 책을 읽는 시간과 함께 읽는 시간의 균형을 맞출 수 있다면 서로 보완하며 협력한다는 측면에서 함께 읽기는 의미가 있다. 특히 학교는 우수한 영어 읽기 능력을 갖춘 학생들과 겨우 알파벳과 기초 파닉스만을 익힌 학생들이 한 공간에서 배운다. 다독 수업의 좋은 점은 이러한 학생들이 서로 협력하여 배워나갈 수 있다는 점이다.

◤ 3단계 : 책에 대한 이야기, 북토크

북토크는 그날 읽은 책에 대한 생각을 우리말이나 영어로 가볍게 나누는 형태로 진행할 수 있다. 다독 수업 도입 초반에는 수업 막바지 짧은 북토크가 매우 중요한 역할을 한다. 북토크를 통해 발표하는 학생은 독서 활동에 대해 책임감을 가지고 기여할 수 있고, 듣는 학생은 다음 읽을 책을 정하는 데 중요한 정보를 얻을 수 있다. 특히 친구들이 추천한 책은 또래의 관심 분야를 반영하기 때문에 교사 추천 도서보다 인기가 높다. 한 학기의 독서를 정리하는 수행평가로서 긴 호흡을 가지고 북토크를 진행할 수도 있다. 이때는 원고 작성, 피드백, 프레젠테이션 준비, 발표의 과정에서 교사의 지도가 필요하다. 특히 북토크를 완결하기 위해 각 단계를 소화하는 과정이 영어 읽기와 글쓰기를 연습하는 과정이 될 수 있다.

2) 학교별 다독 수업 사례

◤ 영어독서시스템 도입: 학교 도서관 활용 모델

학교와 지역사회가 영어교육에 대한 관심이 많고 예산이 충분히 뒷받침되는 경우라면 영어독서시스템을 도입해 볼 수 있다. 이러한 독서시스템은 학생의 수준 진단, 도서 공급, 독후 활동을 지원해 준다. 학교 도서관에서 도서를 대출하면 수업 이외의 시간에도 학생이 주도적으로 독서 및 독후 활동에 참여할 수 있는 장점이 있다. 영어교사의 입장에서도 도서 구입 및 독서 환경 정비 과정의 복잡한 수고를 덜고 다독 수업 운영과 책 읽는 학생의 성취에 더욱 신경 쓸 수 있으니 도움이 된다.

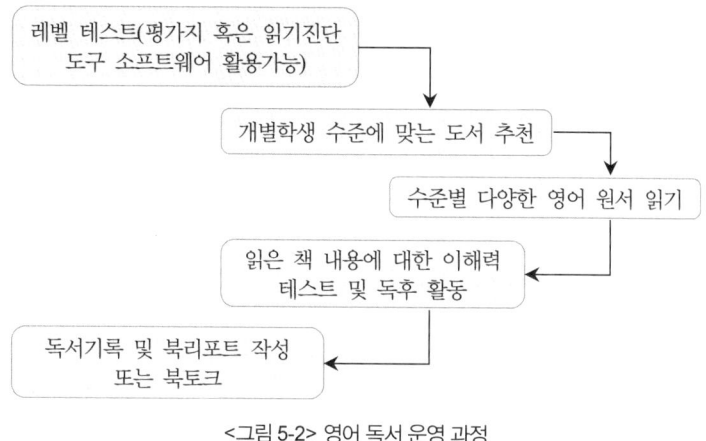

<그림 5-2> 영어 독서 운영 과정

영어독서프로그램은 <그림 5-2>와 같이 소프트웨어를 활용하여 학생의 읽기 수준을 진단하고 수준에 맞는 책을 추천해 준다. 초급 수준 학습자의 경우는 단어가 적은 그림책이 전자책의 형태로 제시되며, 책을 읽고 나면 이해도를 측정하는 문제를 풀도록 구성되어 있다. 학생들이 추천 도서를 모두 읽고 퀴즈를 해결하면 다음 단계로 이행할 수 있다. 고급 수준 학습자의 경우는 청소년 도서 목록이 제시되고, 책을 읽은 후 읽기 이해도를 측정하는 문제를 풀게 된다. 독후 활동으로 단어 연습, 문장 단위 쓰기, 요약하기, 북리포트 작성의 글쓰기가 가능하다. 이후에 북리포트에 대한 원어민 첨삭 지도와 책에 대한 대화 나누기가 포함되는 경우도 있다.

그러나 이러한 독서시스템이 교사의 업무를 덜어줄 수는 있지만, 학교 독서교육에 대한 관점이 없이 독서시스템만 도입할 경우는 결과가 기대에 미치지 못할 수도 있다. 학교 교육과정이나 수업 중 책 읽기와 연결되지 않고, 영어독서시스템에만 의존하게 되면, 성실하고 우수한 소수의 학생만 책 읽기에 관심을 가지고 참여하게 된다. 더욱이 수업과의 접점을 찾지 못하면 독서는 시즌별 행사로만 존재하고, 평가시스템은 수행평가 반영을 위해 점수를 부여하는 도구로 전락할 수 있으니 주의해야 한다.

▰ 읽기 유창성 향상에 목적을 둔 다독

다독 수업은 읽기 유창성을 높이는 데 매우 유용하다. 특히 학교 교육과정을 성실히 수행하는 중간권 학생들의 경우에는 등급별 도서를 활용하여 한 학기 정도의 다독 수업을 진행할 수 있다. 쉬운 책을 중단 없이 읽어나가는 과정을 한 학기 정도 지속하면 학생들의 읽기 속도가 향상되는 것을 확인할 수 있다. 등급별 도서는 어휘 수와 문장 길이가 통제되고 수준에 따라서 다양한 삽화 등이 포함되어 있어, 동화 읽기로 시작한 학생들이 쉽게 2단계 수준까지 읽어나갈 수 있다. 출판사별로 다양한 시리즈가 기획되어 있고, 특히 최근에 개정된 도서에는 어휘 지원, 인물 소개도, 읽기 전 활동, 프로젝트 활동 등이 좀 더 다양하게 제시되어 있다. <그림 5-3>은 각각 등급별 도서의 어휘 사용 범위와 구글 북스의 도서 미리보기에서 확인할 수 있는 도서의 도입부이다.

<그림 5-3> 등급별 도서의 예시 (출처: Penguin Readers Level 1: *A Christmas Carol*)

■ 교육과정 재구성과 가치·감성 교육을 위한 다독

가치와 감성 교육, 인성 교육, 다문화 교육, 비판 교육 등의 관점에서 영어 다독 수업을 운영할 수도 있다. 학교의 비전과 철학을 세우고 이를 학교 교육과정에 녹여내고자 하는 학교의 사례들이다. 2월에 학교 전체의 비전을 정하고, 이를 학년별, 교과별 교육과정 재구성을 통해 교사별 교육과정으로 실천한 사례이다. 자존감 향상, 가족, 친구 관계 등 개인적인 주제에서 환경과 세계시민 교육 등의 사회적인 주제로 범위를 확장하며 영어책 읽기를 기반으로 영어과 교육과정을 재구성하였다. <표 5-3>과 <표 5-4>는 각각 경기도의 A중학교와 H고등학교가 실천했던 영어과 교육과정 재구성 사례를 요약 정리한 것이다.

<표 5-3> 교육과정 재구성 사례 1 (출처: A중학교 교육과정 계획)

시기	텍스트	중심개념		배움활동	평가 계획
3~4월	• 읽기: A Chair for My Mother • 문법: 활동지 • 어휘: 학생제작 Pictionary	인간과 더불어 살기	배려와 나눔 (가족관계)	• 읽은 동화책을 자신의 말로 표현하기(5문장 이상) • Interview & Poster • 편지쓰기	• 북토크 20점 • 독서록 10점 • 쓰기 10점 • 듣기 10점 *수행평가 총 50점
5~7월	• 읽기: 선택동화 1-2권 • 문법: 활동지 • 어휘: 학생제작 Pictionary		차이와 차별 (친구관계, 사회적 약자)	• 영어 동화 모둠별/개인별 읽기 • 책소개 광고물 만들기	
8~9월	• 읽기: The Gardner	자연과 더불어 살기	식물 기르기	• 영어 동화 모둠별/개인별 읽기	
10월	• 환경 관련 동화		환경 위기 동화 이해	• 환경 캠페인 유기농 장터	
11월	• 동물관련 동화		멸종위기종 이해	• 책 읽기 • 기사 쓰기	
12월	• 개별독서		세계와 사람들	• 세계여행 기획하기	

<표 5-4> 교육과정 재구성 사례2 (출처: H고등학교 교육과정 계획)

시기	주제	기본작품	다독 학습 활동	추가 읽기 도서 목록
3월	재미있는 영어 독서	The Mixed up Fairy Tales	• 이런 영어책도 있어요!! • 내가 찾은 재미있는 영어책 소개하기	The Alphabet City, The Foggy Foggy Forest, Animalia, The Frog Prince Continued, The Paper Bag Princess, The Jolly Postman
4월	소중한 나	Carrot Seed	• 나에게 중요한 가치 찾기 Show & Tell(2분 말하기) • 책 주인공의 가치 말하기	The Adventure of the Dish and the Spoon, The Elephant Man, Name Jar, The Man Who Walked Between the Towers
5월	가족과 학교 공동체	Black Out	• before-after 장면 보고 예측하기 • 2분 북토크	Piggy Book, My Mom is Trying to Ruin My Life, A Chair for My Mother, Fly Away Home, I Hate School, Miss Nelson is Missing, The Hundred Dresses
6월	세계시민 문화다양성	If the World were a Village: A Book about the World's People	• 책 활용 T/F 사전 질문 • 내가 새롭게 알게 된 것	Stellaluna, Elmer, Grandfather's Journey, Throw Your Tooth on the Roof

5.2.4 다독 수업 학습 활동

다독 수업에서는 학생들이 책을 선택해서 읽고 독서 경험을 공유하는 과정 전체가 학습 활동이 될 수 있다. 학생이 책을 잘 선택하여 독서를 지속하고, 자신의 독서 경험을 친구, 선생님, 학급과 공유할 수 있으면 그것이 좋은 학습 활동이 된다. 영어 독서에 대한 지식과 읽기 전략을 학생의 읽기 수준을 고려하여 알려주는 것은 좋지만, 과도한 설명이나 복잡한 독후 활동은 피하는 것이 좋다. 읽기 수업에서 보편적으로 적용되는 읽기 전, 중, 후 활동 중 다독 수업에서 활용할 수 있는 활동을 소개하고자 한다.

1) 읽기 전 활동

다독 수업은 스스로 책을 선택하는 것에서 시작된다. 이 단계에서는 학생의 도서 선택을 돕고 책을 읽고 싶도록 동기를 부여하고 유지하는 활동, 책이 다루는 내용과 관련된 배경 지식을 활성화하는 활동 등을 제시할 수 있다. 읽기 동기 부여를 위해 책 관련 동영상 자료나 책의 일부 내용을 제시하여 예측하는 활동이나 책의 내용과 관련된 개인의 경험을 이야기할 수도 있다. 또한 주요 어휘에 대해 의미를 연결하고 분류하는 등의 언어지원 활동도 가능하다. 특히 다독을 처음 시작하는 학기 초에 학생들이 공통 책을 읽는 경우나 교과서 주제와 연계하여 확장된 읽기를 하는 경우에는 평소 영어 수업에서 빈번하게 사용하는 <표 5-5>의 학습 활동을 활용할 수 있다.

<표 5-5> 다독 수업에서의 읽기 전 활동 유형

단계	활동 목적	활동 및 과제
읽기 전	동기유발	시각자료 제시, 이야기 예측하기, 경험과 연결하기, 제목과 책 장면 연결하기
	배경 지식 활성화	주제 마인드 맵 완성하기
	언어 지원	어휘활동(연결하기, 분류하기, 공통 어휘 찾기), 텍스트 구조 익히기

<그림 5-4>는 이러한 읽기 전 활동의 예시로 각각 책의 주제에 대한 브레인스토밍 활동과 어휘 분류하기 활동이다.

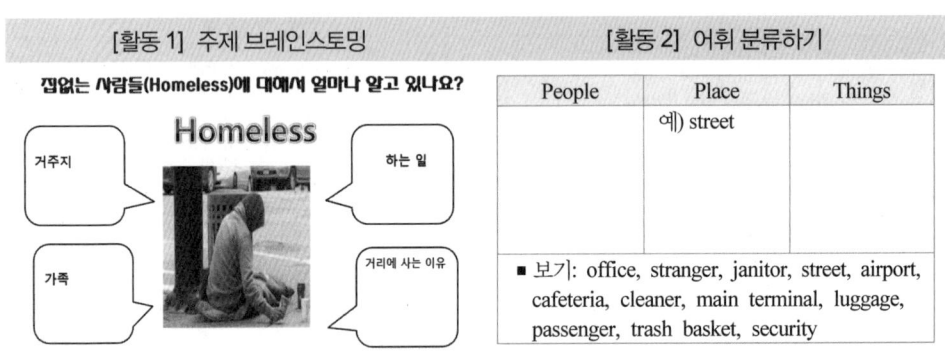

<그림 5-4> 읽기 전 활동

2) 읽기 중 활동

다독은 스스로 몰입하여 혼자 읽는 활동이 중심이 되지만, 모국어 독서 경험이 없거나 영어 학습에서 읽기에 어려움을 겪는 학생들에게는 읽기 지원이 필요하다. 학생의 수준을 고려한 쉬운 책을 2~3권 추천해 주고, 혼자 읽지 못하는 경우는 책의 첫 한두 페이지를 함께 읽어줄 수 있다. 영어책을 많이 읽어 보았거나 함께 읽는 친구들보다 영어 수준이 높은 학생을 리딩버디(reading buddy)로 정해 함께 읽는 것도 좋다. 특히 등급별 도서를 선택한 경우에는 책의 도입부를 함께 읽어주어 등장인물과 이야기의 배경을 이해하게 되면 다소 어려움을 느끼는 학생들도 이후에는 혼자 읽기가 가능하다. 아래 <표 5-6>은 다독 수업에서 자주 사용되는 읽기 방법이다.

<표 5-6> 다양한 읽기 중 활동

읽기 방법	다독 수업에서의 활용
소리 내어 읽기	학습자가 책을 읽되, 스스로 큰소리로 따라 읽는 것으로 초기 학습자들에게 효과가 있고 내용 이해에 도움이 된다. 상급학교로 갈수록 영어 말하기 기회가 줄어들고 문자언어에만 익숙해지는 경우가 많으므로 발음, 유창성을 연습하는 방법이다.
소리 내어 읽어주기	교사 또는 책을 좀 더 잘 읽는 학생이 책을 큰 소리로 읽어주는 활동이다. 교실에서는 빅북이나 파워포인트로 책의 장면을 보여주며 전체 학생을 대상으로 읽어줄 수 있다. 영어책 읽기가 익숙하지 않거나 몰입이 어려운 학생에게 쉬운 동화책을 읽어 주거나 등급별 도서나 챕터북의 도입부를 읽어줄 수 있다.
동료와 읽기	친구들끼리 또는 상급학생이 하급학생에게 책을 읽어준다. 학생들이 서로 협력할 수 있고 좀 더 유창하게 읽을 수가 있다. 혼자 읽으면서 발견하지 못한 내용이나 책에 대한 이해도의 차이를 확인하며 읽을 수 있다.
스스로 혼자 읽기	외부의 도움 없이 스스로 책을 읽도록 하는 방법으로 학생 스스로 책을 고를 수 있는 능력이 생기고 진정한 독서 경험을 맛볼 수 있다. 중위권 수준 이상의 학생들이나 혼자 공부하는 것을 즐기는 학생들에게 잘 맞는 방법이다.
그림자 읽기	영어 도서의 CD나 원어민이 읽어주는 내용을 들으며 그림자처럼 따라 읽는 방법이다. 청취력을 향상시키고 자연스럽고 유창하게 말할 수 있는 능력을 키우는 데 도움이 된다.
스토리텔링	글을 보여주지 않고, 음성언어로 이야기를 전달하는 방식으로 다독 수업에서는 교사가 책을 추천할 때 활용할 수 있다. 학생이 자신이 읽은 책을 친구들에게 짧게 광고하거나 독후 활동으로 북토크를 진행할 때 유용하다.

제시한 읽기 활동 이외에도 특정 주제의 도서를 집중적으로 읽는 좁혀 읽기(narrow reading)와 같은 책을 여러 번 읽는 반복 읽기(repeated reading)도 다독 수업에서 시도해 볼 수 있다. 좁혀 읽기는 학생이 관심 있는 분야에 대해 기간을 정하여 집중적으로 읽는 방식을 말하며, 특정 분야의 지식과 어휘를 단기간에 습득할 수 있는 효과적인 방법이다. 반복 읽기는 이미 읽은 도서의 전체 또는 일부를 다시 읽는 것으로 좋아하는 책을

반복해서 읽는 것은 자연스러운 독서의 과정이다. 특히 반복 읽기는 처음 독서에서 발견하지 못한 어휘나 표현, 내용 등에 새롭게 주목해 볼 수도 있고, 읽기 횟수가 거듭될수록 읽기 속도가 점차 빨라져 읽기 유창성 향상에도 도움이 된다.

3) 읽기 후 활동

영어 독서 초보 학생들에게는 간단한 독서기록 양식을 제공하거나 손쉬운 활동을 제시하는 것이 좋다. 읽기 초기 단계에는 독후 활동에 많은 시간과 에너지를 쏟기보다는 책 읽기 자체에 집중하도록 돕는 것이 중요하기 때문이다. 이 그룹 학생들의 독서기록은 성실히 책 읽기가 지속되고 있는지, 현재 어떤 책을 주로 읽고 읽는지를 파악하는 자료로서 의미를 지닌다. 특히 학생들의 독서록이나 독후 활동에 대해 교사가 항상 관심을 가지고 있다는 작은 피드백이 있어야 한다.

자기주도성이 높고 스스로 몰입해서 읽을 수 있는 학생들은 다양한 선택지를 주고 자신의 취향에 맞게 책에 대한 감상을 자유롭게 작성하게 하면 좋다. 지나치게 복잡한 독후 활동 양식보다는 선택지를 주는 것이 바람직하다. 영어 요약문이나 감상평 쓰기, 자신의 경험과 연결하기 등을 할 수 있고, 가능하면 영어의 비중을 높여가며 글을 쓰도록 격려하는 것이 좋다. 특히 상급학교로 갈수록 학생들이 말하기나 글을 쓸 기회가 적으므로 꾸준히 말하기와 쓰기 활동을 유도하는 것이 바람직하다.

▰ 독서기록 작성하기 [활동지 5-1]

읽은 책의 서지정보와 독서기록 양식을 배부하고, 영어책을 읽은 뒤 기록하도록 한다. 독서기록은 영어책 서가의 한편에 두고 활용할 수도 있고, 자기관리가 가능한 경우라면 학생들이 스스로 가지고 다닐 수도 있다. 독서기록 양식은 학교마다 매우 다양하다. 학교 전체 차원에서 영어독서기록장을 만들어주는 경우, 수업교사가 필요한 양식을 선별해서 소책자 형태로 복사해서 배부하는 경우, 노트를 마련하여 자유롭게 구성하는 경우, 읽은 책의 특성에 맞춰 일정한 양식을 수시로 주는 경우 등 학교의 조건과 상황에 맞게 준비하면 된다. [활동지 5-1]은 한국애니메이션 고등학교에서 활용한 독서기록장으로 학생들이 각자의 개성에 맞게 겉표지를 꾸미고, 자신의 독서 이력을 꾸준히 기록하도록 하였다.

[독서기록 1] 독서기록장 첫 페이지

Reading Record

Book Title	Publisher (reading level)	Start Day~ Finish Day	Reading Time(min.)	Pages	Level (Holiday, Just right Challenge)	Ratings

[독서기록 2] 추가 배부 양식

Reading Diary

1. Title of the book:
2. Author:
3. Number of pages:
4. Level of difficulty for you: Easy   Average   Difficult

	읽은 페이지/ 챕터	책 속 한 문장	나의 생각/ 의견	읽은 시간(분)
1				
2				

[활동지 5-1] 독서기록장 예시

5.3 수업의 실제

5.3.1 다독 수업 입문하기

영어로 책을 읽는 것이 즐거운 경험이 되려면 세계의 독자들에 의해 검증된 영어 동화를 활용할 수 있다. 특히 다독 수업 초기에 입문 활동으로 영미문화권의 매력적인 동화책을 선정하여 수업 시간에 2~3권을 부담 없이 친구와 함께 읽고 의견을 나누는 활동을 진행한다. 자신에게 의미 있는 책 한 권(homerun book)을 스스로 읽고 나면 이후에 독서가 더욱 원활하게 진행된다. 다독 수업은 학습자의 주도성이 매우 중요한 수업이므로 제시되는 학습 활동을 모두 진행하기보다는 수업의 과정에서 한두 개 정도를 선택해서 활용하면 된다.

1) 수업 자료: 동화책

학생들의 삶의 경험과 연결된 동화나 이미 검증된 동화책을 다양하게 준비하여 첫 한 달 동안 자유롭게 읽도록 돕는다. 글자 없는 그림책부터 비교적 글의 양이 많은 책까지 다양한 주제와 난이도의 동화를 준비한다. 학생의 도서 선택을 돕기 위해 색깔이 다른 작은 스티커를 준비하여 상/중/하 수준으로 책 표지에 표시해 주거나 이전에 읽은 선배나 친구의 한 줄 감상평을 책 표지에 메모 형태로 붙여줄 수도 있다.

2) 수업 개요

교육과정 성취기준	[12영Ⅰ04-02] 친숙한 일반적 주제에 관하여 간단하게 요약할 수 있다. [12영Ⅰ04-03] 친숙한 일반적인 주제에 관하여 자신의 의견이나 감정을 쓸 수 있다.	
단계	활동 내용	자료
읽기 전	도서선택하기	그림 5-5
	표지/ 장면 보고 내용 예측하기	활동지 5-2, 활동지 5-3
	배경 지식 활성화하기	
읽기 중	혼자 읽기	
	리딩 버디와 읽기	
	소리내어 읽기	
읽기 후	독서 이력 기록하기	그림 5-6
	자유로운 쓰기 활동	
	기타 활동	

3) 수업의 세부 내용

[읽기 전 활동]

■ Five Finger Test로 도서 선택하기

영어 동화는 원어민 아동을 위한 책으로 어휘 통제를 하지 않아서 우리나라 학생들에게 생소한 어휘와 복잡한 구문이 있을 수 있다. 학생들이 읽을 수 있는 책인지 확인하는 방법으로 <그림 5-5>의 테스트를 활용하여 동화책을 선택할 수도 있다.

Five Finger Test

- Step 1. 읽고자 하는 책의 한 페이지를 펼친다.
- Step 2. 가능하면 큰 소리로 읽는다.
- Step 3. 모르는 단어가 나오면 손가락을 하나씩을 편다.

  1 finger : This book is okay for you.
  2 fingers : Still good.
  3 fingers : A bit hard for you to understand.
  4 fingers : Too difficult to read and understand.
  5 fingers : Choose another book.

<그림 5-5> Five Finger Test

▰ 배경 지식 활성화하기

*Silly Billy*에 등장하는 걱정 인형 이야기는 이미 국내 보험회사의 광고에 등장하여 학생들에게 익숙한 소재이다. *The Man Who Walked Between the Towers*는 영화로 국내에 소개된 바 있고, 실제 인물의 뉴스 보도를 찾아볼 수도 있다. 영어 다독 활동 전 짧은 영상 소개를 통해 책에 대한 배경 지식을 활성화하고 읽기 동기를 높여줄 수 있다.

▰ 표지나 주요 장면 보고 내용 예측하기 [활동지 5-2] [활동지 5-3]

책의 표지나 책 속에서 인상적인 장면을 제시하여 전체 이야기를 예측해 볼 수 있다. 자신이 예상하는 이야기와 친구들의 이야기를 비교해 보면 실제 이야기에 대한 흥미와 읽기 동기를 높여줄 수 있다. 학습자 수준과 과제의 몰입도, 책에 대한 관심 정도에 따라 제시되는 그림의 개수를 가감할 수도 있고, 그림 대신 책 속 문장이나 단어로 제시할 수도 있다. 영어를 어려워하는 학생들을 위해서는 첫 문장을 예시로 제시한다거나 우리말 또는 영어로 표현하기 등 선택지를 부여해 줄 수 있다.

이 모든 이야기는 한 남자의 계획에서 시작됩니다. 이 사람이 하는 일은? 무슨 생각을 할까요?
말풍선을 채워 보세요!!!

There were two towers side by side.

A young man saw them rise into the sky.

He looked at the space between the towers.

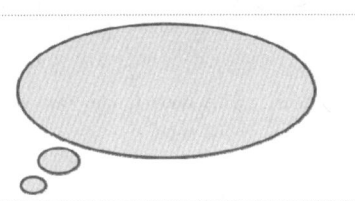

[활동지 5-2] 이야기의 발단 예측하기

Predict Your Own Story

Big Ugly Monster	Birds flew away. Grass turned brown. Flowers died.	There was no one. The monster had an idea.	Stone animas The monster was happy.

[활동지 5-3] 전체 이야기 예측하기

읽기 중 활동

　읽기에 대한 배경 지식을 활성화하고 동기를 유발했다면 이제 본격적으로 읽기를 시작할 수 있다. 영어 동화는 읽어주기 위해 만들어진 책이므로 혼자 읽기보다는 리딩 버디와 함께 서로 읽어주거나, 영어책 읽기 경험이 없는 학생들은 한 권 정도를 전체적으로 읽어주면 좋다. 동화책 읽어주기의 좋은 점은 혼자 읽을 때 발견하지 못했던 그림의 다양한 숨겨진 정보를 찾아내는 재미가 있다는 것이다. 특히 대표적인 그림책 작가인 앤서니 브라운의 책은 많은 상징요소를 그림책 곳곳에 숨겨두고 있어 학생들이 영어 독서에 흥미를 가지는 데 도움이 될 수 있는 동화책이다.

읽기 후 활동

　동화 읽기를 시작으로 영어책 읽기에 동기를 유발하는 학기 초에는 복잡한 독후 활동보다는 간단하고 쉬운 활동을 중심으로 다양하게 학생들의 책 읽기에 대한 감상을 기록하도록 돕는다. 학생들은 이미 한글 독서를 통해 초등학교부터 다양한 독서기록장을 작성해 본 경험이 있으므로 자신이 편안한 방식으로 기록을 남기도록 한다. 다독은 많은 양의 독서를 권장하므로 처음에는 읽는 활동에 더 많은 시간을 할애하고 읽기 후 활동은 <그림 5-6>에 제시된 바와 같이 간단한 독서 이력을 적는 정도로 한다.

■ 독서 이력 기록하기

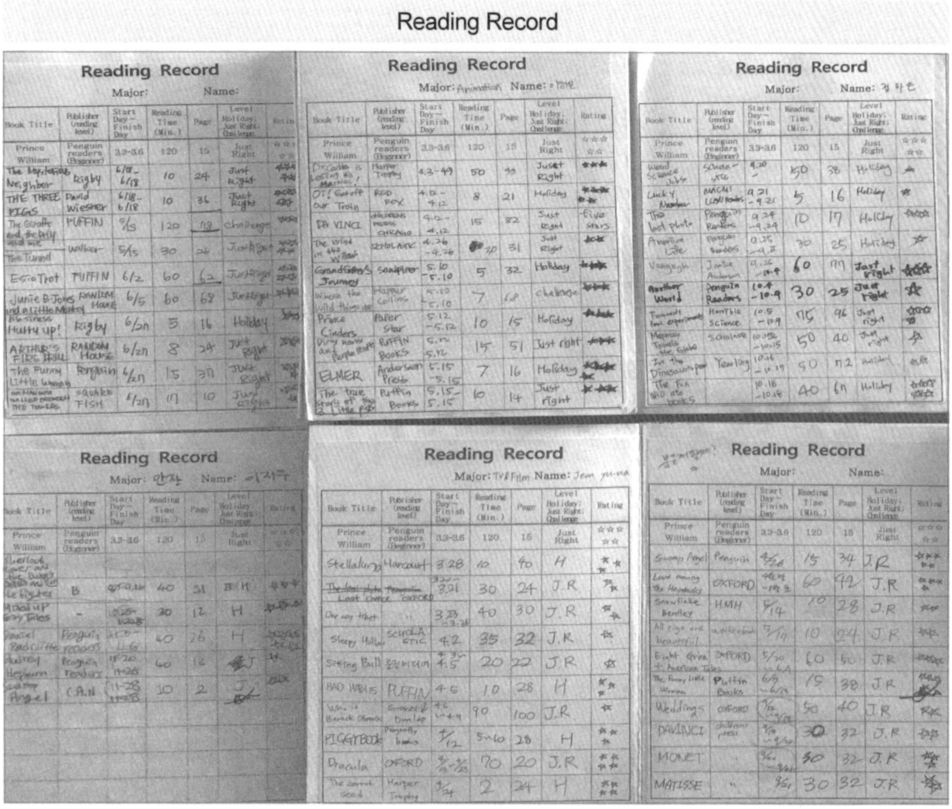

<그림 5-6> 학생 독서 기록

4) 평가

교육과정 재구성을 통해 학기 단위나 일 년의 계획으로 다독 수업을 진행한다면, 평가 계획이 수립되고 수업에서 과정평가가 진행되어야 한다. 다독 수업에서의 평가 영역과 성취기준 및 성취 수준, 수행평가와 지필 평가의 구체적인 예를 제시하고자 한다.

■ 1학기 독서영역 평가 예시

학기	평가 영역	배점 및 반영비율	평가 방법	평가 내용	평가 시기 및 횟수
1학기	독서일기	15점	서술형/ 포트폴리오	개인 독서일기에 기록된 독서의 양, 지속성, 요약문, 감상평 등에 대한 질적평가	3~6월/ 수시
	표현 (북토크)	15점	논술형/ 프레젠테이션	자신이 좋아하는 영어책에 대한 서지정보, 줄거리, 감상평 및 의견이 반영된 원고를 작성한 후 발표	5~6월/ 수시
	계	30점			

■ 다독 관련 성취기준 및 성취 수준

다독 주제	성취기준	상	중	하	평가
영어책 선택하기	1.3-1 다양한 방식으로 자신의 수준에 적합한 도서를 선택할 수 있다.	다양한 도서를 직접 읽어 보고 WPM, five finger test, 읽기 이해도를 바탕으로 자신에게 적합한 도서를 직접 선택할 수 있다.	교사가 추천하는 몇 가지 도서를 제시된 방식을 참조하여 읽고, 자신에게 적합한 도서를 선택할 수 있다.	쉬운 영어 동화와 level 1 도서를 스스로 읽거나 도움을 받아 읽고, 적합한 도서의 종류를 찾을 수 있다.	수행: 영어 일기
책표지, 서문, 목차 읽고 내용 예측하기	1.3-2 표지, 서문, 목차 등을 읽고 책의 주요 내용을 예측할 수 있다.	다양한 난이도 도서의 서지정보를 읽고, 책의 내용을 예측하여 작성할 수 있다.	level 1, 2 수준의 영어 도서에서 관련 서지정보를 읽고, 대략적으로 내용을 예측할 수 있다.	교사가 제시하는 도서의 관련 정보를 읽고, 제목과 내용을 연결할 수 있다.	지필: 서술형
[중간 생략]					
감상평 작성하기	4.3-3 한 학기 동안 읽은 영어 도서 중 가장 마음에 드는 책을 선택하여 감상평을 작성할 수 있다.	제목, 서지정보, 줄거리, 자신의 생각이 포함되는 세 단락의 감상평을 제시된 형식에 맞게 세 단락 이상 작성할 수 있다.	제목, 서지정보, 줄거리, 자신의 생각이 포함되는 감상평을 세 단락 이상 작성할 수 있다.	제목, 서지정보, 줄거리, 자신의 생각이 포함되는 감상평을 한 단락 이상 작성할 수 있다.	수행: 북토크
책이야기: 북토크	4.4-1 작성한 감상평을 바탕으로 좋아하는 책을 소개하는 내용을 발표할 수 있다.	서지정보, 줄거리, 자신의 의견이 포함된 원고 내용을 자연스런 발화, 유창한 발음 및 억양, 바른 태도와 속도로 효과적으로 전달할 수 있다.	서지정보, 줄거리, 자신의 의견이 포함된 원고 내용을 대부분 암기하여 이해 가능한 발화, 발음 및 억양을 살려 전달할 수 있다.	서지정보, 줄거리, 자신의 의견이 포함된 원고 내용을 원고를 참조하여 전달할 수 있다.	수행: 북토크

1차 지필 평가

다독 수업 내용은 주로 수행평가를 통해 평가에 반영되며, 수업 중 공통적으로 다룬 내용은 지필 평가에도 일부 반영된다. 1차 지필 평가에서는 수업 중에 공통으로 읽었던 책에 대한 소개 글을 제시하고 내용 일치·불일치 문제를 출제해 볼 수 있다. 서술형 평가 문항으로 3, 4월의 독서 경험을 묻는 질문을 <그림 5-7>과 같이 구성하였다. 해당 문항은 5, 6월에 진행되는 북토크 활동의 기초단계이기도 하다. 독서 관련 내용을 지필 평가에 출제했던 이유는 영어 능숙도와 상관없이 수업에 성실히 참여한 학생이 성과를 얻는 구조를 보여주고 싶었고, 책 읽기 수업이 진지한 배움의 과정임을 알려주고 싶었기 때문이다. 서술형 문항에 대한 학생 의견을 통해 교사의 의도를 학생들이 충분히 이해하고 있음을 확인할 수 있었다. 특히 고등학교까지 한 번도 서술형 문항을 해결한 적이 없었는데 이 문제가 최초라는 의견부터 중학교 때 읽은 도서를 기록하여 점수를 받지 못하는 사례까지 다양한 양상을 보여주었다.

1차 지필 평가

[서술형2] *The Carrot Seed*의 북토크 형식을 참고하여 3, 4월에 자신이 읽은 영어 도서에 대한 감상을 **우리말로** 작성하시오. [10.0점]

THE CARROT SEED
Story by Ruth Krauss
Pictures by Crockett Johnson

The Carrot Seed by Ruth Krauss is a very simple book that teaches hard work and patience.
The little boy in the story plants a carrot seed. His family tells him, it won't come up. The boy continues to pull the weeds and water the soil regardless of his nay-saying family. At the end, a large carrot came out from the ground.
The book's 101 words tell a powerful story of faith and determination. You can enjoy the simple words and illustrations. In fact, the brightest color in the entire book is the carrot itself! The story is charming and simple and promotes confidence in our youth.

조건	• 도서명, 저자, 책의 특징 등 도서정보를 포함할 것 • 간략한 줄거리 및 등장 인물 소개를 포함할 것 • 자신의 생각, 느낌, 의견 등이 표현되어야 함 • 개인 독서일기에 관련 기록이 있는 도서에 한함
정답	• 도서의 제목, 저자, 특징, 수상여부 등 서지정보 중 하나가 명확히 드러날 것 • 인물소개와 대략적인 줄거리가 포함될 것 • 자신의 주관적인 느낌이나 의견 등이 나타날 것 • 선생님에게 제출한 개인 독서록에 기록된 도서여야 함
채점기준	• 서지관련 정보 작성(3점) • 인물 소개 및 줄거리(3점) • 책에 대한 자신의 생각 및 주장(4점)

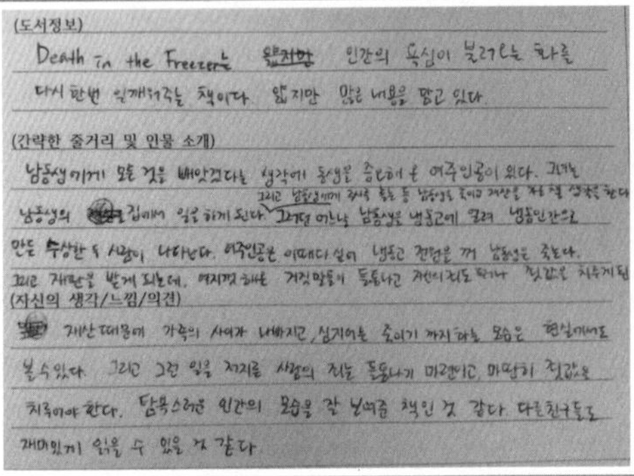

■ 평가문항에 대한 학생 의견

흥미롭고 반갑다.
어렵지만 재미있다.
창의적이고 신선하다.
계속 이런 문제가 나오면 좋겠다.
생각하지 못해서 당황스럽고 어려웠다.
수업 태도를 확인할 수 있어서 좋은 것 같다.
평소 도서관 수업과 관련성이 깊다.

<그림 5-7> 서술형 평가 문항 및 학생 응답

독서영역 수행평가

1차 지필 평가 이후 느슨해진 1~2주간을 이번 학기에 소개할 책 한 권을 결정하는 시간으로 활용한다. 이 시기에 전체 북토크의 일정과 제출원고의 형식을 알려 주고, 이전 학년도 학생들의 원고를 예시자료로 보여주면 학생들의 글쓰기에 도움이 된다. 우리말 원고와 영어 원고의 수정 과정을 거쳐 최종 원고는 발표 시기에 맞춰 제출한다. 학생들 중에서 영어 글쓰기가 편안한 학생의 경우는 전체 개요를 작성한 후 바로 영어 원고를 작성할 수도 있다. 최종 원고에는 <그림 5-8>과 같이 책에 대한 서지정보, 도입부, 줄거리나 주요 인물 소개, 자신의 의견이 포함된다. 작성 후기로 원고 작성 과정에서 새롭게 알게 된 영어 표현을 정리하고, 수행평가 과정에서 느낀 점을 추가하면 학교생활기록부에 학생의 정의적 특성을 작성하는 데 유용한 정보가 되기도 한다.

수행평가: 표현(북토크)	
이번 학기 자신이 읽은 영어책 중 가장 마음에 드는 책을 선택하여 제시양식에 맞게 영어 원고를 작성한 후 발표할 것	
1차 원고	우리말로 작성(5월 마지막 주 제출) ⇨ 선생님 피드백 ⇨ 우리말 원고 완성
2차 원고	영어로 작성
최종 원고	선생님 피드백 후 최종 수정. 말하기 수행평가 시 제출

<그림 5-8> 북토크 영어 원고 작성

북토크 파워포인트 작성 및 발표

완성된 원고를 바탕으로 학생들은 간단한 발표 자료를 준비한다. 발표 자료는 3~5페이지 수준에서 친구들의 이해를 도울 수 있는 핵심적인 내용만 담도록 한다. 수업 시간과 학생들의 역량이 충분하다면 모든 학생이 <그림 5-9>와 같이 파워포인트를 작성하여 발표한다. 여건과 상황을 고려하여 북토크 원고만 작성하고, 우수한 원고를 작성한 학생들에게 기회를 주어 2차 지필 평가 이후 영어 수업에서 발표하게 할 수도 있다. 북토크는 발표 학생에게는 한 학기의 독서 경험을 정리한다는 측면에서 의미가 있고, 발표를 듣는 학급 공동체에게는 다음 학기에 어떤 책을 읽어야 할 것인가의 지침이 되기도 한다. <그림 5-10>에서 북토크 발표에 대한 평가 기준과 원고작성에 대한 학생의 반응을 확인할 수 있다. 특히 영어로 원고를 처음 작성해 보는 1학기에는 영어 능숙도가 높지 않은 학생들의 어려움이 크다. 칭찬, 격려 등 정서적인 피드백과 함께, 번역 도구나 구글 활용 등 작성 단계별로 방법을 구체적으로 안내해 주어야 한다.

<그림 5-9> 북토크 발표 슬라이드

대영역	Writing & Presentation	중영역	· 일화 과정 비교·대조 글 읽기/쓰기 · 역사, 지리, 문화 관련 글 읽기/쓰기 · 인물에 관한 글 읽기/쓰기	내용 요소	· 좋아하는 영어책에 대한 감상평 작성하기(요약하기, 연대표 작성하기, 진위(T/F) 구분 문장 만들기, 가고 싶은 여행지에 관한 글쓰기를 바탕으로 좋아하는 영어책에 대한 북토크)
성취기준	4.3-3 한 학기동안 읽은 영어도서 중 가장 마음에 드는 책을 선택하여 감상평을 작성할 수 있다. 4.4-1 작성한 감상평을 바탕으로 좋아하는 책을 소개하는 내용을 발표할 수 있다.				
수행형태	원고 포트폴리오/ 프레젠테이션				

성취수준	평가 요소	평가내용	평가 척도	반영 점수
상: 제목과 서지정보, 줄거리, 자신의 생각이 포함되는 세 단락의감상평을 주제문+뒷받침문장, 일반진술+세부진술의 형식에 맞게 작성할 수 있으며, 원고를 바탕으로 자연스런 발화, 유창한 발음 및 억양, 바른 태도와 속도로 효과적으로 전달할 수 있다. 중: 제목, 서지정보, 줄거리, 자신의 생각이 포함되는 감상평을 세 단락 이상 작성할 수 있으며, 원고 내용을 대부분 암기하여 이해 가능한 발화, 발음 및 억양을 살려 전달할 수 있다. 하: 제목, 서지정보, 줄거리, 자신의 생각이 포함되는 감상평을 작성할 수 있으며, 작성한 원고를 참조하면서 정보와 생각을 전달할 수 있다.	내용	•도서의 서지정보가 포함되어 있는가? •읽은 내용에 대한 요약이 적절한가? •각 단락의 주제문(Topic sentence)과 세부내용(Supporting sentence)이 긴밀한가? •자신의 주장과 생각이 잘 나타나 있는가?	모든 요소 매우 우수한 과제 수행	15점
			모든 요소 우수한 과제 수행	12점
	형식	•원고는 정해진 형식과 분량을 지키고 있는가? •초안, 1차원고, 최종원고를 모두 제출하였는가? •문장과 단락의 기본 형식이 갖추어져 있는가?	모든 요소 보통 수준의 과제 수행	9점
	동기 및 태도	•초안에서 최종원고로 갈수록 원고내용, 이야기 구성에 진전이 있는가? •어휘, 표현 등을 다양화하려는 노력이 있는가? •과제를 완성하기 위한 다각적인 노력이 있는가?	모든 요소 미흡한 과제 수행	6점
	전달방식 및 상호작용	•원고 내용을 충분히 숙지하고 있는가? •정보전달이 원활히 이루어지는가? •의사소통을 이어가려고 노력하는가? •발화는 문장수준으로 이어지는가?	과정 미수행	3점

■ 원고작성에 대한 학생 의견

< 긍정적 반응 >
흥미로웠다.
재미있는 경험이었다.
힘들지만 좋은 경험
귀찮지만 뿌듯하다.
이렇게 길게 해 본 영작은 처음이다.
책상에 앉아서 죽은 듯이 외우는 영어가 아니라 신선했다.
쉽지 않지만 실력이 향상된다는 것을 느꼈다.

< 부정적 반응 >
도움이 되었지만 수행평가 점수는 잘 못 받았다.
참 힘들다.
수치심을 준다.
커다란 짐이었다.
삶의 역경.

<그림 5-10> 북토크 평가 기준 및 학생 반응

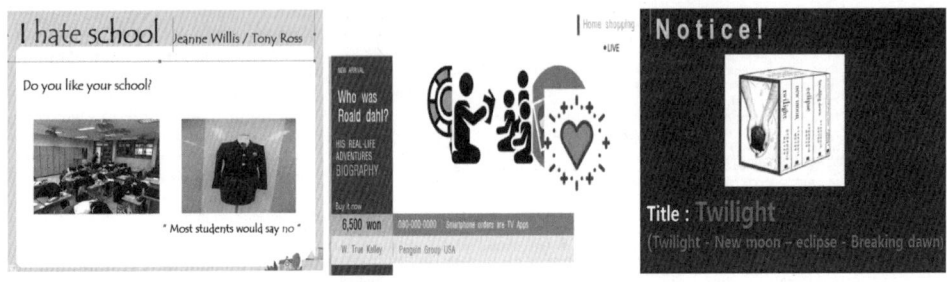

■ 2차 지필 평가 문항

학생들이 원고를 수정하고 완성해 가는 과정에서 빈번하게 나타나는 문법을 고쳐 쓰는 문항을 출제하였다. <그림 5-11>은 지필 평가 서술형 출제 문항으로 이전 학년도의 학생이 수행평가로 작성한 원고를 참고하여 문항을 구성하였다. 평가 문항에 대한 학생들의 의견은 다음과 같다.

<그림 5-11> 서술형 평가 문항 및 학생 반응

5.3.2 다독 관심 영역 확장하기

1) 수업 자료

쉬운 동화 읽기로 영어책 읽기에 대한 두려움이 사라지고 자신이 스스로 책을 선택해서 읽는 단계가 되었다면 이제는 수업의 안과 밖에서 지속적인 읽기를 진행한다. 일년의 과정으로 다독 수업을 구성할 경우 1학기 다독 수업은 영어책과 친해지기, 자신의 영어 독서 취향 찾기에 집중하고, 2학기는 교과서 내용과 연계한 주제별 텍스트 읽기를 통한 유창성 향상에 초점을 두어 진행한다. 또한 텍스트의 선택도 교과서 주제를 기반으로 한 도서에서 인터넷 텍스트까지 확장하여 다독 수업을 진행할 수 있다.

2) 수업의 개요

교육과정 성취기준	[12영 I 04-02] 친숙한 일반적 주제에 관하여 간단하게 요약할 수 있다. [12영 I 04-03] 친숙한 일반적인 주제에 관하여 자신의 의견이나 감정을 쓸 수 있다.	
단계	활동 내용	자료
읽기 전	텍스트 문법 익히기	그림 5-12
읽기 중	자기주도적 읽기	
	리딩 버디와 읽기	
	교사의 도움 받아 읽기	
읽기 후	독서이력 작성하기	그림 5-13
	자유롭게 요약하기	그림 5-14
	어휘 정리하기	그림 5-15

3) 수업의 세부내용

[읽기 전 활동]

◪ 텍스트 문법 익히기

학생들이 다양한 장르의 도서를 읽게 되므로 글감의 특성에 맞는 다양한 그래픽 조직자를 제시하여 읽기 이해도를 높여줄 수 있다. 이야기 글, 비교-대조 글, 인과 관계의 글, 절차-과정과 관련된 글, 시간상의 구성에 관한 글 등 다양한 텍스트의 특성을 <그림 5-12>와 같은 이미지로 제시하여 글을 거시적으로 이해하고 읽을 수 있도록 지원한다.

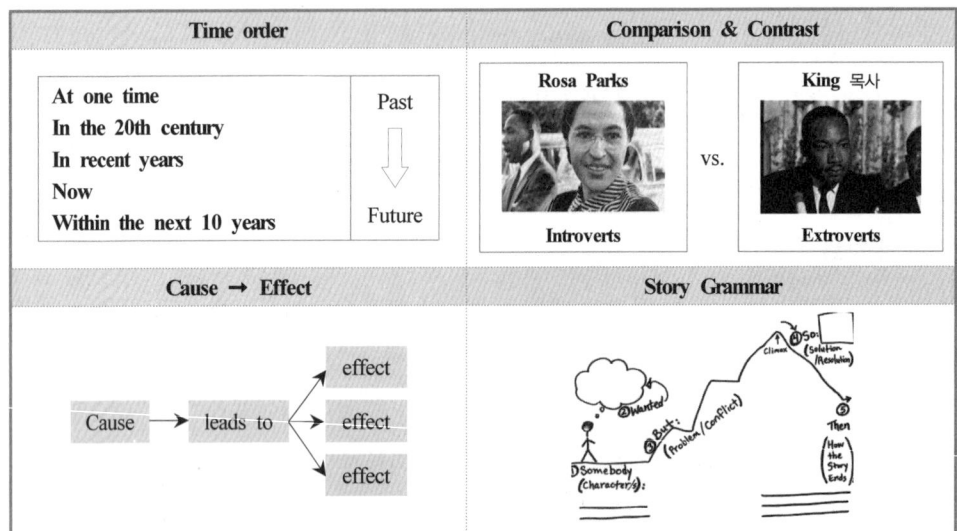

<그림 5-12> 텍스트 문법 익히기

> 읽기 중 활동

◢ 자기주도적 읽기

영어 수업 시간에 자신의 수준과 취향에 맞는 책을 선택하여 도서실에서 자기주도적으로 읽어나갈 수 있다. 도서의 범위가 도서관의 모든 영어 도서이므로, 읽다가 어렵거나 흥미가 생기지 않으면 다른 책으로 교체하는 것도 가능하다. 또한 학생이 자신의 수준에 맞는 책을 선택할 수 있도록 교사가 미리 난이도에 따라 라벨 표시를 해두는 것도 좋다. 독서 프로그램이 지속되는 경우라면 선배들이 전년도에 작성했던 책갈피나 단어정리, 북토크 원고를 책이나 벽면에 게시해 주는 것도 좋은 방법이다. 특히 자신이 잘 알고 있는 선배의 추천 글은 학생들에게 매우 강력한 추천의 메시지가 된다.

◢ 리딩버디나 교사의 도움 받아 읽기

다독 수업을 진행하다 보면 보통 세 그룹의 학생을 만날 수 있다. 이들은 각각 이미 오랜 기간의 영어 독서로 우수한 읽기 능력을 갖춘 학생, 약간의 지원이 있으면 충분히 혼자 읽을 수 있는 학생, 혼자 책 읽기가 어려워 몰입하지 못하는 학생들이다. 리딩버디는 혼자 책 읽기가 어려운 친구를 도와주는 책 읽기 파트너로 책 읽기 경험이 많고 영어 읽기 능력이 우수한 학생이 지원한다. 하지만 영어 읽기 능력이 보통 수준인 학생들 중에서도 함께 읽는 활동을 즐기고 기여하고자 하는 마음이 있다면 리딩버디로 활동할 수 있다. 학생 간 현격한 영어 격차는 흔히 수업에서 걸림돌로 여겨지지만 다독 수업에서는 오히려 학생들을 리딩버디로 잘 연결해 주면 서로 좋은 영향력을 주고받을 수 있다.

♛ TIP ♛

리딩버디 만들기

1) 영어 독서 경험이 풍부하면서 수업에 기여하고자 하는 학생을 사전에 파악한다. (자발성을 우선으로 하되, 모집이 힘든 학급의 경우는 학교생활기록부와 같은 외적 동기를 활용할 수도 있다.)
2) 수업에서 이 학생들의 존재를 자연스럽게 언급하고 도움을 받도록 유도한다.
3) 수업 과정에서 자연스럽게 리딩버디가 형성되는 학급은 학생들의 의견을 존중한다.
4) 리딩버디 연결이 자연스럽게 일어나지 않는 경우는 도움이 필요한 학생의 희망을 조사하여 연결한다.
5) 영어 읽기가 매우 취약하거나 선생님과 함께 하기를 희망할 경우는 교사가 리딩버디가 될 수도 있다.

> 읽기 후 활동

다독 수업 도입의 첫 학기나 처음 1년은 학생들이 꾸준히 많은 책을 읽는 것에 집중하는 것이 바람직하다. 그러므로 읽기 후 활동은 <그림 5-13>과 같이 읽은 책에 대한 제목과 읽은 분량을 작성하는 정도로 하고, 개별 도서에 대한 자세한 기록은 주 1회 정도로 제한한다. 가능한 영어로 작성하는 것을 권장하되, 영어로 작성하는 것을 힘들어하는 학생의 경우는 몇 가지 간단한 독서기록 양식을 배부하여 원하는 형식으로 작성하도록 돕는다. 매 수업 시간에 영어 도서 읽기와 교과서 수업을 병행하는 경우라면 절반 정도를 독서에 할애하여 20분 정도 영어책을 읽고, 5분 정도 기록하는 시간을 주면 적절하다. 처음에는 시간이 매우 부족하다고 느끼지만, 학생들의 습관이 형성되면 20분에 상당한 분량을 읽을 수 있다. 특히 역사, 지리, 자연현상, 과학 등의 논픽션 도서는 목차를 보고 필요한 부분만 선택해서 읽을 수 있어서 하루 20분 독서에 매우 적합하다. <그림 5-14>와 <그림 5-15>는 도서 요약 활동 및 어휘 정리 활동의 예이다.

▰ 독서 기록

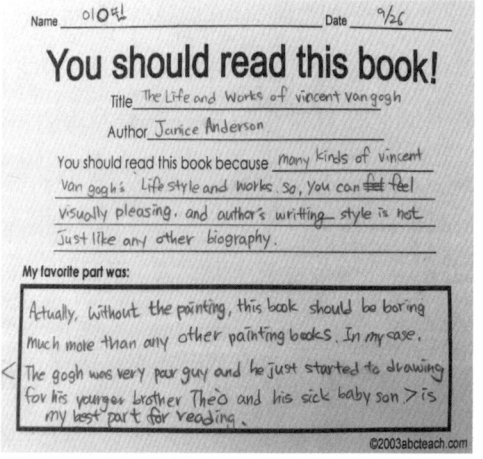

<그림 5-13> 독서 이력 작성하기

Fire Fighters: Then and Now   *Fishers: Then and Now*   *Gross Body Facts*

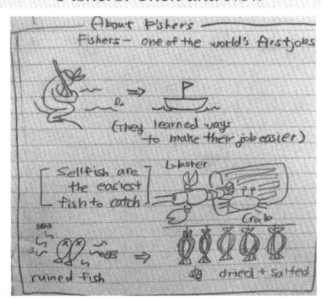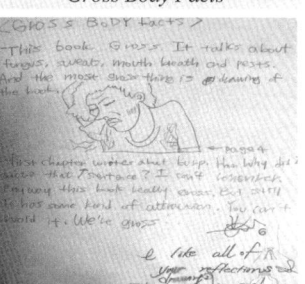

<그림 5-14> 논픽션 도서 자유롭게 요약하기

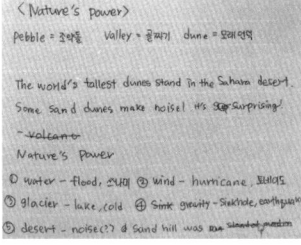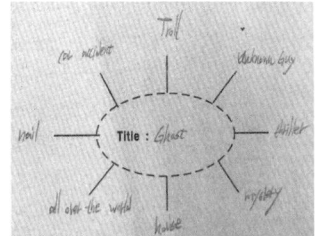

<그림 5-15> 읽기 후 어휘정리 활동

📘 책 이야기 나누기

독서기록 작성 외에 20분 독서 진행 후 간단히 오늘 읽은 책에서 인상 깊었거나 새롭게 알게 된 사실을 공유할 수도 있다. 다음과 같은 질문을 미리 안내하고 희망자를 중심으로 원하는 주제를 선택해 1분 내외로 자신의 생각을 말하는 시간을 갖는다. 영어로 말하거나 우리말로 말하도록 하고, 발표 학생은 메모해 두었다가 학교생활기록부의 과목별 세부능력 및 특기사항에 관련 내용을 작성해 줄 수 있다.

- 읽은 책과 관련된 자기 경험 표현하기
- 책에서 인상 깊은 한 문장 찾고 그 이유 표현하기
- 책을 읽고 의미 있는 질문을 하나 만들고, 왜 그 질문이 자신에게 중요한지 설명하기
- 책의 저자가 하려는 말을 한 문장으로 정리하기
- 책과 관련된 세상의 일(뉴스 기사, 예술 작품, 다른 책)을 연결하여 말하기
- 우리 반에서 이 책과 가장 어울리는 사람을 찾아 그 이유 말하기
- 책에서 자신의 생각과 다른 점을 찾아 말하기
- 책에서 사회 문제를 개선하는 데 도움이 되는 내용을 찾아 설명하기

◼ **그 외 활동**

도서의 장르마다 읽기 후 활동이 다양하게 구성될 수 있다. 예를 들어, 자연과학 도서를 읽은 후에는 자신이 새롭게 알게 된 점을 기록하게 할 수 있다. 사회 문제를 다룬 도서를 읽은 경우에는 관련 주제로 광고 만들기, 포스터 제작, 카드 뉴스 만들기 등을 시도할 수 있다. 이야기 글을 읽은 경우 이야기 지도 그리기, 만화로 나타내기, 말 주머니에 대화 채우기, 책 만들기, 이야기 결말 바꿔 쓰기 등을 시도해 볼 수 있다. 가치와 감성에 관한 책을 읽었다면, 자신의 생각과 느낌, 의견, 관찰, 의문 등에 대해 기록을 하거나 감동을 주는 책 속 표현을 적고 자신의 의견을 기록해 둘 수 있다. 영어책 읽기를 기반으로 시도할 수 있는 독후 활동은 매우 다양한데 다독 수업에서의 독후 활동의 원칙은 책 읽기 동기를 훼손하지 않으면서 가능한 많은 책을 읽을 수 있는 시간을 확보해 주는 것이다.

4) 평가

◼ **2학기 독서영역 평가 예시**

학기	평가 영역	배점 및 반영비율	평가 방법	평가 내용	평가 시기 및 횟수
2학기	독서일기	15점	서술형/ 포트폴리오	개인 독서일기에 기록된 독서의 양, 지속성, 요약문, 감상평 등에 대한 질적평가	9~11월/ 수시
	주제탐구	15점	논술형/ 프레젠테이션	교과서 관련 관심 분야 주제에 대해 영어 도서와 인터넷 자료 등을 참고하여 사실정보와 주장이 반영된 원고를 작성하여 발표함	10~11월/ 수시
	계	30점			

5.3.3 영어독서마라톤과 공감토크: 수업을 넘어 일상으로

1) 운영 목적

수업 시간 20분의 책 읽기로 독서의 지속성과 효과를 얻는 것은 충분하지 않다. 특히 읽기 습관이 형성되지 않은 학생들이 스스로 책을 선택하고 다양하게 읽기까지는 많은 책을 접하고 읽는 경험이 쌓여야 한다. 영어독서마라톤은 수업 시간 이외의 자발적 읽기 동기를 유지하기 위해 학교 수준에서 운영할 수 있다. 학교의 학기 일정과 학생들의 학습 주기 등을 고려하여 정기 고사를 중심으로 분기별로 운영하면 좋다. 한 학기 프로그램을 운영할 경우 시간이 경과하면서 탈락하는 학생들이 발생할 수 있으므로 1차 지필 평가를 기점으로 시즌 1, 시즌 2 등의 주기를 정해주면 학생들이 지치지 않으면서 자신의 상황에 맞게 시즌 1, 시즌 2를 선택해서 참여할 수 있다.

2) 운영 방법

영어독서마라톤은 학생들이 스스로 책을 읽을 수 있는 습관을 형성하도록 지원하는 학교 프로그램이다. 아침 조회 전, 점심시간, 방과 후 자투리 시간을 활용하여 희망자를 중심으로 진행하며, 참가 학생들은 매일 꾸준히 도서실을 방문하여 자발적 책 읽기에

<그림 5-16> 독서마라톤 안내문

참여한 후 사서 선생님이나 영어 선생님에게 스탬프 확인을 받고, 독서일기에 읽은 책에 대해 기록을 남긴다.

3) 평가

영어독서마라톤의 평가는 학생의 독서일기, 수업 시간 이외 영어 독서 참여, 영어 도서 대출 현황 등의 자료를 바탕으로 교사가 질적으로 평가한다. 학교 일정을 고려하여 2개월 정도 단기과정으로 운영하며, 일정 수준에 도달한 학생은 완주자로 학교생활기록부에 관련 기록을 작성해 준다. 이때 완주 요건을 만족시키지 못한 학생의 경우도 활동에 참가를 기록해 준다. 영어독서마라톤의 의미는 지속성과 일반 학생들의 접근성에 있다. 일회성의 행사가 아니라 두 달에서 길게는 한 학기의 긴 호흡으로 영어 독서를 지속해야 하는 활동이며, 영어가 유창하지 않은 평범한 학생들도 참여하여 자신의 영어 역량을 성장시킬 수 있다. 보통 영어 교과 행사는 영어를 잘하는 학생들만의 행사로 여겨지는 경우가 많은데 현재의 영어 실력과 상관없이 누구나의 열린 참여가 가능하다는 측면에서 의미가 있다. 아래의 <표 5-7>은 영어독서마라톤 참가자의 평가 결과와 학교생활기록부 기록의 예이다.

<표 5-7> 영어독서마라톤의 평가 및 기록

학번	이름	참석율	엽서/북토크	독서기록	개별 기록시 참조사항
20110	김○○	80% 이상	○	10	[완주] 영어독서마라톤(2018.06.07.-2018.07.13./16회)에 참가하여 독서 활동의 지속성, 몰입도, 기여도에서 모두 우수한 평가를 받아 완주자로 선정됨. 아침 시간을 활용하여 영어 동화와 논픽션 도서를 꾸준히 읽고 감상평을 성실히 작성하였으며, 책 속에서 인상 깊은 장면이나 문장을 엽서에 담아 친구들과 공유함. 북토크 활동에 참여하여 책이 다루고 있는 다양한 주제에 관해 자신의 생각과 느낌을 조리있게 발표함.
20706	김○○	50% 미만	○	미제출	[참가] 영어독서마라톤(2018.06.07.-2018.06.22.)에 참가하여 짧은 영어 동화와 논픽션 도서를 읽고 독후 활동에 참여함.
20803	김○○	8회 참여	○	미제출	
20805	김○○	80% 이상	○	10	[완주] 영어독서마라톤(2018.06.07.-2018.07.13./16회)에 참가하여 독서 활동의 지속성, 몰입도, 기여도에서 모두 우수한 평가를 받아 완주자로 선정됨. 점심시간을 활용하여 다양한 영어 동화를 꾸준히 읽고 자신의 생각과 느낌을 성실히 작성하였으며, 책 속에서 인상 깊은 장면이나 문장을 엽서에 담아 참가자들과 공유함.

4) 학교 단위 북토크 활동: 공감토크

수업 중 읽기와 교실 밖 영어독서마라톤 독서 경험을 바탕으로 학교 단위 행사를 기획할 수 있다. 자신이 수업 중에 작성한 1학기의 북토크 원고나 2학기의 주제탐구 원고를 발전시켜 희망자를 중심으로 전교생과 나누는 행사를 기획하였다. 학생들은 수업에서 배운 글쓰기 과정과 피드백을 바탕으로 학습 결과물을 정리하여 별도의 사전 준비 없이 참여할 수 있다. <그림 5-17>은 한국애니메이션 고등학교의 2학기 주제탐구 발표에 대한 참가자 소개 영상으로 수업의 결과물을 학교 행사와 연결한 사례이다. 초월 고등학교의 북콘서트는 학교 단위 활동인 영어독서마라톤의 마무리 행사로 북콘서트를 연계하여 <그림 5-18>과 같이 운영하였다.

<그림 5-17> 주제탐구 발표 로고 및 발표자 소개 영상

Chowol *Book* Concert
July 17, 2018 in the School Library
Stories with GREAT presenters!

Presenter		Stories			Hosted by 김○관
1	양○현 (1-8)]	Simon vs. The Homo Sapiens Agenda			'Love Yourself' sung by 조○인 & 한○용
2	안○은 (1-2)	I Hate School	10	이○혁 (2-2)	Chocolate Fever
3	한○서 (1-6)	The Frog Prince Continued	11	김○진 (2-1)	Who was Roald Dahl
4	이○희 (1-6)	Twilight	12	정○원 (2-4)	Jane Eyre
5	김○서 (1-3)	Who was Helen Keller	13	유○이 (1-2)	Tara Duncan
6	신○은 (1-3)	Voices in the Park	14	최○빈 (1-7)	The Ugly Duckling
7	정○연 (1-2)	The Shape Game	15	장○정 (1-2)	Who was Walt Disney
8	이○희 (1-4)	Wimpy Kid-Do it Yourself	16	양○선 (2-7)	The Railway Series, The Three Railway Engines
9	이○규 (1-9)	The Three Little Wolves and the Big Bad Pig			

<그림 5-18> 초월고등학교 영어 북콘서트

5.3.4 다독 활동 후기

수업 중 영어책 읽기를 수업에서 지속하기 위해서는 개인의 실천이 집단의 경험으로 공유될 수 있어야 한다. 학교에서 독서교육을 실천했던 현장 교사들의 의견, 영어독서를 실천한 학교 밖 독서 교육 전문가의 인터뷰, 독서를 실천했던 실천가들의 담론을 바탕으로 수업 중 책 읽기에서 반드시 고려해야 할 내용을 정리하였다.

1) 영어 다독: 해야 할 것

☞ **쉽고 재미있는 책을 많이 확보해야 한다.**

★ 이번 학기에 영어책 읽기에 성실히 참여한 가장 큰 이유는 재미있고 좋은 영어책이 많았기 때문이다. (학생 A)
★ 영어 독서를 시작하려고 학교에 있는 영어책을 살펴보니 전집류나 영미권의 청소년 소설 등 어려운 책뿐이었어요. 최근 3년 동안 그 어려운 영어책을 읽거나 대출한 학생은 단 한 명도 없었어요. (영어교사 A)

☞ **교사의 역할은 읽기의 촉진자이다.**

★ 선생님이 열정을 가지고 추천한 책은 아이들도 관심을 보인다. (영어교사 B)
★ 뒷짐을 진 채 멀찌감치 서서 학생들에게 독서하라고 말하는 것은 정말 아무런 효과가 없다. (영어 독서 전문가 A)
★ 학생들은 읽을 책과 시간을 주면서 '잘 읽을 수 있다'고 열정적으로 격려해주면 읽는다. (영어교사 C)

☞ **학생의 자발성과 선택권이 중요하다.**

★ 영어로 내가 책을 읽다니 신기하다. (학생 B)
★ 독서에 흥미를 가지려면 스스로 많은 책을 고르고 읽어봐야만 한다. (영어 독서 전문가 B)
★ 독서의 중심은 교육 프로그램이나 교사가 아닌 아이들과 책이어야 한다. (영어 독서 전문가 C)

2) 영어 다독: 하지 말아야 할 것

성공적인 다독수업의 조건이 쉽고 다양한 영어책이 구비된 환경, 열정적으로 책 읽기를 격려하는 교사, 학생의 선택과 자발성이라면 이것을 방해하는 모든 요인을 우리는 경계해야 한다. 특히 교사 주도적인 교실 문화, 연습문제 풀이와 과도한 독후 활동은 바람직하지 않다. 다독 수업이 지속성을 지니기 위해서는 다음과 같은 측면을 고려해야 한다.

☞ **교사가 지쳐서는 안 된다.**

★ 처음부터 너무 욕심을 내면 안 된다. 교사가 즐겁게 실천할 수 있는 프로그램을 만들어야 한다. (영어교사 C)
★ 1주일에 마지막 수업시간 1시간을 학생들과 책을 읽는다. 목요일 오후부터는 함께 책을 읽으면 되니 마음이 가볍다. 나는 실천이 훌륭하다고만 말하고 정작 본인은 움직이려 하지 않는 동료들을 이런 식으로 꼬드긴다. (독서교육 전문가 A)

☞ 외부로부터 부여된 동기로는 교사도, 학생도 책을 들게 할 수 없다.

- ★ 영어 도서실 업무는 영어 선생님들의 기피업무라서, 저도 내년에는 이 일을 안 하고 싶어요. (영어교사 D)
- ★ 교장선생님의 지시로 일주일에 한 번 학급별로 돌아가면서 방과후에 한 시간씩 영어책 읽기를 했어요. 아이들은 도망가고 담임으로서 너무 힘들었어요. (영어교사 E)
- ★ 필독도서를 선정해서 단체 구매한 후 다 같이 읽는 방식은 실패 확률이 매우 높다. (독서교육 전문가 A)
- ★ 과도한 평가나 복잡하고 어려운 독서록 등이 오히려 읽을 시간도, 읽고 싶은 마음도 빼앗는다. (영어교사 B)

☞ 행사나 결과 중심의 프로그램 운영은 지양하라.

- ★ 독서 인증제는 오히려 책을 읽고 싶은 마음이 들지 않게 한다. (독서교육 전문가 A)
- ★ 초등학교에서부터 고등학교까지 여러 연구시범학교 해 봤는데, 독서시범학교가 제일 힘들어요. (학생 C)
- ★ 어떤 행사를 주최하건 잘하는 학생들만의 무대가 되는 경우가 많다. 영어를 잘하건 못하건 많은 학생들이 참여할 수 있는 방법을 고민해야 한다. (영어교사 A)

3) 다독 수업 평가의 시사점

다독 수업에서의 평가는 책 읽기를 격려하고 지원하는 방향으로 이루어져야 한다. 독서일기를 활용하여 기록을 남기는 평가에 대해 학생들의 반응은 긍정적이었다. 지필평가의 서술형 평가 문항에서 책에 대한 학생의 의견, 주장, 반응 등을 일정한 제한을 두지 않고 묻는 문항은 바람직하지 않다. 개방적이고 다양한 반응을 요구하는 문항일수록 정답 인정 유사답안이 많아 채점 부담이 높고, 채점 기준을 명확히 정하기 어렵다. 더욱이 학생의 입장에서는 시험이라는 강압적이고 제한된 상황에서는 창의성이나 발산적 사고력을 요구하는 문항에 자신의 역량을 충분히 발휘하지 못하는 한계가 있다. 다독 수업을 진행하고 이를 평가에 반영하는 과정에서 얻게 된 시사점은 다음과 같다.

- ■ 학생들은 평소 자신이 충분히 배우고 연습한 내용을 적절한 난이도와 시간을 주고 해결하라는 평가 문항을 선호함. 특히 성실하지만 수업과 평가에서 소외되었던 학생들이 1차 지필고사 문항에서 우리말로 도서를 소개하는 문항에 대해 매우 긍정적으로 평가함.
- ■ 수업과 평가를 적절히 연계할 필요는 있지만, 평가 문항 출제와 동기 부여와는 관련성이 적음. 1차 지필 평가에서 독서 관련 문항을 1~2문항 출제하는 것이 책 읽기의 동기를 높이지는 않음.
- ■ 교사가 가르쳤다고 생각한 내용이 곧바로 학생들의 학업성취로 이어지지 않음. 스스로 원고를 작성하고 수정하는 과정을 거쳤지만 3인칭 단수, 시제, 수의 일치 등 중학교 수준의 문법을 실제

상황에서 정확히 사용하는 학생이 매우 드물었음.
- 학생의 영어 글쓰기와 수정을 도와주고 교사의 채점 부담을 돕는 영어교육 분야의 스마트 기술 도입이 필요함. 영어교사의 글쓰기 역량을 키워주고 읽기와 쓰기와 관련된 전문성을 신장할 수 있는 지원이 필요함.

5.4 도움이 될 자료: 시작하는 다독 수업을 위해

학교 교육과정에서 실천해 볼 수 있는 영어 다독 수업의 모습을 살펴보았다. 독서 환경 조성, 도입부터 확장까지의 다독 수업의 실제 과정을 보여주고자 하였다. 영어책을 기반으로 한 읽기 수업은 학생과 교사, 학교의 여건에 따라 다양한 실천이 가능하다. 그러나 무엇보다 영어 독서 수업이 지속력을 지니려면 학생이 스스로 책을 선택하고 주도적으로 읽을 수 있는 조건을 부여해 주어야 한다. 학교는 다양한 도서를 충분히 확보하고, 수업 중에 책을 읽도록 도와주어야 한다. 특히 영어 교과는 학생 간 격차가 가장 현격하게 드러나는 교과로 소외지역으로 갈수록 흔한 영어책 한 권 읽어보지 못한 학생들이 의외로 많다. 영어 읽기의 경험이 부족하니 영어를 못 읽고, 영어를 못 읽으니 점차 수업에서 멀어지는 학생들에게 언제까지 표준화된 교과서만을 내밀 수는 없는 일이다.

다독 수업은 일상적인 실천과 지속가능성이 있다면 학교 교육에서 긴 호흡으로 실천해 볼 가치가 있다. 우리 학교 학생들의 상황을 응시하고 현재의 수준에서 조금씩 시작하면 된다. 성실한 보통의 학생들이 많은 학교라면 큰 어려움 없이 다독 수업을 시도해 볼 수 있다. 학생들이 영어에 대한 부정적인 학습경험이 강하고, 읽기 숙달도가 높지 않은 경우라면 쉽고 재미있는 책으로 천천히 시작해 볼 수 있다. <표 5-8>은 그동안의 책 읽기 수업에서 학생들의 반응이 좋았던 책을 주제별로 정리한 것이다. 이 중에서 마음이 가는 책이 있다면 교사가 먼저 살펴 보고 수업시간에 함께 읽어 보는 것으로 시작할 수 있다.

<표 5-8> 시작하는 다독 수업 도움 자료

존재를 향한 따뜻한 시선	*The Elephant Man* 등급별 도서/ 실화를 바탕/ 인간의 존엄성/ 학생 반응 좋은 책	*The Hundred Dresses* 집단 따돌림/ 소외/ 인간성의 회복/ 드레스 백 벌을 디자인하고 전학 간 이름이 특이했던 친구
	The Big Ugly Monster and the Little Stone Rabbit 소외된 자의 외로움/ 돌토끼와의 우정과 감동	*Silly Billy* 걱정이 많은 빌리를 위한 할머니의 배려인 걱정 인형. 빌리는 또 다른 걱정이 생김.
관점/ 사고의 전환	*Voices in the Park* 동일한 사건/장소를 바라보는 서로 다른 관점	*Piggybook* 너희들은 돼지야/ 엄마의 가출/ 양성평등
	The Paper Bag Princess 공주와 왕자의 관념을 뒤바꾸는 책	*Stellaluna* 우리는 이렇게 다른데 어떻게 친구가 될 수 있지
	The Frog Prince Continued 기존 동화를 뒤집는 반전 이야기/ 일부는 허무한 결말	*Treasure* 소중한 가치는 바로 지금 이곳에 있음. 꿈을 찾아 떠난 주인공이 결국 발견한 것
가족 이야기	*Fly Away Home* 집 없이 공항을 전전하는 소년과 아버지	*A Chair for My Mother* 힘든 엄마를 위한 아이의 작은 정성
	Blackout 도시의 정전을 계기로 다시 생각해보는 가족의 의미	*Gardener* 가족의 시련/ 소녀의 적응과 성장/ 따뜻한 편지글
새로운 세계를 향한 도전	*The Man Who Walked Between the Towers* 당신을 가슴 뛰게 하는 것/ 창공을 향한 남자의 무모한 도전	*Carrot Seed* 모두가 안 된다고 할 때 도전하는 소년 이야기/ 짧은 이야기 속 강력한 용기의 메시지
	Who was Frida Kahlo 육신의 고통을 벗어나서 꽃 피운 예술 혼/ 역경 극복	*The Adventures of the Dish and the Spoon* 도전, 성공, 파산, 범죄, 회복을 다룬 역동적인 인생이야기
기타	*Sanitation Workers Then and Now* 미국의 사회 교과서 관련/ 쓰레기 처리를 위한 돼지의 희생	*Who Was* 시리즈 인물과 관련된 교과서와 연결지어 롤모델을 소개하는 수업에 적합. 대중문화, 스포츠 등 다양한 분야 인물 소개
	Firefighters Then and Now 과거 소방차의 모습/ 달마티안과 119의 오래된 관계	*Dog Breath* 입 냄새도 강점이 될 수 있음. 강아지의 심한 입 냄새로 문제 해결!

독서와 뇌 연구 분야의 세계적인 권위자인 메리언 울프는 『책 읽는 뇌』에서 독서 능력은 저절로 생기는 것이 아니라 인류의 부단한 노력의 산물임을 밝히고 있다. 최근의 신작 『다시, 책으로』에서 디지털기기의 빈번한 노출이 인간이 진화 과정에서 획득한 '책 읽는 뇌'의 기능을 잠식하고 있음을 경고하고 있다. 문자보다는 유튜브로 세상을 경험하며 디지털로 양육된 디지털 원주민들이 중·고등학교로 밀려들어 오고 있다. 이들은 책과 멀어진 채로 읽기 장벽을 넘어서지 못하고 사회로 진입한다. 읽기 능력의 부족은 학생들이 더 나은 진로와 미래를 꿈꾸는데 분명한 한계로 작용한다. 우수한 영어 읽기 능력을 갖춘다는 것은 더 넓은 세상을 이해하고 세계와 소통할 수 있는 강력한

힘을 갖는 것이다. 누구나 저절로 읽게 되는 것이 아니라, 상당한 읽기 경험과 훈련이 필요하다. 그 누구도 배움에서 소외되지 않고 가정의 경제적 배경에 상관없이 자신의 가능성을 실현할 수 있도록 학교가 수업을 통해 읽기권을 보장해 주어야 하는 이유가 여기에 있다.

참고문헌

매리언 울프. (2009). *책 읽는 뇌*. 살림출판사: 파주.
매리언 울프. (2019). *다시, 책으로*. 어크로스: 파주.
Day, R. R., & Bamford, J. (1998). *Extensive reading in the second language classroom*. Cambridge: Cambridge University Press.
Grabe, W. (2009). *Reading in a second language: Moving from theory to practice*. Cambridge: Cambridge University Press.
Nation, I. S. P. (2009). *Teaching ESL/EFL reading and writing*. New York: Routledge.

제6장

문학적 감수성을 기르는 읽기 지도

조명연
(관저고등학교)

> 조명연은 문학이 좋아 학부, 대학원 모두 '문학을 위한, 문학에 의한, 문학의' 학교생활을 했다. 문학을 왜 좋아했는지 물으신다면, '좋아하는 데는 이유가 없습니다.'라고 답변을 드려야 하겠다. 이때의 편식(?) 덕분에 내세우고 있는 수업 브랜드 또한 문학이다. 넘어야 할 벽들이 많다는 것을 알고 있지만, 현재 교육과정, 과정 중심 평가, 고교학점제 등 다양한 요소들이 이 벽들을 조금씩 허물고 있다. 지금 물이 들어오기에 노젓기를 시작했다. 이 글이 문학 수업 자료를 제작하시려는 분들에게 조금이나마 도움이 되길 바란다.

학생들에게 문학에 대해 어떻게 생각하는지 묻는다면 반응은 "어렵다," "난해하다" 등 부정적인 대답이 대부분일 것이다. 더욱이 영미문학에 대해 어떻게 생각하는지를 묻는다면 우리나라의 대학수학능력시험 영어영역, 토익, 토플, 텝스 등 다양한 영어 인증 시험 중 어디에도 문학 작품이 등장하지 않기 때문에, "굳이 해야 할 필요가 있는지 의문이다"라고 답변하는 학생들이 많을 것이다. 그럼에도 불구하고 예전부터 영미문학을 수업 자료로 활용하고자 하는 다양한 시도가 있었으며 2015 개정 교육과정에 영미문학 읽기 과목이 편성된 이유는 무엇일까? 그 이유는 문학이 수업 자료로서 다양한 장점을 지니기 때문일 것이다.

문학 작품은 다른 종류의 글과는 다르게 문학 작품만이 가지고 있는 특징이 있으며 이로 인해 교과서에 가장 많이 등장하는 설명문, 논설문, 수필과는 다른 종류의 읽기 경험이 가능해진다. 예를 들면, 학생들은 단편 소설을 읽는 과정에서 텍스트 속의 인물, 사건, 배경의 요소에 반응하며 읽기, 시를 읽는 과정에서 수사법을 적용하며 읽기 등 다른 텍스트들은 제공해줄 수 없는 읽기 경험을 얻을 수 있다. 만약 학생들이 설명문, 논설문, 수필 등의 장르와 연관된 활동을 통해 얻은 학습 경험으로만 세상을 바라보는 인지적 틀을 구성한다면 그것은 마치 제한된 서너 개의 색으로 칠해진 볼품없는 무지개나 노을과 같을 것이다. 그러나 문학 작품은 학생들이 구성한 기존의 경험과 다른 새로운 경험을 제공해 줌으로써 세상을 바라보는 인지적 틀을 더욱 풍성하고 다채롭게 구성하도록 도울 수 있을 것이다. 확장된 인지적 틀을 통해 새로운 것을 바라볼 수 있는 동시에 기존의 것을 새롭게 바라볼 수 있는 역량을 갖추는 것은 2015 개정 교육과정의 창의적인 인재 양성이라는 목표와 부합하며 교사가 최종적으로 추구해야 할 교육목표 중 하나일 것이다. 이번 장에서는 학생들이 평소에 많이 접할 수 없었던 영미 문학 작품을 통해 새로운 학습 경험을 얻는 동시에 문학적 감수성이라는 반응을 인지적 틀에 구성하도록 돕는 읽기 지도 방안에 관해 논의해보고자 한다.

6.1 문학적 감수성의 개념

6.1.1 문학적 감수성의 정의

문학적 감수성을 기르는 읽기 수업을 준비하기 앞서 문학적 감수성의 의미를 정의할 필요가 있다. 국립국어원 표준 국어사전에 따르면 '문학적'이란 '문학과 관련이 있거나 그 특성을 지닌'이라는 의미를 지니며, '감수성'이란 '외부 세계의 자극을 받아들이고 느끼는 성질'로 정의된다. 이러한 정의는 구성주의의 지식의 구성 측면과 관련성이 있다.

구성주의에 따르면 지식의 학습은 학습자가 자신의 경험을 통하여 얻은 인지적 틀을 이용하여 주위의 환경과의 상호작용을 통해 의미를 재구성하는 과정이다. 또한, Carrell(1983)은 스키마(schema) 이론의 관점에서 읽기 과정은 텍스트 내에 있는 의미 그 자체를 찾는 것이 아니라 독자의 활성화된 배경 지식과 텍스트와의 상호작용을 통해 의미를 재구성하는 것이라고 하였다. 이때, 텍스트와 상호작용 하여 의미를 구성하는 과정에서 자신만의 인지적 틀 또는 배경 지식 등을 키워주고 이를 적절하게 활용할 줄 아는 능력을 길러주는 것이 구성주의 학습자 중심 문학교육의 원리이다(이상구, 2002).

따라서, 본 장에서 다루게 될 문학적 감수성이란 문학 작품을 읽고 관련 요소들에 대해 다양한 배경 지식과 인지적 틀을 토대로 텍스트에 반응하는 것으로 정의하고자 하며, 이를 길러줄 수 있는 수업 방안에 대해 모색하고자 한다.

6.1.2 2015 개정 교육과정 핵심역량

본 장의 읽기 수업 자료에서는 학생이 문학 작품을 읽고 반응할 수 있는 방향을 2015 개정 교육과정의 핵심역량과 연계하였다. 2015 개정 교육과정은 2009 개정 교육과정이 추구하는 창의적인 인재 양성을 기본정신으로 유지하되, 미래 사회에 요구되는 창의융합형 인재를 양성하기 위해 미래 사회가 요구하는 역량을 총론 및 교과 교육과정에 반영하였으며, 이를 핵심역량이라는 구체적 개념으로 표면화 하였다(김경자 외 8인, 2015). 교과 교육을 포함한 학교 교육 전 과정을 통해 중점적으로 기르고자 하는 핵심역량은 다음과 같다(교육부, 2015a).

① 자아정체성과 자신감을 가지고 자신의 삶과 진로에 필요한 기초 능력과 자질을 갖추어 자기주도적으로 살아갈 수 있는 자기관리 역량
② 문제를 합리적으로 해결하기 위하여 다양한 영역의 지식과 정보를 처리하고 활용할 수 있는 지식정보처리 역량
③ 폭넓은 기초 지식을 바탕으로 다양한 전문 분야의 지식, 기술, 경험을 융합적으로 활용하여 새로운 것을 창출하는 창의적 사고 역량
④ 인간에 대한 공감적 이해와 문화적 감수성을 바탕으로 삶의 의미와 가치를 발견하고 향유하는 심미적 감성 역량
⑤ 다양한 상황에서 자신의 생각과 감정을 효과적으로 표현하고 다른 사람의 의견을 경청하며 존중하는 의사소통 역량
⑥ 지역·국가·세계 공동체의 구성원에게 요구되는 가치와 태도를 가지고 공동체 발전에 적극적으로 참여하는 공동체 역량

각 핵심역량을 길러주기 위해서는 수업의 과정에서 관련 요소를 반영할 필요가 있다. 임유나와 장소영(2016)은 핵심역량과 교과의 관계성을 분석하기 위해 키워드 범주 체계를 활용하였으며, 구체적 내용은 <표 6-1>과 같다.

<표 6-1> 활동 유형 분석을 위한 키워드 분석 체계(임유나, 장소영, 2016)

키워드	범주의 하위 요소
자기관리 역량	(자아를) 인식하다, (자기·자아를) 이해하다, (자기) 성찰하다, 탐색하다, (자아를) 존중하다, (정체성을) 확립하다, (흥미·관심을) 갖다, (성공적인 삶을) 영위하다, (목표를) 달성하다, (삶을) 반성하다, 책임(의식)을 갖다, 자율성을 지니다, (습관을) 갖다, 태도를 함양하다, 기르다, 실천하다, 관리하다, (환경에) 적응하다, 수련하다, (건강을) 유지하다, 자기주도적으로 하다, (평생) 학습하다, (진로를) 탐색하다, (잠재력·재능을) 계발하다, (삶의) 질을 향상시키다 등
지식정보처리 역량	(지식·자료·정보 등을) 알다, 인식하다, 생각하다, 사고하다, 이해하다, 수집하다, 처리하다, 탐구하다, 탐색하다, 구성하다, 분석하다, 조직하다, 조작하다, 추론하다, 해석하다, 비판하다, 고찰하다, 논증하다, 정교화하다, 평가하다, 적용하다, 활용하다, (문제) 해결하다 등
창의적 사고 역량	창의적으로 ~하다, 독창적으로 ~하다, (문화) 창조하다, (새로이) 얻다, 발견하다, (창의적으로·독창적으로) 산출하다, 창출하다, 생산하다, 제작하다, 발전시키다, (상상력을) 발휘하다, 통합하다, 융합하다, 연계하다 등
심미적 감성 역량	(문화를) 이해하다, (문화를) 향유하다, (문화를) 계승하다, 전승하다, 발전시키다, 문화적 감성을 갖다, 감수성을 갖다, 상상력을 발휘하다, (정서를) 함양하다, 공감하다, 반응하다, (감성·감수성·아름다움·가치 등) 내면화하다, 수용하다, 감상하다, (감각·사상을) 표현하다 등
의사소통 역량	(의사) 소통하다, (생각·경험 등을) 표현하다, (언어·비언어 등을) 사용하다, (생각을) 주장하다, (타인의 말과 생각을) 이해한다, (의견이나 생각을) 조정하다, 공유하다 등
공동체 역량	(민주시민으로서의 자질을) 갖다, 행동하다, (사회·국가·인류 등의) 발전을 추구하다, (개방적) 태도를 지니다, 인권 존중하다, (규범·도덕성을) 갖다, (사회성을) 갖다, 참여하다, (사회) 정의를 실현하다, 책임(가치를) 내면화하다, 협동·협업·협력하다, 상호작용하다, (공동체 의식을) 갖다, (공동체 일원으로) 행동하다, (관계나 갈등을) 조정하다, 배려하다, (다양성·다원적 가치를) 이해하다, 존중하다, (관용·타협의 태도를) 갖다 등

키워드는 핵심역량이며, 범주의 하위 요소는 핵심역량의 연계 여부를 파악할 수 있는 분석 기준이다. 핵심역량의 하위 요소를 반영한 활동을 활용하여 학습자들이 문학 작품을 읽고 나타나는 반응을 체계적으로 다양화하고자 하였으며, 그 경험을 토대로 이후의 문학 작품을 읽을 때 활용할 수 있는 인지적 틀을 확장하고자 하였다. 예를 들어, 학생들이 문학 작품을 읽고 자신의 상상력을 발휘하여 결말을 예측하는 활동에 참여할 경우, 해당 활동은 <표 6-1>의 핵심역량 하위 요소 중 심미적 감성 역량의 '상상력을 발휘하다'와 관련이 있으며 학생들은 문학 작품을 읽고 상상력을 발휘하는 반응을 나타낼 것이다. 즉, 해당 활동에 참여한 학생은 자신이 직접 특정한 장면을 상상해보는 감수성을 지니게 될 것이고, 자신의 인지적 틀에 입력된 감수성(반응)을 통해 이후에 읽을 문학 작품에도 상상력을 활용하게 될 것이다. 핵심역량을 문학적 감수성의 하위 요소로 반영하는 방향은 '6.2.3 수업 활동의 구성'에 제시하였으며, 수업에 적용하는 구체적인 방법은 '6.3.1 영미 시를 활용한 수업'과 '6.3.2 영미 단편 소설을 활용한 수업'에서 다루고자 한다.

6.2 문학적 감수성을 기르기 위한 읽기 수업 준비하기

개정 영어과 교육과정에서 제공하는 과목 중 영미문학 읽기 과목은 검정 교과서가 없기 때문에 교사 스스로 수업 자료를 제작해야 한다. 수업 자료를 만드는 과정은 배두본(1999)의 영어 교과서 개발의 단계를 따랐으며 구체적인 과정은 <그림 6-1>과 같다.

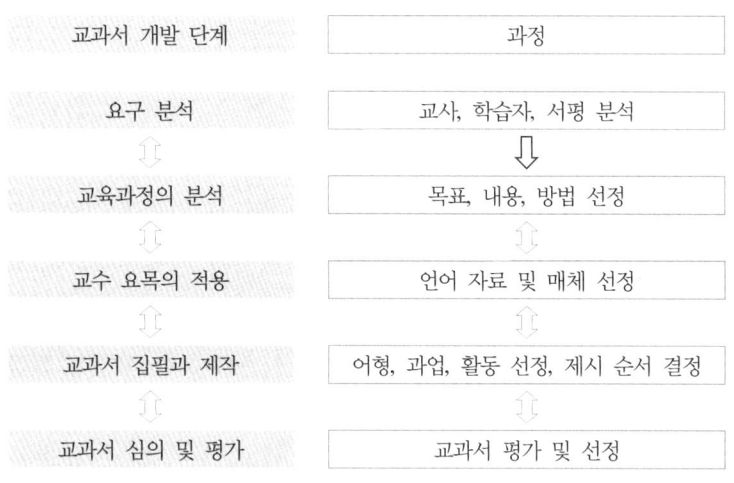

<그림 6-1> 영어 교과서 개발의 단계 및 과정(배두본, 1999)

영어 교과서를 개발하는 절차에서 가장 먼저 해야 할 것은 학습자나 사회의 요구를 분석하는 것이며, 이후 교육과정을 상세화하고 교수요목을 적용하는 것이라고 하였다. 이후 교과서를 설계, 제작, 평가하는 과정을 통해 개발한 교과서를 정교화하는 과정이 필요하다고 하였다. 본 장에서 제시한 문학적 감수성을 기르기 위한 읽기 수업 자료는 요구 분석, 교육과정의 분석, 교과서 집필과 제작 등의 단계를 반영하여 제작하였다.

6.2.1 요구 분석

1) 학습자 수준

본 장에서 제시한 수업 사례는 대전광역시 고등학교 3학년 상위권 학생의 수준에 맞춘 문학 읽기 수업이다. 수업에 참여한 학생은 과학고등학교 학생들로 모의고사 영어영역 성적이 1등급에서 6등급으로 다양하지만 6월 모의고사 기준으로 원점수 평균이 86.26점인 학생들로 영어영역에서 전반적으로 높은 성취 수준을 보여주는 학생들이다.

또한, 주목할 만한 점은 수업에 참여한 학생 중 외국에서 살았던 경험이 있는 학생의 비율이 15%로 이 학생들은 듣기, 읽기뿐만 아니라 말하기, 쓰기에서도 어려움 없이 자신의 생각을 즉각적으로 표현할 수 있는 수준이다.

수업에 참여한 학생들은 학업성적과 대학입시에 관심이 많기 때문에 영어 교과수업에서 하는 활동에 대부분 적극적으로 참여하였으며, 자신의 영어 실력이 부족하다고 생각할 경우 다른 학생에게 도움을 청하거나 교과 교사에게 질문하는 등의 노력을 통해 주어진 과업을 해결해나가는 모습을 보여주었다.

2) 문학 작품 선정

Adeyanju(1978)는 수업에 활용할 문학 작품을 선정할 때 학생의 흥미를 유발하는 동시에 학생들이 공감할 수 있는 내용과 상황을 담은 작품을 선정해야 하며, 적절한 힌트가 주어졌을 때 학생들이 최소한의 어려움으로 이해할 수 있는 작품을 선정하는 것이 중요하다고 하였다. 이에 따라 본 수업 자료에서 활용할 문학 작품을 선정하기 위해 <표 6-2>와 같은 질문을 토대로 설문 조사를 진행하였다. 설문 조사 결과 학생들이 응답한 작가 중 셰익스피어(Shakespeare)와 오 헨리(O. Henry)의 작품을 선정하여 본 수업 자료에 활용하고자 하였다.

<표 6-2> 문학 작품 선정을 위한 학생 설문 조사

설문 내용	서술형
관심 있는 영미문학 작가, 작품명, 주제/내용에 대해서 자유롭게 기술해주세요.	작가
	작품명
	읽고 싶은 주제/내용

3) 언어 수준 파악

Littlewood(1981)는 영어 수업에 활용할 문학 작품을 선정할 때 학습자의 언어 수준, 문화적 타당성, 흥미 등의 요소 등을 고려해야 한다고 주장하였다. 언어적 측면에서 학습자의 수준에 맞는 작품을 선정하기 위해 미국의 교육 연구소인 메타 메트릭스(MetaMetrics)가 개발한 이독성 지수인 렉사일 지수(Lexile measure)를 활용하였다. 이

지표는 개인의 읽기 능력을 나타내는 렉사일 독자 지수(Lexile reader measure)와 도서의 이독성을 나타내는 렉사일 텍스트 지수(Lexile text measure)로 나뉘며, 이독성 수치를 BR(Beginning Reader)에서 2000L까지 측정한다. 이 지표의 목적은 렉사일 지수에 근거하여 독자가 자신의 읽기 수준에 맞는 책을 선택할 수 있도록 돕는 것이다. 고등학교 각 학년에서 제공하는 검인정교과서의 렉사일 지수를 분석한 선행 연구를 토대로 수업 대상 학년의 렉사일 지수와 가장 비슷한 수준의 문학 작품을 선정하고자 하였다.

6.2.2 교육과정 분석

영어과 교육과정 영미 문학 읽기의 목표를 본 수업 자료의 학습 목표로 선정하였다. 각 차시별 지도 목표의 경우 교육과정의 성취기준을 선정하였으며, 그 내용은 <표 6-3>, <표 6-4>와 같다(교육부, 2015b).

<표 6-3> 수업 자료의 총괄 목표(교육부, 2015b)

수업 자료의 총괄 목표
1. 영미 문학 작품 읽기를 통해 영어를 이해하고 표현하는 능력을 심화시킨다.
2. 영미 문학 작품을 감상함으로써 창의적, 비판적 사고를 바탕으로 한 독서 능력을 계발한다.
3. 영미 문학에 대한 인문학적 소양과 심미적 태도를 함양하며 영어 학습을 극대화한다.
4. 영미 문학 작품 읽기를 통해 세계인으로서 갖추어야 할 다문화에 대한 이해를 넓힌다.

<표 6-4> 수업 자료의 성취기준(교육부, 2015b)

활동	수업 자료의 성취기준
읽기	[12영문03-01] 문학 작품을 읽고 등장인물, 사건, 시간, 장소 등을 파악할 수 있다. [12영문03-02] 문학 작품을 읽고 글에 나타난 이미지, 은유, 상징 등의 구체적인 예를 파악할 수 있다. [12영문03-03] 문학 작품을 읽고 줄거리, 주제, 요지를 파악할 수 있다. [12영문03-04] 문학 작품을 읽고 작품 구성 요소의 유기적 관계를 분석할 수 있다. [12영문03-05] 문학 작품을 읽고 필자의 의도나 목적을 추론할 수 있다. [12영문03-06] 문학 작품을 읽고 작품의 분위기, 어조, 상황, 등장 인물의 심정을 추론할 수 있다. [12영문03-07] 문학 작품을 읽고 심미적 표현과 의미를 파악할 수 있다. [12영문03-08] 문학 작품을 읽고 작품의 배경과 시대적 상황을 이해할 수 있다.
쓰기	[12영문04-01] 문학 작품을 읽고 등장인물, 사건, 시간, 장소 등에 대해 기록할 수 있다. [12영문04-02] 문학 작품을 읽고 작품의 분위기, 어조, 상황, 등장인물의 심정에 대해 쓸 수 있다. [12영문04-03] 이미지, 은유, 상징 등의 구체적인 예를 활용하여 쓸 수 있다. [12영문04-04] 문학 작품을 읽고 요약하는 글을 쓸 수 있다. [12영문04-05] 문학 작품을 읽고 감상이나 비평하는 글을 쓸 수 있다. [12영문04-06] 문학 작품을 읽고 상황극의 대본을 작성할 수 있다.

6.2.3 수업 활동의 구성

요구 분석 결과 선정된 작품을 통해 학습자가 교육과정 목표와 성취기준을 달성하는 것과 동시에 핵심역량을 갖추어 문학적 감수성을 기를 수 있도록 돕는 수업 활동을 구성하였다. 활동을 제작하기 전 검인정교과서에서 활용된 활동들을 분석하여 특정한 활동과 핵심역량과의 관계를 파악하였으며, 검인정교과서의 활동과 핵심역량과의 관계에 대한 시사점을 토대로 본 수업에서 활용할 수업 활동들을 제작하였다. 특정한 활동과 핵심역량과의 관계를 분석할 때 활동의 진술을 <표 6-1>의 핵심역량 키워드를 통해서 분석하였으며, 관련 핵심역량을 통해 증진시킬 수 있는 감수성을 정리하여 학생의 반응을 다양하게 이끌어내고자 하였다. 활동의 구체적 예시는 <표 6-5>와 같다.

<표 6-5> 문학적 감수성을 길러주기 위한 수업 활동 분석 예시

활동	키워드 분석	핵심역량	문학적 감수성
①작품과 관련된 사진을 보고 읽게 될 문학 작품에 대한 ②내용에 관해 토론하기	① (지식·자료·정보 등을) 이해하다, 분석하다. ② (의사) 소통하다, (생각·경험 등을) 표현하다.	지식정보처리 역량 의사소통 역량	작품을 읽기 전 관련 자료를 분석하고 다른 사람에게 표현하는 반응

학생이 참여하는 활동을 핵심역량과 감수성과 함께 체계적으로 정리하는 이유는 학생이 활동에 참여하는 과정을 중심으로 평가하기 위함이다. 해당 활동을 포함한 수업의 성취기준과 <표 6-5>의 요소를 기반으로 한 과정 중심 평가 방안은 <그림 6-2>와 같으며, '6.3.1 영미 시를 활용한 수업'과 '6.3.2 영미 단편 소설을 활용한 수업'의 평가에 적용하여 그 결과를 기록하였다.

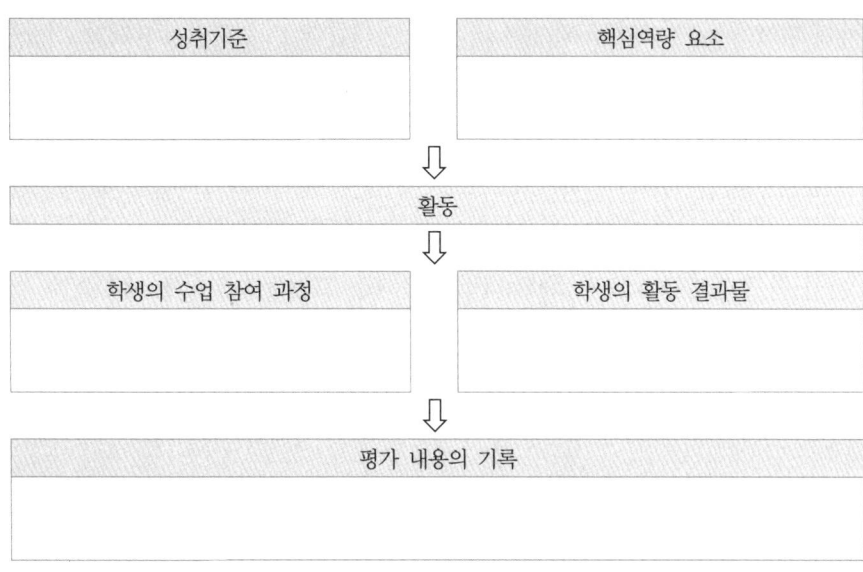

<그림 6-2> 과정 중심 평가 방안 예시

6.3 수업의 실제

6.3.1 영미 시를 활용한 수업

학생의 요구조사 결과 셰익스피어를 선정하여 수업 자료를 제작하였다. 셰익스피어의 작품 중 소네트(sonnet) 18번 *Shall I compare thee to a summer's day*와 핵심역량을 연계한 활동을 제공하여 학생의 문학적 감수성을 길러주고자 하였다.

1) 수업 자료

소네트 18번 *Shall I compare thee to a summer's day*이다. 정내원(2001)에 따르면 소네트는 언어적 패턴의 변화를 통해 화자의 감정을 드러낸다. 학생들은 소네트를 읽는 과정에서 화자의 생각과 감정을 이해하는 인지적 활동에 참여하는 것이며, 이것은 '(타인의 말과 생각을) 이해한다'는 측면에서 의사소통 핵심역량을 길러주는 데 도움을 줄 수 있다. 또한, 소네트 18번의 내용은 자연의 비유, 예술의 영원성 등과 같은 내용을 담고 있는데(정내원, 2001), 학습자가 이러한 비유적 표현을 이해하고 전달하고자 하는 메시지를 파악하는 과정에서 작가, 작품이 쓰여진 시대적, 사회적 배경 등에 관한 정보에 접근하게 된다. 이는 '(다양성·다원적 가치를) 이해한다'는 측면에서 공동체 역량을 길러주는 데 도움을 줄 수 있다.

소네트 18번의 언어적 수준을 분석하기 위하여 렉사일 홈페이지(www.lexile.com)에서 제공하는 렉사일 애널라이저(Lexile Analyzer)를 활용하였다. 그 결과 렉사일 지수가 1010L에서 1200L 사이로 측정되었다. 민보은(2017)의 렉사일 기반 영어교재 이독성 비교 분석 연구 결과에 따르면 2009 개정 교육과정 고등학교 영어Ⅱ 교과서에 사용된 지문의 렉사일 지수가 가장 낮은 단원은 630L, 가장 높은 단원은 1350L이었다. 즉, 소네트 18번의 언어적 수준은 고등학교 교육과정의 언어 수준에 부합한다고 볼 수 있다. 단, 소네트 18번에 사용된 영어는 중세 영어로 현대의 영어와 다른 표현들이 많이 사용되었기 때문에 중세 영어 단어에 대한 현대적 표현 또는 의미를 제공한다면 수업 자료로 활용하는 데 크게 어려움이 없을 것으로 예상된다.

2) 수업 개요

교육과정 성취기준	[12영문03-01] 문학 작품을 읽고 등장인물, 사건, 시간, 장소 등을 파악할 수 있다. [12영문03-03] 문학 작품을 읽고 줄거리, 주제, 요지를 파악할 수 있다. [12영문03-05] 문학 작품을 읽고 필자의 의도나 목적을 추론할 수 있다. [12영문03-07] 문학 작품을 읽고 심미적 표현과 의미를 파악할 수 있다. [12영문03-08] 문학 작품을 읽고 작품의 배경과 시대적 상황을 이해할 수 있다. [12영문04-01] 문학 작품을 읽고 등장인물, 사건, 시간, 장소 등에 대해 기록할 수 있다. [12영문04-02] 문학 작품을 읽고 작품의 분위기, 어조, 상황, 등장인물의 심정에 대해 쓸 수 있다. [12영문04-03] 이미지, 은유, 상징 등의 구체적인 예를 활용하여 쓸 수 있다. [12영문04-04] 문학 작품을 읽고 요약하는 글을 쓸 수 있다. [12영문04-05] 문학 작품을 읽고 감상이나 비평하는 글을 쓸 수 있다.	
단계	활동 내용	자료
읽기 전	영문학을 자신의 삶과 연관 지어보기	활동지 6-1, 그림 6-3
	문학 작품과 관련된 배경 지식을 활성화하기	활동지 6-2, 활동지 6-3, 그림 6-4
읽기 중	시의 형식적 특징을 분석하며 읽기	그림 6-5
	수사법을 감상하고 표현해보기	활동지 6-4, 그림 6-6
읽기 후	작품을 종합적으로 분석하여 발표하기	활동지 6-5, 그림 6-7

3) 수업의 세부 내용

읽기 전 활동

◾ 영문학을 자신의 삶과 연관 지어보기 [활동지 6-1]

학생들이 영문학 작품을 활용한 수업에 참여하도록 독려하기 위해서는 학생들의 흥미를 유발하여 문학 읽기에 대한 동기를 증진시키는 것이 중요하다. 문학 작품을 오직 학습의 목적으로 읽을 뿐만 아니라 자신들의 삶과 연관성이 있으며, 특히 흥미 있는 주제와 관련성이 있다는 점을 인지한다면 수업에 적극적으로 참여할 것으로 예상된다. 소네트 18번을 수업에서 본격적으로 다루기 전 학생들이 알고 있는 유명드라마의 명장면을 보고 의견을 나눌 수 있는 활동지를 [활동지 6-1]과 같이 제시하였으며, 활동을 위한 피피티를 <그림 6-3>과 같이 제시하여 학생들이 시청한 영상과 문학 작품을 연결 짓고 해당 작품에 흥미를 가질 수 있는 기회를 제공하였다.

[활동지 6-1] 문학 작품과 학생의 흥미를 연관 지어보기

<슬라이드 1>	<슬라이드 2>
Before we start...	After watching the video clip

<그림 6-3> 문학 작품과 학생의 흥미를 연결 지어보는 활동

이 과정에서 학생들은 핵심역량 요소들의 형태로 반응하는 활동에 참여하게 되어 관련 역량을 함양할 수 있을 것이며, 다른 문학 작품을 읽을 때 그 역량의 요소에 기반한 반응의 양상을 보일 것이다. 즉, 문학적 감수성을 핵심역량의 측면에서 길러줄 수 있으며 구체적인 방향은 <표 6-6>과 같다.

<표 6-6> 문학 작품과 학생의 흥미를 연결 지어보는 활동을 통한 문학적 감수성 함양 방안

학생활동	핵심역량 요소	핵심역량	문학적 감수성
문학 작품을 자신이 ①관심 있는 내용과 ②연관 짓고, 다른 학생들과 ③의견을 공유하기	① (흥미·관심을) 갖다	자기관리 역량	문학 작품을 읽고 자신의 흥미와 연관 지어보는 반응
	② (상상력을) 발휘하다, 연계하다	창의적 사고 역량	문학 작품의 내용을 다양한 측면에서 연계해보고 상상해보는 반응
	③ (생각·경험) 등을 표현하다, (타인의 말과 생각을) 이해하다, (의견이나 생각을) 조정하다, 공유하다	의사소통 역량	문학 작품을 읽고 가지게 되는 생각을 다른 사람과 공유하는 반응

◼ 문학 작품과 관련된 배경 지식을 활성화하기 [활동지 6-2] [활동지 6-3]

학생들이 읽기 과정에서 활용할 수 있는 배경 지식을 만들어 주거나 자신들이 이미 알고 있는 내용을 다시 한 번 확인하는 활동을 통해 문학 작품을 다양한 측면에서 접근하며 읽는 반응을 이끌어 낼 수 있다. 학생들의 배경 지식을 언어적, 내용적 측면으로 분류한 후 이를 활성화하기 위한 구체적인 활동은 [활동지 6-2], [활동지 6-3], <그림 6-4>와 같다. [활동지 6-2]와 [활동지 6-3]은 소네트에 쓰인 어휘 및 문학적 기법에 대한 정의를 학습하기 위한 내용으로 언어적 측면의 배경 지식을 활성화하는 활동이다. <그림 6-4>는 작가에 대한 배경 지식을 활성화하는 내용이다.

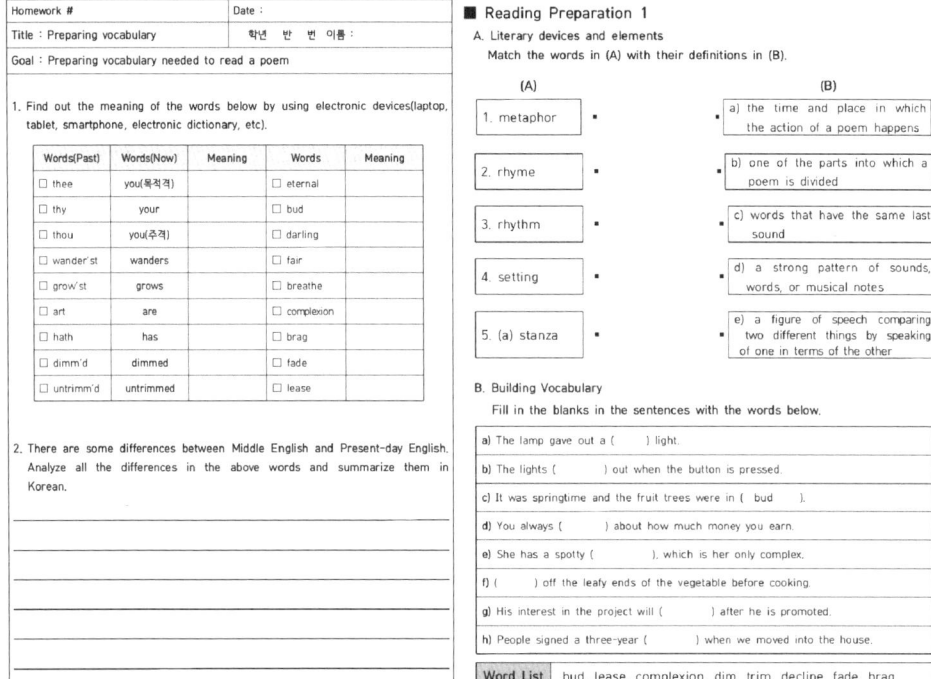

[활동지 6-2] 소네트의 어휘 및 어형 학습하기   [활동지 6-3] 소네트의 어휘 및 문학적 기법 학습하기

<슬라이드 1>

Who wrote these...?

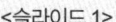

<슬라이드 2>

Hints about the writer

=> 윌리엄 셰익스피어 [William Shakespeare]

<슬라이드 3>

윌리엄 셰익스피어 [William Shakespeare]

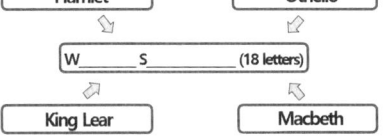

<슬라이드 4>

평론가 해럴드 블룸이 셰익스피어의 천재성을 완벽하게 발휘한 작품이라고 격찬했던 소네트 역시 그의 생전인 1609년에 간행되었는데, 이 시집의 헌사에 나타난 헌정 대상인 이니셜 W. H.가 누구를 가리키는지를 두고 숱한 해석이 나온 바 있다.

출처: [네이버 지식백과] 윌리엄 셰익스피어 [William Shakespeare]
-역사상 가장 위대하고 영향력 있는 극작가 (인물세계사, 박충서)

헌정= 누군가에게 바치는 글 ?!? 혹시? 사랑하는 사람?

<그림 6-4> 소네트를 읽을 때 활용할 수 있는 작가에 대한 정보 학습하기

이 과정에서 문학적 감수성을 지식정보처리 역량, 자기관리 역량, 공동체 역량 등의 측면에서 길러줄 수 있으며 구체적인 방향은 <표 6-7>과 같다.

<표 6-7> 문학 작품과 관련된 배경 지식을 활성화하는 활동을 통한 문학적 감수성 함양 방안

학생활동	핵심역량 요소	핵심역량	문학적 감수성
문학 작품에 쓰인 ①단어들의 의미를 다양한 기기와 정보를 활용하여 ②스스로 찾아보고 정리하기	① (지식·자료·정보 등을) 수집하다, 처리하다	지식정보처리 역량	문학 작품을 읽기 전에 필요한 언어적 정보를 수집하고 정리하는 반응
	② 자율성을 지니다, (습관을) 갖다, 태도를 함양하다, 기르다	자기관리 역량	문학 작품에 관한 정보를 스스로 찾는 습관을 가지게 되는 반응
문학 작품의 이해를 돕기 위해 제공되는 ①작가, 시대적 배경 등에 대한 내용을 이해하고 ② 읽기에 적용하기	① (다양성·다원적 가치를) 이해하다, 존중하다	공동체 역량	문학 작품과 연관성이 있는 다른 시대, 문화 등에 대한 내용을 인지하고 받아들이는 반응
	② (지식·자료·정보 등을) 적용하다	지식정보처리 역량	주어진 정보를 문학 작품에 활용하며 읽는 반응

읽기 중 활동

■ 시의 형식적 특징을 분석하며 읽기

문학 작품은 다른 종류의 글과는 형식적인 측면에서 차이가 있다. 특히, 시의 경우 학생들에게 친숙하지 않은 문장 구조들로 구성된 작품들이 있으며, 이러한 작품들을 읽을 때 의미 해석에 어려움을 겪는 학생들이 많다. 문장 구조를 이해, 분석하는 활동을 통해 구조와 의미가 복잡한 표현을 이해하기 쉽게 구성할 수 있다. 이 과정에서 학생들은 주어진 언어 표현을 정확하게 처리하는 반응을 보여줄 수 있으며, 구체적인 활동의 예시는 <그림 6-5>와 같다.

<슬라이드 1>

Preparing Reading (P. 4)

End Rhyme Scheme
=> ABAB/ CDCD/ EFEF/ GG => Rhythm

Shall I compare thee to a summer's (day)
Thou art more lovely and more temp(erate)
Rough winds do shake the darling buds of (May)
And summer's lease hath all to short a (date)

Unfamiliar **word orders**

<슬라이드 2>

Preparing Reading (P. 4)

1. Meter: the rhythm established in a line of poetry, usually determined by syllables and stresses.
2. Iamb: a metrical foot that consists of [unstressed(short) + stressed(long)]
3. Pent: 5(five)
4. Iambic pentameter: a line of poetry that alternates unstressed syllables with stressed syllables, equaling 10 syllables per line of alternating stresses.

<슬라이드 3>

Preparing Reading (P. 4)

Iambic pentameter ➡ Unfamiliar word orders

　　1　　2　　3　　4　　5
Short Long Short Long Short Long Short Long Short Long

Short Long Short Long Short Long Short Long Short Long
Shall I com pare thee to a summ er's day?

<슬라이드 4>

Preparing Reading (P. 4)

Solutions for Unfamiliar word orders

1. Change word orders to make familiar word orders (S+V+[O, C, I.O., D.O., O.C.])

2. Change part of speech to make the expression grammatical and easy to read

<그림 6-5> 소네트의 형식적 특징 분석과 문장 구조 재구성 및 의미 해석

이 과정에서 문학적 감수성을 지식정보처리 역량, 자기관리 역량, 공동체 역량 등의 측면에서 길러줄 수 있으며 구체적인 방향은 <표 6-8>과 같다.

<표 6-8> 시의 형식적 특징을 분석하며 읽는 활동을 통한 문학적 감수성 함양 방안

학생활동	핵심역량 요소	핵심역량	문학적 감수성
소네트의 ①형식적 특징을 분석하여 ②문장 구조 재구성 및 의미를 해석하기	① (지식·자료·정보 등을) 인식하다, 이해하다, 분석하다	지식정보처리 역량	문학 작품이 가진 형식적 특징들을 접했을 때 스스로 분석할 수 있으며, 의미 해석의 과정에 적극적으로 참여하는 반응
	②-1 (지식·자료·정보 등을) 구성하다	지식정보처리 역량	
	②-2 (타인의 말과 생각을) 이해하다	의사소통 역량	

■ 수사법을 감상하고 표현해보기 활동지 6-4

문학 작품에는 다양한 수사법이 활용된다. 수사법의 사용 목적은 작가의 의도에 따라 강조, 낯설게 하기, 의미를 모호하게 감추기 등 다양하기 때문에 전달하고자 하는 의미를 파악하기 어렵다. 더욱이 학생들은 영어 시간에 주로 정보전달을 목적으로 하는 글들을 많이 읽기 때문에 수사법이 주는 묘미를 감상하기 보다는 수사법을 분석하고 외워야 하는 내용으로 인식하는 경우가 많다. 수사법이 주는 효과를 감상하기 위해 특정한 수사법이 활용된 표현의 의미를 구성하는 과정을 연습하는 활동을 제공한다면, 다른 작품에서 같은 수사법이 활용된 표현들을 감상하는 반응을 보일 것이다. <그림 6-6>은 학생들이 중학교 때 배운 한국 문학(시)를 활용하여 은유법이 쓰인 문장의 의미를 구성하도록 돕는 활동이며, [활동지 6-4]는 작품에 활용된 수사법을 활용하여 자신만의 표현을 만드는 활동이다.

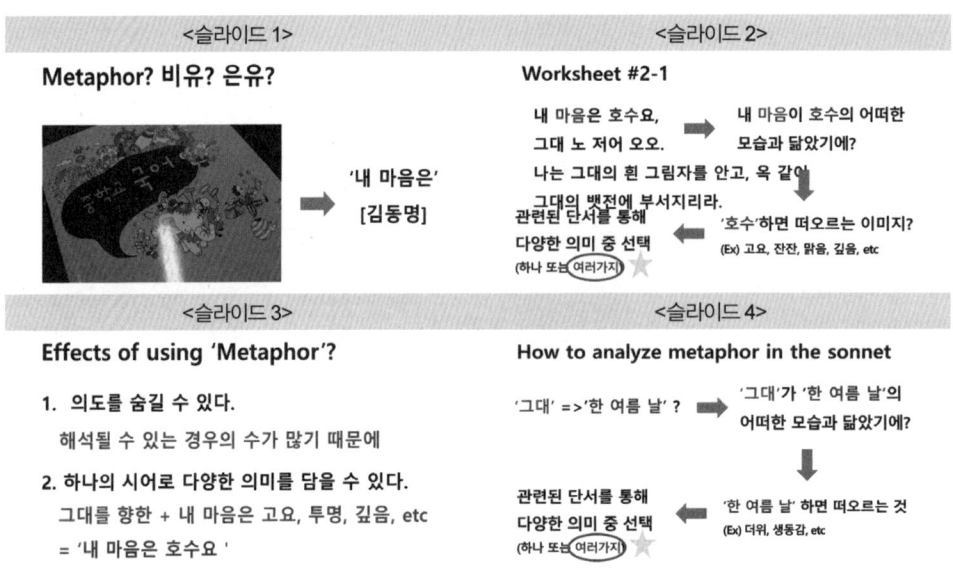

<그림 6-6> 수사법을 익히는 활동

Figure of Speech

Find out where 'metaphor' is used and discuss its effect with your friends.

Write down the line(s) where metaphor is used	
Why is it used?	What is its effect?
Make your own expressions using metaphor	

[활동지 6-4] 수사법을 활용하여 자신만의 문장 만들기

이 과정에서 문학적 감수성을 의사소통 역량, 지식정보처리 역량, 심미적 감성 역량, 창의적 사고 역량 등의 측면에서 길러줄 수 있으며 구체적인 방향은 <표 6-9>와 같다.

<표 6-9> 수사법을 감상하는 활동을 통한 문학적 감수성 함양 방안

학생활동	핵심역량 요소	핵심역량	문학적 감수성
①한국 문학 작품에 활용된 수사법의 특징을 분석한 내용과 자신의 경험을 바탕으로 ②영문학 작품의 수사법이 활용된 표현 감상하기	①-1 (상상력을) 발휘하다, 연계하다	창의적 사고 역량	학생들이 앞으로 읽게 될 문학 작품에서 수사법을 접하게 될 때, 자신이 이전에 읽었던 문학 작품에 활용된 수사법을 바탕으로 의미를 구성하는 반응
	①-2 (지식·자료·정보 등을) 활용하다	지식정보처리 역량	
	②-1 (정서를) 함양하다	심미적 감성 역량	
	②-2 (타인의 말과 생각을) 이해하다	의사소통 역량	
영문학 작품에 활용된 ① 수사법의 특징을 파악하여 자신의 삶과 연관지어 문장을 만들어보기	①-1 (생각·경험) 등을 표현하다	의사소통 역량	학생들이 수사법을 접했을 때 그 특징, 효과를 생각해보고 의사소통 과정에서 활용하고자 하는 반응
	①-2 (감각·사상을) 표현하다	심미적 감성 역량	
	①-3 (창의적으로·독창적으로) 산출하다	창의적 사고 역량	

> 읽기 후 활동

◪ 작품을 종합적으로 분석하여 발표하기 (활동지 6-5)

학생들이 문학 작품을 읽을 때 작품 속의 언어적, 내용적 측면을 분석할 뿐만 아니라 작품의 시대적·사회적·문화적 배경, 문학 사조, 작가 등에 대한 정보를 문학 작품에 적용하여 다양한 측면에서 접근할 수 있는 기회를 제공하고자 하였다. 본 활동에서 학생들이 작품 외적인 정보를 분석하는 과정에 참여하기 전에 학생들이 국어 시간에 배운 문학 작품을 활용하여 분석하는 과정을 연습하였다. 또한, 본 활동을 통해 도출한 정보와 이전 차시에서 학생들이 문학 작품에 대해 정리한 내용을 종합하여 학생들은 시에서 전달하고자 하는 메시지를 찾는 과정에 참여하는 동시에 자신의 의견을 뒷받침 할 수 있는 근거를 작성하여 다른 학생들과 의견을 공유하도록 하였다. <그림 6-7>은 본 활동을 진행하기 위한 피피티 자료이며, [활동지 6-5]는 활동을 위한 학습지이다.

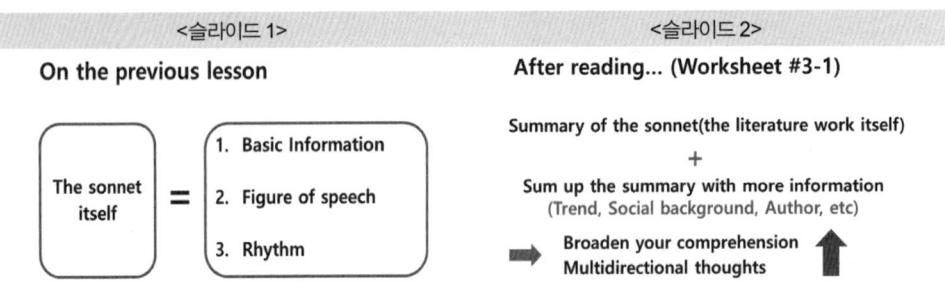

<그림 6-7> 작품의 내·외적 정보를 수합하여 종합적으로 분석하는 활동

본 활동을 통해 공동체 역량, 심미적 감성 역량, 지식정보처리 역량, 의사소통 역량 등의 측면에서 문학적 감수성을 길러줄 수 있으며 구체적인 방향은 <표 6-10>과 같다.

[활동지 6-5] 작품의 시대적·사회적·문화적 배경, 문학 사조, 작가 등에 대한 정보를 분석하는 활동

<표 6-10> 수사법을 감상하는 활동을 통한 문학적 감수성 함양 방안

학생활동	핵심역량 요소	핵심역량	문학적 감수성
작품의 ①시대적·사회적·문화적 배경, 문학 사조, 작가 등에 대한 정보를 이해하고 ②작품에 적용 및 분석하기	①-1 (다양성·다원적 가치를) 이해하다	공동체 역량	문학 작품을 읽을 때 시대적·사회적·문화적 배경 등의 측면에서 이해하고자 하는 반응
	①-2 (문화를) 이해하다	심미적 감성 역량	
	② (지식·자료·정보 등을) 적용하다, 분석하다	지식정보처리 역량	문학 작품을 읽은 후 내용을 언어적·내용적 측면에서 종합적으로 정리하고자 하는 반응
작품의 ①내·외적 정보를 수합하여 종합적으로 분석하여 ②발표하기	① (지식·자료·정보 등을) 수집하다, 분석하다	지식정보처리 역량	
	② (생각을) 주장하다, (의견이나 생각을) 조정하다, 공유하다	의사소통 역량	문학 작품에 대한 자신의 생각을 정립하고 다른 사람과 공유하고자 하는 반응

제6장 / 문학적 감수성을 기르는 읽기 지도

4) 평가

　영미 시를 활용한 수업을 진행하고 학생들을 평가할 때에 과정 중심 평가를 통해 교육과정과 수업 나아가 학생 생활기록부에 기록하는 내용들을 서로 연계하기 위해 노력하였다. 해당 차시의 수업 목표와 성취기준을 근거로 수업 활동을 구성하고 수업 활동의 과정에서 학생들이 보여준 모습을 관찰하고 기록하였으며 구체적인 평가 예시는 <그림 6-8>과 같다.

성취기준	핵심역량 요소
• [12영문03-07] 문학 작품을 읽고 심미적 표현과 의미를 파악할 수 있다. • [12영문04-03] 이미지, 은유, 상징 등의 구체적인 예를 활용하여 쓸 수 있다.	• 창의적 사고 역량 　: (상상력을) 발휘하다, 연계하다, (창의적으로) 산출하다 • 심미적 감성 역량 　: (정서를) 함양하다, (시상을) 표현하다 • 의사소통 역량 　: (타인의 생각을) 이해하다, (생각을) 표현하다

수사법을 감상하고 표현하는 활동

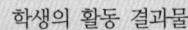

학생의 수업 참여 과정	학생의 활동 결과물
한국 문학 작품의 수사법을 바탕으로 셰익스피어 소네트 18번의 수사법을 분석 및 감상하는 과정에 참여함. 또한, 분석한 수사법을 활용하여 자신만의 문장을 만드는 과정에 참여함.	직유법의 효과와 특징 등을 원관념과 보조관념의 관점에서 분석하였으며 작가의 의도를 바탕으로 수사법이 활용된 문장을 감상함. 직유법을 활용하여 "My life is like a candlelight blown by the strong wind."라는 문장을 만들어냄. 자신이 만든 문장과 문장에서 수사법의 역할이 무엇인지를 다른 학생들에게 발표함.

평가 내용의 기록
한국 문학 작품의 수사법을 바탕으로 소네트 18번에 활용된 직유법의 표현과 의미를 정확하게 파악함. 시의 화자가 상대를 여름에 비유한 의도를 분석하기 위해 원관념과 보조관념의 개념을 들어 여름이 줄 수 있는 다양한 이미지를 대입하는 등 창의적 사고 역량을 보여줌. 또한, 직유법을 활용하여 "My life is like a candlelight blown by the strong wind."라는 문장을 만들어 시험을 앞둔 자신의 상황을 표현하는 등 뛰어난 심미적 감성 역량이 돋보임.

<그림 6-8> 영미 시를 활용한 수업에 대한 과정 중심 평가 예시

6.3.2 영미 단편 소설을 활용한 수업

학생의 요구조사 결과 응답한 작가 중 오 헨리를 선정하여 핵심역량을 연계한 활동을 제공하는 수업 자료를 개발하고자 하였으며, 이를 통해 학생의 문학적 감수성을 길러주고자 하였다.

1) 수업 자료

오 헨리의 작품들 중에서 *20년 후(After Twenty Years)*를 선정한 이유는 전형적인 단편 소설의 요소들인 인물, 사건, 배경 등이 복잡하지 않고 단순하게 제시되어 있는 동시에 반전이 있는 내용을 통해 학생의 흥미를 증진시킬 수 있을 것으로 예상되기 때문이다.

이 작품의 언어적 수준을 분석하기 위하여 렉사일 애널라이저를 사용한 결과, 렉사일 지수가 700L에서 900L로 측정되었다. 민보은(2017)의 렉사일 기반 영어교재 이독성 비교 분석 연구 결과에 따르면 2009 개정 교육과정 고등학교 영어Ⅱ 교과서에 사용된 지문의 렉사일 지수가 가장 낮은 단원은 630L, 가장 높은 단원은 1350L이었다. 즉, *20년 후*의 언어적 수준은 고등학교 교육과정의 언어 수준에 부합한다고 볼 수 있다.

2) 수업 개요

교육과정 성취기준	[12영문03-01] 문학 작품을 읽고 등장인물, 사건, 시간, 장소 등을 파악할 수 있다. [12영문03-03] 문학 작품을 읽고 줄거리, 주제, 요지를 파악할 수 있다. [12영문03-04] 문학 작품을 읽고 작품 구성 요소의 유기적 관계를 분석할 수 있다. [12영문03-06] 문학 작품을 읽고 작품의 분위기, 어조, 상황, 등장인물의 심정을 추론할 수 있다. [12영문04-01] 문학 작품을 읽고 등장인물, 사건, 시간, 장소 등에 대해 기록할 수 있다. [12영문04-02] 문학 작품을 읽고 작품의 분위기, 어조, 상황, 등장인물의 심정에 대해 쓸 수 있다. [12영문04-04] 문학 작품을 읽고 요약하는 글을 쓸 수 있다. [12영문04-05] 문학 작품을 읽고 감상이나 비평하는 글을 쓸 수 있다.	
단계	활동 내용	자료
읽기 전	읽게 될 작품의 내용 예측하기	그림 6-9
읽기 중	세부 정보를 파악하며 읽기	활동지 6-6
읽기 후	문학 작품을 자신의 삶과 연관 지어보기	활동지 6-7, 그림 6-10
	비평문 쓰기	활동지 6-8, 활동지 6-9, 활동지 6-10

3) 수업의 세부 내용

[읽기 전 활동]

◼ 읽게 될 작품의 내용 예측하기

학생들이 작품을 읽기 전에 제목, 관련 그림 자료 등을 통해 읽게 될 내용을 예측함으로써 다른 학생들과의 소통의 기회를 제공하는 동시에 관련 배경 지식을 활성화하도록 돕는 활동을 제시하였다. 활동을 위한 피피티는 <그림 6-9>와 같다.

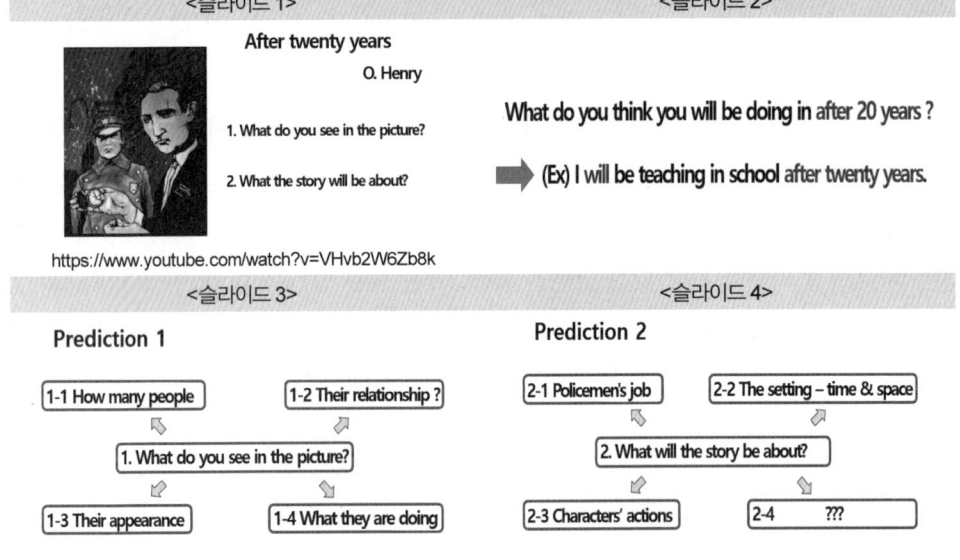

<그림 6-9> 제목 및 관련 그림 자료 등을 통해 읽을 내용 예측하기

이 활동을 통해 학생들은 창의적 사고 역량, 의사소통 역량, 지식정보처리 역량 등의 측면에서 문학적 감수성을 기를 수 있으며 구체적인 방향은 <표 6-11>과 같다.

<표 6-11> 제목, 관련 그림 자료 등을 통해 읽을 내용 예측하는 활동을 통한 문학적 감수성 함양 방안

학생활동	핵심역량 요소	핵심역량	문학적 감수성
제목, 관련 그림 자료 등을 통해 ①읽게 될 내용을 예측하여 ②다른 학생들과 의견을 공유하고 ③배경 지식을 활성화 하기	① (상상력을) 발휘하다	창의적 사고 역량	제목, 작가, 삽화, 책의 표지 등을 보고 작품의 내용에 대해 상상하는 동시에 자신의 생각을 다른 사람과 공유하고자 하는 반응
	② (의견이나 생각을) 공유하다	의사소통 역량	
	③ (지식·자료·정보 등을) 구성하다	지식정보처리 역량	작품을 읽기 전 자신에게 필요한 정보를 파악하고 구성하고자 하는 반응

읽기 중 활동

■ 세부 정보를 파악하며 읽기 (활동지 6-6)

 글을 읽을 때에는 글의 전개방식, 수사법 등과 같은 특징을 고려하여 그에 맞는 읽기 방법을 활용하는 것이 중요하다. 단편 소설의 전체적인 내용을 정확하게 파악하기 위해서는 구성 요소는 인물, 사건, 배경 등을 유기적인 관계 속에서 이해하는 것이 중요하다. 본 활동에서는 등장인물에 대한 정보가 제공될 때 해당 등장인물에 맞게 누적하여 정리하도록 하였다. 또한, 특정한 인물의 행동이 언제, 어디서, 어떤 상황에서 일어났는지 구체적으로 연계하여 적도록 하는 과정에서 학생들이 읽은 정보를 유의미하게 정리할 수 있는 기회를 제공하고자 하였으며 구체적인 활동은 [활동지 6-6]과 같다.

After Reading 2

A. Comprehension Check

1. Summarize the information about each character in the story.

Policeman 1	Policeman 2

Bob	Jimmy

2. Complete the blanks in the information chart based on characters and settings of the story.

| Character's Action | Setting | | Situation |
	Time	Space	

[활동지 6-6] 작품의 세부 정보를 파악하며 읽는 활동

이 활동을 통해 학생들은 지식정보처리 역량, 자기관리 역량 등의 측면에서 문학적 감수성을 기를 수 있으며 구체적인 방향은 <표 6-12>와 같다.

<표 6-12> 제목, 관련 그림 자료 등을 통해 읽을 내용 예측하는 활동을 통한 문학적 감수성 함양 방안

학생활동	핵심역량 요소	핵심역량	문학적 감수성
작품에서 제공되는 ①인물, 사건, 배경 등에 대한 정보를 유기적인 관계에서 파악하는 연습을 통해 ②읽는 습관을 기르기	① (지식·자료·정보 등을) 수집하다, 조직하다	지식정보처리 역량	문학 작품에서 읽은 내용을 유의미하게 조직하는 반응
	② (습관을) 갖다, 태도를 함양하다	자기관리 역량	문학 작품을 읽을 때 단순히 접근하는 것이 아니라 필요한 전략 및 습관을 활용하는 반응

읽기 후 활동

▰ **문학 작품을 자신의 삶과 연관 지어보기** (활동지 6-7)

학생들은 문학 작품을 읽고 내용적인 측면을 파악하고 분석하는 데에서 나아가 자신의 삶과 연관 지어보는 과정을 통해 자신의 삶을 성찰할 수 있다. 본 활동을 통해 학생들은 작품 속의 등장인물의 상황 또는 자신들의 삶에서 비슷한 상황에 있을 때 어떻게 행동할 것인지에 관해 생각해보고 주어진 영어 표현을 통해 자신의 의견을 제시하였다. 활동지는 [활동지 6-7]과 같으며 구체적인 과정은 <그림 6-10>과 같다.

Worksheet #	Date :
Title : After Twenty Years	학년 반 번 이름 :
Goal : Think about what would you do in the situation of the story	

1. How to use the subjunctive mood(가정법)
   (1) 가정법 미래, 과거, 과거완료

미래	If + S + should + V, S + will(can, may, should) + V
	=> 가능성이 희박한 미래 가정
	(예문) If it should rain on this weekend, I will stay home.
과거	If + S + 과거동사(be 동사=>were), S + would(could, might, should) + V
	=> 현재의 반대를 가정
	(예문) If the smart phone were on sale, I would buy it today.
과거완료	If + S + had p.p., S + would(could, might, should) have p.p.
	=> 과거의 반대를 가정
	(예문) If my parents had offered me a ride, I might have gone to the concert.

   (2) 혼합 가정법

혼합 가정법	If + S + had p.p., S + would + V
	=> If 절은 가정법 과거 완료, 주절은 가정법 과거와 현재 시제를 나타내는 단서 (now, today)가 같이 옴.
	(예문) If I had passed the exam, I might work as a teacher now.

2. Applying the subjunctive mood to 'After Twenty Years'

상황	1. 20년 만에 친구를 만난 상황
	2. 한 친구는 경찰, 한 친구는 범죄자인 상황

내가 소설 속 (경찰/범죄자) 친구였다면(라면), (_____) 했을 텐데.
_____

3. Applying the subjunctive mood to your daily lives.

   (_____) 였다면(라면), (_____) 했을 텐데.
   _____

[활동지 6-7] 문학 작품을 자신의 삶과 연관 지어보는 활동

<슬라이드 1>

If you were in the situation of this story ~

1. 'as a policeman', what would you do?
   (Ex) If I were a friend, a police man, in this story, I would/would not ~.

2. 'as a criminal', what would you do?
   (Ex) If I were a friend, a criminal, in this story, I would/would not ~.

<슬라이드 2>

Applying the story to your lives

Among the situations in your school life, choose a situation and make a sentence about what you would do in the situation.

1. 한 친구가 다른 친구의 물건을 허락없이 가져갈 때
2. 한 친구가 다른 친구를 괴롭힐 때
3. 어떤 친구가 아무데나 쓰레기를 버릴 때
4. 어떤 친구가 다른 친구에게 욕을 할 때
5. 어떤 친구가 그 외 다른 잘못된 행동을 할 때

<그림 6-10> 작품을 자신의 삶과 연관 지어보는 활동

이 활동을 통해 학생들은 자기관리 역량, 창의적 사고 역량, 의사소통 역량 등의 측면에서 문학적 감수성을 기를 수 있으며 구체적인 방향은 <표 6-13>과 같다.

<표 6-13> 작품을 자신의 삶과 연관 지어보는 활동을 통한 문학적 감수성 함양 방안

학생활동	핵심역량 요소	핵심역량	문학적 감수성
문학 작품 속 등장인물의 상황을 접했을 때 ①자신이 어떻게 행동할 것인지에 대해 생각해보고 ②의견을 제시하기	①-1 (자기·자아를) 이해하다	자기관리 역량	문학 작품을 읽고 등장인물의 상황에 대해 공감하는 동시에 자신의 경우에는 어떻게 행동했을지 등에 대해 생각해보는 동시에 다른 사람들에게 그 생각을 표현하는 반응
	①-2 (상상력을) 발휘하다	창의적 사고 역량	
	② (생각·경험) 등을 표현하다	의사소통 역량	
문학 작품 속 ①등장 인물의 상황과 유사한 일상생활 속의 상황을 찾아 자신의 ②생각을 정립하고 표현해보기	① 융합하다, 연계하다	창의적 사고 역량	문학 작품과 자신의 삶과의 연관성을 찾고 관련된 주제에 대해 자신의 생각을 표현하는 반응
	② (생각·경험) 등을 표현하다	의사소통 역량	

▰ 비평문 쓰기 활동지 6-8 활동지 6-9 활동지 6-10

본 활동에서는 학생들이 문학 작품을 읽은 후, 언어적, 내용적 측면 등을 다양하게 분석하고 그에 대해 스스로 평가를 할 수 있는 기회를 제공하였다. 비평문의 간략한 정의와 예시문에 근거하여 내용 및 구성의 특징 등을 분석하도록 하였으며, 분석한 내용을 토대로 개요, 초안, 수정을 거친 비평문 등을 작성하도록 하였다. 다음으로, 비평문 쓰기의 마무리 단계에서는 체크리스트를 통해 자신의 글을 스스로 점검할 수 있는 기회를 제공하였다. [활동지 6-8]은 비평문을 쓰기 위한 준비 활동으로 비평문의 정의, 내용 및 구성의 특징을 정리하는 부분이며, [활동지 6-9]는 개요, 초안 등의 과정과 자기평가를 위한 체크리스트에 관한 활동 내용이다. 마지막으로 [활동지 6-10]은 동료평가 결과 및 교사 피드백을 반영하여 수정하는 활동이다.

■ Writing

A. What is a Literature Review?

A literature review is a form of literary criticism based on content, style, and merit. Such a review may include the summary of the story and evaluation of the book with critical analysis.

B. Outline and model writing

Read the review of a short story and write down what element is written in each paragraph.

<Introduction>
Have you ever read one of the Shakespeare's stories? There are many stories that are closely related to our lives. One of the story, Henry V, shows a good example of leadership and cooperation through a historical battle between England and France.

<Body>
In this story, a main character is Henry V, who has the great leadership during the Hundred Years' War, immediately before and after the Battle of Agincourt(1415). He is benevolent and open enough to listen to what his subjects say. This characteristic leads to the unity and cooperation of English People, which results in the victory of England in the important battle with France. With this story, the author wants to show that leadership is important to help people unite and cooperate with each other and nothing is impossible with these leadership and cooperation.

<Conclusion>
After I read this story, I realized how powerful they will become if people unite and cooperate with each other with the great leadership. I think this story can inspire the person who is not only a leader in a group but also a group member in a group with unity and cooperation.

Introduction	
Body	
Conclusion	

[활동지 6-8] 비평문을 쓰기 위한 준비 활동

C. Write on your own

1. Choose a story you have read and want to write about.

Title & Author	
What the story is about	
The reason you chose	

2. Write an outline for your writing.

Introduction	Title :	
	Author :	
	Topic :	
Body	Main Characters :	
	Plot Summary :	
	Theme :	
Conclusion	Personal Evaluation(Critical Analysis) :	

3. Write your own review.

D. Self-feedback

Read your own book review, and check the boxes on the checklist.

Peer-feedback list	Name :
□ Does the review include the title and the name of the author?	
□ Does the review provide a retelling summary of the story?	
□ Did the reviewer mention the main theme of the story?	
□ Did the reviewer include personal evaluation or critical analysis of the story?	

[활동지 6-9] 비평문 개요와 초안 작성 및 자기평가 활동

F. Peer-feedback

Read your partner's book review, and check the boxes on the checklist.

Peer-feedback list	Name :
□ Does the review include the title and the name of the author?	
□ Does the review provide a retelling summary of the story?	
□ Did the reviewer mention the main theme of the story?	
□ Did the reviewer include personal evaluation or critical analysis of the story?	

G. Revise your writing again

2nd revision	Teacher's feedback

H. Final draft

Final draft	Teacher's feedback

[활동지 6-10] 동료평가 및 수정을 통한 최종본 작성 활동

이 활동을 통해 학생들은 지식정보처리 역량, 창의적 사고 역량, 의사소통 역량, 자기관리 역량 등의 측면에서 문학적 감수성을 기를 수 있으며 구체적인 방향은 <표 6-14>와 같다.

<표 6-14> 비평문 쓰기 활동을 통한 문학적 감수성 함양 방안

학생활동	핵심역량 요소	핵심역량	문학적 감수성
비평문의 정의, 예시문을 통해 ①비평문의 내용, 구성적 특징을 파악하기	① (지식·자료·정보 등을) 탐구하다, 분석하다, 조직하다	지식정보처리 역량	비평문의 내용, 구성 등의 종합적 측면에서 문학 작품에 접근하고자 하는 반응
①작품을 읽은 후 정리한 내용을 토대로 비평문을 작성하고 ②스스로 점검하기	①-1 (지식·자료·정보 등을) 조직하다	지식정보처리 역량	문학 작품을 읽고 인물, 사건 배경 등 작품 내적인 구성 요소뿐만 아니라 자신의 개인적 평가를 더하여 종합적으로 분석하고 점검하고자 하는 반응
	①-2 (창의적으로·독창적으로) 산출하다	창의적 사고 역량	
	①-3 (생각을) 주장하다	의사소통 역량	
	② 자기주도적으로 하다	자기관리 역량	
① 동료의 문학 비평문을 평가하는 활동에 참여하여 얻은 피드백과 교사 ②피드백을 통해 원고를 수정하기	① 협동·협업·협력하다, 상호작용하다	공동체 역량	다른 사람이 문학 작품에 대해 작성한 글을 읽고 자신의 생각을 덧붙이는 반응
	② (지식·자료·정보 등을) 이해하다, 처리하다, 적용하다, 활용하다	지식정보처리 역량	다른 사람이 제시한 의견을 받아들여서 상황에 맞게 활용하고자 하는 반응

4) 평가

영미 소설을 활용한 수업을 진행하고 학생들을 평가할 때에도 영미 시를 활용한 수업과 마찬가지로 과정 중심 평가를 통해 교육과정과 수업 나아가 학교생활기록부에 기록하는 내용들을 서로 연계하기 위해 노력하였다. 구체적인 평가 예시는 <그림 6-11>과 같다.

성취기준	핵심역량 요소

• [12영문03-06] 문학 작품을 읽고 작품의 분위기, 어조, 상황, 등장인물의 심정을 추론할 수 있다.
• [12영문04-02] 문학 작품을 읽고 작품의 분위기, 어조, 상황, 등장인물의 심정에 대해 쓸 수 있다.
	• 창의적 사고 역량
	  : (상상력을) 발휘하다, 연계하다, (창의적으로) 산출하다
	• 자기관리 역량
	  : (자기, 자아를) 이해하다
	• 의사소통 역량
	  : (타인의 생각을) 이해하다, (생각을) 표현하다

작품을 자신의 삶과 연관 짓는 활동

학생의 수업 참여 과정	학생의 활동 결과물
오 헨리의 '20년 후'를 읽고 자신이 등장인물의 상황에서는 어떻게 행동할 것인지에 대해 생각함. 또한, 소설 속의 딜레마 상황과 유사한 상황을 일상 생활에서 접했을 경우 어떻게 행동할 것인지에 대해 생각하고 가정법을 사용하여 자신의 의견을 표현함.	'20년 후'에서 등장하는 친구 중 경찰의 입장에서 자신이 어떻게 행동할 것인지를 가정법을 사용하여 표현하였으며 그에 대한 근거를 제시함. 또한, 일상 생활에서 친구의 잘못된 행동을 보았을 때의 상황을 가정하여 자신이 하게 될 행동과 그에 대한 근거를 정립한 후 다른 학생들과 의견을 공유함.

평가 내용의 기록
오 헨리의 '20년 후'를 읽고 등장인물의 입장에서 자신이 어떻게 행동할 것인지에 대해 상상하는 활동을 통해 창의적 사고 역량을 길러냄. 가정법을 활용하여 등장인물 중 경찰의 입장에서 상상한 내용을, "If I were in the situation as a policeman, I would arrest my old friend."로 표현하고, 그에 대한 근거로 경찰의 직업윤리를 제시함. 또한 소설과 비슷한 상황을 일상 생활에서 마주했을 때 자기 자신이 어떻게 행동할 것인지에 대해 스스로 생각해보고 가정법을 사용하여 의견을 제시하는 등 자기관리 역량이 뛰어난 모습도 보여줌.

<그림 6-11> 영미 소설을 활용한 수업에 대한 과정 중심 평가 예시

6.3.3 수업 후기

1) 교사 후기

문학적 감수성을 기르기 위한 영미 문학 읽기 수업 자료를 개발하고, 이를 수업에 활용하는 과정에서 다음과 같은 어려움이 있었다.

첫째, 문학 작품을 선정하는 과정에서 어려움이 있었다. 문학 작품들은 언어적 수준, 작품을 이해하는 데 필요한 문화적 배경 지식, 작가 등 다양한 요소에서 서로 다르기 때문에 모든 학생의 요구를 만족시킬 수 있는 작품을 선정하기 어려웠다. 작품을 선정할 수 있는 기준과 선정된 작품을 통해 수업을 할 때에 학생들의 요구 수준에 맞게 조절할 수 있는 방안을 마련할 필요가 있다.

둘째, 문학 작품과 연계할 수 있는 활동이 부족했다. 2015 영어과 교육과정의 영어Ⅱ

검인정교과서의 경우 말하기, 듣기, 읽기, 쓰기 등 모든 기능의 성취기준에 근거하여 활동을 구성하였다. 그러나 영미 문학 읽기 과목은 성취기준이 읽기, 쓰기 밖에 없기 때문에 같은 차시와 분량일 경우에 영어Ⅱ 과목보다 다양한 읽기, 쓰기 활동이 필요하다.

셋째, 지필 평가에 문항을 출제하여 변별하는 데 어려움이 있다. 학교 현장에서는 현행 입시제도에 맞게 학생들의 점수를 통해 등수를 변별하여 해당 등급을 제공해야 한다. 본 수업 자료를 통해 과정 중심 평가를 기반으로 수행평가에 적용할 수 있는 방안을 고안하였으나, 문학 작품에 맞는 문제 개발 방법의 부재, 학생과 학부모 반발 등으로 인해 지필 평가에서 문항을 출제하는 데에는 한계가 있었다. 문학 작품을 활용한 문항 유형, 개발 방안 등이 학교 현장에 보급된다면 교사들이 영미 문학 작품을 교육과정에 편성하여 운영하는 데 도움이 될 것이다.

2) 학생 후기

문학적 감수성을 기르기 위한 영미 문학 읽기 수업 후 설문 조사를 통해 학생의 반응을 긍정적, 부정적 측면에서 살펴보았으며 구체적으로 작성한 내용은 다음과 같다.

<긍정적 반응>
- ★ 어려운 단어와 문화 속 문법을 배우고 본문을 읽어서 영어에 대한 두려움을 줄일 수 있어서 좋았다. (윤○원)
- ★ 수업 Introduction 부분에 학생들의 흥미를 유발할 수 있도록 드라마, 영화, 국어책 등의 자료를 이용한 것이 좋았습니다. 또한, 내용적으로도 국어 시간에 배우는 문학적 기법들을 영어로 접해서 친밀하게 느껴졌고, 단순히 혼자 문학 작품을 읽을 때는 알 수 없는 문학적 기법들에 대해서도 알 수 있었습니다. (조○형)
- ★ 영어로 쓰여진 문학 작품(시, 소설 등)을 읽을 때 고려해야 할 요소가 굉장히 많다는 것을 알게 되었습니다. 수업을 들은 이후에 다른 영미문학 작품을 찾아 읽어보고 싶다는 생각이 들었습니다. (차○연)
- ★ 영문학 작품이 어렵게 느껴진 이유는 영어권 국가들의 문화가 익숙하지 않기 때문인데 작품의 배경과 상황을 이해하고 작품을 읽게 되어 이해가 쉬웠다. (정○미)
- ★ 피피티, 혹은 유튜브 등과 강화된 영상자료가 수업 참여도를 높이고 수업 방식을 더 흥미 있게 해주는 것 같습니다. 수업 중간중간 스마트폰이나 태블릿 등을 이용한 검색 혹은 자료 탐색이 가능하다면 더 이해도 높은 수업이 이루어질 수 있을 것 같습니다. (김○석)
- ★ 우리에게 익숙한 문학 작품을 보여주며 비교 및 대조하는 것이 새로운 작품 이해에 큰 도움이 되었다. (유○규)
- ★ 새로운 단어들도 많이 알 수 있고, 중간중간 그룹 토의 시간도 많이 있어서 다른 친구들과 의견을

공유하는 데에 적합한 수업인 것 같습니다. (김○원)
- ★ 다양한 활동이 제시되었으며, 수준 역시 적절함. 이러한 활동이 학습 목표 달성에 도움이 됨. (이○승)

<부정적 반응>
- ★ 한국 고전문학의 한국어를 이해하기 어려운 것처럼 영어 단어도 이상한(?) 단어들이 많아서 이해하는 데 오래 걸림. (김○환)
- ★ 시, 소설을 이해하기 위한 배경 지식을 이해하기 어려워서 문학 작품이 어렵게 느껴졌다. (유○석)
- ★ 문장 구조를 파악하기 어려운 것들이 있었다. 나중에는 의역해서 상관없음. (김○택)

긍정적 반응 중에서 학생들은 문학 작품을 수업에 활용하는 것에 대해 대체로 긍정적인 반응을 보이고 있으며 문학 작품에 대한 흥미 또한 긍정적인 방향으로 영향을 주고 있는 것으로 보인다. 그러나 부정적 반응을 통해 보완할 점 또한 알 수 있었다. 특히, 문학 작품에 활용된 어휘와 문장 구조가 문학 작품이 쓰여진 시대에 활용되는 언어를 반영한 경우가 많기 때문에 학생들이 어려움을 겪었다. 또한, 문학 작품을 이해하기 위해 제시한 배경 지식을 이해하는 데 어려움이 있다고 응답한 학생도 있었다. 전자의 문제를 해결하기 위해서는 대학수학능력시험 및 모의평가에서 어휘 빈도수에 따라 학생의 교육과정 수준에 맞는 어휘 수준을 넘는 어휘들은 따로 제시해주는 것처럼 문학 교수학습 자료를 제시할 때에도 이와 같은 과정이 필요함을 알 수 있다. 후자의 경우 학생에게 제시하는 배경 지식의 내용과 수준을 학생들이 배운 교과내용, 교과서 자료 등으로 조절한다면 학생의 배경 지식에 대한 이해를 증진시킬 수 있을 것으로 예상된다.

6.4 도움이 될 읽기 자료

McKay(1982)에 따르면 외국어 학습을 위해 문학 작품을 선정할 때 중요하게 고려할 점은 학습자들이 공감할 수 있는 주제를 담고 있는지 언어적으로 난해하지 않은 문체가 활용되는지 등의 여부이다. 요구조사를 통해 학습자가 관심 있는 작가, 작품 등을 조사한 후 메타 메트릭스가 개발한 이독성 지수를 고려한다면 수업에 활용할 수 있는 도서를 선정할 수 있을 것이다. 메타 메트릭스에서 제공하는 홈페이지(http://www.lexile.com/)를 활용하면 다양한 출판사의 도서를 언어적 수준에 따라 <그림 6-12>와 같이 검색할 수 있다.

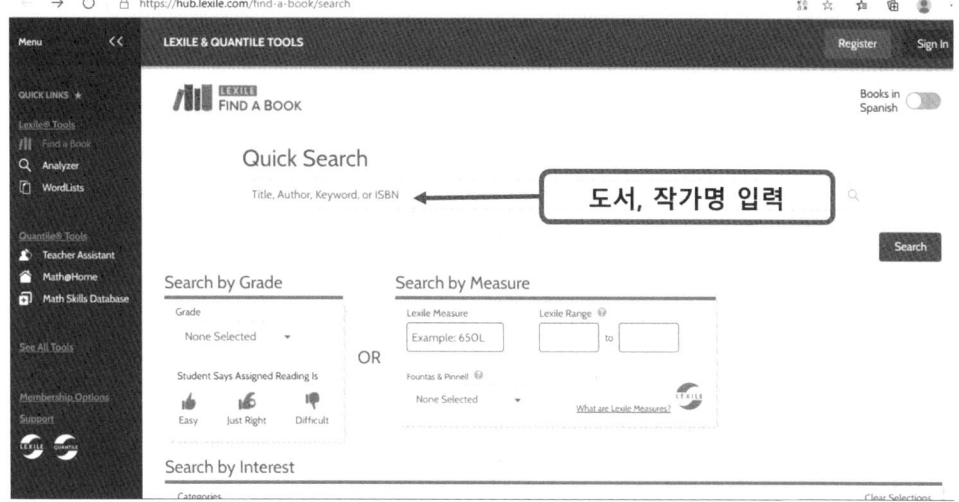

<그림 6-12> 렉사일 홈페이지 도서 검색 방법

    Collie와 Slater(1987)는 작품 전체를 수업에 다루는 것이 때로는 무모할 수 있다는 점을 지적하는 동시에 이를 해결하기 위한 방안으로 발췌문을 이용하는 것을 옹호하였다. 발췌문을 추출할 때는 학생들이 수업에서 문학 작품을 접할 때 전체적인 흐름을 파악할 수 있도록 하는 동시에 작품과 관련성 있는 주제를 강화할 수 있는 부분을 고려할 필요가 있다고 하였다. 그렇기 때문에 선정한 도서들 중에 차시 내에 읽을 수 있을 만한 분량을 담은 단편 소설들 위주로 학생들과 함께 읽었으며 정해진 차시 내에 읽기 어려운 분량의 작품은 학생들이 관심 있는 부분, 전달하고자 하는 메시지, 수업의 목표 등을 종합적으로 고려하여 필요한 부분만을 발췌하여 수업에 활용하였다. 구체적으로 활용할 만한 도서는 다음과 같다.

Matthews, A., & Ross, A. L. (2003). *Henry V*. London: Orchard books.
Porter, W. S. (2017). *The selected stories of O. Henry*. New York: Digireads.com Publishing.
Dahl, R. (2013). *The Umbrella Man and other stories*. London: Puffin Books.
Silverstein, S. (2014). *Where the sidewalk ends: Poems and drawings*. New York: HarperCollins.
Johnson, G., & Arp, T. R. (2007). *Perrine's sound and sense: An introduction to poetry*. Belmont: Thomson Wadsworth.
Blair, A. C. (2000). *Animal farm*. London: Penguin Books.
Hemingway, E. M. (1995). *The Snows of Kilimanjaro and other stories*. New York: Charles Scribner's Sons.

본 장에서는 고등학교 수업 현장에서 학생들의 문학적 감수성을 길러주기 위한 수업 지도 방안에 대해 논의해보았다. 2015 개정 교육과정 영어과 진로 선택 과목으로 영미 문학 읽기가 신설되었지만, 교사가 수업 구성, 자료 개발, 평가 등에 이르는 모든 영역을 담당해야 한다는 부담감 때문에 단위 학교에서 교육과정에 편성하기 어려운 상황이다. 본 장에서 논의한 읽기 지도 방안이 학교 현장에서 영미 문학 작품이 활용될 수 있는 데 조금이나마 도움이 되었으면 한다.

참고문헌

교육부. (2015a). *2015 개정 교육과정 총론*. 교육부 고시 제2015-74호 [별책 1]. 서울: 교육부.
교육부. (2015b). *영어과 교육과정*. 교육부 고시 제2015-74호 [별책 14]. 서울: 교육부.
김경자, 곽상훈, 백남진, 송호현, 온정덕, 이승미, 한혜정, 허병훈, 홍은숙. (2015). *2015 개정 교육과정 총론 시안*. 서울: 교육부.
민보은. (2017). *렉사일 기반 영어교재 이독성 비교 분석 연구* (미출간 석사학위논문). 한국교원대학교, 충북 청주.
배두본. (1999). *영어 교재론 개관: 이론과 개발*. 서울: 한국문화사.
이상구. (2002). 구성주의적 학습자 중심 문학교육의 원리와 방법. *문학교육학, 10*, 169-196.
임유나, 장소영. (2016). 2015 개정 교육과정 핵심역량과 교과의 관계성 분석: 언어 네트워크 분석을 활용하여. *학습자중심교과교육연구, 16*(10), 749-771.
정내원. (2001). 셰익스피어 소네트의 시적 기교: 소네트 18, 73, 124, 138을 중심으로. *영어교육연구, 23*, 113-139.
Adeyanju, T. K. (1978). Teaching and human values in ESL: Objectives and selection. *ELT Journal, 32*(2), 155-182.
Carrell, P. L. (1983). Some issues in studying the role of schemata, or background knowledge in second language comprehension. *Reading in a Foreign Language, 1*, 81-92.
Collie, J., & Slater, S. (1987). *Literature in the language classroom: A resource book of ideas and activities*. Cambridge: Cambridge University Press.
Littlewood, W. T. (1981). *Communicative language teaching*. Cambridge: Cambridge University Press.
McKay, S. (1982). Literature in the ESL classroom. *TESOL Quarterly, 16*(4), 529-536.

제7장

세상을 보는 눈을 키워주는 정보 추출 목적의 읽기

안혜선
(대전둔산여자고등학교)

> 안혜선은 타오르는 열정만큼이나 빠르게 식어가는 체력의 4년차 교사이다. 영어 시간 '끊어 읽기' 좀 '끊어'보고 싶어 더 나은 수업을 고민하고 또 고민하고 있다. 요즘 자주 하는 말로는 '맛있다, 곱빼기 시킬 걸'과 수업 끝나고 나서 '아 이렇게 할 걸...'이 있지만 다음에 곱빼기 시키고 다음 수업 때 보완해서 더 잘하면 되니 후회는 없다. 좋은 수업을 위한 고민의 결과와 끊임없는 시도, 그리고 실수들이 다른 선생님들께 조금이라도 도움이 되었으면 좋겠다.

수능 시험 전후로 학교 분리수거장에는 엄청난 양의 문제집과 교과서가 쏟아져 나온다. 다가올 고3이라는 운명을 받아들이는 듯 고1, 2학년의 후배들은 선배들의 책을 앞으로의 고3 인생을 밝혀줄 등불인양 소중하게 골라 집어 든다. 운이 좋아 공부를 잘하는 선배의 책을 집어 들었다면 중요한 정보에만 밑줄이 그어져있고 설명이 적힌 깔끔한 교사용 교과서를 집겠지만, 운 나쁘게 공부와 거리가 먼 선배의 책을 집었다면 6살 조카의 색칠공부 책처럼 온통 밑줄과 중요하지 않은 것까지 필기된 책을 마주하게 될 것이다. 이러한 두서없는 흔적은 학생들이 글의 핵심 정보를 제대로 파악하지 못하고 수박 겉핥기식으로 문장의 해석만 찾아 헤맸다는 반증일 것이다.

고등학교에서의 영어 수업은 다양한 활동을 하시는 선생님들의 노력에도 불구하고 내신과 수능이라는 교육제도에 맞춰 한정된 텍스트를 읽고 주어진 문항에서 이해를 점검하는 문제를 푸는 수업이 주를 이룬다. 교과서나 EBS 교재들에서는 다양한 분야에 관한 텍스트가 사용되고 꽤나 심도 있는 내용을 다루기에 때로는 도대체 읽어도 당최 무슨 말인지 모를 과학 지문이나 경제 지문들을 마주하게 된다. 그럴 때 타 교과 선생님들에게 배경 지식에 대한 설명을 듣고 학생들 앞에서는 의연하고 자연스럽게 마치 처음부터 나는 다 이해하고 있었다는 표정으로 수업을 해나가는 선생님들도 계실 것이다. 물론 필자도 역시 그러하다. 언어 학습에서 내용 중심 텍스트를 읽음으로써 정보와 학과목의 내용을 학습하며 목표어도 함께 배울 수 있다는 이점이 있지만, 목표어를 배우는 과정에 있는 학생들에게는 내용 텍스트를 읽는 그 자체가 또한 큰 도전이 아닐 수 없다. 언어-내용 통합 텍스트를 읽고 문제를 푸는 대부분의 학교 수업에서 정보 추출 목적의 글 읽기 활동을 어떻게 진행할 것인가 대한 초점을 맞추어 교수학습 전략을 개발해야 할 것이다.

7.1 정보 추출 목적의 읽기의 개념

7.1.1 정보 추출 목적의 읽기의 중요성

우리는 살아가면서 다양한 목적의 글을 읽게 된다. 그 중 학생들이 접하게 되는 정보를 전달하는 글의 대표적인 텍스트는 교과서일 것이다. 어떤 사물이나 현상에 대하여 새로운 정보를 알리고 설명하는 글로 지식이나 정보 획득을 목적으로 하는 정보 추출 목적의 글 읽기는 사회, 과학, 경제 등을 내용으로 하는 설명문체 정보 텍스트(expository informational text)로서 교과서와 같은 서술 구조로 사실적인 정보를 전달하는 데 초점을 맞추는 텍스트이다. 예를 들면, 묘사, 순서, 원인과 결과, 비교와 대조, 문제 해결, 내용의 목차, 주요 단어 해설, 삽화, 도표, 그래프 등의 다양한 방법으로 사실적인 정보를 전달한다. 이러한 설명문은 글쓴이가 알고 있는 것을 읽는 이가 쉽게 이해할 수 있도록 객관적이고 체계적으로 쓴 글이다. 학습과 관계있는 대부분의 글은 설명문이다. 따라서 설명문을 제대로 읽고 쓸 수 있는 능력은 교과 학습뿐만 아니라, 우리 삶에 필요한 지식이나 정보를 얻기 위해서도 꼭 필요한 능력이다. 학년이 올라갈수록 지식이나 정보를 전달하는 글의 비중이 높아진다. 정보를 전달하기 위해서 제작된 설명문체 정보 텍스트는 보통 하나의 주제 또는 화제에 초점을 맞추고 대상 주제 또는 화제에 대한 정보를 심도 있게 전달하도록 구성되어 있다. 이러한 정보 전달성 글을 읽기 위해서는 학생들이 글의 구조적 특성을 이해하고 내용 전개 방법을 파악해야 할 뿐만 아니라 내용의 정확성과 공정성을 파악한 후 글의 정보를 체계적으로 요약할 줄 아는 능력을 길러야 할 것이다.

Huck, Helper와 Hickman(1987)은 논픽션의 소재는 다양하며, 특히 가정이나 주변에서 겪은 실제의 삶과 관련된 것들을 다루고 있어 학습자의 호기심을 불러일으킨다고 하였다. 또한, 학습자들은 논픽션 지문들을 통해 다양한 정보를 얻을 수 있을 뿐 아니라 사고력을 확장시킬 수 있다. 이러한 특성은 논픽션 읽기 자료가 영어 읽기 지도에 효과적으로 활용될 수 있음을 보여준다. Moss(1995)는 학습자들은 논픽션 읽기 자료로부터 유익한 정보와 지식을 얻을 뿐 아니라 글의 구조에도 노출된다고 하였다. 또한, 정보를 담고 있는 설명문체의 논픽션 읽기를 통해 학습자들은 글을 쓰는 필자가 정보들을 어떻게 구성해서 독자들에게 제시하고 있는지를 깨닫게 된다고 하였다.

7.1.2 정보 추출 목적의 글 읽기에서 교사의 역할

정보 추출 목적의 글 읽기 활동을 위해 교사는 학습자들이 자신들이 읽은 글을 올바르게 이해하기 위한 기본적인 독해 전략들을 가르쳐야 한다. 이를 위해 교사는 다음의 두 가지 역할을 수행해야 한다. 첫째, 교사는 학습자가 활용할 수 있는 어휘 학습에 대한 전략을 지도해야 할 것이다. 학습자들의 내용 이해에 가장 큰 비중을 차지하고 있는 어휘에 대한 학습과 새롭고 친숙하지 않은 어휘들을 마주했을 때 스스로 어휘의 뜻을 찾을 수 있는 어휘 학습 전략을 길러주는 것이 중요할 것이다. 단어는 1:1로 짝지어지는 고유한 의미만을 가진 것이 아니라 문맥과 쓰이는 상황에 따라 다른 의미를 지닐 수 있기 때문에 교사는 학습자들이 단어가 사용되는 문맥과 분야에 맞추어 어휘의 뜻을 유추하고 학습할 수 있도록 도와야 할 것이다. 또한, 교사는 학습자들로 하여금 정보가 담긴 글이 어떠한 구조로 되어있는지에 대해 파악하는 전략을 가르쳐야 할 것이다. 효과적인 정보 추출 목적의 글 읽기를 위해 글의 구조를 파악하고 구조에 따라 다른 읽기 전략을 적용할 수 있도록 지도해야 학습자들의 글의 이해도를 높일 수 있다. 글에서 전달되는 정보들이 어떤 구조로 제시가 되고 있는지 파악한다면 학습자들은 보다 쉽고 효과적으로 글의 내용을 이해할 수 있을 것이다. 마지막으로는 학습과 학습자들의 실생활이 연결되는 수업을 구성해야 한다. 실제로 많은 학생들이 학습자들에게 영어 시간은 곧 글을 읽고 해석하고 문법을 배우는 시간으로만 생각되어 본문을 통째로 외우거나 시험에 나오는 문법에만 치중하여 공부하는 학생들이 많다는 것을 알 수 있었다. 이들에게 정보 추출 목적의 글 읽기 수업이 의미 있는 수업이 되기 위해서는 학생들에게 영어로 된 정보를 읽고 정확하게 내용을 이해해야만 하는 실제적인 이유가 주어져야 한다. 단순히 내용을 읽고 이해하는 것에서만 끝나는 것이 아니라 실생활과 관련되거나 본인의 진로와 관련한 과제를 부여한다면 조금 더 능동적이고 재미있게 영어를 학습할 수 있을 것이다.

7.2 정보 추출 목적의 읽기 수업 준비하기

7.2.1 텍스트의 구조 파악하기

텍스트의 유형을 파악하고 읽을 때 읽기 이해력은 더욱 향상될 수 있다. 본 교과서는 대부분의 단원이 설명문체 텍스트의 구조로 되어있으므로 비교-대조(compare-contrast), 문제-해결(problem-solving) 등의 구조와 읽기 전략에 대해 설명하고 다양한 학습 자료를 제시하여 학습자들이 보다 정확하게 글을 이해할 수 있도록 도와야 한다. 이어지는 후속 활동인 글쓰기 활동을 하기 위해서도 정보와 관련된 사실을 단순히 나열하여 자신의 주장이나 논리가 흐려지지 않도록 하기 위해 글의 논리적인 구성에 대해 지도할 필요가 있다. 생각 학습지(think sheet)나 의미 지도(semantic mapping) 같은 그래픽 조직자(graphic organizer)를 활용하여 글이 어떻게 구성되어있는지에 대한 학습이 필요하다. 글의 내용이 글의 구조를 통해 어떻게 제시되고 있는지 파악한다면 학습자들은 보다 쉽고 효과적으로 글의 내용을 이해할 수 있을 것이다.

7.2.2 학습자 분석하기

본 장에서 소개하려는 수업은 대전의 고등학교 2학년 학생을 대상으로 하는 정보 추출 목적의 글 읽기 수업이다. 수업에 참여한 학생들은 다양한 수준의 영어 능력을 가진 학생들이었으며 전국단위 학업성취도 평가를 기준으로 볼 때 전체적으로 '중' 수준의 영어 수준을 갖고 있다. 영어 능숙도 외에 수업 중 관찰된 영어에 대한 평소 생각과 태도에서는 대부분 자신의 대학 생활과 진로를 위해 영어가 필수적이라는 생각을 공통적으로 가지고 있었다. <그림 7-1>은 정보성 글을 해석할 때 어렵게 하는 요소를 설문 조사한 것이다. 수업 시간에 정보를 전달하는 여러 지문을 읽으며 독해에 방해가 되었던 요소는 바로 '단어가 어려워서'임을 알 수 있었다. 이렇게 영어 학습에서 학생들의 글 읽기를 어렵게 만드는 요소에 대해 알아봄으로써 교사는 더욱 적절하게 수업의 방향성을 잡을 수 있었고 학습자들에게 필요한 도움을 제공할 수 있었다.

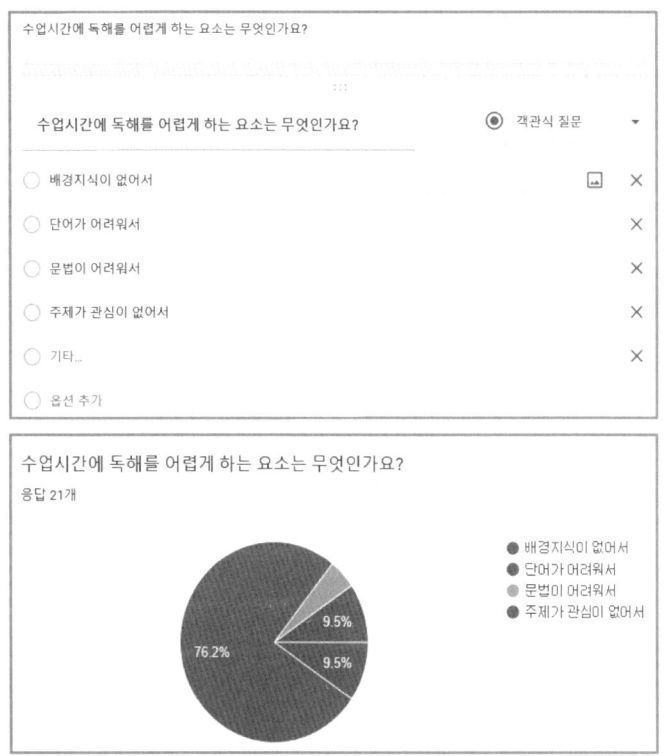

<그림 7-1> 수업 시간에 독해를 어렵게 하는 요소는 무엇인가요? 온라인 설문 조사 응답의 일부

7.2.3 정보 추출 목적을 위한 어휘 학습

첫 번째 수업으로 제시하게 된 본문 내용은 *Treasure out of Trash – New Trends of Urban Renewal*을 주제로 한 설명문체로 기술된 글이다. 낙후되고 황폐해진 도시 공간들을 도시재생으로 바꾸는 것과 관련된 글을 다루고 있다. 도시재생과 관련된 글을 이해하기 위해 학습자들은 도시계획, 건설, 건축물에 관련된 단어들에 대해 숙지하고 있어야 하며 4가지의 도시재생에 관련된 실례를 통해 다양한 모습의 도시재생과 관련된 정보를 읽게 된다. 두 번째 수업에서는 *Fun Science About the Human Body – Why We Cry?*를 주제로 한 본문 내용으로 주로 눈과 관련된 생물학적 용어나 눈물과 관련된 과학적 영어 단어들이 제시된다. 두 단원에서 다루어지는 내용 모두 빈도가 낮은 단어들이 제시되고 글과 관련된 정보를 정확하게 추출하고 글의 내용을 이해하기 위해서는 빈도가 낮고 친숙도가 낮은 어휘들에 대한 학습이 반드시 필요하다. 앞서 7.2.2절에서 학습자들이 가장 어려워하는 부분이 어휘임을 감안하여 본 장에서 제시된 수업에서는 어휘 학습에 조금 더 중점을 두어 진행하였다. 온라인 수업에서의 어휘 학습을 위해 스마트 폰을 활용하여 클래스 카드(class card) 애플리케이션으로 어휘를 학습하거나 학습자들이 모르는 어휘를 만났을 때 어휘를 추론하고 학습할 수 있는 전략을 세우도록 돕기 위해 인덱스 카드(index card), 벽 사전(word wall), 어휘 자체 수집(vocabulary self-collection) 활동 등을 구성하였다. 이런 활동들을 구성하기 위해서 교사는 먼저 어휘 사용의 빈도수와 학습자들에게 친숙하지 않은 단어들을 먼저 구별하여 어휘 활동에 사용해야 한다.

7.3 수업의 실제

7.3.1 *Treasure Out of Trash: New Trends of Urban Renewal*

1) 수업 자료

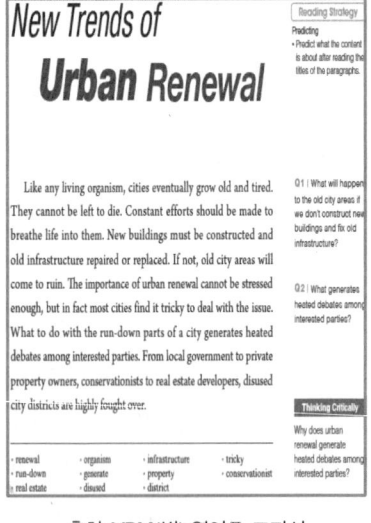

출처: YBM(박) 영어Ⅱ 교과서

첫 번째 읽기 자료는 교과서 지문으로 2015 개정 교육과정의 YBM(박) 영어Ⅱ 1과의 본문이다. 도시 재생의 새로운 경향에 관한 내용으로 낡고 오래된 도시의 재개발은 필요하지만 다양한 이해관계자들이 얽혀있어 쉽지 않음을 언급하며, 완전히 새로 건설하는 것과 달리 도시의 건축 유산을 더 잘 보존할 수 있는 새로운 관점의 도시재생이 요구된다는 내용이다. 도시재생이 이루어진 실례로 콜롬비아 메데인의 도시재생, 오스트리아 비엔나의 훈데르트바서 하우스, 뉴욕과 서울의 인프라 업사이클링의 이야기가 담겨 있다. 전 세계 도시들이 창의성, 공동체 친화성, 보존의 세 가지 핵심어를 바탕으로 창의적인 도시재생의 아이디어를 고안해 내려 하고 있다는 점을 언급하고 있다. 지문을 통해 학생들은 각국의 오래되고 버려진 공간을 창의적으로 변형시켜낸 여러 사례들을 듣고 지역사회 내에서 도시재생이 이루어진 사례에 대해 관심을 가져보며, 버려지고 황폐화된 지역을 찾아 창의적인 도시재생이나 공간 활용의 아이디어를 제안해 볼 수 있다.

주요 어휘

- renewal, infrastructure, run-down, conservationist, real estate, disused, district, redevelopment, cityscape

주요 구문

- Cannot ~ enough '아무리 ~해도 지나치지 않다'라는 뜻으로 강조의 의미로 사용됨. 문맥에 따라 cannot ~ too로 바꾸어 사용할 수도 있음.
  [예: The importance of urban renewal cannot be stressed enough.]
- 가목적어 it, 진목적어 to부정사
  [예: Steep roads made it impossible for vehicles to access this poor neighborhood.]

2) 수업 개요

교육과정 성취기준	[12영Ⅱ03-01] 다양한 주제에 관한 글을 읽고 세부 정보를 파악할 수 있다. [12영Ⅱ03-03] 다양한 주제에 관한 글을 읽고 내용의 논리적 관계를 파악할 수 있다. [12영Ⅱ04-03] 비교적 다양한 주제에 관해 자신의 의견이나 감정을 쓸 수 있다.	
단계	활동 내용	자료
읽기 전	사진과 소주제로 읽을 내용 예측하기	그림 7-2, 그림 7-3
	클래스 카드로 어휘 학습하기	그림 7-4
읽기 중	벽 사전	활동지 7-1
	머리 맞대어 생각하기	활동지 7-2
읽기 후	그래픽 조직자	활동지 7-3
	제안하는 글쓰기 - Be a transformER	활동지 7-4

3) 수업의 세부 내용

> 읽기 전 활동

◾ 사진과 소주제로 읽을 내용 예측하기

때로는 그림이 글보다 더 많은 메시지를 담고 있기 때문에 학습자들은 학습 전 교과서의 사진과 소주제들을 보고 배울 내용을 예측해 볼 수 있다. 그림과 사진, 소주제들을 살펴보며 배경 지식을 활성화할 수 있을 뿐 아니라 주제를 통해 실생활에 적용된 예를 생각해보며 학습할 내용에 대한 흥미를 높일 수 있다. 학습자들은 본문에 제시된 사진을 보고 어떤 내용의 글인지를 예측하며 떠오르는 단어들을 이야기한다. 또한, 수업 내용과 관련하여 최근 그 지역 출신 연예인들이 자신의 고향을 소개하는 텔레비전 프로그램에 대해 이야기로 이어지며 자연스럽게 자신이 알고 있는 건물의 재활용이 이루어진 사례에 대해 흥미를 가지고 이야기하는 것을 관찰할 수 있었다. 'Urban Renewal'에 대해 소주제로 제시된 'Escalators Transform Life in Hillside Neighborhood', 'Artistic Inspiration to Build an Ideal Community' 등의 소제목들을 살펴보며 여러 나라에서 적용된 건물의 재사용에 대해 살펴보고 어떤 건물이 어떻게 변한 건지 궁금해 하기도 하였다. 교사는 학습자들이 본문의 그림과 소주제를 보고 학생들이 떠올리는 생각들과 관련 단어들을 모두 칠판에 적는다. 이후 칠판에 쓰인 단어들을 그룹화해보며 크게 글의 구조를 파악할 수 있도록 지도한다. 본문은 문제-해결 구조로 이루어진 설명문체의 글이므로 각각 문제와 해결책을 제시하기 위해 사용되는 표현을 서로 연결지어보며 글의 내용을 보다 명확하게 이해할 수 있도록 지도해야 한다.

- Escalators Transform Life in Hillside Neighborhood
- Artistic Inspiration to Build an Ideal Community
- Upcycling Outdated Infrastructure into Green Space
- Meeting the Challenges with Creative Solutions

<그림 7-2> 교과서 그림과 소주제

<그림 7-3> 읽을 내용 예측하기 활동 예시

◢ 클래스 카드 애플리케이션으로 어휘 학습하기

코로나19로 인해 원격 수업과 대면 수업이 격주로 이루어져 클래스 카드 애플리케이션을 활용해 온라인으로 어휘 학습 활동을 하였다. 본격적으로 텍스트를 읽기 전 먼저 지문 속 단어들을 빈도와 의미 파악에 있어 어휘의 중요도에 따라 급간을 나누었다. 빈도가 높으며 내용을 이해하기 위해 알아야 할 기본 단어, 숙어들을 제1그룹으로 묶고, 빈도는 낮지만 본문의 주제인 건물과 건축과 직접적으로 연관이 되어있는 단어들을 제2그룹으로 묶었다. 제1그룹에 해당하는 단어들은 클래스 카드 애플리케이션을 활용하여 학습자들이 스스로 온라인에서 학습할 수 있도록 지도한다. '슬라이드' 기능을 통해 교사가 직접 만든 단어장을 바탕으로 학습자들이 개별적으로 단어의 의미를 학습하고 '퀴즈타임'을 통해 스스로 학습한 단어의 의미를 점검해 볼 수 있다. 또한, 객관식과 주관식 모드가 선택이 가능하기 때문에 학습자들은 빠르게 자신의 단어 이해도를 점검할 수 있으며 교사는 퀴즈의 결과와 참여유무를 간편하게 확인할 수 있다. 클래스 카드 배틀 기능을 통해 개인이나 팀으로 게임에 참여하여 재미있고 유의미하게 단어를 학습할 수 있다. 같은 반 친구들과 경쟁을 하거나 반끼리 경쟁을 하기 때문에 학습자들의 외적 동기를 자극할 수 있고 자신의 이해도를 점검하며 성취감을 느낄 수 있다. 시간제한이 있기 때문에 빠르게 아웃풋을 이끌어내며 맞추지 못한 단어들을 따로 모아 학습할 수 있게 해놓았기 때문에 원격 수업 중 이루어지는 어휘 학습에 있어서 굉장히 효과적인 학습 효과를 이끌어 낼 수 있다. 또한, 상투적인 단어 시험이 아닌 재미있는 퀴즈 형식으로 갖추어져 있고, 개별적인 학습이 가능하다는 장점을 가지고 있다. 교사의 클래스 카드 애플리케이션에서 '리모컨' 기능을 이용하면 퀴즈를 진행하며 해당 슬라이드의 문제를 맞힐 학습자들을 '제비뽑기'로 선택하거나 '벨'과 '타이밍' 기능을 활용하여 수업을 원활하게 진행할 수 있다.

<그림 7-4> 클래스 카드 애플리케이션 활용 예시

☙ TIP ❧

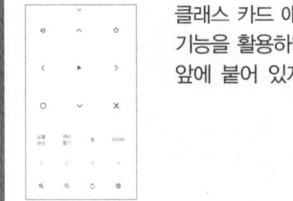

클래스 카드 애플리케이션을 대면 수업에서 활용할 때 교사 애플리케이션에 있는 '리모컨' 기능을 활용하면 '실물 화상,' '제비뽑기,' '벨,' '타이머'의 기능을 활용하여 교사가 노트북 앞에 붙어 있지 않아도 원활하게 수업을 진행할 수 있다.

읽기 중 활동

▨ 벽 사전 (활동지 7-1)

WORD/TERM & DEFINITION	SENTENCE USING THE WORD
RELATED WORDS (SYNONYMS/ANTONYMS OR CONNECTED WORDS)	PICTORIAL REPRESENTATION/SYMBOL

[활동지 7-1] 벽 사전 활동

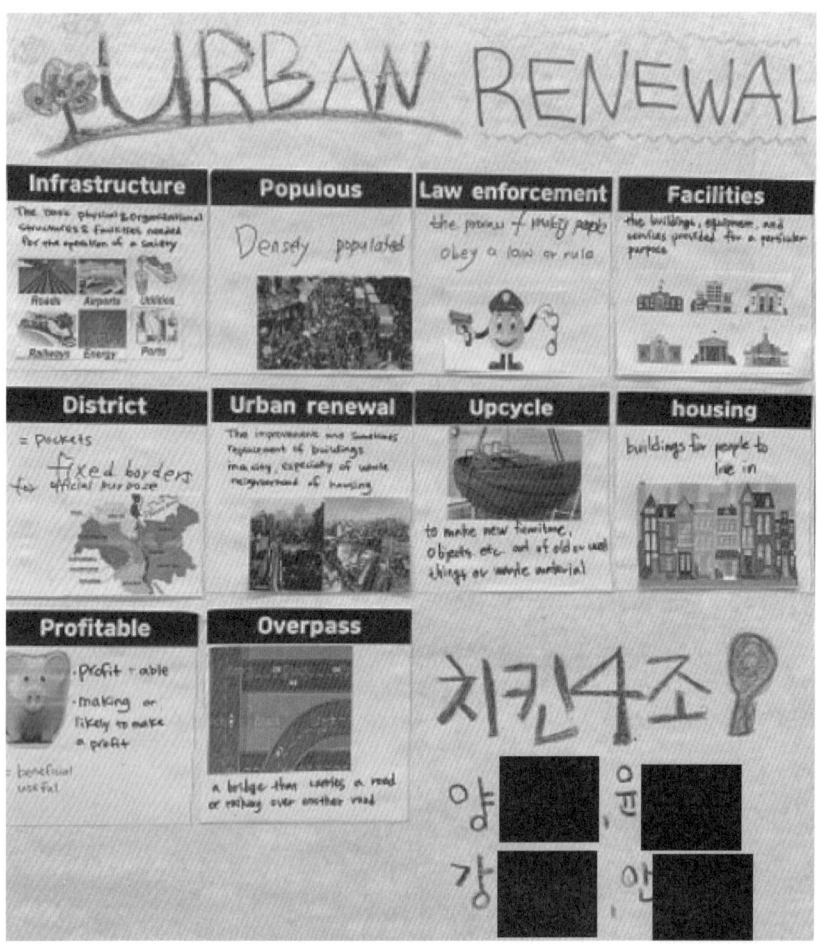

<그림 7-5> 벽 사전 활동 예시

　대면 수업에서 할 수 있는 활동으로 앞서 나눈 단어 중 제2그룹에 해당하는 단어에 대해 직접 찾아 뜻과 예문, 관련 정보를 정리해 각 조마다 다른 내용이 담긴 사전을 만들어 벽에 부착하고 수업 시간에 참고하도록 한다. 모둠 내에서 각자 조사한 단어의 뜻, 예문, 그림 등을 활용하여 벽 사전을 만들고 게시해 놓으며 다른 모둠의 결과를 공유할 수 있다. 다른 조원들이 핵심 단어로 찾아낸 것은 무엇이 있는지 확인하며 어떤 식으로 내용을 정리했는지 확인해 볼 수 있는 활동으로 자신이 관심 있는 분야가 텍스트로 나온 경우 그 내용의 전문가가 된 것처럼 더욱 활발하고 적극적으로 단어의 뜻과 관련 사진을 찾는 학습효과를 기대해볼 수 있다.

◤ 머리 맞대어 생각하기(numbered head) 활동지 7-2

　텍스트의 내용 이해를 가장 어렵게 만들었던 어휘에 대한 학습이 충분히 이루어지고 난 뒤 교실 수업에서 본문을 읽으며 본문의 내용을 파악하기 위해서 할 수 있는 활동으로 머리 맞대어 생각하기 활동이 있다. 교사가 조별 학생들마다 동일하게 '1~4'의 번호를 부여한다. 학습자들은 페이지를 나누어 개별적으로 빠르게 본문을 읽으며 해당 지문의 소재와 글의 주제에 대해 간단하게 훑어 읽는다. 이후 이어지는 내용의 이해를 위해 교사가 준비한 학습지의 질문들을 확인한 뒤 다시 본문의 내용을 읽고 질문에 대답을 한다. 이후 그룹별로 모여 서로의 답을 비교해보며 '공통된 답'에 이를 때까지 토론과정을 거친다. 이후 교사는 1에서 4번까지의 번호 중 랜덤으로 번호를 지목하면 각 조의 해당 번호 학생들이 설명을 하게 된다. 교사가 어떤 번호의 학생을 지목할지 모르기 때문에 그룹의 학생들이 모두 서로의 이해를 도와야하며 모두가 해당 내용에 대해 완벽하게 숙지할 수 있다는 장점이 있다. 내용 이해에 필수적인 질문에 대답을 하며 텍스트의 내용을 이해하며 자신의 생각을 적어보고, 서로 비교해보며 자신의 이해도를 점검해 나가는 과정을 거쳐 해당 내용을 보다 완벽하게 이해할 수 있는 활동이다. 직소 활동에서 전문가 집단의 학생들이 전달하는 내용만을 이해하는 것이 아니라 모두가 내용의 완벽하게 숙지해야 하기 때문에 직소 활동에서보다 개별적 책무성과 협동성이 더욱 중요시된 활동이었다.

```
page 17
Q1. What will happen to the old city areas if we don't
    construct new buildings and fix old infrastructure?

Q2. What generates heated debates among interested
    parties?

page 17
Q3. who are the interested parites that fight over disused
city districts?

page 17
Q4. why does urban renewal generate heated debates among
interested parties?
```

[활동지 7-2] 머리 맞대어 생각하기 활동

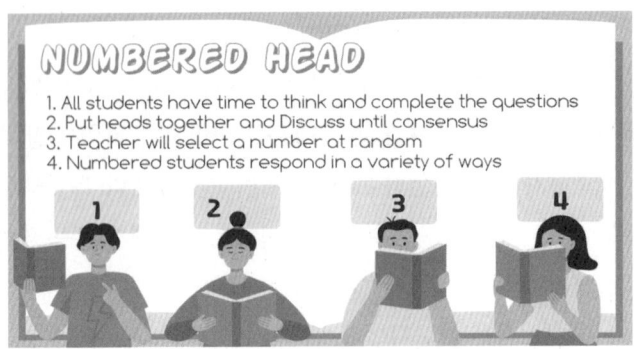

<그림 7-6> 머리 맞대어 생각하기 활동 방법

> [!NOTE] 읽기 후 활동

▨ 그래픽 조직자 〔활동지 7-3〕

앞선 활동을 통해서 각 페이지와 소제목마다 텍스트의 내용이 어느 정도 이해가 되었다면 그래픽 조직자를 활용해 전반적인 내용들을 정리하며 글 전체의 큰 구조를 생각하며 글의 내용을 요약해 볼 수 있을 것이다. 학생들은 각자가 이해한 바를 바탕으로 영어 문장이나 핵심어, 그림이나 사진 파일 등을 사용하여 자신이 이해한 바를 시각적으로 구조화시켜볼 수 있다. 이 단원의 텍스트는 전체적으로 문제-해결의 구조이기 때문에 교사는 공통된 질문을 미리 제공하여 학생들이 글을 시각적으로 구조화하면서 한 번 더 글의 구조에 대해 생각할 수 있다.

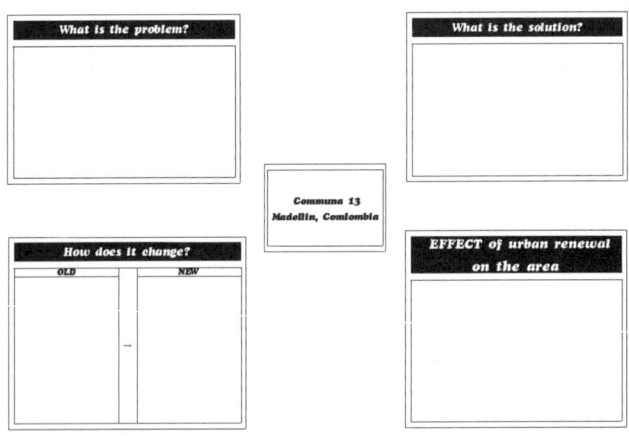

[활동지 7-3] 그래픽 조직자를 활용한 본문 내용 요약 활동

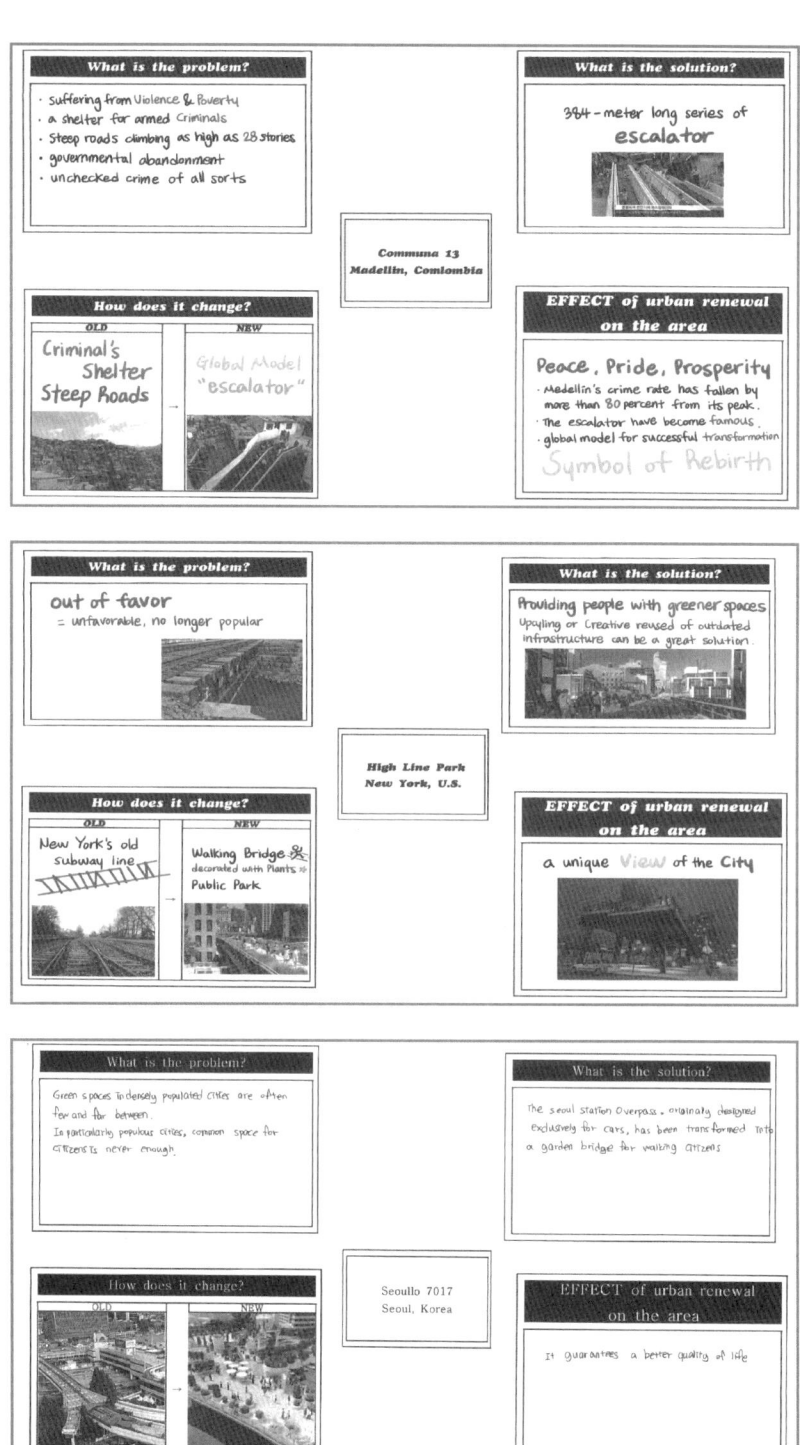

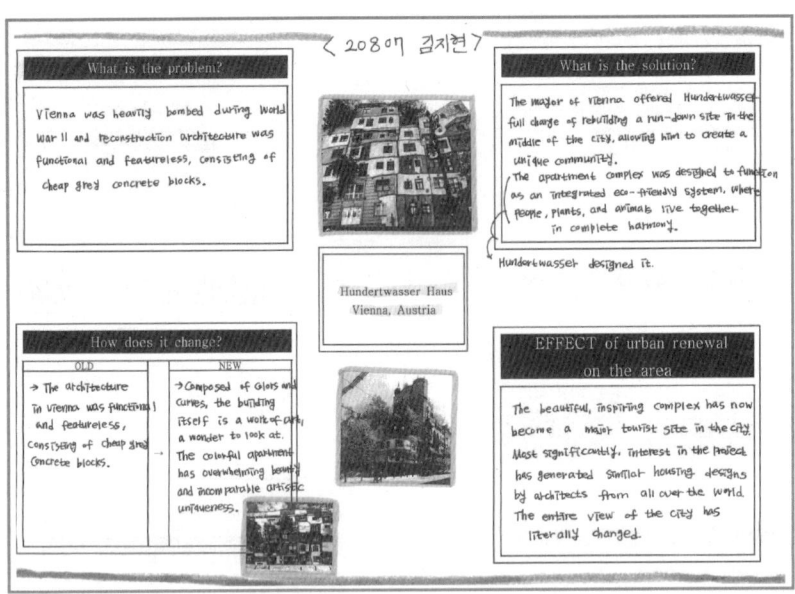

<그림 7-7> 그래픽 조직자를 활용한 본문 내용 요약 활동 예시

▰ 제안하는 글쓰기 - Be a transformER (활동지 7-4)

  목적이 있는 쓰기 활동이 학생들의 동기 부여에 효과적이기 때문에 민원 제기 형식으로 제안하는 편지 형식의 글쓰기에 대한 수업을 할 것이다. 이를 위해 그래픽 조직자 활동-브레인스토밍(brainstorming)-편지 형식 알아보기-언어 형식 및 표현 학습의 순서로 활동을 구성하였다. 먼저, 그래픽 조직자 활동을 통해 글의 내용과 구조에 대해 학습을 한 후 실생활에 직접 적용해보는 활동을 실시한다. 본문의 내용을 바탕으로 '문제, 해결책, 변화, 기대 효과'가 글의 내용 요소임을 파악한 후 모둠별로 학교와 주변 지역에서 충분히 활용되지 못하고 있는 공간을 찾고 의미 있는 공간으로 사용하기 위한 내용의 글을 학교나 시청에 제안하는 글을 써보는 활동을 진행한다.

  학습자들에게 그래픽 조직자에서 사용되었던 4가지의 같은 질문을 제시하여 학생들의 주변에서 버려지거나 충분히 활용되지 못한 공간에 대한 브레인스토밍 과정을 거치게 한다. 교과서의 3가지 사례들이 모델이 될 수 있기 때문에 학생들은 보다 친숙하게 글쓰기에 접근할 수 있다. 자신들의 의견을 제안할 기관이나 부서를 찾고 영어 편지 형식으로 글을 써보며 실제 생활에 밀접한 활동에 참여하고 있다는 점에서 학생들의 흥미와 참여도를 높일 수 있다. 글쓰기 수행평가 전 제안하는 글쓰기에 사용될 수 있는 언어 형식들과 표현들을 미리 가르쳐야 한다. 따라서 본격적인 글쓰기 수업에 앞서 영어 편지 형식에 필요한 주소를 영어로 작성하고 서론에 들어가야 할 형식적인 문장들, 문제 제기, 해결책 제시, 결론에 들어가야 할 인사말과 형식들을 써보며 학생들은 영어 쓰기 활동에 흥미 있게 접근할 수 있었다.

[활동지 7-4] 제안하는 글쓰기 브레인스토밍 활동지

[활동지 7-4] 제안하는 글쓰기 학생 활동지

```
BE A transformER
```

제안하는 글쓰기 Write a letter for suggestion

Usually you need four paragraphs
- Introduction
  : Open a letter with a formal sentence
- Problem
  : Describe the location and status of the abandoned area as specific as possible with the picture
- Solution / Suggestion
  : How to change the area as specific as possible
    Explain how your idea will be profitable for the society
    (use make it + adjective + for + to V)
- Conclusion
  : Express the expectation for reply
  : Use ending phrase with your name

Carrie Ahn
Teacher of Dunsan Girls Highschool
33, Galmayeok-ro, Seo-gu, Daejeon, Republic of Korea
carrieahn@naver.com

To whom it may regards,
I am writing this letter to suggest for the better city. I am a resident of Bongmyeong-dong for 15 years staying 5 minutes away from our beautiful Youseong-spa station.
— Introduction
I have noticed that there are no street lights along the smaller lanes near the station although there is good lighting along the entrance of the station. After dark, it is difficult to note people walking at the smaller lanes due to the unavailability of street lights. A couple of minor accidents such as falling over an object have happened in the park. ← Problem   Suggestion
I suggest that the city council look into converting the space into the park with bright lights along the fence of the park to allow better visibility in the park.
The park would be very popular with the residents and citizens and a brighter lit park will encourage more to use it optimally. Also, it might be helpful for citizens to rest outside and generate a feeling of freedom under COVID-19. With fresh air and more space between people, spending time outdoors might lower risk for coronavirus transmission than being indoors. While many treasured outdoor cites of the season have been closed or canceled, it could be helpful for people to restore some semblance of a normal autumn for restless residents. ← Conclusion(Expectation)
Thank you for hearing me out on my suggestions
       ← Conclusion
Yours sincerely,
Carrie Ahn

INTRODUCTION
OPEN A LETTER WITH A **FORMAL** SETNCE

EXAMPLES

[받는사람]
- To whom it may regard,
- Dear, Mr / Mrs

- I'm writing this letter to express my concern about ~
  to suggest that ~
  to suggest for ~

- I'm a resident of ~
- I'm a student of ~

영어 주소 작성법
☑ 한국과는 다르게 작은주소 -> 큰주소
대전 서구 갈마역로 33, 둔산여자고등학교 교무실
Dunsan Girl's Highschool Teachers' office,
33, Galmayeok-ro, Seo-gu, Daejeon, Republic of Korea
☑ 직구할 때, 필수! 모르면 네이버에 '영어주소변환'

Problem
Describe the location and status of the abandoned area as specific as possible with the picture

EXAMPLES
- ☑ I have noticed that there is/are /exist(s)
- ☑ It is difficult + for 목적격 + to부정사
     It is difficult for people to note people

SUGGESTION/SOLUTION
How to change the area as specific as possible
Explain how your idea will be profitable for the society

EXAMPLES
- ☑ I suggest that 주어 + (should) 동사원형
- ☑ It is helpful + for 목적격 + to부정사
     It is helpful for citizens to rest outside ~

CONCLUSION
Express the expectation for reply
Use ending phrase with your name

EXAMPLES
- ☑ (Yours) Sincerely,
- ☑ (Best) / (Warm) Regards,
- ☑ Yours truly,
- ☑ Yours respectfully

CONCLUSION
Express the expectation for reply
Use ending phrase with your name

EXAMPLES
- ☑ I appreciate your quick response.
- ☑ I am eager to receive your reply.
- ☑ Always happy to hearing from you.
- ☑ Keep me informed of any uptates.

<그림 7-8> 제안하는 글쓰기 수업 내용 예시

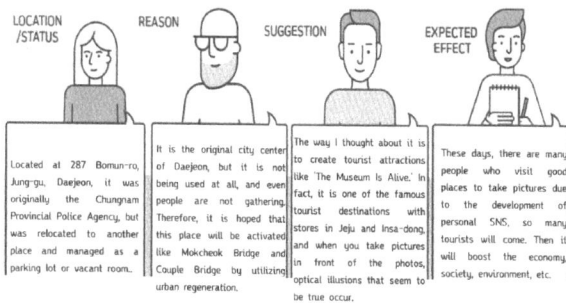

<그림 7-9> 제안하는 글쓰기 학생 활동 내용 예시

♛ TIP ♛

글쓰기가 부담스럽다면 후속 활동으로 '아이디어 보드 만들기' 활동도 가능하다. 학습자의 학습 수준에 맞게 각자 모둠 내에서 역할을 나누어 해도 좋을 것이다. 상대적으로 그림과 간단한 문장들이 사용되기 때문에 중학교나 학습자들의 수준이 높지 않은 학습상황에서 적용해볼 수 있다. 또한, 글을 쓰고 나서 'Grammarly,' 'Andy'와 같은 애플리케이션을 통해 문장의 오류를 찾아볼 수 있다.

4) 평가

읽기 중 수업 활동을 토대로 한 제안하는 글쓰기를 바탕으로 쓰기 수행평가를 진행하였다. 온라인 수업이라면 자신이 쓴 글을 EBS 커뮤니티 게시판에 올린 뒤 댓글로 다른 친구들의 반응을 살펴볼 수도 있고 실제 해당 기관에 자신의 아이디어를 메일로 보내 답변을 받아볼 수 있다. 단순히 본문 해석으로 끝나는 것이 아니라 읽기 과정에서 효율적으로 정보 추출 목적의 글 읽기를 연습하였고 이를 바탕으로 제안하는 글쓰기와 같은 실제적인 과업(authentic task) 수행이 가능했다. 수행평가의 채점 기준과 학교생활기록부 과목별 세부능력 및 특기사항 기재 내용을 예시로 담았다.

▰ 제안하는 글쓰기 수행평가 채점 기준 예시

교육과정 성취기준	[12영Ⅱ04-03] 비교적 다양한 주제에 관해 자신의 의견이나 감정을 쓸 수 있다.		
평가영역 (배점)	평가 요소 및 내용	채점 기준	배점
제안하는 글쓰기 (10점)	• 과제완성도(5점): 제안하는 글쓰기 형식의 내용요소를 갖추어 서술 하였는가? ① Introduction ② Problem ③ Suggestion/solution ④ Conclusion	4가지 요소를 형식에 맞추어 작성함.	5
		3가지 요소를 형식에 맞추어 작성함.	4
		2가지 요소를 형식에 맞추어 작성함.	3
		1가지 요소를 형식에 맞추어 작성함.	2
		4가지 요소를 갖추어 형식에 맞추어 작성하지 못함.	1
	• 과제내용(5점): 아래의 내용요소가 전체적인 글의 흐름에 적절하게 제시되어있는가? ① 문제점 제시 ② 문제제시의 이유 ③ 해결방안 ④ 기대효과	4가지 요소를 모두 갖추어 글의 내용을 작성함	5
		3가지 요소를 모두 갖추어 글의 내용을 작성함	4
		2가지 요소를 모두 갖추어 글의 내용을 작성함	3
		1가지 요소를 모두 갖추어 글의 내용을 작성함	2
		4가지 요소를 갖춘 글을 작성하지 못함	1

과목별 세부능력 및 특기사항 기재 예시

- 버려진 공간 활용을 위한 제안하는 글쓰기 활동에서 학교에서 잘 쓰이지 않는 공간을 찾아 미술 시간에 만든 회화 작품을 전시하는 갤러리로 꾸미는 실현 가능한 아이디어에 대해 구체적이고 명료하게 표현함. 제시한 아이디어를 적용하였을 때 기대되는 긍정적인 사회적 효과에 대해 학습한 문법 사항을 활용하여 영작함. 공간의 모습을 컴퓨터 일러스트레이션 프로그램을 사용하여 가상으로 그린 그림을 통해 공간 재사용의 이점에 대해 자세히 설명함. 평소 건축가를 꿈꾸는 학생으로 낙후된 건물의 용도를 창의적으로 변경하여 도시재생을 통해 친환경적이고 인간친화적인 사회를 만드는 데 기여하고 싶다는 생각을 밝힘.
- 머리 맞대어 생각하기 활동에서 틀린 답변을 한 같은 조 친구의 이해를 돕기 위해 본문에서 답의 근거가 되는 부분을 찾아 설명함. 모든 조원이 글의 내용을 이해할 수 있도록 예시를 들어가며 적극적으로 설명하는 모습을 보임. 글의 내용을 시각적으로 구조화하는 활동지에서 해쉬태그를 활용하여 핵심어만을 적어 놓고 스스로 본문의 내용을 간단명료하게 정리함.
- 제안하는 글쓰기 활동에서 제안하는 형태의 편지 형식을 학습한 뒤 글의 구조에 맞게 영작함. 자신의 의견을 제안할 수 있는 기관들과 부서들을 직접 찾아보며 사회를 변화시키기 위해선 관찰과 참여가 필요하다고 생각했다고 함. 사회복지사를 꿈꾸는 학생으로 자신의 집 근처에 있는 으슥한 공간을 찾고 '깨진 창문 효과'의 설명을 덧붙여 버려진 공간을 시민들이 활용할 수 있도록 변화시킨다면 범죄율이 낮아질 수 있다는 점을 발표함.

7.3.2 Fun Science about the Human Body: Why We Cry

1) 수업 자료

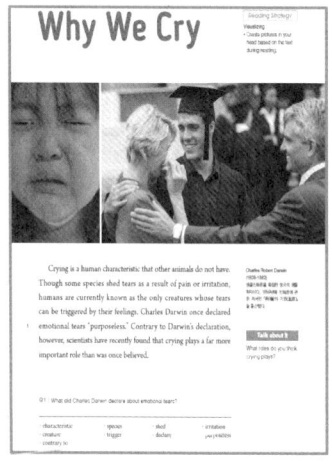

출처: YBM(박) 영어Ⅱ 교과서

두 번째 읽기 자료는 교과서 지문으로 2015 개정 교육과정의 YBM(박) 영어Ⅱ 3과의 본문이다. 인체의 생물학적 반응에 대해 알아보고 흥미로운 이론과 연구를 바탕으로 눈물을 과학적으로 분석한 글을 읽으며 다양한 과학적 사실에 대한 내용이다. 본문에서는 눈물의 생물학적 역할로 눈을 깨끗하게 해주는 것과 스트레스를 완화시켜주는 기능을 가지고 있음을 설명하고, 눈물을 감정적 눈물과 비감정적 눈물의 유형으로 구분한다. 감정적 눈물이 더 많은 단백질을 포함하고 있기 때문에 더 끈적끈적하다는 내용과 그 결과 피부에 더 강하게 접착되어 얼굴에서 더 천천히 흘러내림으로서 다른 사람에게 보일 가능성을 높여 타인의 공감과 동정을 유발하는 수단이 되었다는 진화론적 관점을 소개한다. 비감정적 눈물의 하위 종류로 기본눈물과 반사눈물로 구별하고 각각의 하는 역할에 대해 설명하며 눈물의 세 가지 층의 이름과 각각이 하는 역할에 대한 정의를 내리고 있다. 또한, 눈물이 사회적 유대감과 인간관계를 강화한다는 내용의 학자들의 주장들과 실험들에 대한 설명과 함께 타인을 조종하는 힘을 가지고 있다는 내용을 담고 있는 과학 지문이다.

주요 어휘

- antibody, bounding, drain, empathy, evaporate, evolutionarily eyelid, fluid, irritant irritation, lacrimal gland, manipulate, microorganism, molecule, mucus, protein, psychic, reflex, shed, vapor, withdraw

주요 구문

- 조건의 접속사: '만일 ~라면', '만약 ~이 아니라면', '~라는 조건으로' 등의 의미를 가진 접속사들을 조건의 접속사라고 하며, if, in case, provided(providing) that, unless, as long as, on the condition that 등이 이에 해당한다.
  [예: Crying did relieve their mood, provided that they were given enough time for the benefits of crying to set in.]
- 상관 접속사 : 두 개 이상의 단어가 짝을 이루어 하나의 접속사처럼 항상 함께 쓰일 때 이를 상관 접속사라고 하며, 상관 접속사 구문이 주어 자리에 올 경우에는 'both A and B' 구문을 제외하고 보통 B에 동사의 수를 일치시킨다.
  [예: Niels Stensen discovered in 1662 that not emotions but the lacrimal gland is the proper origin of tears.]

2) 수업 개요

교육과정 성취기준	[12영Ⅱ03-01] 다양한 주제에 관한 글을 읽고 세부 정보를 파악할 수 있다. [12영Ⅱ04-01] 비교적 다양한 주제에 관하여 듣거나 읽고 세부 정보를 기록할 수 있다. [12영Ⅱ04-02] 비교적 다양한 주제에 관하여 듣거나 읽고 간단하게 요약할 수 있다.	
단계	활동 내용	자료
읽기 전	지식 평가	활동지 7-5
	인덱스 카드	활동지 7-6
	단어 자체 수집	활동지 7-7
읽기 중	예상 가이드	활동지 7-8
	영상 시청하기	동영상 링크
	능동적 읽기	그림 7-13
읽기 후	예상 가이드	활동지 7-8
	의미 지도	그림 7-16
	영어 인포그래픽 만들기	활동지 7-9

3) 수업의 세부 내용

읽기 전 활동

■ 지식 평가(knowledge rating) 〔활동지 7-5〕

　수업 시작 전 학습자들이 친숙하지 않은 단어들이 무엇이 있는지에 대한 설문이 먼저 이루어진 후 단어의 수준을 나누어 어휘 학습이 진행된다. 대면 수업 때는 아래와 같이 지식 평가 활동을 통해 학생들이 단어의 의미를 얼마나 알고 있으며 새로 만나게 될 단어들에 대해서 어느 정도의 친숙도를 가지는지 조사하여 본문 수업 전 미리 가르쳐야 할 단어들을 선정하게 된다. 각 반마다 학습자들의 영어 학습 수준이 다르기도 하고 각 과의 본문마다 다루는 정보에 따라 어려운 어휘들이 등장하기 때문이다. 온라인 수업으로 진행될 경우엔 구글(Google) 설문지 형식을 사용하는 것이 편리하다. 본문에 나오는 단어들에 대해 얼마나 알고 있는지에 대한 답변으로 '잘 안다(A lot),' '보거나 들은 적이 있다(Have seen/Heard),' '잘 모른다(Not much)'를 선택지로 설정해 놓고 학습자들의 응답을 요약해 놓은 그래프를 참조하며 학습자들이 어떤 어휘를 어렵고 낯설게 생각하며 어떤 어휘들을 미리 알고 있는지에 대해 파악해 볼 수 있다. 이를 기반으로 어휘 학습의 범위와 양을 조절할 수 있다.

How much do you know about these words?			
WORD	A Lot!	Have Seen/Heard	Not much

[활동지 7-5] 지식 평가 활동지

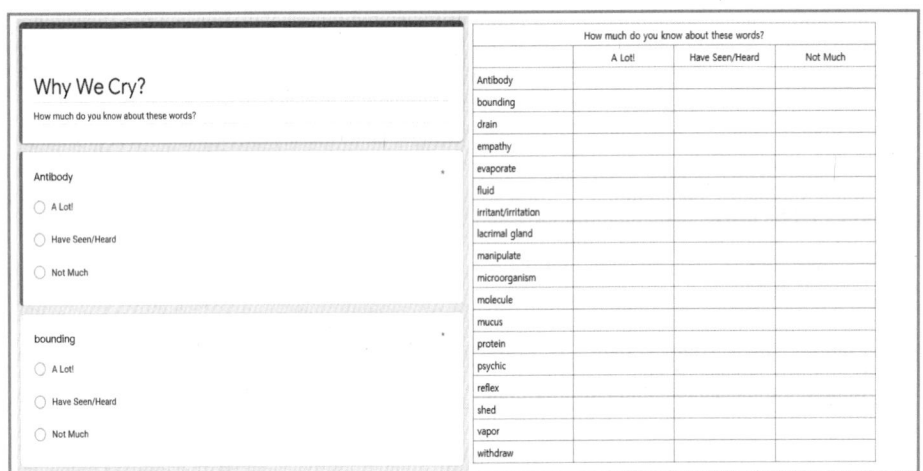

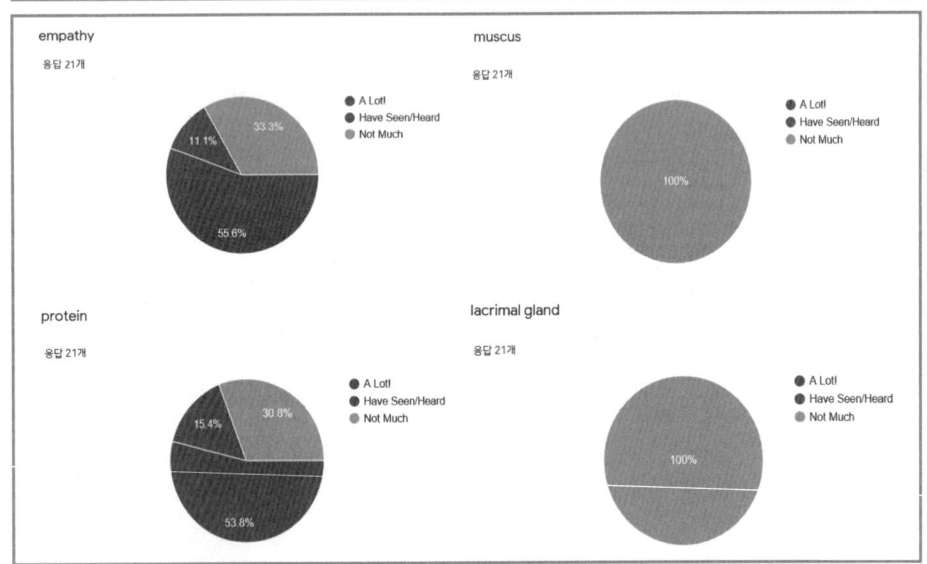

<그림 7-10> 지식 평가 제작 예시

◼ 인덱스 카드 〔활동지 7-6〕

학업 성취도가 낮은 학생들을 위한 전략으로 모르는 단어에 대해 교사가 학습자 친화적인 정의를 사용하여 명시적으로 단어의 뜻을 가르치는 활동이다. 구글 설문지의 응답에서 학습자들이 공통적으로 어려워하는 단어와 교사가 생각하기에 텍스트의 내용에서 학습자들이 낯설어 할 것 같은 단어들로 분류하여 명시적으로 학습해야 할 단어들을 미리 선정한다. 수업 중 학습자들이 그림과 함께 단어가 제시되었을 때 단어의 뜻도 이해가 잘 되었고 오래 기억에 남았다고 하였다. 텍스트를 더 효과적으로 이해하기 위해 교사가 미리 텍스트에 나오는 어려운 단어들을 선정하거나 학습자들이 구글 설문지를 통해 어렵다고 분류해 놓은 단어들을 그림과 예문을 활용하여 명시적으로 제시할 수 있다. 학습자들은 설명을 듣고 자신의 인덱스 카드에 단어와 단어의 의미 혹은 그림과 함께 자신만의 단어장을 만들 수 있다.

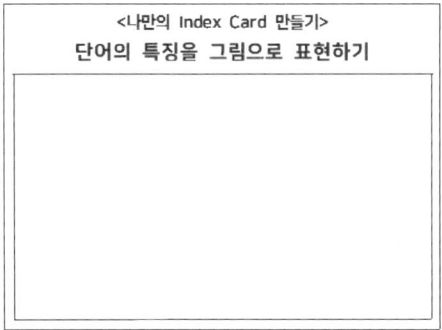

[활동지 7-6] 인덱스 카드 활동지

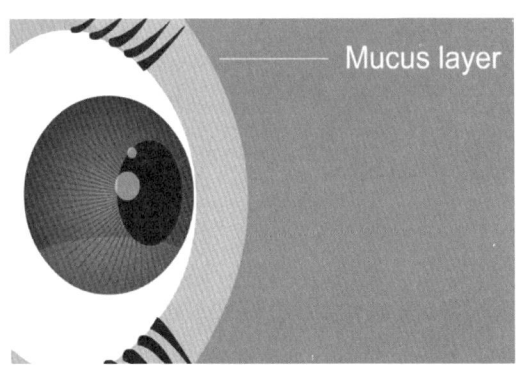

<그림 7-11> 인덱스 카드 제작 예시

◪ 단어 자체 수집 〔활동지 7-7〕

학습자들은 앞으로 마주하게 될 익숙하지 않은 단어들의 뜻을 찾고 이해하기 위해 단어의 뜻을 유추하고 학습하는 전략을 알아야 한다. 이를 위해 교사는 질문을 통해 학습자들이 문맥을 활용하여 효과적으로 단어의 뜻을 유추해 낼 수 있는 전략을 가르쳐야 한다. 학습자들은 다른 학생들과 공유해야 할 만큼 중요한 단어를 선정한다. 학습자들은 팀을 이뤄 어떤 단어가 텍스트 선정에 있어서 중요하게 쓰일지 결정한 후 조원들에게 자신들이 선정한 단어들을 알린다.

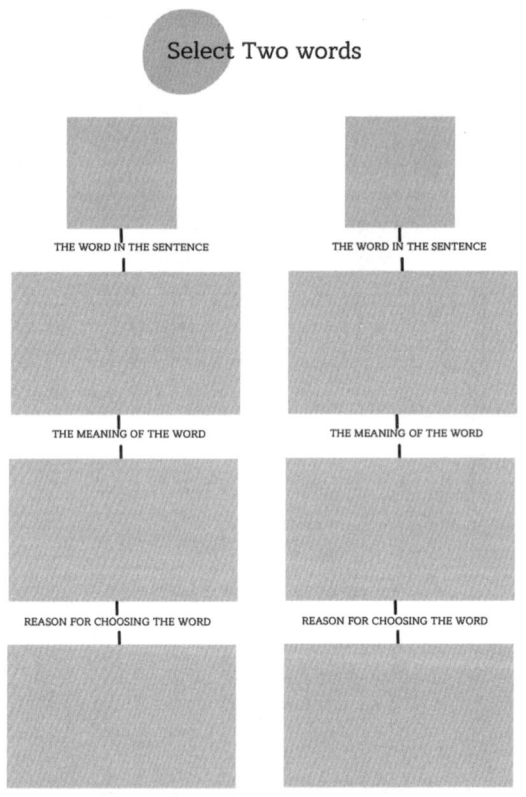

[활동지 7-7] 단어 자체 수집 활동지

a. Where is the word found in the text?
   이 질문에 대해서 각 조에서는 그 단어가 사용된 문맥과 문장을 찾아 표시하거나 단어가 사용된 문장을 적는다.

b. What do the team members think the word means?

그룹에서는 단어가 사용된 문맥에서 단어의 뜻을 유추한다. 반드시 단어를 둘러싼 주변의 문맥을 활용한 정보를 활용하여 단어를 유추해야 한다.

c. Why did the team think the class should learn the word?

텍스트를 이해하기 위해서 이 단어가 왜 중요하고 필수적인지에 대한 이유를 생각해본다.

■ 예상 가이드 (활동지 7-8)

학습자들은 먼저 표 안의 'Statement'를 읽고 'Before Reading'칸에 동의하면 플러스(+)를, 동의하지 않으면 마이너스(-)표시를 한다. 글을 읽고 난 뒤 'After Reading'칸에 다시 플러스와 마이너스를 표시하며 처음의 답변과 달라지는 것이 있는지 확인한다. 이후 'Before Reading'과 'After Reading' 칸의 표시가 같았던 이유와 달라진 이유에 대한 근거를 본문에서 찾으며 텍스트의 내용을 이해한다. 본문을 읽기 전의 자신의 생각이나 예측과 본문을 읽고 난 뒤 알게 되는 사실을 비교해보며 글의 내용이 더 의미 있고 기억에 남게 다가올 수 있다.

Before Reading	Statement	After Reading
	There exist non-emotional tears.	
	Tear can drain down the tiny hole in the corner of the eye, flowing through your nose.	
	Drainage system can fully deal with the volume of tears.	
	Emotions is the proper origin of tears.	
	Emotional tears have higher protein content.	
	People who don't cry have problems making social connections.	
	There is higher chance to be forgiven as long as tears are running down the face.	
	Crying is always followed by immediate relief.	

[활동지 7-8] 예상 가이드

♛ TIP ♛

앞으로의 읽을 내용에 대한 예측하는 활동으로 진행하고 싶다면 'Before/After Reading' 칸에 Likely와 Unlikely를 넣을 수 있다. 또한, 각 칸에 T/F를 넣어 내용을 파악하는 활동으로 활용해 볼 수도 있다.

> 읽기 중 활동

■ 영상 시청하기

　읽기 수업에서 과학 지문을 다룰 때에는 애니메이션, 그림, 도식을 활용하여 과학 개념을 쉽게 설명해 놓은 영상을 시청하는 것이 도움이 될 수 있다. 특히나 교과서에서 다뤄지는 단어들이 직접 쓰이기 때문에 학습자들은 단어에 대한 이해를 정교화할 수 있을 뿐 아니라 수업에서 다루어질 내용에 대한 배경 지식을 확장시킬 수 있다.

https://www.youtube.com/watch?v=QGdHJSIr1Z0

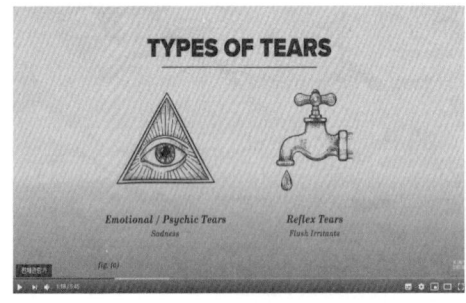 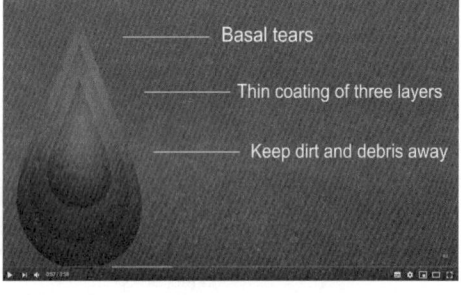

https://www.youtube.com/watch?v=E9Bf6jdIsKw&t=74s　　https://www.youtube.com/watch?v=keMF8YzQoRM

<그림 7-12> 동영상 예시

■ 능동적 읽기

　능동적 읽기 활동은 포스트잇을 활용하여 정보, 질문, 예측을 구분하여 능동적으로 글의 내용을 이해하는 활동이다. 먼저, 4명씩 소그룹을 만들어 교과서에 있는 삽화들을 보고 어떤 글을 읽을 것인지에 대해 예측하며 사진들과 연관하여 궁금한 점을 각자 노란 포스트잇에 적는다. 지문을 소주제별로 나누어 놓은 후 조별로 글을 읽게 한다. 글을 읽으며 학습자들은 각자 글을 읽으면서 생기는 추가적인 질문도 노란색 포스트잇에 적어놓는다. 글의 내용 중 중요하다고 생각하는 정보는 파란색 포스트잇에 적은 뒤 조별마다 제공된 이젤패드에 붙인다. 질문은 질문대로 정보는 정보대로 정리하여 다시 붙인 뒤, 다음 질문에 대답하여 다시 접착메모지를 정리한다. 중요하다고 메모한 정보를 활용하여 질문에 답변해보고 교과서 지문을 다시 읽은 뒤 질문에 대한 답을 다시 정보 포스트잇에 연결해보며 내용을 이해한다. 조별로 지문 내용의 이해가 끝난 뒤 다시 자신의 교과서에 해당 정보에 대해 정리해본다. 대답할 수 없는 질문들은 따로 모아 수업이 진행되며 해결하거나 읽기 후 활동으로 진행될 인포그래픽을 만들어보며 관련 정보를 찾아본다.

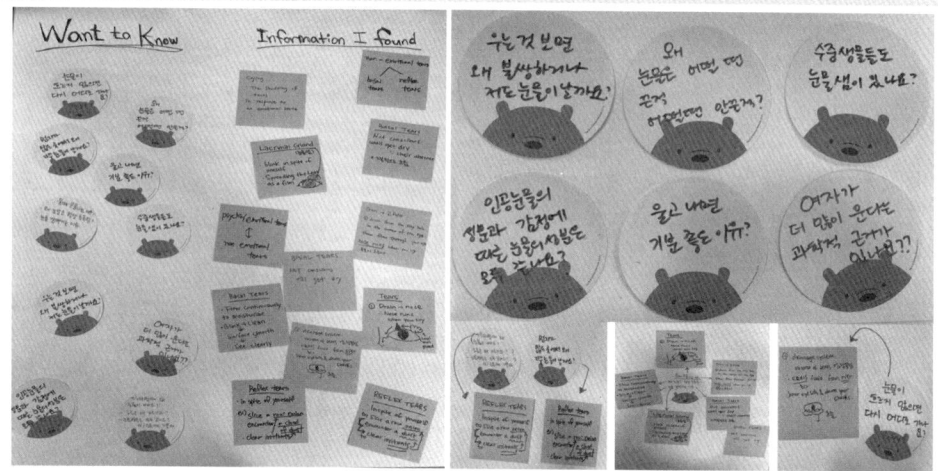

<그림 7-13> 능동적 읽기 활동 예시

■ 예상 가이드 확인하기 (활동지 7-8)

본문의 내용을 학습한 뒤 읽기 전 활동에서 진행되었던 활동지의 'After Reading' 부분을 체크하며 자신의 이해를 점검한다.

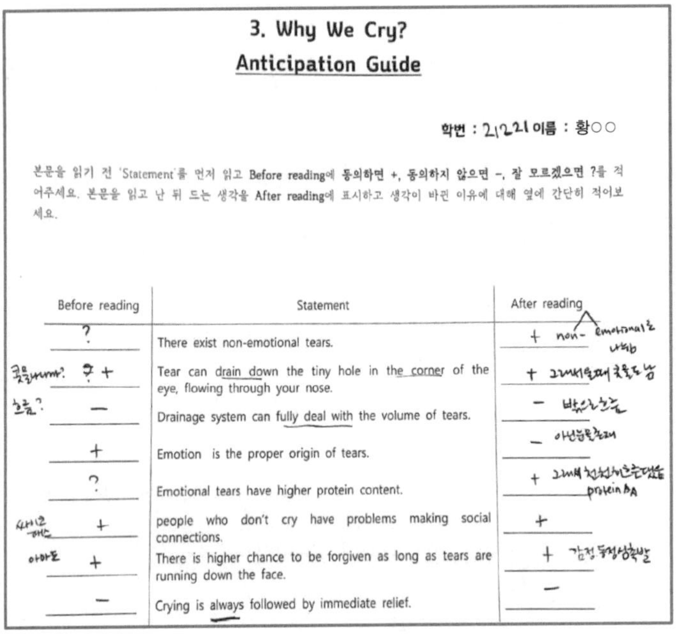

<그림 7-14> 예상 가이드 학생 활동 예시

읽기 후 활동

■ 의미 지도 그리기

능동적 읽기로 이해한 지문의 내용을 바탕으로 의미 지도 그리기 활동을 진행하며 중요한 정보들을 키워드로 적고 핵심 개념(core concept)에 맞게 논리적으로 배열해본다. 이후 지문의 내용을 카테고리와 핵심 개념과 연관하여 시각화하여 정리해본다.

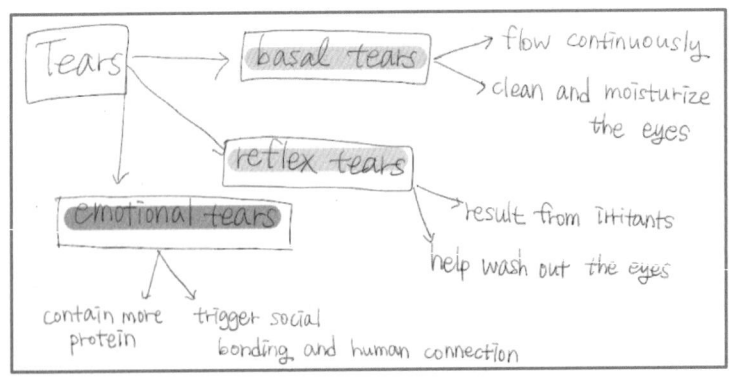

<그림 7-15> 의미 지도 만들기 학생 활동 예시

♛ TIP ♛

키워드들끼리 연결하는 선의 색이나 모양을 다르게 하여 키워드 간의 의미를 정리해볼 수 있다. 또한, 낮은 학업성취도의 학생들을 위해서 교사가 먼저 핵심 개념과 키워드들을 연결해줄 수 있는 질문들을 모델링해 제시해주는 것이 학습자들이 명확하게 의미 지도를 완성하며 자신의 이해를 점검하는 데 도움이 될 수 있다.

▰ 영어 인포그래픽(infographic) 만들기 활동지 7-9

본문에 제시된 울음과 눈물에 대한 이론과 연구 중 가장 흥미로웠던 것, 또는 능동적 읽기 활동에서 답을 찾을 수 없었던 질문들을 조사하여 인포그래픽으로 만들어 발표하는 활동이다. 학습자들은 과거에 있었던 가설들이나 혹은 추가적으로 궁금한 이론이나 흥미로운 연구 결과를 찾고 관련 키워드들을 정리하여 인포그래픽을 제작한다. 이후 자신의 인포그래픽에 대해 발표한다.

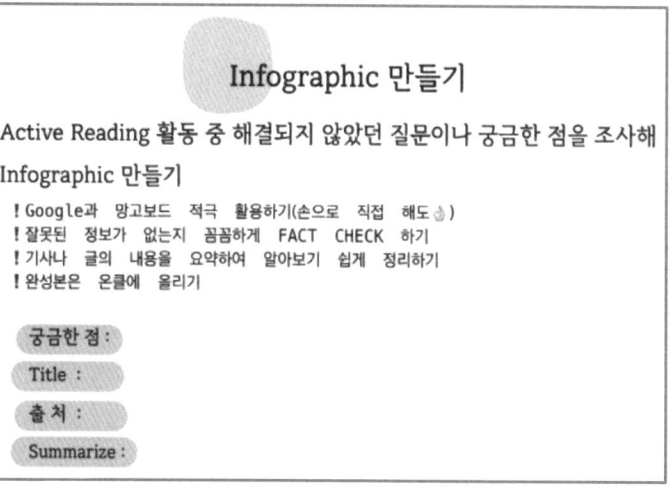

[활동지 7-9] 인포그래픽 만들기 활동지

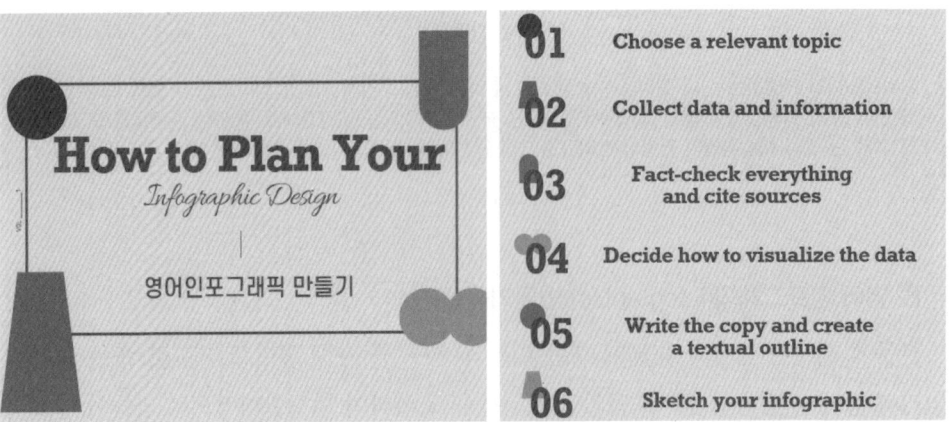

<그림 7-16> 인포그래픽 활동 수업 예시

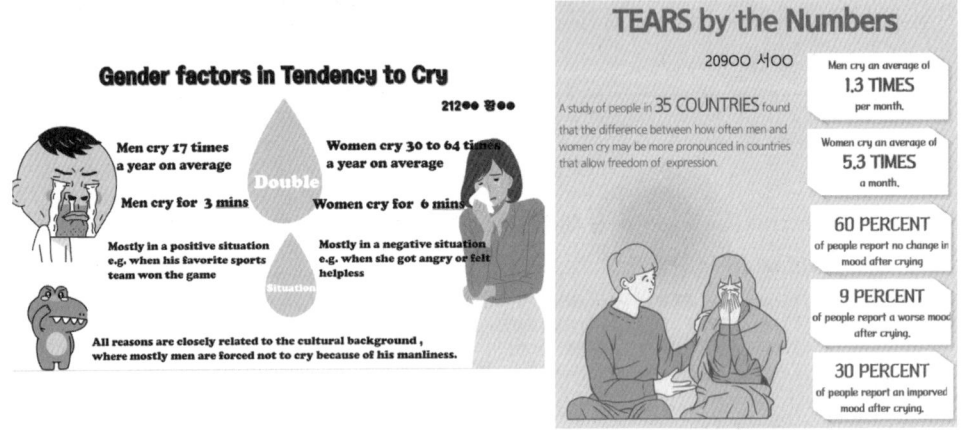

<그림 7-17> 인포그래픽 활동 예시

☙ TIP ❧

'망고보드'나 '미리캔버스'를 활용하면 다양한 이미지와 폰트를 사용하여 인포그래픽을 만들 수 있다. 인포그래픽의 템플릿이 무료로 제공되기 때문에 온라인 수업 시 인포그래픽 활동 수행에 있어 효과적이고 시각적으로 구조화된 인포그래픽을 만들 수 있다.

4) 평가

 읽기 중 활동인 능동적 읽기 활동과 연계하여 활동 중 본문의 내용으로 답을 할 수 없었던 남아있는 질문들에 대해 추가로 조사해 인포그래픽을 만들고 발표해 보는 활동을 진행해 볼 수 있다. 수업에서 다뤘던 어휘, 내용 이해 전략들을 활용하여 여러 정보가 담긴 글들의 의미를 파악하고 인포그래픽에 담길 정보들만을 추출하고 요약해 소개해 보는 활동을 통해 수업 중 배웠던 전략을 직접 적용해보는 기회가 될 것이다.

◤ 제안하는 글쓰기 수행평가 채점 기준 예시

평가 요소	상	중	하
주제관련성	인포그래픽 주제에 맞는 4가지 혹은 그 이상의 관련된 내용과 그에 맞는 이미지들을 사용함.	인포그래픽 주제에 맞는 3가지의 관련된 내용과 그에 맞는 이미지들을 사용함.	인포그래픽 주제에 맞는 3가지 미만의 내용과 그에 맞는 이미지들을 사용함.
첫인상	주제와 내용이 한눈에 명확하게 들어와 더 읽고 싶은 생각을 들게 하고 짜임새 있는 글과 그림의 구성을 보임.	주제와 내용에 맞는 색깔, 이미지, 내용을 사용함.	주제와 내용에 맞는 색깔, 이미지, 내용의 구성이 분명하지 못함.
자료제시의 적절성	각 내용에 대한 3가지 이상의 뒷받침 자료들이 관련 이미지들과 함께 제시됨.	각 내용에 대한 2가지 이상 3가지 미만의 뒷받침 자료들이 관련 이미지들과 함께 제시됨.	각 내용에 대한 뒷받침 자료들이 2가지 미만으로 제시되거나 관련된 이미지를 제시하지 못함.
전체적인 구성	적절한 색과 글자체, 이미지 등의 사용을 통해 주제와 관련 정보를 효과적으로 드러냄. 정보를 시각적으로 보기 좋고 창의적으로 제시함.	적절한 색과 글자체의 사용을 통해 주제를 드러냄.	색과 글자체의 사용이 적절하지 않아 주제와 내용을 파악하는데 어려움이 있음.

◤ 과목별 세부능력 및 특기사항 기재 예시

- 본문 내용을 학습하던 중 사회적 통념으로 남아있는 '여자가 남자보다 더 자주 우는가?'에 대해 흥미가 생겨 과학적 근거들을 조사하여 인포그래픽으로 정리하여 발표함. 자신이 찾았던 과학 실험들에 대한 결과 중 친구들에게 전달해야 할 요소만을 정리하여 이를 인포그래픽의 내용으로 담고 수치화된 결과를 적절한 그림들을 배치해 시각적인 효과와 더불어 자료의 내용을 효과적으로 발표함.
- 'Why we cry?'를 주제로 한 단원에서 감정에 따라 눈물의 성분과 짠맛의 정도가 달라지는지 호기심이 생겼다고 함. 감정에 따른 눈물의 성분을 조사한 영어로 된 실험보고서를 읽고 핵심내용을 뽑아 이를 인포그래픽으로 정리. 사람의 감정마다 눈물이 가진 성분이 각각 달라진다는 점과 이 때문에 눈물에 짠맛과 쓴맛의 정도가 달라진다는 점을 발표하며 눈물의 화학적 성분들의 명칭을 정확하게 발음하는 모습이 인상적이었음.

7.3.3 수업 후기

　가브리엘 가르시아 마르케스의 『콜레라 시대의 사랑』만큼이나 스펙터클했던 '코로나 시대의 수업'이 아니었나 싶다. '애들을 만나야 뭐를 하죠.'라는 생각으로 격주 등교하는 학생들과의 대면 수업을 월급날만큼이나 손꼽아 기다려 진행하니 시간적으로 너무 여유가 없었다고 생각했다. 그때, 온라인 수업의 장점을 충분히 활용할 수 있다는 점을 깨닫게 되어 후반부로 갈수록 더욱더 풍부하고 많은 자료들과 시간적 여유를 갖게 되었다.

　이름 자체가 주는 딱딱함과는 달리 학생들이 학교에서 실제 대면하고 있는 모든 글들의 대부분이 '정보'를 담고 있는 글이고, 앞으로 대학생이 되어 읽을 전공 서적과 수많은 인터넷의 기사와 글들도 모두 정보와 관련 있다는 점을 깨닫고 나니 수업의 자세가 달라졌던 것 같다. 학생들에게 '왜 정보 추출 목적의 글 읽기를 해야 할까?'에 대한 수업 전 질문 자체가 학생들로 하여금 '의미 없는,' '시험을 보기 위한,' '나와는 관련이 없는' 교과서의 글이 아닌 '앞으로 만나게 될,' '나와 관련이 있는' 의미 있는 글로서의 접근이 가능하게 했던 것 같다. 당장 대학에서 전공 서적들을 맞닥뜨리고 자신의 진로 분야와도 연관 있는 글들이 교과서와 영어 교재들에서 다루어지고 있다는 것을 깨닫고 난 뒤에 학생들은 자신의 관심 분야의 글에 대해 더 적극적으로 찾아 읽고 이해하려고 했던 것 같다. 교사가 불러주는 대로 밑줄을 긋고, 지문을 끊어 읽고 해석하며 시간이 없다는 이유로 일방적으로 단어의 뜻을 알려주던 수업에선 내가 번역 어플리케이션을 담당하는 느낌이 들 정도로 자괴감이 들었다. 하지만, 학습자들이 직접 단어를 찾아 정리하고 자기 주도적으로 개별적인 어휘 학습을 진행하고 교사의 입에서 나오는 해석이 아닌 학생들이 스스로 이해한 내용이 바탕이 되어 실생활과 연계한 글쓰기 수업으로 이어지니 학생들은 '왜 이제야 영어가 중요한지 알겠어요.'라는 피드백과 함께 적극적으로 수업에 참여했던 것 같다. 읽기 후 활동에서 제안하는 글쓰기 활동에서 해외 직구에 관심이 많았던 학생들은 영어 편지형식을 갖추어 배송 문의를 할 수 있게 되었다고 실생활에 영어가 필요하다는 것을 피부로 느꼈다며 좋아하는 모습을 보였다. 또한, 문제를 해결해 줄 수 있는 기관을 실제적으로 조사해 보며, 어떤 기관과 부서에 제안을 해야 하는지를 찾아봐 실제 '민원인'이 되어 보는 경험이 뜻깊었다고 한다. 마지막으로 정보를 찾아보며 인터넷에 올라와있는 여러 기사들과 정보들이 영어로 되어있음을 알게 되어 자신이 어떤 전공을 선택하든지 영어가 필수적으로 사용된다는 것이 피부로 와 닿았다고 한다. 이러한 영어 지문들에서 필요한 정보를 추출하고 정리하여 인포그래픽을 만들며 글을 읽을 때 중요한 요소가 무엇이며 어떻게 정리해서 제시해야 하는지에 대해 알 수 있었다고 한다.

7.4 도움이 될 읽기 자료

정보 추출 목적의 읽기를 위한 다양한 학습 자료들과 학습 활동들을 담은 책들이다. 학습자들이 정보성 글들을 읽으며 길러야 할 독해 전략들도 함께 담겨 있는 책들과 정보 추출 목적의 읽기에 적합한 과학 소설도 함께 제시한다.

Arnold, N., Gates, P., & Saulles, T. D. (1996). *Horrible science.* New York: Scholastic.
Capeci, A. (2007). *The magic school bus gets recycled.* New York: Scholastic.
Earle, A. (1995). *Zipping, zapping, zooming bats.* New York: HarperCollins Publishers.
Jenkins, S. (2006). *Almost gone: The world's rarest animals.* New York: HarperCollins Publishers.
Kelley, T. (2005). *Smart about art: Pierre-Auguste Renoir: paintings that smile.* New York: Grosset & Dunlap.
Vacca, R. T., Vacca, J. A. L., & Mraz, M. E. (2014). *Content area reading: Literacy and learning across the curriculum.* Boston: Pearson Education.

교과서의 '해석'과 '문법'보다 글의 내용과 정보 추출에 목적을 둔 수업을 진행하고 나니, 학생들은 전문가가 된 듯 관심 있는 분야의 글을 조금 더 찾아 읽고 관심을 보였고, 가르치는 입장에서도 앵무새처럼 해석과 문장 구조만 '끊어 읽히는' 교사가 아닌 학생들을 해당 주제의 '전문가'로서 영어 수업에 참여시키는 의미 있는 수업을 진행할 수 있었다. 정보 추출 목적의 읽기 방법이 학습자의 지적 호기심을 자극하는 유용한 학습 방법으로 교실에 자리 잡기를 바란다.

참고문헌

Huck, C., Helper, S., & Hickman, J. (1987). *Children's literature in the elementary school.* New York: Holt, Rinehart & Winston.
Moss, B. (1995). Using children's nonfiction tradebooks as read-alouds. *Language Arts, 72,* 122-126.

| 제8장 |

목적이 이끄는 읽기 수업

이수열
(세종국제고등학교)

> 이수열은 영어를 가르쳐 온 시간이 앞으로 가르칠 시간보다 세 배 정도 많지만, 경력이 실력과 비례하는 것은 아니라는 생각에 아직도 늘 읽고 배워서 가르치고 있는 교사이다. 예전에 비해 전반적으로 높아진 학생들의 영어 실력이 어떻게 하면 학생들 자신의 삶을 풍요롭게 하는 도구가 되게 할 수 있을지 고민하고 있다. 좋은 질문이 있는 읽기, 말하기, 쓰기 수업과 창의적인 영시 쓰기 수업 등을 통해 아이들이 자신의 '생각'과 '삶'을 자연스럽게 돌아보고 표현하는 시간을 갖게 해주려고 노력해 왔고, 비슷한 관심사를 가진 선생님들께 이 글이 도움이 되길 바라는 마음이다.

고1 수업에서는 교사의 창의성과 교육철학을 바탕으로 교육과정을 나름 재구성하여 다양한 인문학적 수업 활동을 하며 삶이 녹아든 수업을 할 수 있었다. 고2를 가르칠 때까지만 해도, 다양한 이슈들과 삶의 이야기를 연결하는 공간으로서의 수업을 통해 아이들의 이야기를 끌어낼 수 있었다. 하지만 고3이 되니 이야기가 달라진다. 교과서도, 좋은 읽기 자료도, 수능을 앞둔 아이들의 귀에는 들어오지 않게 되고, EBS 수능 연계교재만이 그 결과적 유효성을 담보로 교실에서 생존하게 된다. 그런데 이 교재라는 것이 담고 있는 것은 아이들의 삶에 대한 고민과는 무관한 일반 상식이나 개론 수준의 지문들이다. 한두 문단 길이의 이 지문들은 맥락도 없고 지적인 감흥도 재미도 없다. 이런 글을 읽는 과정에서 아이들은 읽기 자료와 자신의 삶을 결부시켜볼 생각을 하지 않을 뿐 아니라 감정적 동요나 사고의 파장도 기대하기 어렵다. 맥락 없는 글들의 맥락을 알려주기 위해 원문을 찾아보고 어떻게든 아이들의 삶과 관련된 무엇인가를 찾아서 수업으로 끌어와 보려고 노력해 보지만 쉽지 않다. 굳이 앞뒤 문맥이나 원문 전체의 대략적 내용을 언급하는 자체가 입시의 문턱에 서 있는 아이들의 눈살을 찌푸리게 하기 십상이다. 그래서 학생들의 소위 현실적 'needs'와 타협한 교사는 읽기 수업을 진정한 '읽기'가 아니라 해석과 문제 풀이라는 몰개성적인 수업으로 끌고 나간다.

어떤 글이든, 독자를 예상하며 어떤 목적을 가지고 썼을 텐데, 우리는 과연 그 목적을 성취하도록 아이들에게 읽기를 가르치고 있는가? 시험 준비 이상의 조금 더 고상한 이유 혹은 목적이 있는 글 읽기를 한다는 것은 고3 영어 수업에서는 넘보면 안 될 일인가? 대안을 찾기 위해 오래 고민하던 중 읽기 쓰기 통합 수업 모형을 고안하여 실행해 보았다. 수업의 특징을 살려 '목적이 이끄는 읽기 수업'이라고 명명해 보았다. 수능 연계교재의 딱딱한 지문들을 가지고도 의미 있는 글 읽기를 할 수 있겠다는 생각이 들었다. 3년째 고3 수업에 적용해 본 결과, 읽기 수업의 의미 찾기가 나름 가능하여 여기서 소개해 보고자 한다.

8.1 읽기의 목적 설정하기

8.1.1 과목 목표에서의 읽기의 기능

올해 고3에서 가르치고 있는 '심화영어작문'은 영어과 심화 과목으로서, "듣거나 읽은 내용을 요약하고 자신의 생각이나 느낌을 쓸 수 있는 능력"과 "다양한 주제에 관한 자신의 견해를 논리적으로 표현한 글을 쓸 수 있는 능력"을 주요 과목 목표로 기술하고 있다. 듣기나 읽기를 전제로 쓰기가 진행되는 통합된 형태의 교과 목표여서 주로 연계교재의 읽기 자료를 바탕으로 다양한 질문을 개발하고 학생들이 이 질문들에 대해 답글을 쓰는 형태로 수업을 설계하고 진행하였다. 또한 온·오프라인에서 학생들의 쓰기 결과물을 수합하고 개별 피드백을 제공하면서 과정 중심 평가를 진행하였다.

8.1.2 읽기의 목적과 읽기 전략

우선 읽을 지문의 종류를 그 글을 쓴 목적에 따라 분류해 보니 정보를 전달하는 글, 설득하는 글, 사회적 상호작용의 글, 심미적 표현 또는 정서 표현의 글 등으로 나눌 수 있었다. 이 중에서도 교과서나 수능 연계교재의 비문학 지문들은 대부분 정보를 전달하거나 설득하는 글, 즉 설명문이나 논설문의 형태가 주를 이룬다. 따라서 읽기 수업의 전반부는 대부분 정보를 얻거나 저자의 의견 및 주장을 이해하는 데 초점을 맞추었고, 이를 바탕으로 다양한 쓰기의 프롬프트(prompt)가 될 질문을 개발했으며, 이 질문들은 곧 읽기의 목적으로 연결되었다.

읽기의 목적은 읽기 전략을 결정한다. 예를 들어 의견과 사실을 구별하는 것이 지문 읽기의 목적이라면 이 목적에 적합한 읽기 전략을 사용해야 하고, 두 대상을 비교하여 공통점을 찾아내는 것이 읽기의 목적이라면 해당 목적에 적합한 읽기 전략, 예를 들면 벤 다이어그램(Venn diagram)과 같은 시각적 도표화 전략 등을 사용할 수 있다. 하지만 읽기의 목적을 모르는 상태에서 읽기 활동을 하게 되면 학생들은 적절한 읽기 전략의 사용 없이 지나치게 세부적이고 명시적인 독해 기능 중심의 읽기만을 하게 된다. '학습을 위한 읽기'에서 많이 쓰이는 전략인 SQ3R(Survey, Question, Read, Repeat, Review)의 과정 중 가장 중요한 Question의 단계는 읽기의 목적(Why)이 무엇인지를 묻는 단계인데, 이 Q의 단계가 없으면 읽기의 방법이나 전략을 적절히 사용할 수 없다(Robinson, 1962).

읽기의 목적은 또한 읽기의 속도를 결정하기도 한다. 즉, 단순한 대의 파악이 읽기의 목적이라면 스키밍(즉, 훑어 읽기) 기법을 활용하여 비교적 빠른 속도로 읽으면 되고, 다소 복잡한 과학적 원리를 소개하는 지문이라면 분석적으로 인과 관계 등을 따지며 꼼꼼히 속도를 낮추어 읽는 등 지문의 성격과 읽기의 목적에 맞추어 적절한 읽기 속도를 학습자가 선택하는 것이다. 그러나 읽기 목적이 제시되지 않거나 인지되지 않으면 학습자는 어느 정도의 속도로 글을 읽어야 할지 잘 모르는 상태에서 비효율적으로 시간 소모를 하게 되는 경우가 생긴다. 이처럼, 읽기의 목적은 읽기 전략의 사용 및 읽기 속도의 조정 등과도 매우 밀접하게 관련되어 있고, 학습자의 성공적인 읽기를 돕기 위해서는 읽기 활동 전에 읽기의 목적을 명확히 인지하도록 해주는 게 매우 중요하다.

8.1.3 읽기 수업의 얼개

글의 내용을 이해하고 읽기 목적을 잘 달성하기 위한 읽기의 일반적 절차는 '읽기 전 활동 → 읽기 중 활동 → 읽기 후 활동'의 3단계이다. 읽기 전 활동 단계에서는 지문 읽는 목적 확인하기, 연상이나 경험 떠올리기 등을 통해 배경 지식 활성화하기, 필요한 어휘 익히기, 배경 지식을 통해 내용 예측해 보기, 지문의 전체적 구조나 길이 파악하기,

주제에 대한 친숙도 높이기, 훑어본 다음 예측하거나 질문 만들기 등의 활동을 할 수 있다. 읽기 전 활동의 일반적 목표는 읽을 글의 내용에 대한 원활한 이해를 돕는데 있다.

읽기 중 활동 단계에서는 읽고 이해한 내용을 자기 말로 바꾸어 말해보기, 읽기 목적에 맞게 읽고 있는지 확인하기, 장면이나 이미지 등을 시각적으로 상상하며 읽기, 도표나 그림 등의 그래픽 조직자(graphic organizers)를 활용하여 이를 작성하며 읽기, 예측한 내용이 맞는지 확인하면서 읽기, 질문에 대한 답을 찾으며 읽기, 생략된 내용이나 감추어진 의도 등을 추론하면서 읽기, 필자의 생각에 공감하거나 비판하면서 읽기, 내용의 타당성이나 실현 가능성 등을 판단하면서 읽기, 새로운 생각이나 대안 등을 떠올리며 읽기 등의 활동을 할 수 있다. 이러한 읽기 중 활동은 이해를 깊고 넓게 하는 실제적인 독해 과정에 해당하며, <표 8-1>은 읽기 중 활동에서 많이 사용한 그래픽 조직자의 한 예이다. 지문의 성격에 따라 주어진 질문을 달리 하면서 학습자가 읽기 목적에 맞게 읽을 수 있도록 돕는 틀로 활용할 수 있다.

<표 8-1> Sample Graphic Organizer for Academic Reading

TEXT	What kind of text is it?	Who is the text written for?	Why did the author write it?	What is the main topic of the text?	Which information comes first?	Which details or information supports this topic?

읽기 후 활동은 읽은 내용을 바탕으로 학생 스스로 수행하는 의사소통 활동으로서, 읽은 내용을 자신의 경험이나 지식 또는 관심사와 연관하여 정리하거나 강화하는 단계이다. 전체 내용 요약하기, 도표 등을 활용하여 중요한 내용 정리하기, 중심 내용이나 주제 파악하기, 새로 알게 된 내용의 활용 방안 생각하기, 글을 통해 깨달은 바를 실천하는 방안 생각하기, 자신의 경험과 관련하여 말하기 또는 쓰기, 논평하기, 역할극 하기 등 비교적 인지적으로 역동적인 활동을 할 수 있다. 이 단계에서 교사는 텍스트의 내용 및 종류에 따라 적당한 형태의 과제를 제시할 필요가 있고, 읽기 활동이 다른 언어 기능들과 통합되어 전반적 의사소통능력 신장에 기여할 수 있도록 활동을 설계할 필요가 있다(이진영, 민찬규, 2010). 이러한 흐름을 바탕으로 진행한 한 학기 동안의 읽기 수업 개요는 다음과 같다.

<표 8-2> 읽기 수업 개요

단계	활동 내용	세부 사항
읽기 전	학습 목표 (읽기 목표) 설정 및 제시	각 지문별 읽기 목표 설정
	학습 목표 숙지	학습 목표 소리 내어 읽기
	읽기 전략 채택	지문과 읽기 목표의 특성에 따른 적절한 읽기 전략 안내
읽기 중	새로운 어휘 및 표현 익히기	유의어, 반의어, 어원 등
	배경 지식 활성화	원전과 원문의 전체적 맥락 및 시청각 자료 제시
	읽기	학습 목표를 생각하며 읽기
	설명 및 질문을 통한 독해 활동	Q & A
	보충 및 심화 자료 제시	
읽기 후	읽기 목표와 관련된 Post-reading task 수행	읽기 지문을 활용한 문장/문단 단위 글쓰기
	동료 및 교사 피드백	내용, 어휘, 어법 등
	피드백 반영한 활동물 제출 및 평가	평가와 기록

8.2 목적이 이끄는 읽기 수업 준비하기

8.2.1 읽기 수업의 학습 목표 설정

 수업에서 학습 목표의 설정과 제시는 공개 수업의 경우를 제외하고는 쉽게 간과하거나 빠뜨리는 부분이다. 보여주기 위해 마지못해 형식적으로 해야 하는 일이라는 고정관념이 강하기 때문이다. 그러나 학습 목표의 설정은 누군가에게 보여주기 위한 목적이 아니라, 교사의 수업 디자인 단계에서 필수적인 부분이며, 수업의 목적이며, 교사가 학생들을 안내하여 다다르게 하고자 하는 도착지이며, 학생들의 배움이 일어났는지 평가할 수 있는 지표이자, 학생들이 자신의 시간과 에너지를 투자하여 얻고자 하는 핵심적인 그 무엇이다. 따라서, 읽기 수업에서 구체적이고 명료한 학습 목표의 설정은 매우 중요하며, 간과되거나 누락되어서는 안된다.

 학습 목표는 크게 세 가지 종류로 나눌 수 있다. 첫째는 한 학기 혹은 일 년의 수업 과정 전체가 지향하는 목적, 즉 그 과정이 성공적이었는지 아닌지를 평가하는 지표가 될 수 있는 코스 수준(course-level)의 목표이다. 이 목표는 광범위하고 코스 전체를 망라하는 것이어서 흔히 기말시험이나 보고서 및 프레젠테이션 등의 형식으로 평가하게 된다. 둘째, 단원 수준(unit-level)의 목표가 있다. 이 역시 일반적 지식이나 기술의 습득을 다루는 학습 목표이고 코스 수준의 목표보다 좀 더 구체적이긴 하지만 일련의 학습 과정을 포함하는 형식의 평가나 절차적 실험이나 단원 평가, 혹은 여러 개의 학습 활동을 요약하거나 통합한 형태의 평가가 이루어지게 된다. 셋째, 활동 수준(activity-level)의 목표가 있다. 이는 단위 수업의 목표이자 수업 중 이루어지는 주요 학습 활동의 목표라고도 할 수 있다. 이러한 작은 규모의 학습 목표는 일반적으로 과제, 실험, 쪽지 시험, 토론, 주요 학습 내용에 대한 심화 질문에 답하기 등의 형태로 그 목표 달성을 평가할 수 있다.

8.2.2 읽기 학습의 목표와 일치하는 읽기 후 수행 과제

읽기의 각 단계는 서로 다른 활동들로 이루어지고 또한 서로 다른 하위 목표를 갖는다. 여기서 본 필자가 중점을 둔 부분은, 읽은 지문 내용을 바탕으로 하여 질문에 답하거나 토론하거나 리뷰를 쓰거나 혹은 지문의 주제와 관련된 다른 형태의 언어 학습 활동으로 확장하거나 하는 등의 읽기 후 활동이었고, 특히 쓰기 형태의 읽기 후 활동을 통해 읽기와 쓰기의 통합을 고안하고 적용하였다.

읽기 후 활동으로서의 쓰기 활동은 자신이 읽은 내용을 조직하고 정보를 기록하며 이 과정을 통해 자신이 알고 있는 것과 지문 내용과의 연결 지점을 찾게 해준다. 또한 지문의 핵심 내용을 요약하는 틀을 갖게 되고, 추론 또는 일반화, 그리고 자신의 생각을 수정하거나 재고하게 되는 인지적 작업을 할 수 있게 된다. 읽기의 목적이 수업의 목표이자 또한 곧바로 읽기 후 수행 과제로 기술되는 수업의 패턴을 만들고, 학생들에게도 그런 의미에서 읽기 후 활동의 중요성을 강조했다. 사실 매시간 매 지문 독해 활동 후에 학생들에게 쓰기형 과제를 제시하고 영어로 글을 쓰도록 하는 일은 고3 교실에서 그리 녹록한 일이 아니다. 그래서 약간의 현실적 동기 부여를 위해 읽기 후 활동으로서의 쓰기 과제를 학습 목표 및 평가 항목과 일체화시켰다. 학습 목표가 평가의 기준 혹은 평가 항목 그 자체가 된다는 것을 설명하고, 읽기 활동을 하기 전부터 학생들에게 미리 학습 목표를 평가 문항과 동의어인 것으로 인식시켜 주면, 학생들은 학습 목표를 달성하기 위해 읽기 후 활동을 하는 것을 자연스러운 수업의 전개라고 받아들이고 거기에 주목한다. 수업과 평가가 일체화되는 것이다. 이를 '수업 목표 = 평가 문항'이라는 공식으로 간단히 소개하고 수업을 하게 되니 학생들은 지문에서 무엇을 읽어내야 할지, 무엇이 중요하고 무엇이 곁가지인지를 알고, 지문의 성격에 따라 주어진 읽기 목표를 갖고 글을 읽을 준비를 하게 된다. 또한, 쓰기에 대한 부담이 큰 학생들에게 지문 안에 있는 단어나 어휘를 최대한 활용하도록 독려함으로써 스스로 새로운 단어를 생각해 내어 글을 써야 한다는 부담을 줄여주었다. 영어 사용 능력이 비교적 높은 학생들이 고르게 분포되어 있는 학교이긴 하지만 연계교재의 난도 높은 지문을 정확하게 이해하는 데 어려움을 겪는 '중' 이하의 학생들도 학급 당 3~4명 정도는 있어서, 온라인 사전을 이용해서 유의어나 반의어 등을 찾아보고 쓸 수 있게 하였고, 쓰기 분량에 있어서도 대부분 2~3문장 정도의 길이로 누구나 큰 부담 없이 시도해 볼 수 있도록 했다. 어법의 경우는 자신이 쓴 문장을 문법 체크 사이트를 활용하여 온라인 첨삭을 스스로 할 수 있도록 했고, 작성이 끝난 쓰기 결과물은 수합하여 교사가 직접 피드백을 제공했다.

8.2.3 활동 수준(activity-level) 학습 목표 기술하기

효과적인 학습 목표의 설정과 기술은 생각보다 쉽지 않은 일이다. 그러나 매 수업 일관성 있게 활동 수준의 학습 목표를 정하고 수업을 하다 보면 곧 익숙해지는 일이기도 하다. 학습 목표를 설정하는 일은 수업에서 학생들이 어떤 면에서 어느 수준까지 성장할지 상상하는 일이다. 그리고 그 상상한 것을 글로 기술하는 것이다. 이때, 구체적인 동사 즉 action verb를 사용하여 학습 목표를 보다 구체적이고 명확하며 측정 가능한 목표로 만드는 것이 중요하다. 수업에 있어서 SMART(Specific, Measurable, Achievable, Realistic, Time-bound)한 학습 목표는 학습 방향을 안내하는 명료한 길잡이가 된다(Doran, 1981).

읽기 수업에서 매 지문마다 가장 중요한 것이 무엇인지를 먼저 파악하고 그 중요 요소를 바탕으로 활동 수준 학습 목표를 설정하여 제시했다. Reading goals, Learning goals, Post-reading tasks 등으로 명명한 수업 목표는 매 지문 읽기 전 활동에서 함께 숙지할 수 있도록 학습지 가장 첫 번째 줄에 제시했고, 지문을 읽기 전에 학습 목표를 다 같이 소리 내어 읽는 것도 습관화했다. 온라인 수업을 할 때도 읽기 전 활동 슬라이드에 지문의 제목과 출처 그리고 이 학습 목표를 가장 먼저 제시했다. 가능한 구체적이고 명료하며 의미 있는 활동 수준 학습 목표로 기술하려고 애썼다. 사실 지문 분석보다 이 학습 목표 기술이 더 어려울 때도 있었지만, 김춘수의 시 '꽃'에서 시인이 사물의 '이름'을 불러주는 순간 그전까지 다만 하나의 몸짓에 지나지 않았던 사물이 '꽃'이 되는 것처럼, 읽기 수업의 학습 목표를 정하는 순간, 의미 없고 맥락 없던 글에 나름의 작은 의미가 생긴다. <표 8-3>은 지문의 내용이나 종류에 따라 제시했던 읽기 학습 목표이자 쓰기 과제 기술의 사례들을 유형별로 모은 것이다.

<표 8-3> action verb의 종류에 따른 학습 목표(쓰기 과제) 기술의 사례

1) 인용구 또는 핵심 표현의 의미 쓰기	
지문 내용	익숙하기 때문에 변화를 알아차리지 못하는 것에 대한 심리
Learning Goal	To be able to **explain** what the author wants to say through the metaphor of barking dogs
지문 내용	부에노스아이레스에서 시작된 탱고 음악과 춤의 특징
Post-reading task	**Answer the question**: "Tango is about feeling and sensitivity; otherwise you are just doing gymnastics." What does it mean that 'tango is about feeling and sensitivity'? What do tango and jazz have in common?
지문 내용	타인과 공유할 수 없는 특징을 가진 고통에 대한 철학과 정치학
Post-reading task	Elaine Scarry said, "To have pain is to have certainty; to hear about pain is to have doubt." **What do you think she meant** by this quote?
지문 내용	리더들이 중대한 결정을 할 때 방해가 되는 요소와 도움이 되는 요소
Post-reading task	**What do you think Dwight D. Eisenhower meant** when he said, "Make big decisions in the calm."?
지문 내용	직장과 집이라는 공간 심리적 영역이 분리되지 않는 현대 사회의 특징
Learning Goal	To be able to **explain** the meaning of "the transition from a society in which there are factories to a factory society in which the entire social performs as a factory"
2) 자신의 의견이나 아이디어 및 경험 쓰기	
지문 내용	도로 교통 안전을 위한 캠페인 관련 룰라 브라질 대통령이 쓴 서문
Post-reading task	Think & **Answer** If you were President of Brazil, how would you be able to raise the awareness of the citizens concerning road security?
지문 내용	아이들의 자연 친화적 태도와 생태학적 문해력의 중요성
Post-reading task	Think & **Answer** Why is our children's ecological literacy important? Present your ideas to prevent the extinction of ecological literacy.
지문 내용	다양한 실험을 해 보면서 최상의 학습 방법을 얻을 수 있음
Post-reading task	**Describe** your own experience of experimenting in learning a foreign language including English. Was the experiment successful? If not, why?
지문 내용	부모의 시간이나 금전적인 한계 때문에 교육의 불평등이 생긴다는 내용
Post-reading task	What do you think will happen to the children when their parents are extremely constrained in spending time with them? In your opinion, which type of constraint contributes most to increasing the inequality of education? **Write** your answer.
지문 내용	직업적 스트레스의 종류와 대처 방안
Post-reading task	What kind of occupational stress do you **expect to have** in your future job and how are you going to cope with the stress?
지문 내용	자기 성향이나 스타일에 맞는 정리 기술 개발의 필요성
Post-reading task	According to the Cambridge Dictionary, organizational skills refers to "the ability to use your time, energy, resources, etc. in an effective way so that you achieve the things you want to achieve." **What kind of organizational skill do you think** you need most in your school life?

3) 이유 추론하여 쓰기

Post-reading task	Read & **Answer** **Why** are multinational pharmaceutical companies now investing in R&D in non-affluent countries like India and Brazil?
Learning Goal	To be able to **explain why** leaders are likely to be confounded in making a critical decision
	To be able to **explain why** there exists a conflict between medical research and gene patenting
	To be able to **explain why** we need to internationalize higher education

4) 그림으로 묘사하기

Post-reading task	**Sketch** the wing positions of a live butterfly when it is flying and when it has landed.
	Design a small, professional office where you would like to work in. What advantages and disadvantages does it have? What do you value most when designing the office?

5) 나열하여 기술하기

Post-reading task	**List the steps** that investigators and forensic scientists take to ensure that the crime scene does not get contaminated.
	List some of the devastating aspects of economy during the Great Depression.
	1. **List the reasons** liars prefer concealments to outright lies. 2. Are you good at detecting lies? **List three effective ways** to spot a liar.
	List some of the environmental impacts of artificial adhesives.

6) 개념 정의하기

Post-reading task	**Answer** the questions. 1. What is **your definition** of 'being smart'? 2. If your IQ were high enough to solve one very difficult problem in this world, what would you solve by using your intelligence?
Learning Goal	To be able to **explain what** being oneself means and how to succeed in being oneself

7) 내용 요약하기

Post-reading task	**Summarize the message** the author is trying to convey.
	1. **Summarize the result** of the experiment described in the passage. 2. Give your own example of self-deception.

8) 인과 관계, 과정, 절차 또는 방법 등 설명하기

Post-reading task	**Explain how** industrial fishing is threatening the livelihood of the fishing communities.
	Watch the video clips and **explain how** 'Simpson's statistical paradox' can skew the data. https://www.youtube.com/watch?v=E_ME4P9fQbo https://www.youtube.com/watch?v=wgLUDw8eLB4
Learning Goal	To be able to **explain how** intellectual property affects public research programs
	To be able to **describe the graph** of 'the paradox of choice' and to explain why too much choice is a burden to the consumers
	To be able to **explain how** an individual's action of buying a more fuel-efficient car can help the environment
	To be able to **demonstrate how** dead zones occur and why they are a crucial problem in the environment

Post-reading task	Fill in the flowchart of how molecules move.
	The molecules in a liquid are much closer to each other than those in a gas.
	▼
	experiment 1 ⇒
	▼
	experiment 2 ⇒
	▼
	explanation ⇒

9) 비교 또는 대조하여 쓰기

Post-reading task	Compare the economics of the broadcast era and the economics of the broadband era.
	Compare the two office types and fill in the table with proper words and phrases.

	traditional offices	open collaborative workstations
privacy		
noise		
work focus		
productivity		
cost		

10) 예시 들기

Post-reading task	Give an example of a technology whose unintended consequences fall into the category of a "revenge effect".
Learning goal	Give your own example of self-deception.
Reading goal	To be able to give an example of a trait that is switched from an adaptive to an unadaptive status

8.3 수업의 실제

8.3.1 읽기 후 활동으로서의 쓰기 활동

읽기와 쓰기 활동의 통합은 많은 장점을 가지고 있지만 실제 고등학교 영어 수업에서 이 두 가지 영역이 효과적으로 통합되어 이루어지는 수업 사례는 많지 않다. 교과서에 읽기 후 활동으로 제시되는 guided writing 정도가 일반적인 쓰기 수업을 위해 할당된 지면이지만 형식적으로 이루어지거나 그나마 고2부터는 다루지 않는 경우가 많다. 또한, 쓰기 형태의 수행평가가 이루어지기는 하나, 매일의 수업 내용과 크게 관련이 없는 일회성인 경우도 많다. 글쓰기 자체가 실제로 사고하는 지적 역량을 요구하는 힘든 활동인 데다가, 영어로 어떤 주제에 대해 글을 쓰기 위해서는 적절한 어휘나 구문에 대한 지식과 활용 능력이 있어야 하고, 적절한 배경 지식이나 글쓰기에 필요한 자료들이 갖춰져 있어야 한다. 그러나 읽기 후 활동으로 짧은 한 두 문장의 글을 쓰게 하면, 학생들은 방금 읽은 지문 안에서 자신들이 필요로 하는 어휘를 찾아 활용할 수 있고, 설령 자신의 배경 지식이 충분하지 않더라도 지문 안에 들어 있는 정보를 보고 어느 정도 쓸 수 있기 때문에 짧은 글을 쓰는 데 큰 무리가 없다. 그래서 쓰기에 대한 학생들의 부담이나 거부감을 줄이고, 독해 활동에 대한 분명한 목적을 알게 하며, 읽기라는 활동이 수동적이고 단순한 이해 활동이 아니라 적극적인 사고의 조직을 통해 이루어지는 능동적 학습 활동이 되게 하기 위해 읽기 후 활동으로 문장 단위 글쓰기를 하게 했다. 지문의 내용과 관련한 자신의 경험을 이야기로 쓰거나 주제에 대한 자신의 의견을 쓰는 경우에는 교사가 글쓰기 분량을 제시하지 않아도 학생들은 자연스럽게 문단 분량의 글을 썼다.

 다음은 이러한 지문별 읽기 후 활동으로 진행했던 학생들의 쓰기 수행의 사례들이다. 심각한 어법이나 어휘의 오류는 수업 중 또는 수업 후 교사의 피드백을 받아 대부분 수정한 것이다. 온라인 수업 기간에는 해당 차시에 읽은 지문의 읽기 후 활동 과제를 수행하여 교과 온라인 카페에 올리도록 하여 피드백을 제공하였고, 대면 수업에서는 수업 시간 혹은 수업 직후에 피드백을 제공하였다. <그림 8-1> Text 1의 밑줄 친 부분은 읽기 지문에 있는 표현들로서, 학생 개인별로 약간의 변형이 있기는 하지만 읽기 지문의 표현을 충분히 활용하여 내용을 요약하고 있음을 알 수 있다. <그림 8-2> Text 2는 지문의 내용을 그림으로 표현해보도록 한 과제였는데 학생들이 흥미를 갖고 과제를 수행하는 모습을 보였다. 그리고 개인의 경험을 쓰는 과제인 <그림 8-3> Text 3의 경우, 쓰기 분량을 정하지 않았기 때문에 학생마다 답안의 분량에 차이가 있었다.

[Text 1] Understanding Teenagers

지문 내용: 십 대 자녀들이 자신들의 스트레스와 온갖 정서적 불편함을 부모에게 쏟아내는 경향이 있는데, 부모는 그 경향성을 이해하고 잠시 그 갈등 상황을 피하거나 뒤로 물러나 자녀 스스로 감정 조절을 할 수 있게 해주는 게 좋다는 조언의 내용

Post-reading task: Explain the characteristics of normal teenage behavior and how to respond to it (as a parent) wisely.

★ "Since parents are the secure base for teenagers in adolescence, they tend to dump their garbage into parents who will understand them anyway. So for parents, it is important not to stand against their children but to understand and embrace them unless they are persistently nasty."

★ "Normal teens often try to pick a fight because they are in the chaos and uncertainty of adolescence. So, they want to discharge the garbage of their day onto their parents who will take it and love them anyway. As a parent, the smartest way to treat teens is to take time and withdraw from them."

★ "Teens often try to pick a fight and want to discharge the garbage of their day onto someone who will take it and love them anyway. For the parents, the wisest solution is withdrawing from their nastiness."

★ "Normal teenagers tend to discharge their garbage to their parents, who will love them regardless of their behavior. This may be very embarrassing at the moment. However, parents could react to this situation wisely through withdrawing from their children's aggressive attitude."

★ "The normal teenager's rude behaviors are not so much indications of bad temper as daily discharging of their day's garbage on to close, emotionally attached people. A wise response to such behavior would be simply withdrawing from the scene."

★ "Teens often try to pick a fight against their parents, since they want to discharge their stress of the day to someone who love them unconditionally. It is difficult for parents to stay wise-minded when their teens are rude. The best way to treat them is to say something humble and simply withdraw."

★ "Teenagers often discharge their tiredness or the things hard to overcome to their parents. When parents talk with their teens, even though they are angry because of their children's rudeness, parents should stop the conversation with their children and postpone the talk."

★ "Normal teenagers usually disobey to older generations such as their parents. So parents must simply withdraw. Rebellion to the older is normal quality of teenagers. Therefore, parents must respond to teenagers wisely, not expressing anger to them."

★ "Teenagers are always in the status of anger and easy to start a fight with people who exist around them. Parents should not walk out with an angry refrain. Instead, they should say something humble and accurate. They should not be aggressive but try to interact with them."

<그림 8-1> 지문별 읽기 후 활동으로서의 수행 과제에 대한 학생들의 쓰기 예시 1

[Text 2] A Swift Guide to Butterflies

지문 내용: 박물관이나 과학관에 박제로 전시되어있는 나비의 날개 모양은 천편일률적이지만 실제 나비는 날 때와 착지할 때의 날개 모양이 서로 다른데 이게 어떻게 다른지에 대해 세부적으로 묘사한 글

Post-reading task: Sketch the wing positions of a live butterfly when it is flying and when it has landed.

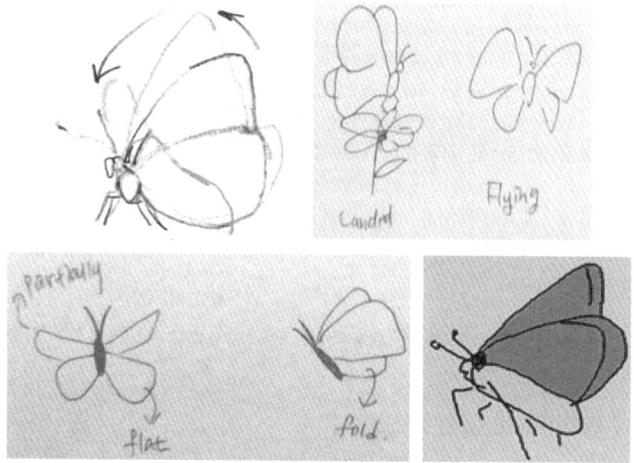

<그림 8-2> 지문별 읽기 후 활동으로서의 수행 과제에 대한 학생들의 쓰기 예시 2

[Text 3] Waking up the 'sleeping guard'

내용 요약: 사람마다 자신의 안전지대에서는 모든 게 편하고 익숙하지만 어떤 발전이나 성장을 기대할 수 없음. 그 안전지대를 벗어나 뭔가에 도전하려고 하면 안전지대에서 못 나가게 막는 잠자고 있는 경비, 즉 sleeping guard를 깨워야 하는데 그렇게 해서 자신만의 안전지대에서 나와 새롭고 낯선 뭔가를 도전해 보는 용기가 필요하다는 내용

Post-reading task: Describe a moment in your life when you woke 'the sleeping guard' up to leave your comfort zone.

★ "When I was an elementary school student, there was a presentation to celebrate our graduation. At that time, two students had to be selected to present in front of the parents. No one raised their hands, but I really wanted to do it. My inner critic seemed to keep asking me, 'Can you really do it?' Of course I hesitated, but I raised my hands slowly, and volunteered to do it. And this experience gave me a valuable message about a presentation in front of many people."

★ "Three years ago, when I hesitated to apply for either this school or others, my self-doubt kept myself from having a venture – trying to apply for my current school. I had felt this anxiety until my interview ended, thereafter I was able to find myself much stronger than before."

★ "For example, I used to ride the same bus. When I went to see a movie in Jongchon-dong, I could choose many buses to go there. But I thought that if I rode a bus that I had not ridden, I would go wrong way. I felt I was a fool. So, I decided to ride a different number bus that goes to the movie

theater, and one day I did. It was not as scary as I thought."
★ "Though I loved cooking, I was not good at making desserts. After my short trip to China, I decided to make tanghulu to re-create the flavor. Just as I started to boil the sugar, I soon became anxious that it would all burn away. Suddenly I felt like I should give up making tanghulu, but I kept making it following the recipe. I woke my sleeping guard up and could taste the delicious tanghulu."
★ "When I was considering applying for a speech contest, I was struck with a sense of dread and self-doubt. The treacherous voice inside of me whispered not to even bother for I would surely fail, saying that it won't be worth the effort. And for a moment, I intended to give in. Surely, there would be no point in wasting my time for the inevitable disappointment in the end. But even as I thought of letting it go and forgetting about it altogether, my eyes kept straying around the application form. And I decided to just go for it, just this once, because I had a strong inclination that I would be regretting this moment for a long time if I didn't even try. So I filled out the form, with the voice hissing that I would fail, I was getting my hopes up for nothing. Though I don't remember the result of the contest, I am still thankful for changing my mind to this day for it prompted me to just go for it when an opportunity comes."

<그림 8-3> 지문별 읽기 후 활동으로서의 수행 과제에 대한 학생들의 쓰기 예시3

8.3.2 읽기 후 수행 과제에 대한 피드백

수업 목표와 읽기 후 수행 과제가 평가 요소와 일체화된다는 것은 배움을 확인하고 촉진하기 위한 형성 평가(formative assessment), 즉 배움을 위한 평가(assessment for learning)의 성격을 의미한다. 배운 것을 평가하는 총괄 평가(summative assessment)의 성격을 지양하고, 학습자가 수업의 과정에서 교사의 도움을 받아 자신의 배움을 확인하고 책임지는 일련의 활동으로서의 평가를 염두에 두고 피드백을 제공하였다. 학생의 이해를 점검하는 여러 차례의 확인을 거치면서 학생들이 능동적이며 적극적으로 자신의 학습 과정에 대해 점검하고 피드백을 통해 수정해 나가면서 학습의 결과, 즉 학습 활동의 목적과 목표를 달성할 수 있도록 돕는 방법을 고민하였다. 온라인 수업으로 진행하는 읽기 활동 중에 이러한 형성 평가의 요소를 도입하기 쉽지 않아서 독해 후 활동인 개별 쓰기 활동을 활용하였다.

<그림 8-4>는 읽기 후 활동 중 문장 단위 글쓰기 결과물에 대해 각 학생들에게 제공한 피드백의 일부이다. 쓰기의 분량이 많지 않아서 첨삭 지도를 하는 데 그리 많은 시간이 걸리지 않았다. 독해 자료 바로 밑에 읽기 후 수행 과제에 대해 학생들이 답변을 써서 제출하면 교사가 그에 대해 첨삭(빨간색)을 제공하는 형태로 진행하였다.

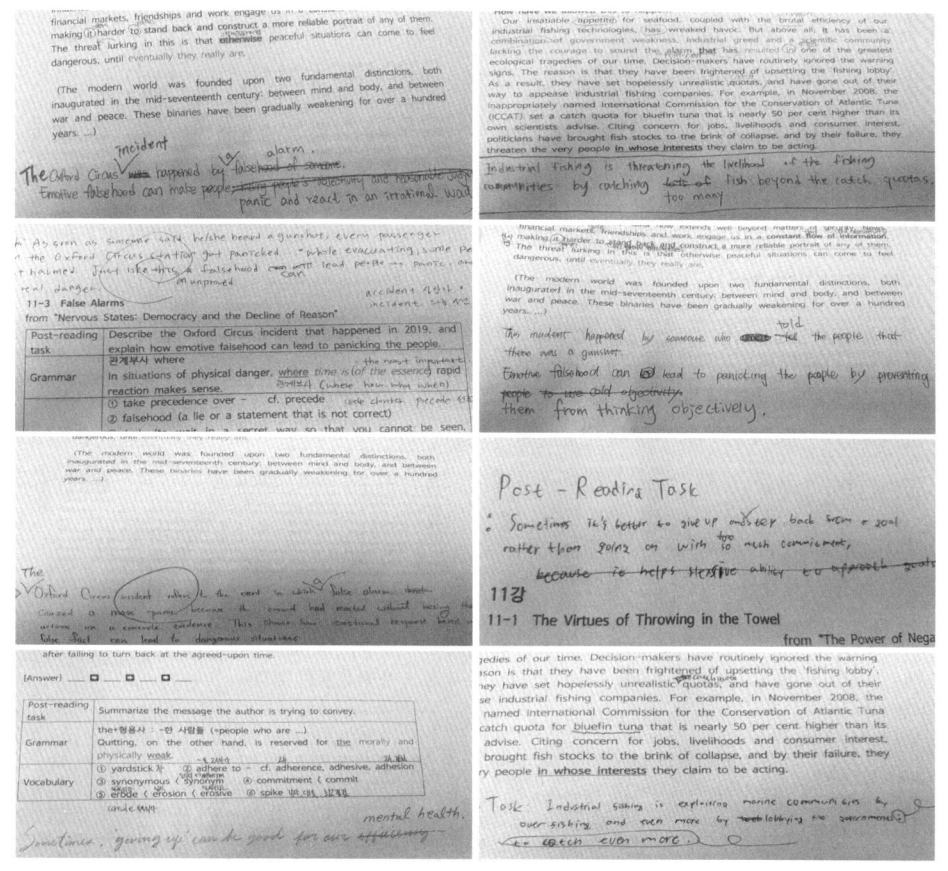

<그림 8-4> Post-reading tasks 첨삭 지도 사례

8.3.3 읽기 후 수행 과제를 평가 문항으로 전환하기

　읽기 전 활동에서 학습 목표로 제시했던 읽기 후 수행 과제는 다시 지필 평가 문항으로 그대로 전환된다. 배운 것을 평가한다는 원칙에 따라, 학생들은 읽기 활동에서 가장 중요한 요소를 읽기 후 쓰기 활동 과제로 수행했고, 교사의 첨삭을 통해 자신이 쓴 답안에 대해 피드백을 받아 수정했기 때문에, 지필 평가에서 이를 평가 문항으로 전환했을 때 문항에 대한 친숙도가 높아 실제로는 난도 높은 서술형 문항이지만 큰 부담 없이 내용을 쓸 수 있다. 경험에 비추어 보았을 때, 고등학교 영어 서술형 평가 문항 중 많은 문항이, 주어진 단어를 사용하여 문장의 일부를 완성한다거나 제시된 단어와 어구들을 어법에 맞게 재배열하는 등의 유형들로서, 실제로 학습자의 생각이나 경험과는 별개로 단순 내용을 암기하여 푸는 문제인 경우가 많고, 실제 제대로 된 의미에서의 자유 서술형 문항은 찾아보기 힘들다. 다양한 답이 가능하고 하나의 명확한 정답이 없는 경우, 각기 서로 다른 내용의 답안을 객관적으로 채점해야 하는 교사의 부담이 여기에 한몫한다. 그러나 앞서 제시한 바와 같이 '학습 목표 = 읽기 목표 = 읽기 후 수행 과제 = 평가 문항'이라는 원칙을 바탕으로, 학생들이 읽기 수업의 목표를 수업 중 달성했다면 분명히 지필 평가에서도 동일하게 해당 문항의 성취기준을 달성할 수 있다. 쓰기형 과제가 대부분이었던 터라 읽기 후 수행 과제는 지필 평가에서 거의 대부분 서술형 문항으로 제시되었지만 지문의 성격에 따라 객관식 문항 유형으로 일부 모양을 바꾸어 출제하였다. 아래 예시들은 이 원칙에 따라 출제했던 지필 평가 문항의 예시들이다. 서술형 평가의 채점 기준은 공통적으로, 어휘 및 어법의 오류는 각 0.2점 감점하되 오류에 대한 최대 감점이 1점을 넘지 않도록 하여, 길게 쓴 답안이 오류로 인해 오히려 더 많은 감점을 받지 않도록 했으며, 주어진 조건(단어 수, 답안 형태, 필수 어휘, 문장 완성도 등)을 준수하지 않은 경우는 문항 배점에 따라 0.5점~1점을 감점하였다.

<표 8-4> 학습 목표와 일치하는 지필 평가 기출 문항 예시들

예시 1	
Learning goal	To be able to explain **what emotional eating is and why we develop such an eating problem**.
[서술형 5] Read the passage below and answer the two questions. [각2점, 총4점] (1) **What is 'emotional eating'?** (2) **Why do people develop an eating problem such as emotional eating?**	
예시 2	
Learning goal	To be able to **apply your own example or episode to how self-doubt or the inner critic worked keeping you from moving forward and how you responded to it**
[서답형(서술형) 7] Refer to the passage below and **write your own experience of waking the sleeping guard. Include how you responded to the loud voice of the inner critic.** [4점]	
예시 3	
Learning goal	To be able to **draw a Venn diagram which demonstrates what the cigarette industry and the credit card industry have in common**
[서답형(서술형) 7] Refer to the passage below and **write your own experience of waking the sleeping guard. Include how you responded to the loud voice of the inner critic.** [4점]	
[서술형 7] Read the passage below and draw a parallel in the table by filling in blanks (1) to (3) with possible matches. [각 1.5점, 총 4.5점]	

	Cigarette industry	Credit card industry
Personal troubles	Smoking-related illnesses or early death	(1)
Social problems	The cost to society of death and illness traceable to cigarette smoking	(2)
Public issues	Aggressive marketing to young people	(3)

예시 4

Post-reading task	To be able to **describe the occupational stress you expect to have in your future career and to write about how you would manage or relieve the stress**

[서답형(서술형)3] Whereas the blue-collar stressors frequently involve characteristics of the industrial environment or the work itself, white-collar stressors are more related to the tasks, duties, and expectations that identify the worker's role in the organization. **What kind of occupational stress do you expect to have in your future job and how are you going to cope with the stress?** Write your answer in 2-3 full sentences. Each sentence should have more than 7 words in it. [4점]

예시 5

Learning goal	To be able to **demonstrate how dead zones occur** and why they are a crucial problem in the environment.

Q. Which is **the best place to put the sentence** in the box? (dead zone이 어떻게 생기는지 그 과정에 대한 질문)

Marine organisms that can swim away, such as fishes, migrate to better water while those that cannot, such as clams and worms, die from lack of oxygen.

When nitrogen-containing chemicals from terrestrial sources reach the ocean they support an enormous increase in the growth of algae. Algal blooms prevent light from penetrating the water's surface. (①) They also prevent oxygen from being absorbed by organisms beneath them. (이하 생략)

예시 6

Learning goal	To be able to create **your own insightful simile describing a feature of something**

[서답형(서술형) 1] Refer to the example and **complete the simile by adding your own words.** (Write your answer in 15~20 words.) [5점]

■ example
Trust is like paper. Once it's crumbled, it can never be perfect again.

Q. High school life is like _____.

예시 7

Post-reading task	Write an example of vertical transfer of learning and an example of lateral transfer of learning.

[서술형 2] Refer to the passage below and **write (1) an example of lateral transfer of learning and (2) an example of vertical transfer of learning**. Each should be written in one or two full sentences. [각 2점, 총 4점]

예시 8

Post-reading task	**Explain what 'codability' is** and **why a certain language has high/low codability of a specific word.**

[서술형 4] Referring to passage (A), explain the codability of the Korean word 'nunchi', to which there is no English word that corresponds. Also, referring to passage (B), explain why we Koreans have the word while English speakers don't. [4점]

8.3.4 읽기 후 쓰기 활동에 대한 평가와 기록

　읽기 활동과 읽기 후 활동으로서의 쓰기 활동은 대부분 인지적 학습(cognitive learning)을 유도한다. 하지만, 쓰기를 통해 자신의 의견이나 느낌을 표현하거나 자신의 이야기를 가지고 와서 서술할 때 비인지적 학습(non-cognitive learning)이 함께 일어나고 있음을 알 수 있다. 학습자가 목표 없이 단순한 문제 풀이를 위해 수동적으로 지문을 읽거나 지문 내용에 관한 교사의 설명을 듣고 의미를 이해하는 정도의 수준에서 끝나는 수업에서는 경험할 수 없는 자기표현 및 성찰의 기회, 다른 방식으로 생각해 보는 활동을 통해 학생들은 배움에 대한 긍정적 태도, 자신감, 지식의 가치 등 비가시적 배움을 동시에 얻게 된다. 교사의 입장에서도, 독해 문제 풀이 수업을 통해서는 알 수 없었던 학생들의 내면의 움직임과 다양한 생각과 감정들을 접하면서 그들에 대한 새로운 이해를 넓힐 수 있다.

　또한 읽기 후 활동으로서의 쓰기 활동은 학생들이 독해 수업에서 무엇을 배웠는지에 대한 확인과 평가자료의 역할을 하기 때문에, 배움과 성장에 대한 기록의 좋은 자료가 될 수 있다. 학생들이 수업 중에 어떤 면에서 의사소통능력의 신장을 보였는가를 쓰기 활동 누적 자료를 바탕으로 기록할 수가 있는 것이다. 매번의 쓰기 활동에 대해 기록할 수는 없지만 한 장(chapter) 또는 한 학기 동안의 쓰기 활동을 근거로 하여 종합적인 평가를 기록할 수는 있다. 다음은 영어 사용 수준에서 다소 차이가 있는 세 학생의 읽기 후 활동으로서의 쓰기 수행의 자료를 바탕으로 과목별 세부능력 및 특기사항에 입력한 내용이다. 중하 또는 중 정도 수준인 학생들은 대부분 지문에 제시된 어구나 표현 등을 자신의 말로 많이 바꾸지 않고 그대로 활용하는 것을 볼 수 있었다. 쓰기 과제를 위해 읽기 지문에서 정확한 부분을 찾아 활용하여 쓸 수 있는 것도 학습 능력의 하나이므로 긍정적으로 격려해 주었다. 이에 비해 상 수준 학생들은 지문의 내용과 일치하면서도 자신의 어휘와 표현으로 바꾸어 작문하는 특징이 돋보였고, 이 경우 그에 적합한 평가 기록을 해주었다. 이렇게 자신의 언어 사용 능력에 맞게 쓰기 과제를 수행할 수 있다는 게 읽기 후 활동으로서의 쓰기 활동의 특징이라고 할 수 있다. <표 8-5>는 교재 4강 지문별 Post-reading tasks이고, <그림 8-5>, <그림 8-6>, <그림 8-7>은 그에 따른 학생들의 쓰기 결과물로서 어법 수정을 거치기 전 단계이다. 영어 사용 수준에 따라 결과물의 수준이 다르므로 이를 종합 평가하여 과목별 세부능력 및 특기사항을 기록하였다.

<표 8-5> 4강 Post-reading tasks

지문 번호	Post-reading tasks
4-1	To be able to explain how an opera is different from a play and what operatic conventions are
4-2	To be able to explain how intellectual property affects public research programmes
4-3	To be able to describe the graph of 'the paradox of choice' and to explain why too much choice is a burden to the consumers
4-4	To be able to explain the characteristics of global marketing
4-5	To be able to explain why leaders are likely to be confounded in making a critical decision
4-6	To be able to apply one's own example or episode to how self-doubt or the inner critic works keeping him/her from moving forward
4-7	To be able to explain what 'thinking like a mountain' means and why it is important to think like a mountain
4-8	To be able to explain what the theory of 'the hemline index' is and how the skirt length correlates with the economy
4-9	To be able to explain how it is possible for us to learn enormous number of new words
4-10	To be able to explain what being oneself means and how to succeed in being oneself
4-11	To be able to summarize the main idea of the passage
4-12	To be able to explain the meaning of "the transition from a society in which there are factories to a factory society in which the entire social performs as a factory"

4강 지문별 Post-reading tasks

3학년 OO반 OO번 OOO

4-1	A play can be like real life, but an opera is being sung. Also, the opera is not going to happen in the real life. One of the Operatic conventions is singing at almost scenes, another of the operatic conventions is singers can be changed beyond their characters.
4-2	The intellectual property prevent public research programmes could not access to research on popular diseases as like breast and ovarian cancer.
4-3	The paradox of choice means that too much choice brings confusion to consumers. When consumers face too much choice, they need to decide one thing more efficient and easier so it is a burden to the consumers.
4-4	Global marketing is vulnerable from exogenous political and economical events.
4-5	Because they need to consider about each decisions' interest, and sometimes, information overload make leader confuse. In addition, it is difficult to make decision clarity, because of decisions' nature, not clear-cut.
4-6	Actually, in my case, I wanted to apply class president this year. But the inner critic says 'Think again. Are you believe that you can care the class? Are you sure?' However, I was elected, and I will do my best to my class.
4-7	Thinking like a mountain means we need to instill a sense of geologic time into our culture and our planning and to incorporate truly long-term thinking into social and political decision making. It is important because we have some responsibility to our later Anthropocene and later planetary.
4-8	The 'hemline index' is metaphor of reflections of outsized societal forces. The skirt length and economy are inversely proportional. When the skirt length is going to short, then the economy will develop.

4-9	When we face the new word, it is remain a memory trace in our brain. And that memory trace enhance more and more as we repeat the word.
4-10	In this article, we need to win at being us, it means we need to figure out who we are. And once we discover who we are and operate in that realm, we can succeed.
4-11	We have a convention that the quantity of practice is important as like the term '10,000 hours of practice'. However, the practice's quality is also important.
4-12	In the past, the workplace and the domestic matter are divided. But now, the boundary between the workplace and the domestic matter is vague. So although the workers get out the workplace, they can work. It is extension of work.
■ 교과[영작문]세특 기록 내용: 지문 독해 후 쓰기 과제 수행을 매 시간 최선을 다해 성실히 했으며, 첨삭 내용을 수정하는 과정을 통해 정확한 어법을 사용한 구문 작성 실력과 핵심 어휘를 사용하여 요약문이나 주제문을 쓰는 작문 실력이 크게 향상됨. 스스로 자신의 생각이나 느낌을 문법 요소에 구애받지 않고 자연스럽게 기술하는 연습을 많이 하였고 이로 인해 영어 글쓰기에서 자신감이 높아짐.	

<그림 8-5> 중 수준 학생의 쓰기 활동물과 영작문 과목별 세부능력 및 특기사항 기록

4강 지문별 Post-reading tasks

3학년 OO반 OO번 OOO

4-1	Operatic conventions are a kind of habit we have to accept, accepting things like singing in situations we would not really sing in the real world. Conventions in the earlier operas were like to have the part of young men sung by women and to have the main female part sung by a man who was a castrato.
4-2	Intellectual property bothers public research programs by limiting the sources scientists can use in their research.
4-3	Too many options can make consumers overwhelmed, leading to the opinion that the outcome of shopping is unsatisfactory.
4-4	The characteristic of global marketing is that firms face competition based on halfway around the world, that they have to consider customer trends in many different regions, and that firms have to protect themselves from political and economic crises around the world.
4-5	Leaders are likely to be confounded in making a critical decision because of information overload, which might lead leaders to fill in the gaps with assumptions.
4-6	When trying to learn the guitar, my self-doubt and inner critic kept on telling me that I could not do it, shouting that I should just give up. I was worried that I would get embarrassed in front of the whole class. But I tried learning and practicing, ignoring the guard inside me, and now I guess I can play the guitar well.
4-7	"Thinking like a mountain" means that we should instill a sense of geological time into our culture and our planning. That means that we have to stretch out the amount of time when making a social and political decision. This is important because of what Anthropocene will look back on the 21st century, as a time of human enlightenment or not.
4-8	Hemline Index means, that hemlines of dresses and economy are closely related - the shorter the skirt length, the better the economy. The skirt length correlates with the economy because hemlines were a window into macro-level cultural values and belief systems. Economist George Taylor said that hemlines of skirts go up with rises and go down with declines in the stock market.

4-9	It is possible for us to learn enormous amount of words because our mind leaves a memory trace even with a single encounter of a word and because human brains have a vast capacity of implicit memory.
4-10	I think being oneself means to figure out who I am and where I can make the most of my ability. When I become myself (not imitating others), do what I am good at, and try things in the field where I can do the best, I can succeed in being myself.
4-11	The main idea of the passage is that there is no point in spending time quantitatively without any thought, following the 10,000-hour rule. You should pay attention to how qualitatively you used the10,000-hour period.
4-12	In the past, people enjoyed their own time after work, but now the impact of the company on individuals' private hours have increased, so employers should continue to work related to the company after they leave the work as well.

■ 교과세특 기록 내용: 매 시간 읽기 후 쓰기 과제를 매우 성실히 수행함. 글의 대의를 파악하여 정확하게 압축된 문장으로 표현하는 능력과, 'being oneself'와 같은 추상적 개념을 자신의 말로 정의 내리는 데 있어서 언어 사용 수준이 뛰어남. 'Hemline index'와 같은 경제 관련 용어의 의미를 명료하게 설명할 수 있으며, 새로운 것에 도전해 본 자신의 경험을 상황과 감정이 잘 드러나게 적절하고 정확한 어휘를 활용하여 구체적으로 묘사함.

<그림 8-6> 중상 수준 학생의 쓰기 활동물과 영작문 과목별 세부능력 및 특기사항 기록

4강 지문별 Post-reading tasks

3학년 OO반 OO번 OOO

4-1	The characteristic that distinguishes an opera from a play is that every word is sung in an opera. Operatic conventions are certain rules or features about the musical genre that have been agreed upon.
4-2	Intellectual property might act as an obstacle blocking public research programmes – it may work to deter scientists from researching topics related to the intellectual property in question.
4-3	Excessive amount of available options (and information) might prove to be overwhelming for consumers, as they may struggle to process the sheer amount of information about the products.
4-4	The characteristics of global marketing, in part, can be inferred from the word 'global'. In today's global marketing environment, companies may face competition from all over the world, and political or economic crises in one region may affect other regions.
4-5	Leaders are likely to be confounded in making a critical decision, as they might be faced with an excessive amount of information, or lack thereof.
4-6	Doing a presentation in front of people was (and to some extent, still is) something out of my comfort zone, and my self-doubt/inner critic showed up whenever I was about to do it. I went ahead nonetheless, and my self-doubt does not bother me as much.
4-7	Thinking like a mountain means that a sense of geologic time is instilled into one's thought process. We need to think like a mountain when making social and political decisions to protect our future and the environment.
4-8	The hemline index is an index devised by the anthropologist Alfred Kroeber denoting the length of hemlines, which was assumed, along with other parts of women's fashion, to be a reflection of outsized societal forces. George Taylor argued that the length of hemlines correlated with macro-level economy – it went up with rises in the stock market, and went down with declines.
4-9	Human brains can store implicit memories, and because of this, exposure to a new word leave its trace, which is strengthened upon subsequent exposure.

4-10	Being oneself means knowing where one is most comfortable, and operating where one is most comfortable will lead to success.
4-11	The quality of practice matters more than the quantity.
4-12	The society is undergoing a transition from one that had factories in it i.e. where public and private spaces were separate, to one where workers are required to contribute collectively to the production of goods and services.
■ 교과세특 기록 내용: 풍부한 어휘와 정확한 문장 구조를 활용한 글쓰기 능력이 뛰어나며, 다양한 영어 학술자료를 찾아 읽으면서 쌓은 배경 지식을 글의 주제와 관련하여 잘 활용하고 적용함. 읽기 후 쓰기 과제 수행 수준이 어휘와 내용면에서 모두 탁월하며, 유의어가 갖는 미묘한 뉘앙스의 차이도 날카롭게 포착하여 원어민 수준으로 자연스럽고 유려한 표현을 써서 작문함. 매 수행 과제 결과물에서 함축적 언어 사용 능력과 창의적인 사고력 및 다양한 인문사회학적 지식을 통합하여 주제를 명료하게 표현하는 능력이 돋보임.	

<그림 8-7> 상 수준 학생의 쓰기 활동물과 영작문 과목별 세부능력 및 특기사항 기록

8.3.5 수업 후기

2020학년도 1학기는 '보이지 않는 것으로부터의 생존'과 '낯선 것에 대한 적응'의 학기였다. 이 보고서의 결론을 쓰고 있는 지금 이 시점도 코로나 바이러스의 2차 확산과 증가 추이를 무력하게 보고만 있어야 하는 답답한 시간이다. 무기한으로 미루어졌던 대면 개학 전까지의 온라인 수업은 교사의 수업 역량 및 수업 콘텐츠 제작 역량을 테스트하는 시험대였고, 학생들과의 교류는 온라인 카페에 올리는 쓰기 과제를 읽으면서 대충 어떤 생각과 삶의 태도를 지닌 아이들인지를 상상하며 피드백을 주는 정도에서 만족해야 했다. 하지만 그래도 한 학기 수업을 돌아보면 대면 수업일 때나 비대면 수업일 때나 학생들과의 교류를 가능하게 했던 것이 바로 이 '읽기 후 쓰기 활동 과제'가 아니었나 싶다. 교사는 질문을 하고, 수업을 듣는 모든 학생들이 자신만의 답을 써서 교사에게 보내고, 교사는 다시 그 과제물을 읽어 보며 자신의 읽기 수업이 학생들에게 잘 이해되었는지 점검하고 학생들의 과제에 첨삭이라는 방식으로 응답을 해 줄 수 있었다. 그래서인지 등교 수업으로 전환되어 첫 수업을 할 때 학생들이 낯설지 않았고, 금방 좋은 레포(rapport)를 형성할 수 있었던 것 같다.

지문마다 읽기의 목표를 먼저 제시하고 그 목표를 읽기 후 쓰기 활동으로 수행하게 한 후, 같은 내용을 지필 평가의 서술형 문항으로 출제하는 것에 대해 학생들은 어떻게 생각하는지 물어보았다. 물론 독해 후 선택형 문제 풀이로 끝나는 수업에 비해 학생들이 느낄 인지적 부담과 영어로 문장 단위 이상의 글쓰기를 해야 한다는 부담이 상당히 있으리라는 것은 충분히 예상하고 있었다. 그러나 부담을 갖는 것과 학습 활동 자체에 대한 부정적인 태도는 조금 다른 문제라고 생각하고 학생들(60명)의 솔직한 반응을 알고 싶어 설문해 보았다. 영어 학습에 대한 동기와 성취 수준이 일반고에 비해 높은 편이긴 하나 쓰기 활동을 부담스러워하는 학생들이 더러 있다는 점을 감안했을 때, 설문의 결과는 매우 긍정적이었다. 58명 학생이 여러 이유로 '좋았다'에 표시했고, 1명 학생이 '나빴다', 그리고 1명 학생이 '차이가 없었다'에 표시했는데, 그 중 '차이가 없었다'에 표시한 학생은 사유란에 '작문 첨삭을 받지 못해 실력이 그대로였다.'라는 이유를 썼다. 무기명이라 어느 학생인지는 알 수 없으나, 굉장히 미안한 마음이 들었다. 약 100명 정도 되는 학생들의 쓰기 활동물을 수업 시간마다 첨삭해 주는 것이 쉽지 않은 일이라 어떤 경우는 바쁘다는 핑계로 건너뛰거나 생략했었기 때문이다. 그래도 그 학생이 '나빴다'를 '차이가 없었다'로 고쳐 표시한 이유를 나름 내 입장에서 해석을 해보니 읽기 후 과제 자체가 힘들고 귀찮았다기보다 교사의 적극적 피드백이 있었더라면 자신의 쓰기 능력이 좀 향상되었을 텐데 하는 아쉬움으로 이해되었다. 다음 학기나 다른 학년에서 비슷한 쓰기 활동을 할 때에는 이 학생의 마음을 상기하면서 첨삭 지도에 좀 더 성실해야 하겠다는 반성을 했다. 사실, 쓰기 지도는 교사의 첨삭만 잘 이루어진다면 학생들은 힘들어하면서도 긍정적 태도로 임하고, 노력한 만큼 성취감을 느낀다는 것을 새삼 깨달았다. 또한, '좋았다'의 사유로 가장 많이 언급 된 두 가지는 '지문의 핵심 내용을 요약하여 쓰는 능력을 키울 수 있었다'와 '나의 생각이나 의견 또는 관련 경험에 대해 생각해 보고 쓸 수 있었다'였다. 현실적으로 '시험 문제에 나오니까 미리 준비할 수 있어서 좋았다.'를 가장 큰 이유로 꼽을 것이라고 예상했던 것과 사뭇 다른 결과여서 학생들이 '쓰기' 활동의 원래 목적에 충실하게 읽기 후 활동 과제를 수행했음을 알 수 있었다. <그림 8-8>은 학생들에게 했던 설문 내용이고, 학생 응답의 일부는 <그림 8-9>에 제시하였다.

> 1학기 영작문 수업에서 learning goal 혹은 post-reading task가 있어서
> 좋았다. ☐ / 차이가 없었다. ☐ / 나빴다. ☐

- '좋았다'에 체크한 경우 그 이유는
  1) 중요한 게 무엇인지 미리 알고 읽을 수 있었다. ☐
  2) 지문의 핵심 내용을 요약하여 쓰는 능력을 키울 수 있었다. ☐
  3) 그냥 독해 문제 풀이하는 것보다 의미 있는 읽기를 할 수 있었다. ☐
  4) 나의 생각이나 의견 또는 관련 경험에 대해 생각해 보고 쓸 수 있었다. ☐
  5) 시험 문제로 나오니까 미리 준비할 수 있어서 좋았다. ☐
  6) 기타: _____

- '나빴다'에 체크한 경우 그 이유는
  1) 영어로 문장을 쓰는 것이 힘들었다. ☐
  2) 지문 독해를 하는 것만도 버거웠는데 쓰기 과제가 있어서 싫었다. ☐
  3) 고3인데 수능시험 유형에만 신경 쓰고 싶다. ☐
  4) 시험 문제로 나와도 딱히 잘 쓰지 못했다. ☐
  5) 단어나 숙어를 외우는 데 더 시간을 투자하고 싶다. ☐
  6) 기타: _____

<그림 8-8> 읽기 후 쓰기 활동 과제에 대한 설문 내용

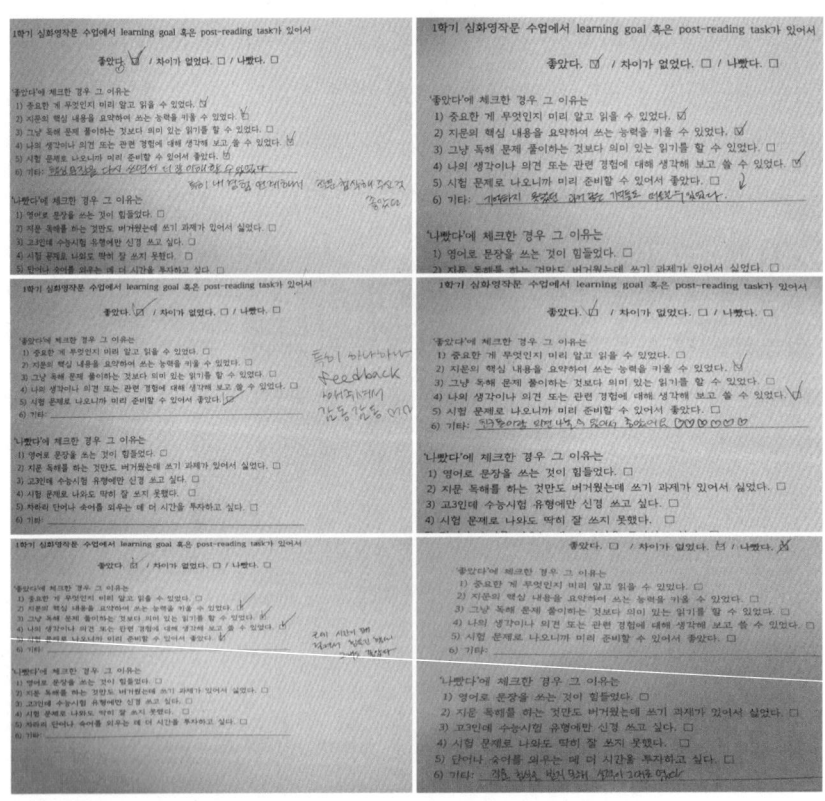

<그림 8-9> 읽기 후 쓰기 활동 과제에 대한 학생 응답

8.4 도움이 될 읽기 자료

수능 연계교재의 매 지문마다 해당 지문이 발췌된 원서의 내용을 훑어보고 전후 맥락을 파악하여 핵심적인 것을 묻는 질문을 읽기 후 수행 과제로 만들어 내는 일은 쉽지 않다. 단편적 내용보다는 주제나 대의 및 관련된 경험이나 적용의 예시 등을 물어 학생들이 읽고 연관 지어 생각하도록 유도하는 게 필요한데, 이러한 질문을 할 수 있는 힘의 바탕은 광범위한 인문학적 독서에 있다. 이와 더불어 영어 읽기 수업에서 활용할 수 있는 다양한 질문의 기술을 배우는 데 도움이 될 만한 책들을 소개한다.

Fisher, D., & Frey, N. (2007). *Checking for understanding: Formative assessment technique for your classroom*. Alexandria, VA: ASCD.
DeVoogd, G. L., & McLaughlin, M. (2004). *Critical literacy: Enhancing students' comprehension of text*. New York, NY: Scholastic.
Crockett, L. W., & Churches, A. (2016). *The 6 essential fluencies of innovative learning*. New York: Solution Tree Press.

쓰기 활동을 고3 읽기 수업에 도입한다고 하니 '특목고나 되니 그런 수업 활동이 가능한 것'이라고 하며 이런 활동은 영어 수준이 낮은 학생들에게는 적용하기 어렵다고 머리를 저으시는 선생님들도 계시다. 충분히 이해하지만, 그래도 질문이 맴돈다. 영어 수준이 낮다고 생각할 수 없거나 자신의 경험을 떠올릴 수 없거나 의견을 표현하지 못하는 것은 아니잖은가? 어법상 틀린 구문을 쓰면 어떤가? 어휘가 생각이 안 나면 사전을 쓸 수도 있고 정 안되면 번역기를 사용할 수도 있다고 생각한다. 중요한 것은 그 내용이 자신이 생각한 것이면 되는 것이다. 앵무새처럼 의미 없이 외워서 쓰는 정확한 한 문장보다, 자신의 생각이 들어 있는, 자세히 그 맥락을 살펴 읽으면 그 학생이 무슨 말을 하려고 했는지 알 수 있는, 그래서 첨삭을 할 때 그 오류들에 빨간 X표를 하는 게 아니라 그 문장을 쓰려고 고민했던 학생의 마음과 태도를 진정으로 칭찬하고 격려해 줄 수 있다면, 그게 쓰기를 통한 아이들과의 만남이며 진정한 의사소통 기술이라고 생각한다.

온라인 수업이 더욱 강화될지, 원래의 일상으로 돌아가 마스크 벗은 아이들의 온전한 얼굴을 보며 교사도 숨 가쁘지 않게 말할 수 있는 날이 조만간 올지 잘 모르겠다. 어느 경우든 아이들과의 소통이 가능한 수업의 방법을 더 고민하며, 읽기 후 활동으로서의 쓰기 활동을 좀 더 다듬어 교사와 학생들의 부담은 덜고 효과는 더욱 높일 방안을 열심히 고민해 볼 작정이다.

참고문헌

이진영, 민찬규. (2010). 영어 읽기 및 쓰기 능력 신장을 위한 요약활동의 효과에 관한 연구. *영어교과교육, 9*(1), 133-154.

Doran, G. T. (1981). There's a S.M.A.R.T. way to write management's goals and objectives. *Management Review, 70*(11), 35-36.

Robinson, F. (1962). *Effective reading*. New York: Harper and Row.

제9장

수업 시간을 200% 활용하는 읽기의 거꾸로 학습

민채령
(한국교원대학교부설미호중학교)

> 민채령은 중, 고등학교에서의 지도 경력과 영어체험센터 파견 근무의 경험을 통해 초등 1학년 어린이부터 고3 수험생까지 다양한 연령의 학생들을 두루 만나 왔다. 어렸을 때에는 한마디 짧은 영어 대화에도 까르르 웃으며 즐거워하던 아이들이 학년이 올라갈수록 영어를 어렵게 생각하고 스트레스를 받는 모습이 안타까워 '흥미와 자신감을 회복하는 영어 수업'을 최우선 과제로 삼게 되었다. 거꾸로 학습, 하부르타 수업, 프로젝트 기반 학습과 같이 교사는 주어진 수업 시간을 유연하게 활용하고 학생은 스스로 과업을 수행하며 성취를 느끼는 학생 참여형 수업을 적극적으로 시도하고 있다.

이번 장에서 우리가 살펴볼 내용은 거꾸로 학습 기법을 적용한 영어 읽기 수업이다. 이상적인 읽기 수업이란 어떤 모습일까? 학생들이 흥미롭게 글을 읽으면서 맥락 안에서 자연스럽게 어휘와 문법을 습득하고, 호기심에 가득 찬 눈빛으로 페이지를 넘기는 모습일 것이다. 그러나 실상은 이와 다르게 교사의 끊임없는 설명, 본문 끝에 달린 긴 단어 리스트, 학생들의 지루한 표정이 매 시간 반복되는 경우가 많다. 교사가 자신의 수업에 대한 고민이 깊어질 수밖에 없는 이유이다.

거꾸로 학습은 교사의 이러한 고민 해결에 도움을 줄 수 있다. 거꾸로 학습은 학생 스스로 배움을 느끼고 성취하는 과정을 중요하게 여긴다. '무엇을 가르칠 것인가'에서 한발 더 나아가 '어떻게 배우는가'에 관심을 가지기 때문이다. 또한 거꾸로 학습은 온라인과 오프라인을 결합하여 학습을 진행하므로 교실 수업 시간을 보다 효율적으로 활용한다. 수업 시간에 교사의 강의식 설명을 줄이는 대신 학생들의 직접적인 참여를 늘린다. 이제 가만히 앉아서 설명을 듣기만 하던 학생들은 스스로 글을 읽고, 질문하고, 자신의 생각을 표현하면서 읽기의 즐거움에 눈 뜰 수 있다. 거꾸로 학습이 수업의 재구조화를 통해 교실에 활력을 불어넣어 교사와 학생 모두 즐거운 영어 읽기 수업을 만들 수 있다.

9.1 거꾸로 학습(Flipped Learning)의 개념

9.1.1 거꾸로 학습에서 수업을 보는 관점

거꾸로 학습은 2000년대 초반 미국의 고등학교 화학 교사였던 Bergmann과 Sams가 온라인 수업과 오프라인 수업을 결합한 새로운 시도를 소개하면서 대중화되기 시작하였다.[1] 거꾸로 학습의 발상은 매우 간단하다. 교사의 설명인 수업을 교실 밖으로 빼고 수업이 끝난 후 학습 내용을 복습하기 위해 학생들이 수행하던 과제를 교실 안으로 가지고 오는 것이다. 전통적인 수업에서 주를 이루던 교과의 핵심 내용 설명을 온라인상에서 디지털 매체를 활용하여 학생들이 개별적으로 학습하고, 오프라인 교실에서는 심화·보충 학습을 위한 문제 해결, 동료들 간의 토의·토론, 팀 프로젝트 등 다양한 학습자 중심의 과제를 진행하는 교수·학습 방법이다.

Bergmann과 Sams(2012)는 거꾸로 학습을 설명하기에 앞서 교사들이 스스로에게 근본적으로 물어야 할 질문이 있다고 하였다. 바로 '학생들과 마주하는 시간을 가장 잘 활용하는 방법은 무엇인가?'이다. 교사는 수업 시간 동안 학생들에게 최대한 많은 것을 가르치고 싶어 열심히 설명하지만, 학생들이 교사의 설명을 전부 이해했다고 장담하기 어렵다. 수업 시간을 가장 잘 활용하는 방법은 학습 활동을 보다 풍부하게 만들고 학생 개개인에게 알맞은 경험으로 녹여내는 것이다.

그렇다면 수업에서 학생들과 마주하는 시간을 가장 잘 활용하는 방법은 무엇인가? 적어도 교사의 일방적인 설명과 학생들의 수동적인 참여는 아닐 것이다. '유연한 학습 환경', '학습자 중심의 학습 활동', '의도되고 질 높은 수업 내용', '조언자로서 전문적인

---

[1] Bergmann과 Sams는 수년 동안 거꾸로 학습 개념을 발전시켰고, 그에 따라 용어를 달리 사용하였다. 초기에는 Flipped Classroom을, 이후에는 Flipped-Mastery Classroom을 사용하였다. 최근에는 Flipped Learning으로 표현했다(Bergmann, J., & Sams, A., 2014, pp. xi-xii, 165-166.)

역할을 수행하는 교사' 등이 대안이 될 수 있다(Bergmann & Sams, 2012).

<표 9-1>은 기존의 교실 수업과 거꾸로 학습의 차이점을 잘 보여준다. 전통적 교실 수업에서 교사의 수업 내용 강의가 주를 이뤘다면, 거꾸로 학습에서는 학생의 학습 활동 수행이 중심이 된다. 이를 영어 읽기 수업에 적용해보자. 즉, 교사가 주도하던 수업의 일부분을 학생들에게 돌려주면 학생 스스로 글을 읽고, 이해되지 않는 부분을 찾아 질문하고, 자신의 감상을 친구들과 함께 이야기하는 시간이 확보된다. 또한 어휘와 문법 지식을 수업 전 미리 동영상으로 학습할 수 있기 때문에 교실에서는 내용 이해에 도움을 주는 재미있는 학습 활동에 직접 참여할 수 있다. 만약 수업 전 동영상을 보지 않았거나, 무슨 내용인지 잘 이해하지 못하는 경우에도 수업 중 이루어지는 다양한 과업을 순차적으로 수행하면서 핵심 내용을 귀납적으로 이해할 수 있다. 또한 교사의 내용 설명이 동영상으로 남아있기 때문에 수업 전후 자신이 원할 때 언제든지 학습할 수 있다.

<표 9-1> 전통적 교실 수업과 거꾸로 학습의 비교(박상준, 2016)

활동 과정	전통적 교실 수업	활동 과정	거꾸로 학습
교실 안 수업 ⇩ 교실 밖 과제	• 숙제 확인 • 수업 내용 강의 • 수업 내용 관련 활동	교실 밖 예습 ⇩ 교실 안 활동	• 수업 내용 공부하기 (동영상 시청)
	• 숙제하기		• 수업 내용 관련 질의응답 • 학습 활동 수행 • 활동의 점검 및 평가
특징	• 교사 중심 수업 • 동시적 내용 전달	특징	• 학생 중심 수업 • 비동시적 내용 전달

9.1.2 거꾸로 학습을 적용한 영어 읽기 수업에서 교사의 역할

거꾸로 학습은 학생 중심 수업이다. 그렇지만 이 말이 교사의 역할이 중요하지 않다는 뜻은 절대 아니다. 거꾸로 학습이 원활하게 이루어지려면 교사가 조언자로서 전문적인 역할을 수행할 수 있어야 한다. 교사는 학습자의 역량을 높이기 위한 개별 학습자의 수준과 학습 내용을 고려하여 최적의 교수·학습 설계를 할 수 있어야 한다. 단순히 지식을 전달하는 사람이 아니라 학습자 한 명 한 명에게 맞춤형 촉진자 역할을 해야 한다. 또한 학생들이 학습 활동에 흥미와 열정을 가지고 참여할 수 있는 환경을 조성할 수 있어야 한다.

거꾸로 학습을 영어 읽기 수업에 적용했을 때 교사가 체감하는 가장 큰 변화는 학생

개인별 특징을 보다 면밀하게 파악할 수 있다는 점이다. 학생들은 저마다 글을 이해하는 데 필요한 배경 지식이 다르다. 읽기 속도나 영어 구사 능력 또한 마찬가지이다. 그렇기 때문에 동일한 텍스트가 주어져도 이해 여부는 학생마다 다를 수밖에 없다. 그렇기 때문에 거꾸로 학습에서는 수업 시간에 학생이 직접 글을 읽을 수 있는 충분한 시간을 준다. 자신에게 맞는 속도와 스타일로 글을 읽으면서, 이해되지 않는 부분이 있으면 주변 친구들과 교사에게 도움을 받을 수 있다. 교사는 기존에 강의식으로 설명하던 내용을 학생들에게 질문으로 바꾸어 묻고, 학생들은 답을 찾기 위해 적극적으로 글을 읽고 자신의 생각을 정리한다. 교사의 일방적인 발언이 줄어들다보니 자연스럽게 교사와 학생 간 또는 학생 상호 간 상호작용이 늘어난다. 교사는 이 과정에서 학생 개개인의 읽기 능력과 스타일을 자세하게 관찰하고, 개개인에게 알맞은 피드백을 줄 수 있다. 조력자이자 촉진자로서 교사의 역할이 빛을 발하는 순간이다.

9.1.3 영어 읽기 수업에 활용할 수 있는 거꾸로 학습 활동

거꾸로 학습의 성패는 얼마만큼 다양한 학습 활동을 학습 원리에 맞게 선정하여 학생들이 흥미를 가지고 참여하게 만드느냐에 달려있다. 유의미하고 재미있는 학습 활동은 학생들이 읽기 학습에 더욱 흥미를 느끼고 몰입하게 만든다. 영어 읽기 수업에서 거꾸로 학습을 진행할 때 활용 가능한 학습 활동을 <표 9-2>에서 소개하고자 한다.

<표 9-2> 거꾸로 학습 영어 읽기 수업 학습 활동(미래교실네트워크, 2015)

활동명	영역	활동 방법
Typography & Pictionary	어휘	• 단어의 뜻을 유추하는 그림 또는 만화 컷을 그린다. • 팀별로 흩어져서 그림을 붙이고, 다른 팀의 그림을 보고 단어를 알아맞힌다. • 가장 많이 알아맞힌 팀이 우승한다.
Puppet Pals 앱을 이용한 대화연습	듣기 말하기	• 등장 인물을 고른다. • 교과서 대화 내용을 상황에 따라 2명, 혹은 여러 명이 녹음한다. 이때 대화문을 재구성하여 내용을 풍성하게 만든다. • 녹음 완성본을 서로 들으면서 확인한다.
Socrative	문법	• http://www.socrative.com에 접속하여 문제를 출제한다. • 핸드폰 또는 태블릿으로 접속하여 개별적 또는 팀별로 문제를 푼다. • 교사는 즉각적으로 학생이나 팀의 점수와 진행 상황을 확인할 수 있다.
Jigsaw	읽기	• 원집단으로 4인 1조로 팀을 만들고, 팀원에게 다른 학습지를 나눠준다. • 전문가 집단으로 각 팀의 1번끼리, 2번끼리 이렇게 같은 학습지를 가진 사람끼리 함께 모여 내용을 학습한다. • 다시 원래 팀으로 돌아가고 교사로부터 전체 내용이 담긴 학습지를 받는다. 팀원은 선생님이 되어 자신이 학습한 부분을 나머지 팀원에게 가르쳐준다.

Show me the money	읽기	• 글을 읽고 세부 내용 확인 학습 문제를 각 팀에서 직접 출제한다. • 문제 옆에 돈 액수를 기입한다. 문제와 세트를 이루는 카드에도 돈 액수를 적는다. • 팀 중 한 명은 남아 자신의 팀에 찾아온 다른 학생들에게 문제를 내고, 나머지 세 명은 다른 팀을 돌며 문제를 풀어 맞힌 만큼 카드를 받아온다. • 카드에 적힌 금액을 합산하여 가장 많은 돈을 모은 팀이 우승한다.
Graphic organizer	읽기	• 글의 구조를 논리적으로 파악할 수 있도록 구조도를 만들어 나눠준다. 학생이 직접 아이디어를 떠올려 자신만의 구조도를 그릴 수도 있다. • 글을 읽고 내용을 구조도에 요약하여 정리한다.
Book Creator 앱을 활용한 책 만들기	쓰기	• Book Creator 앱에 접속하여 본문 내용을 입력한다. • 글에 알맞은 이미지를 삽입하고, 본문을 소리 내어 읽어 녹음한다. • 글의 내용을 이해하는 데 도움이 되는 핵심 질문을 만들어 입력한다. • 완성된 작품을 클라우드에 올린다. • 클라우드에 접속하여 다른 친구들이 만든 책을 읽고 평가한다.

9.2 거꾸로 학습을 적용한 읽기 수업 준비하기

9.2.1 학습자 수준 및 성취기준 설정

이번 장에서 소개할 영어 읽기 수업은 충북 소재 중학교 1학년 학생들과 함께 한 거꾸로 학습 수업이다. 학생들의 영어 실력은 대체적으로 평균적인 중1 수준에 이르지만 일부는 영어 기초가 부족하여 어구나 문장 읽기에 어려움을 느끼는 경우도 있다. 또한 영어 학습에 대한 흥미와 학습 태도 역시 편차가 매우 크다. 다행히 학급당 인원수가 16명 내외로 적은 편이고, 수준별 반편성을 실시하여 심화반과 기본반으로 운영하므로 학습자의 수준을 고려한 개별지도가 어느 정도 가능하다.

해당 학생들은 자유학년제 적용 대상으로서 주로 토론·실습 위주의 참여형 수업에 참여하며, 1년 동안 중간·기말 고사를 보지 않는다. 거꾸로 학습을 적용하여 온·오프라인에서 능동적인 학습을 유도하고, 지필시험 대신 과정 중심 평가를 실시하여 학생의 개별적인 특성과 결과를 기록한다. 이는 자기주도적 학습을 목표로 하는 자유학년제 취지에 잘 맞는다.

2015 개정 교육과정에 따라 거꾸로 학습을 적용한 읽기 수업의 교수·학습 방안과 평가 계획을 수립한다. 일상생활이나 친숙한 일반적 주제의 글을 읽고 줄거리·주제·요지 파악하기, 일이나 사건의 순서 및 전후 관계, 원인 및 결과 파악하기 등을 성취기준으로 선정한다. 거꾸로 학습을 통해 학생들이 성취기준에 도달할 수 있도록 단계적으로 읽기 전, 중, 후 지도를 실시하고 다양한 읽기 전략을 소개한다. 또한 평가 방법에

있어서는 세부 정보 이해, 중심 내용 이해, 추론적 이해 등 다른 수준의 이해 능력을 측정할 수 있도록 상황에 따라 평가 방식을 달리한다.

거꾸로 학습을 적용한 영어 읽기 수업은 온라인과 오프라인에서 대략 다섯 단계를 거친다. 각 단계는 유기적으로 연결되어 하나의 흐름으로 자연스럽게 이어진다. 각 단계별 내용은 <그림 9-1>과 같다.

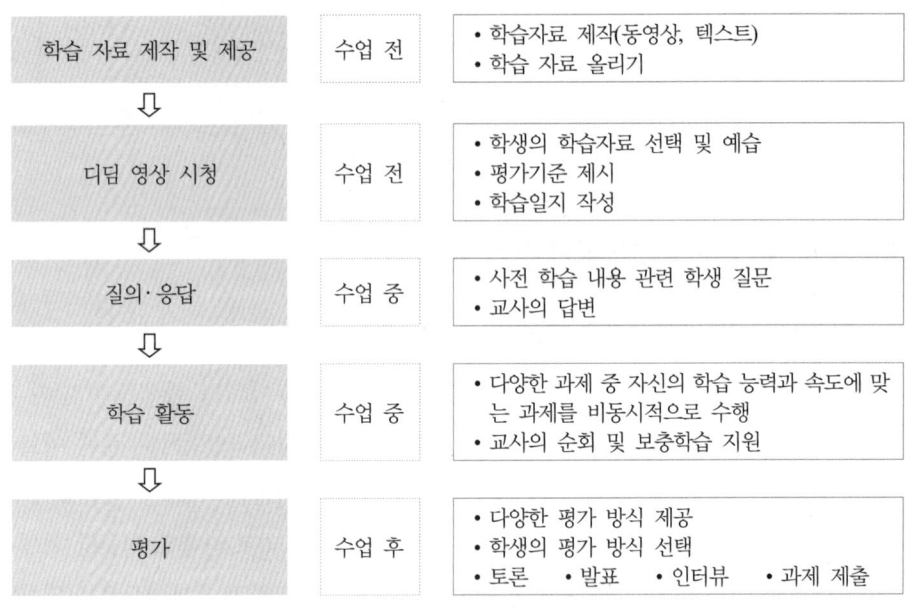

<그림 9-1> 거꾸로 학습의 과정

9.2.2 수업 전 단계(온라인)

1) 학습 자료 제작 및 제공

거꾸로 학습에서 교사는 동영상, 텍스트, 시각 자료 등 여러 가지 형태의 학습 자료를 학습자에게 제공한다. 많은 교사들이 거꾸로 학습을 위해서 강의 동영상을 반드시 촬영해야 한다고 생각한다. 거꾸로 학습을 수업에 도입하고 싶지만, 매주 여러 차시의 수업 동영상을 제작해야 한다는 부담감 때문에 망설이는 경우도 있다. 그러나 수업 동영상은 거꾸로 학습의 핵심이 아니라, 학생들의 자기주도적 학습을 도와주기 위한 하나의 학습 자료일 뿐이다(이민경, 2015). 동영상 자료는 교실에서 교사의 설명 시간을 줄여 학생들이 중심이 되는 수업을 이끌어 갈 수 있도록 하는 디딤돌과 같은 역할을 한다. 그래서 거꾸로 학습에서는 이를 '디딤 영상'이라고 부른다.

디딤 영상의 길이는 1차시 분량이 되도록 10분이 넘지 않도록 한다. 교사가 전달하고자 하는 내용의 핵심만 간결하고 정확하게 설명한다. 학생들은 디딤 영상에서 기본 개념만 학습하고, 나머지는 교실 수업에서 학습자 중심 활동과 교사의 피드백을 통해 완전한 이해에 도달하게 된다. 따라서 디딤 영상에서 세부 내용까지 길게 언급하여 학생들에게 학습 부담을 줄 필요가 없다. 매 수업마다 영상 촬영을 위해 많은 시간을 투자하는 것보다 이를 교실 수업과 연계하는 것이 더욱 중요하다.

교사는 디딤 영상에서 학습 개념을 흥미롭고 의미 있는 맥락 안에서 전달하려고 노력해야 한다. 학생들이 짧은 영상 속에서 개념을 익히고 본 수업 시간에 활동할 내용을 미리 안내 받으면 실제 교실 수업 시간에 호기심을 가지고 참여한다. 학습 자체에 흥미가 생기면 동영상을 열심히 보라고 잔소리 하지 않아도 알아서 챙겨보고 교실 수업에 참여한다.

완성된 디딤 영상은 인터넷 카페나 밴드를 개설하여 올리거나 유튜브에 계정을 등록하여 동영상을 올리고 SNS에 링크를 게시하여 공부하도록 안내한다.

2) 디딤 영상 시청

학생들은 교실 수업에 참여하기 전에 교사가 제공한 동영상 강의를 듣는다. SNS를 통한 학습 안내 및 평가 기준 제시도 이 단계에서 이루어진다. 디딤 영상은 주로 앞으로 수업 시간에 다루게 될 읽기 지문에 대한 개략적인 설명과 새롭게 나오는 어휘 및 문법을 설명하는 내용을 다룬다. 글의 종류에 따라 적용 가능한 읽기 전략 소개, 추가 읽기 자료 제시, 본문을 이해하는 데 도움 되는 배경 지식 등도 디딤 영상에서 학습할 수 있다.

학생들은 디딤 영상 학습을 마친 후 학습일지를 작성한다. 학습일지에는 새로 알게 된 내용, 질문할 내용, 더 알고 싶은 내용을 구분하여 간략하게 기록한다. 교사는 학습일지 작성법을 사전에 지도해야 한다. 자신만의 글로 배움을 표현하는 학습일지를 매개로 교사와 학생 간, 학생과 학생 간 상호작용을 촉진할 수 있다.

9.2.3 수업 중 단계(오프라인 교실 수업)

1) 질의 · 응답

　이제 본격적인 수업 시간이다. 교실 수업에 들어오면 동영상 시청을 하면서 작성한 학습일지를 꺼내어 교사와 함께 확인 학습한다. 이때 교사는 단어 퀴즈, 문법 학습지 등 간단한 과제를 부여하여 사전 학습이 충분히 이루어졌는지 판단할 수 있다. 교사는 학생들에게 질문을 던져 잘못 이해한 부분을 파악하고 이를 설명한다. 또한 잘못 형성된 개념을 바로잡아 학습 내용에 대해 충분히 이해하도록 한다. 동영상 학습을 하며 작성한 학습일지를 바탕으로 교사와 학생이 충분한 시간 동안 일대일로 소통하므로 영어에 자신이 없는 학생들도 질의·응답에 적극적으로 참여할 수 있다.

2) 학습 활동

　거꾸로 학습의 핵심은 체계적인 수업 설계이다. 거꾸로 학습에서 가장 큰 도약과 성취가 발생하는 단계는 수업 전 동영상 시청이 아니라 수업 중 교사와 함께 하는 다양한 학습 활동이다(류광모, 임정훈, 2018). 따라서 교사는 단원의 주제와 글의 특징에 따라 수업을 설계하고 최적의 학습 활동을 선정할 수 있는 선구안이 있어야 한다.

　이제 본격적으로 읽기와 관련한 학습 활동을 실시한다. 첫 단계는 스스로 충분히 읽을 수 있는 시간을 주는 것이다. 다른 사람의 해석에 의존하지 않고 학생 각자가 자신의 읽기 속도에 따라 글을 읽도록 격려한다. 모르는 어휘와 문법이 다소 있더라도 앞뒤 맥락을 활용하여 의미를 파악하도록 하고, 문장 단위 해석이 전혀 안 되는 경우에는 교사가 차근차근 이끌어 학생 스스로 읽을 수 있도록 개별 지도한다. 영어 실력이 뛰어나 글을 빠르게 읽고 마친 학생에게는 추가 읽을거리를 제공하여 심화학습을 할 수 있도록 한다. 이처럼 거꾸로 학습에서는 각자의 학습 능력에 맞게 서로 다른 속도로 읽기 학습을 진행할 수 있다.

　주어진 글을 읽고 난 후 내용 이해를 돕는 다양한 학습 활동을 실시한다. 읽기를 기반으로 듣기, 말하기, 쓰기 등 언어의 4기능을 통합한 학습 활동이 적극적인 읽기 습관 형성에 도움이 된다. 학생들은 자신이 읽은 내용을 요약하거나, 결말을 고쳐 쓰거나, 반대되는 생각을 말하거나, 감상을 발표할 수 있다. 또한 글의 내용을 그림이나 신문, 포스터, 만화 등으로 시각화하여 표현할 수도 있다. 주어진 글이 연극이나 영화 대본이라면 영어 연극으로 짧은 공연을 하거나 동영상으로 제작할 수도 있다. 학생이 직접 주제를 선정하여 탐구 또는 프로젝트를 수행하면 자신이 이해한 것을 다른 학생들에게 자신의 말로 쉽게 설명하면서 자신이 모르던 내용을 새롭게 알게 되고, 잘못 알고 있던 것도 정확하게 이해하게 된다.

9.2.4 수업 후 단계(온라인 또는 오프라인)

학습 활동이 끝나면 학습 목표의 어느 정도 도달했는지 확인하기 위해 형성 평가를 실시한다. 앞서 다양한 학습 활동을 통해 읽기 학습을 하였으므로 평가 역시 다양하게 준비하여 목적과 학습자의 수준에 따라 적절하게 조절한다. 이때 중심 내용, 세부 정보, 추론적 이해 등 서로 다른 이해 능력을 측정할 수 있도록 한다.

평가를 할 때는 교사나 동료가 하는 평가뿐 아니라 자기평가를 하도록 한다. 자기평가를 통해 거꾸로 학습의 수업 전, 수업 중, 수업 후 각각의 단계에서 본인이 어떠한 학습 전략을 사용하였는지 스스로의 학습 습관을 점검하게 한다. 또한 영어에 대한 흥미와 성취도를 주기적으로 직접 점검하면서 학습 과정 자체에 관심을 둘 수 있다.

9.3 수업의 실제

9.3.1 *Think Safe, Act Safe*

1) 수업 자료

출처: 비상교육 중1 영어 교과서

비상교육 중학교 1학년 영어 교과서 2단원의 제목은 *Think Safe, Act Safe*이다. 단원 주제는 생활 속 안전 규칙이며 가정, 학교, 여가시설 등 일상에서 발생할 수 있는 다양한 위험 상황에 대해 생각해보고, 어떻게 대처해야 하는지 알아보는 시간이다.

본문의 제목은 *Hello, Safety Sam*으로, 부주의한 행동을 한 주인공에게 안전 요원 Sam이 다가가 무엇이 위험을 유발하였는지 설명하고, 지켜야 할 안전 규칙이 무엇인지 퀴즈를 내는 형식이다. 본문에 제시된 상황은 공연장, 자전거 타기, 등산하기, 총 3가지이다. 일상에서 누구나 마주칠 수 있는 경험이므로 학생들은 글을 읽으며 주인공에게 쉽게 공감할 수 있다. 또한 글을 이끌어 가는 화자인 안전 요원 Sam이 낸 퀴즈의 정답을 알아맞히면서 자연스럽게 야외 활동 시 지켜야 할 안전 규칙을 이해할 수 있다. 각 상황별 안전 규칙이 정답 1개와 오답 2개로 제시되어 있어, 본문의 내용을 정확히 이해해야만 Sam이 낸 퀴즈의 정답을 맞힐 수 있다.

주요 어휘

- 장소: crosswalk, mountain, parking lot
- 행동: fold, follow, hold out, protect, rush to, stay calm, turn, wave
- 감정: excited, careful
- 규칙: rule, safe, safety, sign, signal, sign

주요 구문

- 위험 경고하기: Be careful!
  'Be careful.'은 위험한 상황에서 누군가에게 경고를 할 때 쓰며, 주로 위험한 상황에 대한 구체적인 설명이 뒤따라옴.
  [예시: Be careful! Watch your step. / Be careful! Rocks can fall.]
- 명령문
  상대방에게 '~하라'고 명령, 지시, 부탁하는 말로서, 평서문에서 주어 You를 생략하고 동사원형으로 시작하여 씀. '~하지 마라'는 뜻의 부정명령문은 「Don't+동사원형」 형태로 쓰며, 이때 Don't 대신 Never를 써서 더 강한 금지의 의미를 나타낼 수 있음.
  [예시: Remember the safety rule. / Don't run in the classroom. / Never be late.]
- 현재진행형(다른 사람의 행동 묘사하기)
  '~하는 중이다'라는 뜻으로 「be동사의 현재형+동사원형ing」의 형태로 씀. 감정, 지각, 이해, 소유를 나타내는 동사인 like, hate, know, have 등은 원칙적으로 진행형을 쓸 수 없음.
  [예시: People are rushing to the exit. (○) / Minsu is liking Yuna. (×)]

2) 수업 개요

교육과정 성취기준	[9영03-03] 일상생활이나 친숙한 일반적 주제의 그림, 사진, 또는 도표에 관한 글을 읽고 세부 정보를 파악할 수 있다. [9영03-04] 일상생활이나 친숙한 일반적 주제의 글을 읽고 줄거리, 주제, 요지를 파악할 수 있다. [9영03-06] 일상생활이나 친숙한 일반적 주제의 글을 읽고 필자의 의도나 목적을 추론할 수 있다. [9영04-03] 일상생활에 관한 그림, 사진, 또는 도표 등을 설명하는 문장을 쓸 수 있다.	
단계	활동 내용	자료
읽기 전	나의 평소 안전 습관 점검하기	활동지 9-1
	안전 표지판 제작 원리 이해하기	
	새로운 어휘 학습	
읽기 중	문장 이어쓰기	활동지 9-2
	스키밍과 스캐닝	
읽기 후	비주얼 씽킹 - 본문 내용 세 컷 만화 및 안전표지판 그리기	활동지 9-3

3) 수업의 세부 내용

[읽기 전 활동]

■ 나의 평소 안전 습관 점검하기 (활동지 9-1)

읽기 학습에서 첫걸음은 주제에 대한 배경 지식 활성화이다. 본문 'Hello, Safety Sam'은 일상생활 속 안전규칙을 소개하는 글이므로 학생들의 실제 생활과도 밀접도가 매우 높은 학습 주제이다. 따라서 자신의 평소 경험에 대해 이야기를 나누다 보면 앞으로 읽을 글에 대한 흥미를 불러일으키고 이해를 높일 수 있다.

본문을 읽기 전 다양한 상황에서 필요한 안전 규칙에 대해 알아보고 평소 얼마나 잘 지키고 있는지 스스로 점검해 보게 한다. 학생들에게 [활동지 9-1]에 제시된 6개의 그림을 보여주고 어떠한 상황인지 함께 이야기 나눈다. 학생들은 제시된 그림 중 평소에 자신이 잘 실천하고 있는 행동을 체크하여 개수를 세어 안전 지수를 표시하고 그 결과를 확인한다. 점수 집계 후 서로 결과를 비교해보고, 교사는 학생들에게 'Which rule is the most important to you?', 'What other rules do we need?' 등 후속 질문을 던진다. 이렇게 그림을 활용하여 간단한 읽기 전 활동을 하면 본문 내용 및 주제를 예측할 수 있고, 본문에서 다루어질 안전 규칙과 관련된 다양한 표현을 미리 자연스럽게 익힐 수 있다.

[활동지 9-1] 나의 평소 안전 습관 점검하기(출처: 비상교육 중1 영어 교과서)

◼ 안전 표지판 제작 원리 이해하기(디딤 영상 시청)

본문 읽기 후 비주얼 씽킹 활동으로 글에 등장하는 주인공이 처한 상황을 이해하고 이에 알맞은 안전 표지판을 직접 그려보게 할 예정이다. 이를 위해서는 표지판 제작 원리를 알아야 한다. 안전 표지판은 사람들에게 일관성 있고 통일된 방식으로 정보를 제공해야 하므로 도안과 색채가 일정하게 정해져있다. 금지 사항은 빨간색 원형, 경고 사항은 노란색 세모, 지시 사항은 파란색 원형, 안내 사항은 초록색 네모 도안으로 메시지를 전달한다.

이러한 설명은 다음 학습 활동을 위해 필수적으로 다루어져야 하는 내용이지만, 본문에 적혀있는 내용은 아니므로 수업 시간에 이를 설명하기에는 시간이 아깝다. 그러므로 <그림 9-2>와 같이 이러한 학습 내용을 동영상으로 촬영하여 거꾸로 학습 디딤 영상으로 학생들에게 제공한다. 학생들은 본문 수업 전 미리 영상을 시청하여 내용을 숙지하고 수업에 참여한다. 읽기 후 활동을 위해 필수적인 내용이므로 반드시 사전에 학습하고 수업에 올 것을 당부한다. 이로써 읽기 중 활동에서 본문을 함께 읽고 이해할 수 있는 충분한 시간을 확보할 수 있다.

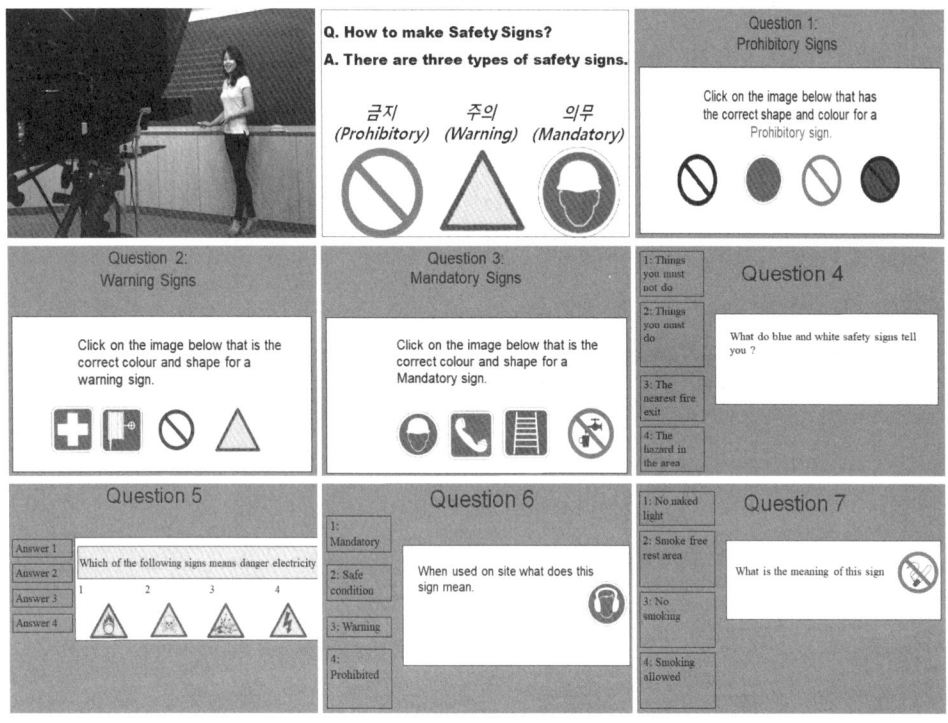

<그림 9-2> 안전표지판 제작 원리 이해하기(거꾸로 학습 디딤 영상 PPT)

◼ 새로운 어휘 학습(디딤 영상 시청)

본문 Hello, Safety Sam에 사용될 어휘 설명을 동영상으로 촬영하여 수업 전 디딤 영상으로 학습하도록 한다. 10분 이내의 동영상에서 단어의 정확한 발음, 뜻, 예문을 중심으로 핵심만 간결하게 설명한다. 학생들은 영상을 시청하면서 학습일지에 새롭게 학습한 내용과 이미 알고 있는 내용을 스스로 구분하여 기록하고 정리한다. 교사는 오프라인 교실 수업에서 유의미한 맥락에서 어휘를 복습할 수 있도록 다양한 난이도의 학습 활동을 제시한다.

읽기 중 활동

▰ 문장 이어쓰기(spinning chain writing) [활동지 9-2]

학생들에게 디딤 영상으로 본문 어휘를 소개한 후, 교실 수업에서 본문 학습 전 어휘의 쓰임을 확실하게 이해하고 읽기에 적용할 수 있도록 어휘 학습 활동을 실시한다. 문장 이어쓰기는 어휘와 문법을 동시에 연습할 수 있는 모둠 활동이다. 4인 1조로 모인 학생들에게 두 개의 원이 겹쳐져 사분면으로 나눠진 형태로 구성된 [활동지 9-2]를 나눠준다. 학생들은 디딤 영상에서 학습한 단어 또는 문장을 서로 다른 색깔 펜으로 원형 제일 안쪽 원 Sector 1의 한 분면씩 맡아서 적는다. 그런 다음 활동지를 90°로 돌려 Sector 2에 앞 사람이 기재한 단어나 문장을 활용하여 예문을 작성한다. 가능한 앞의 문장과 내용이 이어지면서도 참신한 의미를 가진 문장을 영작하도록 한다. 이런 방식으로 활동지를 90°씩 돌려 Sector 1부터 Sector 3까지 총 3번 문장 이어쓰기를 한다. <그림 9-3>과 같이 완성하면 팀원끼리 작성한 내용을 함께 읽어보며 어휘와 문법에 오류가 있는지 살펴보고 수정한다. 4명이 각기 다른 색깔 펜을 사용했기 때문에 어느 문장을 누가 썼는지 식별하기 쉽다. 검토 후 옆 팀과 교차하여 다양한 예문을 읽어보고 오류가 있으면 스티커를 붙이고 바르게 문장을 고쳐준다. 모든 활동이 끝난 후 오류를 표시한 스티커가 가장 적은 팀이 우승한다.

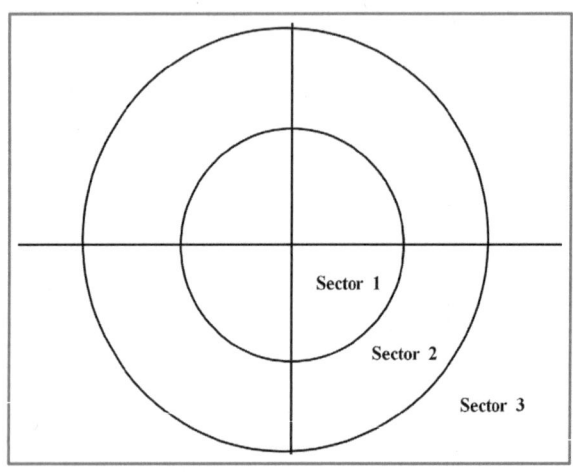

[활동지 9-2] 문장 이어쓰기

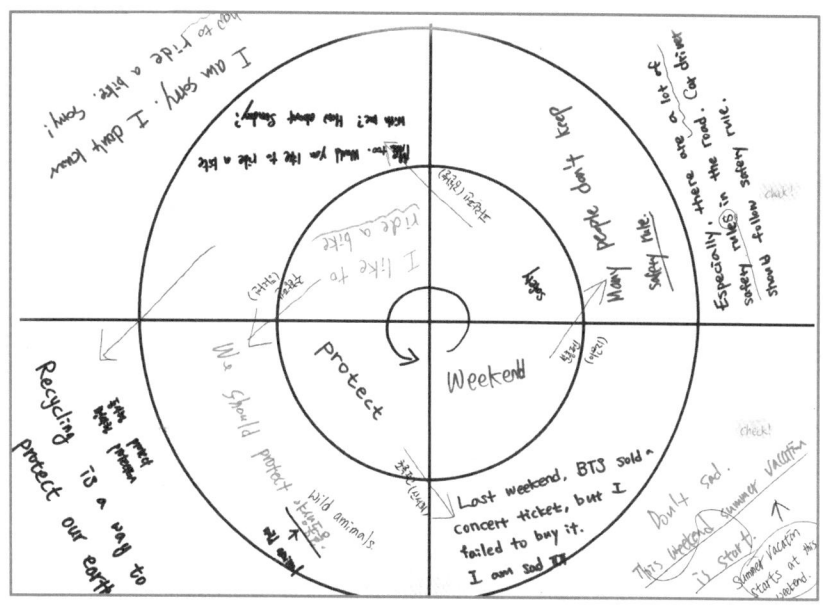

<그림 9-3> 문장 이어쓰기 학생 완성작 예시

스키밍(skimming)과 스캐닝(scanning)

'Hello, Safety Sam'을 두 번에 걸쳐 읽고 내용을 파악한다. 읽기 중 활동에 필요한 어휘 및 문법 지식 일부와 읽기 후 활동에 필요한 안전 표지판 제작 원리를 거꾸로 학습 디딤 영상에서 미리 학습하였기 때문에 수업 시간을 상대적으로 여유롭게 사용할 수 있다.

우선 스키밍 전략을 활용하여 본문을 빠르게 훑어 읽도록 한다. 글을 읽기 전 글의 제목과 그림에서 최대한 많은 정보를 얻도록 유도한다. 본문을 읽으며 각 상황에서 3명의 주인공에게 발생한 위험 요인과 지켜야 할 안전 규칙 등 핵심 내용을 파악한다. 단락별 주제와 세부 내용의 흐름을 파악하되, 이때 글의 모든 것을 이해할 필요는 없음을 설명한다. 스키밍을 마친 후 읽은 내용에 대해 이해 점검을 하고, 내용 이해에 어려움을 준 어휘와 어구에 대해 설명을 한다.

이번에는 교사가 질문을 하고 학생들이 이에 대한 답을 찾기 위해 글을 다시 읽는다. 'What is happening at the concert?', 'What does Jaden do for a left turn?' 등 글의 세부 내용을 이해하는 데 도움이 될 만한 질문을 던진다. 학생들은 교사의 질문에 구체적으로 답하기 위해 필요한 정보를 찾아 스캐닝 한다.

스키밍과 스캐닝을 차례로 실시하면서 학생들은 글의 전반적인 내용뿐만 아니라 3명의 주인공이 처한 구체적인 상황과 대처방안까지 자세하게 이해할 수 있다. 또한 글을 여러 차례 읽으면서 반복하여 등장하는 현재진행형과 명령문과 같은 주요 구문의 특징을 손쉽게 이해할 수 있다.

읽기 후 활동

■ 비주얼 씽킹(visual thinking) 활동지 9-3

읽기 후 활동에서는 비주얼 씽킹 학습 정리 활동지를 활용하여 이해한 바를 그림과 문장으로 요약한다. 비주얼 씽킹은 자신의 생각을 글과 이미지 등을 통해 체계화하고 기억력과 이해력을 키우는 시각적 사고 방법이다. 글과 그림을 함께 이용해 빠르고 간단하게 읽은 내용을 정리하고 요약하는 활동을 실시한다.

본문 읽기를 끝낸 학생들은 [활동지 9-3]에 각 인물에게 일어난 사건을 시간 순서대로 세 컷 만화로 그리고, 이를 한 문장으로 요약한다. 본문을 요약할 때 명령문과 현재진행형이 주로 사용되므로 자연스럽게 주요 구문을 습득할 수 있다. 활동지를 완성하기 위해서는 내용을 정확하게 이해해야만 장면별로 누락 없이 표현 가능하므로 학생들은 자발적으로 반복하여 본문을 읽는다. 이는 글의 세부 내용 파악에 도움이 된다. 또한 학생들은 그림으로 자신의 생각을 표현하는 데에 재미를 느끼고 창의성을 드러낼 수 있다. 본문을 요약하는 세 컷 만화 그리기가 끝나면 확장 활동으로써 각 인물에게 필요한 안전규칙을 표지판으로 디자인한다. 읽기 전 활동 단계에서 거꾸로 학습 디딤 영상으로 학습한 내용을 기억하여 표지판 제작 원리에 따라 도안을 만든다.

<그림 9-4>는 비주얼 씽킹의 학생 완성작 예시이다. 세 컷 만화 그리기와 안전 표지판 만들기를 완성한 후 짝 또는 팀원들과 서로 돌아가며 완성한 결과물을 감상한다. 완성작을 사진으로 찍거나 스캔하여 거꾸로 학습 밴드에 게시하고 서로의 작품 아래 답글을 달아 의견을 남길 수 있다.

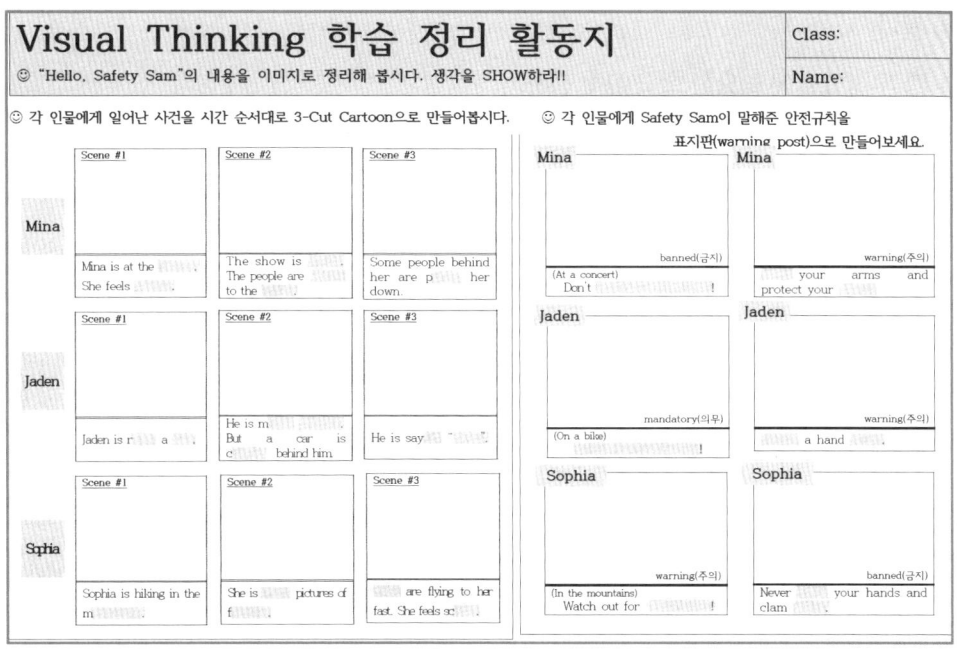

[활동지 9-3] 비주얼 씽킹

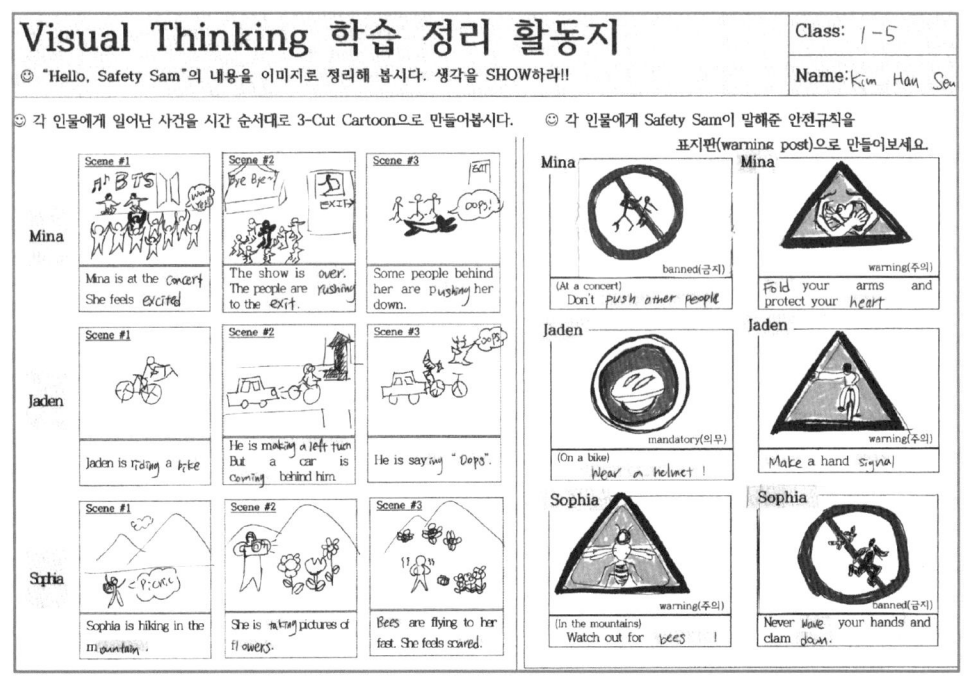

<그림 9-4> 비주얼 씽킹 학생 완성작 예시

4) 평가

◪ 우리 교실에 필요한 학급 규칙 정하기

평가에서는 본문에서 학습한 내용을 적용할 수 있도록 본문과 유사한 주제의 쓰기 과업을 제시한다. 읽기 본문에서 일상생활 속 3가지 위험 상황에서 지켜야 할 안전 규칙을 학습하였으므로 평가 과업으로 우리 교실에 필요한 학급 규칙 정하기를 제시한다. 학생들은 실제 수업 시간과 쉬는 시간에 불편했던 점이 무엇인지 생각해보고 편안한 학급 분위기를 위해 어떤 규칙을 만들면 좋을지 모둠별로 토론한다. 아이디어가 모아지면 읽기 중 활동에서 학습한 주요 어휘와 명령문 구문을 활용하여 학급 규칙 문장을 작성한다. 다른 친구들이 이해하기 쉽게 표지판을 그려 함께 제시한다. 완성 후 각 모둠별로 발표를 하고, <그림 9-5>와 같이 완성작을 교실 게시판에 부착하여 다 함께 실천할 수 있도록 한다.

<표 9-3>의 평가 기준을 적용하여 내용 구성과 정확성, 과제 수행의 관점에서 평가한다. 또한 <표 9-4>처럼 학생 스스로 읽기 및 쓰기 학습 전반에 대해 자기평가를 실시한다.

<그림 9-5> 평가(우리 교실에 필요한 학급 규칙 정하기) 예시

<표 9-3> 평가 기준

평가 관점	평가 척도			반영 비율 (%)
	상	중	하	
내용 구성	교실 규칙을 3가지 이상 카테고리에 따라 구분하여 다양하게 작성함	교실 규칙을 1~2가지 정도 구분하여 작성함	각각의 카테고리에 따른 교실 규칙을 거의 구분하여 작성하지 못함	50
정확성	문법과 어휘 사용이 90% 이상 정확한 경우	문법과 어휘 사용 정확도가 70~90%인 경우	문법과 어휘 사용 정확도가 70% 미만인 경우	30
과제 수행	주어진 과제를 충실하게 완성함	주어진 과제를 완성하고자 노력했으나, 마무리가 다소 미흡함	답을 전혀 쓰지 못했거나 단어만 나열하는 등 문장을 제대로 완성하지 못함	20

<표 9-4> 읽기 및 쓰기 학습 자기평가 기준

내용	평가 항목	매우 부족 1	부족 2	보통 3	잘함 4	매우 잘함 5
Reading	퀴즈를 풀며 생활 속 안전 규칙을 익힐 수 있다.					
	본문에 나온 주요 어휘 및 표현을 이해할 수 있다.					
	본문의 주제와 내용을 요약해 설명할 수 있다.					
Writing	학급에서 지켜야 할 교실 규칙을 쓸 수 있다.					
	명령문과 현재진행형의 형태와 쓰임을 이해할 수 있다.					

▶ 위의 결과를 이용해 읽기 학습에 대한 자신의 평가를 자유롭게 써 봅시다.

ex. 본문을 읽을 때는 내용을 잘 이해한다고 생각했는데, 만화로 요약을 할 때 단어가 헷갈렸다. 앞으로는 디딤 영상을 들을 때 학습일지를 잘 정리해서 어휘를 미리 충분히 익혀 두어야겠다.

학교생활기록부 과목별 세부능력 및 특기사항 기재 예시

- 안전 규칙의 중요성을 설명하는 본문을 읽고 글의 내용을 세 컷 만화로 시각화하여 이야기의 흐름을 압축적으로 표현함. 스키밍과 스캐닝 기법으로 반복하여 글을 읽어 전체 맥락과 세부 내용을 파악함. 읽기 도중에 나오는 어려운 표현의 의미를 앞뒤 문맥을 통해 추론하는 능력이 향상됨.
- 본문 읽기 후 활동으로 실시한 학급 규칙 만들기에서 브레인스토밍과 조별 토론에 적극적으로 참여하여 다양한 아이디어를 제시함. 또한 긍정 명령문과 부정 명령문을 적절하게 사용하여 상황에 맞는 규칙 문장을 작성함. 완성된 작품을 친구들 앞에서 발표하고 내용이 좋아 학급 게시판에 게시하여 공유함.
- 거꾸로 학습의 온라인 동영상 청취와 오프라인 교실 수업 모두에 적극적으로 참여함. 집에서 디딤 영상 학습 시 이해가지 않는 내용이 있으면 반복 시청하거나 교실 수업에서 교사에게 적극적으로 질문하는 등 능동적인 학습 태도를 보임. 본문에서 설명하고 있는 위험 상황을 안전표지판 그림으로 재구조화하여 발표함.

9.3.2 *Helping Hands*

1) 수업 자료

출처: 비상교육 중1 영어 교과서

비상교육 중학교 1학년 영어 교과서 3단원 *Helping Hands*는 단원 제목에서 알 수 있듯이 도움의 손길과 더불어 사는 삶을 주제로 삼고 있다. 단원 설정 취지는 도움이 필요한 사람에게 베푸는 작은 선행의 가치를 이해하고, 함께 어울려 사는 사회를 만들기 위한 개인의 역할에 대해 생각해 보는 것이다.

본문 *How Can I Thank you?*는 숲에서 사는 네 종류의 동물이 주인공으로 의인화하여 등장하는 우화이다. 이 이야기에 등장하는 각 동물은 저마다 위험한 상황에 처하는데 이때 지나가던 동물이 이를 목격하고 그냥 지나치지 않고 멈춰 서서 자신의 능력을 활용하여 적극적으로 도움을 준다. 위기에서 벗어난 동물은 "How can I thank you?"라고 묻고, 도움을 준 동물은 "No need. Pass it on."이라고 대답한다. 이렇게 도움을 받은 동물은 다음 장면에서 위기에 처한 또 다른 동물을 만났을 때 자신이 도움 받았던 기억을 떠올리며 기꺼이 문제 해결을 도와주고, 감사 인사를 받았을 때 릴레이처럼 "No need. Pass it on."이라고 똑같이 대답한다. 대가를 바라지 않고 남을 돕는 진정한 선행은 후일 자신에게 위험이 닥쳤을 때 도움의 손길로 되돌아오게 되어 모두가 행복한 결말을 맞으며 이야기가 끝난다.

글의 구조는 시간 순서로 흐르는 서사적 구조이며, 상황을 묘사하는 내레이션과 동물 간 주고받는 대화문으로 이루어진다. 글의 전체적인 시제는 과거시제이지만, 대화문은 직접화법이므로 현재시제가 사용되었다.

주요 어휘

- 장소: lake, pond, forest, ground
- 사물: net, basket, rock
- 형용사(상황 묘사): fresh, wrong, sharp
- 동작(숙어): go for a picnic, look across, break through, take a break, fall into

주요 구문

- 도움 요청하기: 'Can you _____?'

  상대방에게 무언가를 요청하고자 할 때 사용할 수 있는 표현으로, 'Please give me a hand.' 'Can you do me a favor?' 등의 표현으로 바꾸어 쓸 수 있음.

  [예시: My computer is not working. Can you help me? / The chair is broken. Can you fix it?]

- 과거동사

  1) be동사의 과거형: 1,3인칭 단수의 경우 was, 2인칭 단수 또는 1,2,3 인칭 복수인 경우 were

     [예시: I was at school then. / They were born in 2005.]

  2) 일반동사 과거형 규칙 변화: 대부분의 동사+ed / -e로 끝나는 동사+d / -y로 끝나는 동사 +ed 또는 ied

     단모음+단자음으로 끝나는 동사+마지막 자음 추가 후 ed

     [예시: looked / moved / enjoyed / studied / stopped]

  3) 일반동사의 과거형 불규칙 변화

     [예시: say-said-said / go-went-gone / put-put-put]

- 감각동사+형용사

  신체 기관으로 느끼는 다섯 가지 감각을 나타낼 때 쓰는 동사이며 형용사를 보어로 함께 씀. look, sound, smell, feel, taste 등이 있음.

  [예시: You look nice today. / The flower smells good. / The wind feels soft.]

2) 수업 개요

교육과정 성취기준	[9영02-02] 일상생활에 관한 자신의 의견이나 감정을 표현할 수 있다. [9영03-09] 일상생활이나 친숙한 일반적 주제의 글을 읽고 문맥을 통해 낱말, 어구 또는 문장의 함축적 의미를 추론할 수 있다. [9영04-05] 자신의 주변 사람, 일상생활에 관해 짧고 간단한 글을 쓸 수 있다.	
단계	활동 내용	자료
읽기 전	서사 구조를 읽을 때 필요한 읽기 전략 알아보기	
	그림 보고 내용 예측하기	활동지 9-4
읽기 중	오디오 파일 들으며 소리 내어 읽기	
	Q&A 세부 내용 파악하기	활동지 9-5
	그래픽 조직자로 내용 요약하기	활동지 9-6
읽기 후	릴레이 영어 연극	

3) 수업의 세부 내용

> 읽기 전 활동

▰ 서사 구조를 읽을 때 필요한 읽기 전략 알아보기(디딤 영상 시청)

중학교 1학년은 교육과정 상 본격적으로 독해를 시작하는 단계이다. 효율적인 읽기를 위해서는 글의 종류에 따라 읽기 전략을 달리 적용할 수 있어야 한다. 따라서 시간적 여유가 있으면 장르별 전개 방식의 특징과 그에 따른 읽기 전략을 체계적으로 학습할 필요가 있다. 하지만 주당 2~3시간으로 이루어진 중학교 영어 수업 시간에는 말하기, 듣기, 읽기, 쓰기의 4기능뿐만 아니라 어휘와 문법도 다루어야하기 때문에 다양한 읽기 전략을 체계적으로 지도하기 위해 많은 시간을 할애하는 것이 쉽지 않다.

거꾸로 학습을 적용하면 이를 쉽게 해결될 수 있다. 학기 초 교사가 전체 단원의 읽기 지문을 장르별로 구분하고 각각 적용할 수 있는 읽기 전략 기법을 시리즈로 기획하여 따로 디딤 영상으로 제작한다. 학생들은 영상을 시청하면서 각 단원의 장르적 특성에 대해 쉽게 이해할 수 있고, 글의 전개 방식에 따라 어떻게 내용에 접근하는 게 좋을지 생각해보게 된다.

본문 *How Can I Thank you?*는 서사 구조로 이루어진 이야기 글이므로 디딤 영상에서 묘사와 서사의 차이를 설명하여 글의 장르적 특징을 이해하게 한다. <그림 9-6>의 학습 자료에서 볼 수 있듯이 서사 구조의 글은 시간의 흐름에 따라 사건이 진행되므로 본문에 시간을 나타내는 표현이 등장한다. 시간의 흐름 또는 장소의 변화를 나타내는 표현을 찾고, 이러한 표현을 기점으로 글의 흐름이 어떻게 달라지는지 유의 깊게 살펴보는 연습을 반복적으로 실시한다.

디딤 영상에서 읽기 전략을 학습한 후 수업 시간에 본문을 직접 읽어보면서 자신이 학습한 전략을 직접 적용해 볼 수 있다.

<그림 9-6> 거꾸로 학습 디딤 영상 학습자료(서사 구조 읽기 전략 학습)
(출처: 비상교육 교과서 자료실)

■ 그림 보고 내용 예측하기(picture walks activity) [활동지 9-4]

그림 보고 내용 예측하기는 학생들이 글을 읽기 전에 앞으로 읽을 글이 무엇에 대해 이야기할 것인지를 예측하는 데에 도움을 주는 학습 활동이다. 교사는 학생들에게 이야기를 읽기 전에 우선 글의 제목과 그림만을 유심히 보도록 한다. [활동지 9-4]의 표에 제시된 대로 제목과 그림을 통해 이 글이 다루는 소재가 무엇일지, 어떻게 이야기가 전개될지, 반복되어 사용되는 어휘가 무엇일지, 글쓴이가 우리에게 주고자 하는 교훈이 무엇일지에 대해 생각해 본다. 또한 예측한 내용과 관련하여 만약 본인이 비슷한 경험이 있다면 어떤 것인지에 대해서도 함께 이야기를 나눈다. 토론 후 학생들은 주어진 표를 완성한다. 이후 본격적으로 글을 읽어가며 자신이 작성한 내용을 수정하거나 덧붙여나 간다. 최종 읽기를 마친 후에는 <그림 9-7>과 같이 자신이 글을 읽기 전 예측한 것과 실제 글의 내용이 무엇이 같고 또 다른지 한눈에 알아볼 수 있다.

이 활동의 가장 큰 장점은 적극적인 읽기를 유도할 수 있다는 점이다. 누구나 글을 읽기 전 내용 예측을 할 수 있지만, 기록해두지 않으면 내가 처음에 어떤 기대감을 가지고 글을 읽기 시작했는지 또는 나의 예측이 어느 정도 맞았는지 다 읽은 후에 기억하지 못한다. 그러나 그림 보고 내용 예측하기 활동은 읽기 전후 생각의 흐름을 누적하여 기록하므로 끝까지 기대감을 놓지 않고 즐겁게 글을 읽을 수 있도록 도와준다.

Predictions What we think the story might be about	Vocabulary Words that might be in the story	Understandings What we know about the story	Connections What the story reminds us of

[활동지 9-4] 그림 보고 내용 예측하기

Predictions What we think the story might be about	Vocabulary Words that might be in the story	Understandings What we know about the story	Connections What the story reminds us of
코끼리. 새. 오리. 쥐가 사는 마을에 어떤 문제가 생겨 다 함께 힘을 합쳐 돕는다. ↓ 한 번에 하나씩 동물들이 위험에 처한다. 모든 동물이 한꺼번에 힘을 합쳐 돕기보다 꼬리에 꼬리를 물듯 자기가 받은 도움을 다른 동물에게 되돌려주다.	(bird). duck. elephant. (mouse). cry. save. hunter (net). grape. break ↓ go for a picnic sharp teeth drop, fall, pick up by mistake forest, pond, lake	The title is "How can I thank you" The story is about helping each other. ↓ Each animal has its own special ability. ex) Mouse - sharp teeth Duck - swim well Bird - fly well Elephant - long nose	No one can live alone. We should help each other. ↓ ok Q. How can I thank you? A. No need. Pass it on.

<그림 9-7> 그림 보고 내용 예측하기 학생 완성작 예시

> 읽기 중 활동

◤ 오디오 파일 들으며 소리 내어 읽기

읽기 중 활동 첫 번째 순서는 교과서 본문 오디오 파일을 들으며 소리 내어 읽기이다. 본문의 구성이 상황을 묘사하는 내레이션 부분과 여러 동물이 대화를 나누는 부분으로 나뉘는데, 서술문과 대화문이 톤이 어떻게 다르게 표현되는지 주의 깊게 듣는다. 듣기와 읽기를 동시에 진행하면 긴 지문을 빠르고 정확하게 읽는 데 어려움을 느끼는 초보 학습자가 문자와 소리의 관계를 이해하는 데 도움을 줄 수 있다. 또한 듣기를 하면서 내용을 읽으면 억양과 어조에서 정보를 얻을 수 있으므로 문장이 의미하는 바를 비교적 정확하게 파악할 수 있다.

본문에 사용된 어휘와 문장 구조를 이해할 수 있고 내용 파악이 어느 정도 가능하면 4인 1조로 앉아 등장인물별로 역할을 나누어 소리 내어 읽는다. 충분한 시간을 가지고 반복 연습을 하여 각 인물이 처한 상황에 맞게 억양과 어조를 달리하여 실감나게 읽을 수 있도록 한다. 읽기 후 활동에서 본문의 내용을 기반으로 영어 연극을 할 예정이므로 이 단계에서 소리 내어 읽기 연습을 충분히 실시하는 것이 매우 중요하다.

오디오 파일을 들은 후 앞서 읽기 전 활동으로 실시한 그림 보고 내용 예측하기에서 본인이 상상한 내용이 얼마만큼 적중하였는지 확인한다. 자신이 예측한대로 내용이 전개되었는지, 만약 다르다면 어느 부분이 생각과 달랐는지 짝과 비교하며 이야기 나눈다.

◤ Q&A 세부 내용 파악하기 (활동지 9-5)

각 동물이 처한 문제 상황과 해결 방법을 Q&A로 정리해본다. 우화는 전달하고자 하는 교훈이 이야기 끝에 명확하게 드러나지 않으므로 학생들 스스로 자신만의 결론을 이끌어내는 과정이 매우 중요하다. 이를 위해 교사는 <표 9-5>와 같이 질문을 던져 학생 스스로 세부 내용을 파악할 수 있도록 유도한다. 학생들은 [활동지 9-5]에 질문에 대한 답을 적으며 이야기의 구체적인 내용을 이해한다.

Q&A 세부 내용 파악하기	
주제 : How Can I Thank You?	( )학년 ( )반 ( )번 이름 :

How Can I Thank You?

<Who>

Name:_____	Name:_____	Name:_____	Name:_____

<Story>

[Scene #1] One Sunny day in the _____
- Where was Mr. Mouse going to?
  _____
- Why did Mrs. Duck cry?
  _____
- How did Mr. Mouse help Mrs. Duck?
  _____
- Who helps whom?
  _____ → _____

▶▶

[Scene #2] The next day in the _____
- What was Mrs. Duck doing?
  _____
- Why did Mr. Elephant look sad?
  _____
- How did Mrs. Duck help Mr. Elephant?
  _____
- Who helps whom?
  _____ → _____

▼

[Scene #4] The next day in the _____
- Where did Mrs. Bird see Mr. Mouse?
  _____
- Why did Mr. Mouse fall into the lake?
  _____
- How did Mrs. Bird help Mr. Mouse? What is Mrs. Bird going to do?
  _____
- Who helps whom?
  _____ → _____

◀◀

[Scene #3] That afternoon in the _____
- What did Mr. Elephant hear in the forest?
  _____
- Why was Mrs. Bird crying?
  _____
- How did Mr. Elephant help Mrs. Bird?
  _____
- Who helps whom?
  _____ → _____

[활동지 9-5] Q&A 세부 내용 파악하기

<표 9-5> Q&A 예시

Question	Answer
What was Mrs. Duck caught in?	ex) *She was caught in a net.*
How did Mr. Mouse help Mrs. Duck?	ex) *He broke through the net with his sharp teeth.*
What did Mr. Mouse say to Mrs. Duck when she asked, "How can I thank you?"	ex) *He said, "No need. Pass it on."*
What was Mrs. Duck doing by the pond?	ex) *She was walking by the pond. w*
Who found Mr. Elephant's grapes?	ex) *Mrs. Duck and her family did.*
Why was Mrs. Bird crying?	ex) *Her eggs fell to the ground.*
How did Mrs. Bird help Mr. Mouse?	ex) *She helped him out of the water.*
What did Mrs. Bird say to Mr. Mouse?	ex) *She said, "No need. Pass it on."*

◢ 그래픽 조직자(graphic organizer)로 내용 요약하기 [활동지 9-6]

전반적인 내용 파악이 끝나면 [활동지 9-6]의 그래픽 조직자를 활용하여 내용을 요약 정리한다. 숲속에서 동물들이 지나가다가 위험한 상황을 목격하면 앞에서 자신이 받았던 도움을 떠올려 도움을 주는 상황이 글 안에서 반복되므로, 마지막 상황이 처음 상황과 서로 이어지도록 그래픽 조직자를 원형 화살표 형태로 구성한다. 학생들은 대의를 파악하며 글을 읽고 내용을 간략하게 요약함과 동시에 이 글의 주제가 '선행의 선순환' 임을 한눈에 이해할 수 있다.

[활동지 9-6] 그래픽 조직자로 내용 요약하기(출처: 비상교육 중1 영어 교과서)

> 읽기 후 활동

◢ 릴레이 영어 연극

읽기 후 확장 활동으로 읽기와 연계하여 쓰기와 말하기 연습이 동시에 가능한 릴레이 영어 연극을 실시한다. 교과서 본문은 총 4개의 장면으로 구성되어 있고, 4마리의 동물이 등장하므로 이를 연극으로 만들기 위해 4인 1조로 편성한다. 조별로 협의하여 원하는 장면과 어울리는 배역을 선택한다. 학생들은 본문을 충분히 읽고 내용을 이해한 상태에서 상황을 묘사하는 내레이션과 대화문을 적절하게 조합하여 영어 연극 대본을 재구성한다. 교과서 본문을 기본으로 하되, 상황을 실감나게 표현하기 위해 필요한 대사를 추가로 영작하고 동작을 첨가할 수 있다. 대사가 완성되면 억양과 어조를 살려 말하기 연습을 하고 표정과 동선, 소품 준비까지 조별로 함께 한다. 연극에 필요한 준비 사항 및 영어 대사 연습 노하우에 대해 교사가 디딤 영상으로 촬영하여 공지하면 수업 시간 중 진행에 대한 설명 시간을 줄일 수 있고 수업이 끝나도 학생들이 이를 보고 조별로 모여 쉽게 연극을 준비할 수 있다.

이 활동을 릴레이 영어 연극이라 부른 까닭은 4개의 조가 순차적으로 연기를 해야 한 편의 연극이 완성되기 때문이다. 즉 장면이 바뀔 때마다 역할은 같지만 연기자는 각 조별로 다른 이로 바뀐다. 따라서 자신의 역할을 준비할 때 나의 대사와 동선뿐 아니라 내 역할을 이어받을 다음 조의 연기자와도 함께 이야기를 나눌 필요가 있다. 그러므로 직소 활동처럼 배역을 담당한 사람끼리 따로 모여 최종적으로 대사의 톤과 연기를 맞추어본다.

모든 준비가 끝나면 릴레이 영어 연극을 시행한다. 학생들은 자신이 담당한 장면에서는 배우로 무대에 서고, 다른 조가 연기를 할 때에는 관객이 되어 무대를 감상한다. 등장인물 표시를 위해 자신의 역할을 표시하는 동물의 그림을 이마 또는 옷에 붙이고 연기를 하고, 다음 장면으로 넘어갈 때에는 배턴터치 하듯 그림을 떼어 다음 연기자에게 붙여주고 퇴장한다. 연극이 끝나면 영어 대사 표현력, 연기 능력, 무대 장악력 등에 대해 학생과 교사가 피드백을 주고받고 우수 연기자를 선정한다. 또한 교사는 학생들의 영어 연극을 녹화 후 거꾸로 학습 동영상 게시판에 업로드하여 온라인에서도 감상할 수 있도록 한다. <그림 9-8>은 릴레이 영어 연극의 배역 선정, 연극에 사용된 배경 그림, 대본 예시, 실제 학생들의 연극 모습을 보여준다.

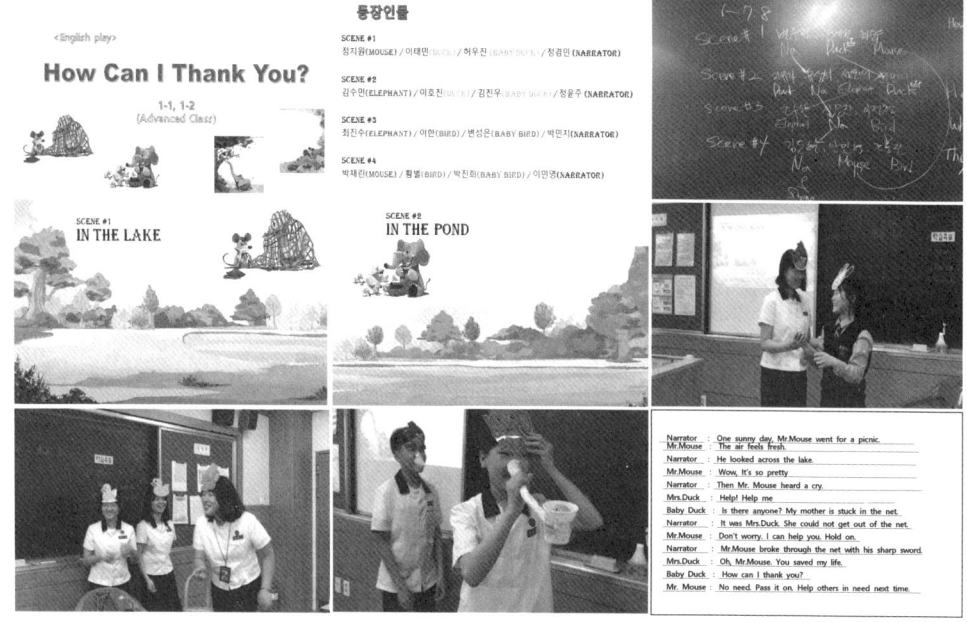

<그림 9-8> 릴레이 영어 연극(배역, 배경, 대본, 연극 사진)

4) 평가

■ 문장 재배열 활동

본문 'How can I thank you?'를 읽은 후 내용 이해 점검을 위해 문장 재배열 활동을 한다. <그림 9-9>와 같이 한 줄에 본문의 문장을 1개 또는 2개를 적어 길게 자른다. 학생들은 문장을 읽고 흐름에 맞게 배열하여 이야기를 완성한다. 이때 완성된 문장이 정답인지 여부를 교사가 쉽게 확인할 수 있게 각 문장의 맨 앞에 대문자를 하나씩 적어 놓는다. 문장이 알맞게 배열되면 단원의 주제와 관련이 있는 표현인 'HELP A FRIEND IN NEED,' 'JOIN VOLUNTEER WORK' 등이 완성된다.

문장 배열이 정확하지 않은 경우 어떠한 이유로 문장의 순서를 정하였는지 학생에게 물어본다. 간혹 오류가 있더라도 이야기의 논리적 흐름을 설명 하다보면 스스로 자신의 오류를 바로잡을 수 있다.

평가 기준은 <표 9-6>과 같다. 또한 <표 9-7>을 활용하여 학생 스스로 읽기 및 말하기 활동에 대해 자기평가를 실시할 수 있다.

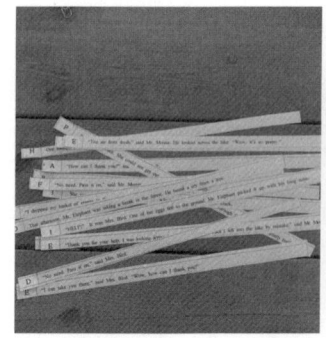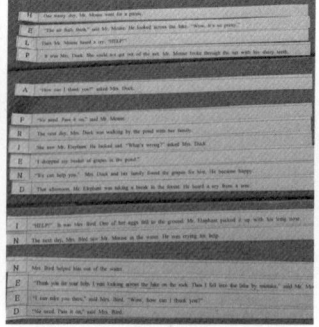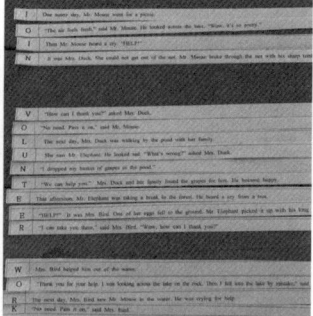

<그림 9-9> 문장 재배열 활동 예시

<표 9-6> 평가 기준

평가 관점	평가 척도			반영 비율 (%)
	상	중	하	
정확성	문장 배열이 90% 정확한 경우	문장 배열의 정확도가 70~90%인 경우	문장 배열의 정확도가 70% 미만인 경우	70
논리력	이야기의 논리적 흐름에 대해 정확하게 이해하고 설명함	문장 배열의 일부가 틀렸으나, 비교적 논리적으로 이야기의 흐름을 설명함	문장 배열이 잘못되어 이야기가 완성되지 않고, 글의 흐름을 이해하지 못함	30

<표 9-7> 읽기 및 말하기 자기평가 기준

내용	평가 항목	매우 부족 1	부족 2	보통 3	잘함 4	매우 잘함 5
Reading	각 등장인물의 특징과 상황의 전개를 설명할 수 있다.					
	본문에 나온 주요 어휘 및 표현을 이해할 수 있다.					
	이야기의 주제와 교훈을 설명할 수 있다.					
Speaking	릴레이 영어 연극에서 맥락에 맞게 알맞은 내용의 대사를 말할 수 있다.					
	발음과 억양을 정확하게 구사하고 목소리를 상황에 맞게 조절할 수 있다.					

▶ 위의 결과를 이용해 읽기 학습에 대한 자신의 평가를 자유롭게 써 봅시다.

ex. 영어 연극에서 어미새 역할을 맡아 연기 하면서 대사 연습을 많이 하여 연극할 때 영어로 말하는 데에도 떨리지 않았다. 친구들이 알을 떨어뜨렸을 때 슬픈 목소리와 알을 다시 찾았을 때 기뻐하는 목소리가 실감난다고 말해줘서 뿌듯했다.

학교생활기록부 과목별 세부능력 및 특기사항 기재 예시

- 'How Can I Thank You?'의 이야기에서 소개된 유사한 사례를 자신의 일상생활 속 경험과 비교하며 글을 읽음. 글쓴이가 전달하고자 하는 주제를 정확하게 이해하였으며 이야기가 주는 교훈에 대해 '선행의 선순환'이라고 자신만의 언어로 논리적으로 표현함.
- 본문을 읽기 전 글의 제목인 'How Can I Thank You?'와 등장인물 및 배경 그림을 보고 어떤 이야기가 펼쳐질지 자신이 예측한 바를 기록함. 글을 읽으면서 자신의 예상이 맞았는지 틀렸는지 첨삭하여 한 편의 리딩 로그를 완성함. 이야기를 대본으로 각색하여 영어 연극을 하였으며 주인공 코끼리 역할을 맡아 정확한 영어 발음과 억양으로 실감나는 연기를 함.
- 본문 'How Can I Thank You?'를 읽을 때 서사구조를 가진 글의 특징을 파악하여 시간 표제어에 초점을 맞추는 효율적인 읽기 전략을 구사함. 글을 읽다가 모르는 어휘 표현이 나오면 이야기의 전후 맥락을 활용하여 의미를 추측함. 시간의 흐름에 따른 사건의 발생 순서를 그래픽 조직자에 비교적 정확하게 요약함.

9.3.3 수업 후기

영어 읽기 수업에 거꾸로 학습을 적용하면서 학생들의 능동적인 학습 참여를 유도할 수 있었다. 학생들은 수업 시간에 각자의 속도와 방식으로 글을 읽고 자신의 언어로 이해한 바를 표현하였다. 영어를 좋아하고 잘하는 학생들은 읽기와 연계한 말하기 및 쓰기 확장 활동에서 두각을 드러냈고, 영어에 어려움을 느꼈던 학생들은 동영상으로 반복 학습을 하고 수업에서 교사와 개별 학습을 실시하여 영어 읽기의 기초를 다질 수 있었다. 무엇보다도 교사의 설명에 의존하기보다는 학생들끼리 서로 묻고 가르치는 방식에 익숙해진 게 가장 큰 수확이었다. 영어 읽기 수업에서 학생들이 실수를 두려워하지 않고 자발적으로 읽고 쓰고 말하는 모습을 볼 수 있었다.

다음은 수업에 참여한 학생들의 수기를 정리한 것이다. 학생들이 그 누구보다도 거꾸로 학습의 특징과 장·단점을 깊이 있게 이해했다는 점을 알 수 있다.

★ 다른 수업에서는 수업 듣고 필기하다 보면 수업 시간이 다 끝나요. 게임을 해도 몇 분 하다보면 다음으로 넘어가거나 수업이 끝나서 하다 말았어요. 거꾸로 학습에서는 친구들과 함께하는 것이 많아서 좋아요. 또 수업 시간에 하는 게임이 단순히 노는 게 아니라 디딤 영상에서 배운 내용을 복습하는 과정이라는 것을 깨달았어요. (하○인)
★ 거꾸로 학습에서는 영어 발표가 많아서 처음엔 긴장했습니다. 그런데 자꾸 하다보니까, 목소리도 커지고 자신감도 붙었어요. 발표 내용이 좋다고 칭찬받을 때 뿌듯해요. (이○지)
★ 저는 거꾸로 학습이 도움이 많이 됐어요. 왜냐하면 문법이 약한데 수업 동영상으로 남아있으니까

- 혼자 공부할 때 다시 돌려보기를 할 수 있어요. 잘 모르겠는 건 수업 시간에 선생님이 저한테 따로 설명해주세요. (김○슬)
- ★ 예전에는 수업 시간에 다 아는 내용이 나와도 참고 들어야 되는데 거꾸로 수업에서는 설명이 별로 없고 대신에 우리가 직접 할 수 있는 게 많아서 시간이 잘 가요. 영어 연극이나 영어 발표처럼 준비할 때는 힘들지만 영어 실력을 높일 수 있는 활동이 많아요. (장○제)
- ★ 처음에는 동영상 미리 보고 오는 게 숙제라 싫었는데 동영상 길이도 짧고 밴드에 접속만 하면 볼 수 있어서 편했어요. 그걸 보고 와야 수업 시간에 재미있는 걸 할 수 있어서 습관 되니까 볼 만 해요. 가끔 안 보고 와도 수업 따라가다 보면 무슨 내용인지 알 수 있고 그래도 모르겠는 건 옆에서 친구들이 잘 알려줘요. (김○린)
- ★ 디딤 영상을 보는 게 부담이 될 때가 있어요. 한 과목 거꾸로 학습을 할 때는 괜찮았는데 여러 과목이 하니까 볼 게 너무 많아요. 학교 끝나면 학원도 가야하는데 집에 와서 또 동영상을 보려니까 어떤 때는 힘들어요. (장○훈)

9.4 도움이 될 읽기 자료

거꾸로 학습에서는 온·오프라인 모두에서 시공간적인 제약을 벗어나 언제 어디서든 학생들을 만나기 때문에 교과서 읽기 지문 이외에 다양한 텍스트를 다룰 수 있다. 온라인 디딤 영상을 통해 텍스트를 이해하는데 필요한 어휘, 배경 지식 등을 효율적으로 제시하면, 오프라인에서 교사의 일방적 지식 전달이라는 제약에서 벗어나 수업 시간을 200% 활용하여 다양한 장르의 읽기를 할 수 있다.

거꾸로 학습을 적용한 읽기 수업 시간에 활용 가능한 읽기 자료를 아래와 같이 소개하고자 한다. 주로 중학교 자유학년제 학생들이 거꾸로 학습을 통해 자기 주도적으로 부담 없이 읽을 수 있도록 주로 단편으로 구성된 자료를 선정하였다. 학습자의 수준, 흥미, 관심 분야에 따라 다양한 종류의 글을 선택하여 재구성할 수 있다.

Ackles, N. (2012). *American teens talk*. http://americanenglish.state.gov.
Bryant, J. (2013). *A splash of red: The life and art of Horace Pippin*. New York: Random House Children Books.
DiCamillo, K. (2015). *The tale of Despereaux*. Somerville: Candlewick Press.
Gannett, R. S. (2007). *The dragons of blueland: My father's dragon trilogy*. New York: Yearling Books.
Kinney, J. (2009). *Diary of a Wimpy Kid series*. New York: Abrams.
Rackham, A. (1999). *English fairy tales*. London: Wordsworth.

Rey, M., & Rey H. A. (1998). *Curious George series*. New York: Houghton Mifflin Harcourt.
Sachar, L. (2013). *Sideways stories from wayside school*. New York: HarperTrophy.

이번 장에서는 거꾸로 학습을 적용한 영어 읽기 수업 사례를 소개하였다. 거꾸로 학습을 도입하고자 하는 영어 선생님들께 조언을 드리며 글을 마무리하고자 한다.

첫째, 디딤 영상 제작에 대한 부담감을 내려놓는다. 화질과 음향보다 중요한 것은 학습 내용이다. 가르칠 내용을 간결하게 구조화하여 알기 쉽고 재미있게 설명하는 것이 중요하다. 별도의 장비 없이 스마트폰으로 촬영해도 좋다. 촬영이 마땅치 않다면 저작권이 문제되지 않는 다른 자료로 디딤 영상을 대체할 수 있다.

둘째, 학생들이 눈에 보이는 학습 결과물을 도출할 수 있도록 한다. 학생들은 눈에 보이지 않는 단순한 지식을 아는 것보다 무엇인가를 만들어가는 것에 흥미와 관심을 갖는다. 특히 읽기 수업에서 글을 읽는 것에서만 끝나면 학습 종료 후 학생들은 자신이 무엇을 배웠고 성취하였는지 느끼기 어렵다. 따라서 다양한 독후 활동을 실시하여 학습 결과물을 만들면 학습 효과를 높일 수 있다.

셋째, 학생을 믿고 기다려주어야 한다. 처음부터 모든 학생들이 거꾸로 학습에 적응하기를 기대하기는 어렵다. 동영상을 미리 학습하고 오는 것에 부담을 느낄 수도 있고, 수업에서 진행하는 학습 활동을 단순히 노는 시간이라고 생각할 수도 있다. 이러한 경우 교사는 수업의 목표와 학습 활동의 목적을 학생들에게 알기 쉽게 설명하여 자발적인 참여를 유도한다. 교실 수업에서 작지만 다양한 성취의 경험들이 쌓여 영어에 대한 자신감을 얻을 수 있도록 교사가 부단히 격려하며 믿음을 가지고 기다려주는 것이 중요하다.

참고문헌

류광모, 임정훈. (2018). *나는 거꾸로 교실 거꾸로 교사*. 서울: 살림터.
미래교실네트워크. (2015). *거꾸로 교실 프로젝트*. 서울: 에듀니티.
박상준. (2016). *거꾸로 교실을 넘어 거꾸로 학습으로: 수업의 패러다임을 바꾸자*. 서울: 교육과학사.
이민경. (2015). *거꾸로 교실, 잠자는 아이들을 깨우는 수업의 비밀*. 서울: 살림터.
Bergmann, J., & Sams, A. (2012). *Flip your classroom: Reach every student in every class every day*. Eugene, OR: International Society for Technology in Education.
Bergmann, J., & Sams, A. (2014). *Flipped learning: Gateway to student engagement*. Eugene, OR: International Society for Technology in Education.

찾아보기

ㄱ

가독성(readability) • 27
가독성 공식(readability formula) • 27
개요 쓰기 • 73, 83
거꾸로 학습(Flipped Learning) • 254
과도기적 독자(transitional reader) • 23
과목 목표 • 228
과업기반 학습(task-based learning) • 92, 96, 112
과정 중심 평가 • 74, 164, 176, 185, 228
구성주의 • 5, 158
구어 기능(oral skills) • 2
그래픽 조직자(graphic organizers) • 16, 59, 144, 197, 204, 206, 230, 279
그림 보고 내용 예측하기(picture walks activity) • 275
그림자 읽기(shadow reading) • 58, 131
글의 구조(text structure) • 37, 40
글의 복잡성(text complexity) • 27, 37

ㄴ

난이도(difficulty) • 24, 27, 36
내용(content) • 41
내용 스키마(content schemata) • 8
내용 중심 텍스트 • 192
논픽션(nonfiction) • 38
능동적 읽기 • 6, 218

ㄷ

다독(extensive reading) • 17, 120
단어 찾기(word search) • 79
단원 수준(unit-level)의 목표 • 231
단일 언어 사전(monolingual dictionaries) • 15
단편 소설 • 177
등급별 도서(graded readers 혹은 leveled readers) • 123, 127
디딤 영상 • 259, 264, 274
또래 교수 • 91, 95, 112

ㄹ

렉사일 독자 지수(Lexile reader measure) • 32, 163
렉사일 애널라이저(Lexile Analyzer) • 166, 177
렉사일 지수(Lexile measure) • 32, 162, 177
렉사일 텍스트 지수(Lexile text measure) • 32, 163
리딩버디(reading buddy) • 131, 145
릴레이 영어 연극 • 280

ㅁ

머리 맞대어 생각하기(numbered head) • 203
메타언어적 인지(metalinguistic awareness) • 3
문어 기능(written skills) • 2
문장 이어쓰기(spinning chain writing) • 266
문제제기식 교육(problem-posing education) • 48
문학 경험 • 25
문학적 감수성 • 158

ㅂ

반복 읽기(repeated reading) • 131
발췌문 • 189
배경 지식 • 8, 25, 49, 168
배움을 위한 평가(assessment for learning) • 240
벽 사전(word wall) • 196, 201
북토크 • 126, 141
브레인라이팅(brainwriting) • 67
브레인스토밍(brainstorming) • 99, 105, 206

블렌디드 수업 • 51
비인지적 학습(non-cognitive learning) • 244
비주얼 씽킹(visual thinking) • 268
비판적 교육 • 48
비판적 사고력 • 48, 85
비판적 읽기(critical literacy) • 48
비평문 쓰기 • 73, 182
빈도 기반 학습(frequency-based learning) • 11

ㅅ ─

사실적 문학(realism fiction) • 38
상급 독자(advanced reader) • 23
상향식(bottom-up) • 4
상호작용(interaction) • 4
생각 학습지(think sheet) • 194
생산적 기능(productive skills) • 2
설명문/설명문체(expository) • 17, 38, 192
성취기준 • 257
세상 지식(world knowledge) • 10
소네트(sonnet) • 165
수사법 • 172
수용적 기능(receptive skills) • 2
수행평가 • 51, 64, 236
스스로 선택한 읽기(self-selected reading) • 120
스캐닝(scanning) • 12, 267
스키마(schema) • 8, 158
스키밍(skimming) • 12, 229, 267
스피드 리딩(speed reading; 속독) • 16
실제적인 과업(authentic task) • 210

ㅇ ─

어휘 의미 추론하기 • 13
어휘 자체 수집(vocabulary self-collection) • 196
언어 관습(language conventionality) • 37, 42
언어 기능(language functions) • 2
언어 명료성(language clarity) • 37, 42
언어 지식 • 25

언어-내용 통합 텍스트 • 192
연상어 말하기 • 67
연어(collocation) • 15
영미 문학 읽기 • 163
영어 교과서 분석 • 34
영어독서마라톤 • 148
외적 동기 • 200
요구 분석 • 161
우연적 학습(incidental learning) • 10
워드 클라우드 • 56, 67
유창성(fluency) • 14, 127
은행예금식 교육(banking method education) • 48
응집 장치(cohesive devices) • 17
응집성(cohesion) • 17, 34
의미 지도(semantic mapping) • 194, 220
이야기 문법(story grammar) • 59, 81
이야기체(narrative) • 17, 40
이중 언어 사전(bilingual dictionaries) • 15
인덱스 카드(index card) • 196, 215
인지적 틀 • 158
인지적 학습(cognitive learning) • 244
인포그래픽(inforgraphic) • 219, 221
일관성(coherence) • 17
읽기 과정 • 25
읽기 적정성 그래프(Fry Readability Graph) • 29
읽기 전 활동 • 229
읽기 전략 • 193, 229, 274
읽기 중 활동 • 229
읽기 후 활동 • 229, 236, 244
읽기권(rights to read) • 119
입력의 현저성(salience) • 11

ㅈ ─

자기 확장 독자(self-extending reader) • 23
자기평가 • 103, 182, 261, 270, 281
자유 기억 과업(free recall task) • 5
자유 서술형 문항 • 241
자유로운 읽기 시간(free-reading time) • 120

자유학년제 • 257
장르(genre) • 17, 38
전기(biography) • 38
전래동화 • 50, 65
전문가 모둠 • 94, 100, 105
전통적 교실 수업 • 255
접근성(accessibility) • 37
정독(intensive reading) • 121
정량적 측정(quantitative measures) • 27
정보 차 활동 • 102
정보 책(informational books) • 38
정보 추출 목적의 읽기 • 192
정보 텍스트(informational text) • 41
정성적 측면(qualitative aspects) • 36
정의적 능력 평가 • 84
좁혀 읽기(narrow reading) • 131
주제 일치도(topic congruence) • 5
즐거움을 위한 글 읽기(reading for pleasure) • 17, 120
지속적으로 조용히 읽기(sustained silent reading) • 120
직소 활동(jigsaw activity) • 91, 203

ㅊ ─────

창의성 • 90
초기 독자(early reader) • 23
초보 독자(emergent reader) • 23
총괄 평가(summative assessment) • 240

ㅋ ─────

코스 수준(course-level)의 목표 • 231
크로스워드 퍼즐(crossword puzzle) • 54
클래스 카드(class card) • 196, 200

ㅌ ─────

타이포그래피(typography) • 69
판독성(legibility) • 27
판타지(fantasy) • 38
패러디 동화 • 50, 65, 76
패러디하기 • 62
프롬프트(prompt) • 229
픽션(fiction) • 38

ㅎ ─────

하향식(top-down) • 5
학습 목표 • 231
학습을 위한 읽기 • 229
학습일지 • 258, 265
학습자 사전(learners' dictionaries) • 15
핵심 개념(core concept) • 220
핵심역량 • 159, 164
협동 수업 • 90
형성 평가(formative assessment) • 240, 261
형식 스키마(formal schemata) • 8
활동 수준(activity-level) 학습 목표 • 233

ABC ─────

action verb • 233
Coh-Metrix • 31
Degrees of Reading Power(DRP) • 31
ellipsis • 17
Flesch Reading-Ease Score(FRE) • 28
Flesch-Kincaid Grade-Level Score(FKGL) • 28
Fry Readability Formula • 28
guided writing • 236
reference • 17
substitution • 17
Text Evaluator • 31

저자 소개

이상기
서울대학교 영어교육과 학사
서울대학교 영어교육과 석사
미국 Univ. of Hawaii at Manoa 응용언어학 박사
(현) 한국교원대학교 영어교육과 교수

배지영
부산교육대학교 초등교육 학사
미국 Univ. of Mississippi 영어교육 석사
부산교육대학교 초등영어교육 석사
미국 Univ. of Kansas 영어교육 박사
(현) 공주대학교 영어교육과 교수

박현민
연세대학교 영어영문학, 불어불문학 학사
한국교원대학교 영어교육과 석사
(현) 한국교원대학교 영어교육과 박사과정
(현) 동학중학교 교사

한신실
공주대학교 영어교육과 학사
한국교원대학교 영어교육과 석사
(현) 한국교원대학교 영어교육과 박사과정
(현) 대덕고등학교 교사

이은미

한국교원대학교 영어교육과 학사
국제영어대학원대학교 영어교재개발학과 석사
(현) 경희사이버대학교 문화창조대학원 글로벌한국학 석사과정
(현) 금곡고등학교 교사

조명연

한남대학교 영어교육과 학사
한국교원대학교 영어교육과 석사
(현) 관저고등학교 교사

안혜선

공주대학교 영어교육과 학사
(현) 공주대학교 영어교육과 석사과정
(현) 둔산여자고등학교 교사

이수열

한국교원대학교 영어교육과 학사
영국 런던대 Institute of Education TESOL 석사
(현) 세종국제고등학교 교사

민채령

한국교원대학교 영어교육과 학사
한국교원대학교 영어교육과 석사
한국교원대학교 영어교육과 박사 수료
(현) 한국교원대학교부설미호중학교 교사

한국영어교과교육학회 총서 ❻

교실 이야기를 담은 영어 읽기 지도
Let's READ (Reflect, Engage, Attune, & Discuss)

1판 1쇄 발행 2021년 2월 28일

지 은 이 | 이상기·배지영·박현민·한신실·이은미·조명연·안혜선·이수열·민채령
펴 낸 이 | 김진수
펴 낸 곳 | 한국문화사
등   록 | 제1994-9호
주   소 | 서울시 성동구 아차산로49, 404호(성수동1가, 서울숲코오롱디지털타워3차)
전   화 | 02-464-7708
팩   스 | 02-499-0846
이 메 일 | hkm7708@hanmail.net
홈페이지 | http://hph.co.kr

ISBN 978-89-6817-305-9 94370
      978-89-5726-925-1   (세트)

• 이 책의 내용은 저작권법에 따라 보호받고 있습니다.
• 잘못된 책은 구매처에서 바꾸어 드립니다.
• 책값은 뒤표지에 있습니다.